Logistics

物流专业“十三五”规划教材

物流系统规划与设计

◎ 徐丰伟　主编　◎ 刘丽艳　支海宇　陈　娜　副主编

電子工業出版社
Publishing House of Electronics Industry
北京 · BEIJING

图书在版编目（CIP）数据

物流系统规划与设计 / 徐丰伟主编. —北京：电子工业出版社，2019.9
物流专业“十三五”规划教材
ISBN 978-7-121-37174-5

Ⅰ. ①物… Ⅱ. ①徐… Ⅲ. ①物流－系统工程－高等学校－教材 Ⅳ. ①F252

中国版本图书馆 CIP 数据核字(2019)第 158441 号

策划编辑：刘淑丽
责任编辑：刘淑丽
文字编辑：孙润月
印　　刷：北京七彩京通数码快印有限公司
装　　订：北京七彩京通数码快印有限公司
出版发行：电子工业出版社
　　　　　北京市海淀区万寿路 173 信箱　邮编 100036
开　　本：787×1092　1/16　印张：18　字数：472 千字
版　　次：2019 年 9 月第 1 版
印　　次：2025 年 8 月第 9 次印刷
定　　价：52.00 元

凡所购买电子工业出版社图书有缺损问题，请向购买书店调换。若书店售缺，请与本社发行部联系，联系及邮购电话：（010）88254888，88258888。

质量投诉请发邮件至 zlts@phei.com.cn，盗版侵权举报请发邮件至 dbqq@phei. com.cn。

本书咨询联系方式：（010）88254199，sjb@phei.com.cn。

前　言

随着经济全球化、科技的进步以及需求个性化的变化，市场竞争已经从企业之间的竞争上升到供应链之间的竞争，而构建高效率、低成本、服务优质、安全环保的物流系统日益成为供应链取得竞争优势的重要保证。物流系统是一个时空范围跨度很大的复杂系统，涉及众多领域，是包含诸多要素及其内在联系的有机整体，具有规模庞大、结构复杂、目标众多的特点。这使得无论宏观层面的社会物流系统还是微观层面的企业物流系统都需要以系统的观点进行规划与设计，统筹安排物流系统中的各项物流活动，使物流系统可持续发展，获得最佳的经济效益、社会效益与生态效益，为物流活动创造最有利的环境。基于此，本书结合系统科学和系统工程思想，全面阐述物流系统规划与设计的基本原理和方法，为物流从业者进行物流系统规划与设计提供思路与方法指导。

本书沿着系统的主线，从宏观和微观的角度，应用系统工程、运筹学、决策分析、工程技术的理论和方法对物流系统进行系统化的点、线、面分析，系统地阐述物流系统及其规划设计原理、物流战略规划、物流系统网络规划设计、物流系统节点及其布局规划设计、物流系统线路规划设计、物流运营管理系统规划设计、逆向物流系统规划设计，以及区域和城市物流系统规划设计等方面的理论和方法，力求做到定性分析与定量分析相结合。本书注重可操作性与实用性，以提高读者解决实际问题的能力。

本书由大连交通大学徐丰伟任主编，大连科技学院刘丽艳、大连财经学院支海宇和大连交通大学陈娜任副主编。具体编写分工如下：第一、四、五章由徐丰伟编写；第六、七、八章由刘丽艳编写；第三、九章由支海宇编写；第二章由陈娜编写。全书结构设计、草拟提纲和最后统稿定稿工作由徐丰伟负责。

在编写过程中，本书引用、参考和借鉴了国内外众多学者的教材、研究成果，以及管理实践者的经验总结与相关资料。在此，谨向本书引用、参考过的所有文献作者致以真挚的谢意！

本书既可以作为物流管理、物流工程、工业工程、交通运输等专业本科生或管理科学与工程学术型研究生、物流工程专业学位研究生的教材，也可以作为从事物流管理、物流工程领域的专业技术人员的参考书。

鉴于作者水平有限，加之时间仓促，书中难免存在错误和疏漏之处，恳请广大读者和同行批评指正。

目　　录

第一章

物流系统及其规划设计

学习目标

1. 理解系统论的基本规律与基本原理
2. 理解物流系统的概念、特点、目标及分类
3. 掌握物流系统的构成要素
4. 理解并掌握物流系统要素冲突与协同
5. 掌握物流系统规划与设计的原则、影响因素、内容及步骤

引导案例

惠普库存管理的系统化思想

惠普是全球领先的打印机供应商。惠普每年在全球范围的库存资金达 30 多亿美元。惠普在华盛顿、温哥华的分支机构负责在世界范围内生产及配送 DeskJet Plus 打印机。它有 3 个配送中心，分别设在北美、欧洲和亚洲。

惠普面临的一个问题是，大约需要 7 周的存货才能满足欧洲 98%的服务目标。之所以有这么高的存货，部分原因是不同国家有不同的电源和变压器要求，且需要不同语言的说明书。最初，满足不同需要的打印机是由温哥华的工厂来完成的。惠普面临的选择是：维持较高的库存费用，还是降低客户服务水平。很显然，哪一个方案都不是最佳的。

惠普在温哥华的管理者考虑了许多在维持现有客户服务水平的情况下，减少库存的方法。他们设想，可以通过减少运输种类来改进物流系统，例如，使用航空运输这种较快的运输方式，可以减少运输在途时间，进而降低库存成本。但是，最后证明费用还是太高。

然而，如果惠普将整个系统看成一个整体，就能找到更好的解决办法。惠普在收到订单前不考虑电源规格和语言方面的特殊要求可使其在维持 98%的客户服务水平下，将存货减少到 5 周。这样，每年可节约费用约 3 000 万美元。另外，通用的打印机可以大量运输，与向不同国家分运相比，可减少数百万美元的运输费用。

由于惠普将系统看成一个整体，并认识到其中的联系，所以他们能开发出这种创新性的物流解决方案。

资料来源：傅莉萍. 物流系统规划与设计 [M]. 北京：清华大学出版社，2018.

第一节 系统论的基本规律与原理

一、系统科学的确立

“系统”一词最早出现于古希腊语中的，原意是指事物中的“共同”部分和对每个事物应“给以位置”，也就是部分组成整体的意思。

其实系统的思想源远流长，古代朴素的系统观的萌芽，不仅体现在各种科学技术的成果中，而且在各种哲学著作中也有多样化的呈现。

东方的系统思想，或者说整体思想，是中国传统思维方式的一个重要特点，这种传统的整体思维方式在中国古代哲学、管理、医学、农业等领域都有突出的表现。

早在中国殷商时代，人们就开始了系统思考与实践。3 000 多年前的《周易》（公元前 11 世纪）中已经有了朴素系统观的表述。《周易》以爻、卦来表征天地和万物，其中爻是最基本的元素，爻分两种，一种阴爻，一种阳爻。阴爻和阳爻的不同排列就是卦象，一个卦象对应一个名称即卦，一卦由六爻组成，一卦就是一个整体。世间万物最基本的要素有 8 种，即天、地、雷、风、水、火、山和泽，它们分别用 8 卦表示，即乾、坤、震、巽、坎、离、艮、兑，周文王还绘出了八卦方位图。《周易》用特殊的推理演绎世界。《周易·系辞上》中说“是故《易》有太极，是生两仪。两仪生四象。四象生八卦。”《周易》的系统思想显而易见。首先，《周易》把世界看成一个由基本要素组成的系统整体，并提出了八卦，八卦重叠成 64 卦，形成了概括天地间万事万物的世界体系；其次，《周易》把世界看作一个由基本矛盾关系所规定的整体，是一个动态的循环演化的系统整体。

《黄帝内经》是中国古代将完整的系统思想应用到医学实践的最杰出代表。以《黄帝内经》为代表的中医一直认为人体是一个整体，特别是把人看作自然界的一个组成部分，并提出了“天人相应”的医疗原则，主张将自然现象、生理现象和神经活动结合起来考察疾病的根源。

道家（公元前 500 年）的经典著作《道德经》开篇就说：“道，可道也，非恒道也。名，可名也，非恒名也。‘无’，名天地之始；‘有’，名万物之母。”又有“道生一，一生二，二生三，三生万物”“天人合一，道法自然”，认为“道”是事物之本原，又是事物的法则，而且处于自发的不断运动之中。道家的系统思想，特别是关于系统自发组织的思想得到了当代系统思想家的重视。

“天人合一”的整体宇宙观是中国传统文化观念的特点之一。这种宇宙观认为主体和客体是统一的，人是宇宙整体中的一部分，自然与人类有统一性。“太极”就体现这种思维方式。所谓太极，也就是太一。这里的“一”是哲学意义上的一，是整体的一。太极的两仪象征万事万物由阴阳两气构成，两气相互调和、消长，形成万事万物。

在中国古代农业方面，最突出的是水利建设的璀璨明珠——都江堰工程，历经 2 200 多年，至今仍在发挥作用。它的设计、建造无不体现了系统工程的思想。

同样，古希腊、罗马时期，在农业生产、冶金、建筑、天文地理、医学等领域都表现出丰富的系统思想。亚里士多德曾经指出“整体大于它的各部分之和”。

科学发展到 20 世纪以后，系统思想逐渐从潜意识变成系统的理论。近代比较完整地提出“系统”一词概念的是亨德森，后来美籍奥地利理论生物学家贝塔朗菲的一般系统论的提出是系统论创立的标志。20 世纪 20 年代，从批判当时生物学中流行的机械论和活力论观点出发，贝塔朗菲提出生物学的机体论概念，强调把有机体作为一个整体或系统来考察，这是一般系统论的萌芽。更进一步，他于 1937 年在美国芝加哥大学提出了一般系统论的概念，但因受到压力而未发表，直到 1945 年才正式发表。在 1968 年出版的《一般系统论：基础、发展与应用》一书中，贝塔朗菲更加全面地论述了动态开放系统的理论。该书被公认为一般系统论的经典著作。一般系统论有以下三个基本观点。

（1）整体观点。指一切有机体都是一个整体，有机体是“相互作用的诸多要素的复合体”，其性质取决于复合体内部特定的关系。

（2）动态观点。指一切有机体本身都处于不断的运动状态。生命系统本质上都是有机体，与环境不断地进行物质与能量的交换，并在一定条件下保持其自身的动态稳定性。

（3）层次观点。指各种有机体都按严格的等级组织起来。它们都具有一定的结构，这使有机体保持有序性，从而使有机体具有特定的功能。系统就是由结构和功能组成的统一体。

二、系统的含义

到目前为止，虽然人们对“系统”的理解基本一致，但还没有一个统一的、确切的定义，对系统的定义依照学科不同、使用方法不同和所要解决的问题不同而有所区别。

中国系统科学界对系统的通用定义是钱学森提出的：“系统是指由相互作用和相互依赖的若干组成部分结合成的具有特定功能的有机整体，而且这个‘系统’本身又是它所从属的一个更大系统的组成部分。”具体来讲，系统具有以下六个特点。

1. 组成性

系统由两个或两个以上要素组成，根据系统的不同，系统的要素可以是世界上的一切事物。如果只有一个要素，那么这个要素本身就是一个系统，但它是由许多更小的要素组成的系统。

2. 层次性

要素和系统处于不同的层次，系统包含要素，要素包含于这个系统，要素是相对于它所处的系统而言的。系统是从它包含要素的角度来看的，一个系统总是隶属于其他更大的系统，前者就是后者的一个要素。要素也可称作子系统，子系统就是系统的要素，是隶属于系统的系统。

3. 边界性

系统和要素都有明确的边界，应该能够区分。由于要素包含于系统之中，所以要素的边界小于系统的边界。同时，系统内不同的要素可能会产生边界交叉，但是不能完全重合，都有各自不同的边界。

4. 相关性

要素应该互相联系，将没有联系的要素放在一起不可能成为系统。当然根据物理学的规律，世界万物都是互相联系的，但这里指的联系不是那种与所考虑和要研究的问题毫不相干的联系，而应该是相关的联系。

5. 目的性

要素的结合是为了达到特定的目的，不同的要素的结合、相同的要素进行不同的结合可能目的都不会一样，但它们都是为了满足特定的目的才按照特定的方式结合起来的。

6. 整体性

系统是一个整体，系统无论由什么样的要素和多少要素组成，从形态上讲应该是一个能够与其他系统相区别，并且系统要素互相配合和协调，能够发挥特定功能的整体。系统要素只有以这种方式联合起来才能发挥这样的整体功能。

三、系统论的基本规律

在钱学森等科学家的倡导下，通过吸收国外的研究成果，中国科学家归纳得出了系统论的五个基本规律，即结构功能相关规律、信息反馈规律、竞争协同规律、涨落有序规律和优化演化规律。

1. 结构功能相关规律

系统结构和功能相互联系和相互转化的规律就是系统结构功能相关规律。

结构和功能是任何一个系统都存在的两种基本属性。从哲学及自然科学的发展历史可以看出，人类认识世界首先是从对自然现象的观察开始的，观察到的是世界系统的功能，然后要对出现这些观察结果的原因进行解释和猜测，每一种解释和猜测都离不开一个根本性的依据，即世界系统的结构。

结构是指系统内部各个组成要素之间的相对稳定的联系方式、组织秩序及其时空关系的内在表现形式。

功能是指系统在与外部环境的相互联系和相互作用中表现出来的性质、能力和功效，是系统内部要素之间相对稳定的联系方式、组织秩序及时空形式的外在表现，只有开放系统才会对环境产生功能。

系统的结构与功能存在相互关系。系统的结构决定功能，功能是结构的外在表现，改变系统的结构就能改变功能。只改变系统的功能而不改变系统的结构，或者反过来，都是不能实现的。由于系统结构的改变导致功能的变化，这进一步会促使结构发生变化，最后导致系统处于一个比较稳定的结构和功能状态。

系统结构与系统功能是有明显区别的。结构是内在的，功能是外在的，因而可以将结构和功能两者进行相对独立的研究，系统论提供的“黑箱”方法就是一个例证。

认识事物可以从功能开始，也可从结构开始。比如对于物流系统的认识就是这样，当从物流系统结构开始认识物流系统时，我们采用分析的方法，层层深入，可以获得对物流系统结构的质和量的规定性的认识；当我们从物流现象开始认识物流系统时，我们用的是归纳方法，通过对物流现象的总结和归纳，可以获得对物流系统功能全面和深入的认识。

2. 信息反馈规律

信息反馈规律表明，一定的系统输入可以产生一定的系统输出，再将系统的输出结果反馈给系统的输入，根据输出来调整和控制系统的输入，可使新的输出满足系统设计的要求，达到使输出结果最优的目的。

在控制论中，信息反馈是维持系统的稳定性、推动系统发展和演化的主要机制。

3. 竞争协同规律

系统内部的要素之间及系统与环境之间既存在整体同一性，又存在个体差异性。整体同一性表现为协同因素，个体差异性表现为竞争因素。通过竞争和协同的相互对立、相互转化，推动系统的演化和发展，这就是竞争协同规律。

竞争是系统要素要求保持个体特征的必然结果。达尔文在生物进化论中提出的“物竞天择，适者生存”理论说明了生物个体在自然竞争中具有的不同特征决定个体自己的生存与发展结果的道理；突变论创立者托姆认为“一切形态的发生都归之于冲突”，冲突就是竞争，在经济学中市场竞争是市场经济的基本规律。

协同是系统要素互相依赖的必然结果。协同学的创始人哈肯说：“协同学……要研究那些以自组织形式出现的结构，从而寻找与子系统性质无关的、支配着自组织过程的一般原理。”

系统论认为，系统要素的竞争和协同是相互依赖的。正如普利高津在“耗散结构理论”中提出的那样，耗散就是系统与环境的交换，这种交换就是系统与环境的竞争和协同，通过建立耗散结构，一个远离平衡态的系统可以实现自组织。这只有通过竞争和协同才能实现。

4．涨落有序规律

系统的发展演化通过涨落达到有序，通过个别差异得到集体响应放大，通过偶然性表现出必然性，从而实现从无序到有序、从低级到高级的发展，这就是涨落有序规律。

涨落就是起伏变化，就是从系统稳定的平衡状态的偏离，就是一种非平衡；有序就是系统要素之间及系统与环境之间的有规则的联系。通过涨落实现有序是一个开放系统自组织的一种结果。如果涨落有序，系统就进化，否则，通过涨落达到无序，就会导致系统解体和退化。

5．优化演化规律

优化演化规律揭示了系统在不断演化过程中得到不断优化和进化的规律性变化。

演化是系统通过渐变和突变而产生的结果，系统在渐变和突变中得到优化。为了求得系统与环境的平衡，开放系统要素总是处于不断调整中，从外部来看就表现为系统的渐变。幼苗在渐变中长成大树，孩童在渐变中长大成人，动物种群在渐变中淘汰和完善，这是系统发展的普遍规律。

系统演化是不可阻挡的，但系统优化需要一定的条件，并且优化的标准也处在不断演化之中。要想使系统按照优化的要求来演化，就必须提供相应的条件。人类研究系统的优化演化规律，就可以通过改变系统环境条件，改变系统演化的道路，或者促进系统演化的速度，达到在系统演化过程中优化系统的目的。

四、系统论的基本原理

系统论作为一门理论，它的核心理论经过不断发展已初步形成，基本原理得到了初步归纳。清华大学教授魏宏森等归纳提出了系统论的八个原理，分别用来说明系统的整体性、层次性、开放性、目的性、突变性、稳定性、组织性和相似性的特点。

1．整体性原理

亚里士多德的哲学命题“整体大于它的各个部分之和”是对系统整体性原理最简洁直观的阐述。

整体性原理的核心内容包括以下四点。

（1）整体由部分组成。整体是由各个部分组成的，各个部分通过集成和一体化过程可以形成一个整体。部分在整体中有两种存在方式：第一种是在整体中保持着相对独立性，但与其他部分相互结合；第二种是改变原有形态以后与其他部分相互结合，失去独立性。

（2）整体是由各部分有机构成的。一个整体，如果将其分成各个不同的部分，整体就消失了，因此整体是由部分有机构成的，部分之间存在互相协调、互相关联、密不可分的"有机"关系。

（3）独立存在的部分可以通过一体化过程形成整体。在将独立存在的部分一体化为整体时，需要解决的问题包括：按照整体对部分的功能定位要求，使部分实现这些功能；按照整体的要求确定部分之间在时空上的排列状况；按整体的要求让部分在规定的时间和空间范围内发挥功能；按照整体的要求构造部分之间的相互关系，等等。

（4）整体与部分之间存在复杂的关系。整体与部分之间至少存在三种典型的关系，即整体大于部分之和、整体等于部分之和及整体小于部分之和。

① 整体大于部分之和。当部分之间的主要作用表现为相互协同而不是相互抵消时会呈现这种非加和关系，这是系统最重要的属性之一。人们对系统的最大期待就是通过将部分整合在一起得到比各部分单独存在而获得的更大收益，即追求"1+1＞2"的效果。但是要注意，只有将满足条件的部分整合起来才能达到这样的效果，因此，在用"整体大于它的各个部分之和"来表示系统的整体性时应该有附加条件。

② 整体等于部分之和。如果一个系统各部分之间的相互作用比较弱，以至于对于某些研究可以忽略不计，并且记述各部分行为的关系是线性的，那么这个系统的整体与部分具有加和性。这种加和性关系反映了整体与部分之间量的守恒方面的规律。

③ 整体小于部分之和。当部分之间的相互作用主要表现为相互抵消而不是相互协同时产生这种非加和的结果。它主要反映系统整体质的变化和量的非连续性、量的不守恒。

2. 层次性原理

系统组成要素在数量和质量及结合方式等方面存在差异，使得系统组织在地位与作用、结构与功能上表现出等级秩序，形成具有质的差异的系统等级。系统的这种层次性是系统的一种基本特征。

层次性原理的要点可以归纳为以下三个方面。

（1）系统的层次是无限的。系统是由不同层次的要素组成的，按照唯物论的观点，系统的层次是无限可分的。

（2）系统的层次具有相对性。系统相对于它所包含的要素而成为系统，对于比它更高层次的系统来讲，系统又是要素，所以系统和要素是相对的。理解这种相对性可以避免一些概念上的混淆。

（3）系统的层次具有多样性。系统可以按照不同的属性、特征或者目的来划分层次。因为系统是一个整体，组成系统的要素互相联系并发挥各自的作用。为了达到一定的目的，可以按照一定的属性、特征等对系统的层次进行重新划分，这种划分并不能改变系统要素本身的客观存在，但是我们可以由此取得对系统的全面认识。

3. 开放性原理

系统具有不断与外界环境交换物质、能量、信息的性质和功能，系统与环境的这种交换关系就是系统开放性的表现。

系统必须保持开放。由于系统具有层次性，系统是对于系统内的要素而言的，一个系统的外部环境是一个高一级系统的内部环境。说系统要开放，从更高层次上讲，就是系统内部要素要产生联系。如果系统的一个部分与其他部分没有联系，说明它不是系统的一个部分，它就没有功能，因为功能就是对环境的影响，这样的系统实际上是无法存在的。

保持系统开放的关键是，必须设计好系统与环境的接口。这个接口应该既能保持系统与环境的动态交换，同时能保持系统本身的整体性；能够有利于系统从环境中吸取必要的物质、能量和信息，同时能保证系统本身的有用物质、能量和信息得到控制和保护。

4．目的性原理

系统在与环境的相互作用中，其发展变化在一定范围内不受或很少受条件变化的影响，坚持表现出某种趋向预先确定的状态的特性，就是系统的目的性。

系统之所以存在就是要达到某种目的。系统的目的是通过系统对环境产生的功能而实现的。功能与目的有区别，功能是系统的直接产出，目的是通过功能的实现而间接达到的。系统通过实现功能来达到目的，功能是不可逾越的。不发挥任何功能就要达到目的是不可能的，也是违背唯物论原则的。任何系统都必须通过实现功能来达到目的，因此在设计一个系统时，应该事先确定系统的目的，然后根据这些目的来设计系统应该具有的功能，再根据要实现的功能来确定系统的结构。系统功能的设计受系统目的的制约，系统功能必须满足目的的要求。

系统的目的是多元化的，有时还是相互冲突的。当系统以整体出现的时候，一定要对系统的不同目的进行协调和权衡，将系统的目的分成不同的层次、不同的重要程度、不同的时间序列等，最终形成整个系统统一的目的。

理解系统论这一原理的关键是，要合理确定系统的目的。一个系统有多个目的，这些目的本身需要协调和优化，因为系统的目的最初可能是自相矛盾的，但最后必须归为统一，让系统的目标一致起来；同时，要对系统所包含的要素目标进行优化，系统要素目标的优化也比较复杂。

除以上四个原理之外，系统论还提出了突变性原理、稳定性原理、组织性原理、相似性原理等。这些原理与系统论的五个规律共同构成系统论的核心内容。另外，系统论还包含了一些具体的科学分析方法和手段，如信息论、控制论、决策论、网络理论、随机模型、运筹学等。这些现代方法与手段都是系统论的一个组成部分，只有这样，系统论才不会停留在古典哲学的纯粹思辨层面，而成为一种科学的思想方法和科学研究工具。

五、系统论的核心观点

1．系统论的重要观念

系统论的观念体现在系统的特性、系统论的基本规律和原理之中。系统论的重要观念主要有以下八种。

（1）系统是一个整体。

（2）系统有明确的目的。

（3）系统由两个或两个以上相互关联的要素组成，但杂乱无章、互不相干的要素放在一起不能构成系统。系统要素的微观联系会涌现出系统的宏观功能，系统要素之间的联系是系统最重要的本质特征。

（4）要素与系统所处的层次不同，因此系统和要素不具有可比性。

（5）要素可以以不同的方式组合在一起，形成特定的结构，这就需要对系统进行规划、组织和控制。

（6）一定的结构产生一定的功能，要想使系统发挥特定功能，就必须使系统具备特定的结构。

（7）系统会表现出任何要素都不具备的特征，在条件合适的情况下，要素进行整合后可以达到“整体大于它的各个部分之和”的效果。

（8）封闭系统必将走向灭亡，系统一定要在动态变化中发展。

2. “系统”二字可省略

“系统”二字往往可以省略。我们可以将某一系统明确地贴上“系统”的标签，但是世界万物都是系统，如果全部贴上这个标签就有多此一举之嫌，实际上也确实不一定有必要。不说出“系统”二字，不能说明它不是系统，也不能说明我们不采用系统思维考虑该事物。因而对于万物的分析，如果不是特别强调系统之间、系统各个要素之间的结构及它们之间的相互关系，并且如果我们对于系统的结构和功能并非视而不见，就可以不用特别标明“系统”二字。物流也是一个系统，即物流系统，物流就是物流系统，物流与物流系统从概念上讲没有区别，物流概念就是物流系统这个概念的省略语。如果非要说出“物流”和“物流系统”这两个概念的不同的话，区别就在于后者明确地强调了“系统”二字，而前者没有。

第二节　物流系统概述

一、物流系统的内涵

从系统的角度理解，物流是一个系统，它具有系统的所有特征。根据系统的理论，物流系统是指在一定的时间和空间里，由能够完成运输、存储、装卸、包装、流通加工、配送、信息处理活动或功能的若干要素构成的具有特定物流服务功能的有机整体。物流系统的目的是实现产品或商品的空间效益和时间效益，在保证社会再生产进行的前提条件下，实现各种物流环节的合理衔接，并取得最佳经济效益。

用系统的观点来研究物流活动，是现代物流科学的核心问题。物流活动的诸要素能否组成物流系统，关键在于它们是否能够在一个共同的目标下经过权衡和协调达到较优的配合，从而使系统整体达到最优。

物流系统具有一般系统所共有的整体性、相关性、目的性、环境适应性等特征，同时还具有规模庞大、结构复杂、目标众多等大系统所具有的特征。

1. 物流系统是一个“人机系统”

物流系统由人和形成劳动手段的设备、工具组成。它具体表现为物流劳动者运用运输设备、装卸搬运机械、仓库、港口、车站等设施，作用于物品的一系列生产活动。在这一系列物流活动中，人是系统的主体。因此，在研究物流系统各个方面的问题时，必须把人和物有机地结合起来，加以考察和分析。

2. 物流系统是一个大跨度系统

在现代经济社会中，企业间物流经常会跨越地域，国际物流的地域跨度更大。物流系统通常采用存储的方式解决产需之间的矛盾，这一过程的时间跨度往往也很大。物流系统的跨度越大，其管理方面的难度越大，对信息的依赖程度也就越高。

3. 物流系统是一个可分系统

首先，物流系统是由运输、储存、装卸、加工及信息处理等多个单元构成的。这些单元可以成为子系统，这些子系统当中的任何一个或几个通过有机结合，都可以构成具有特殊功能的物流系统；另外，这些子系统又可按空间或时间特性划分成更低层次的子系统，即每个子系统都具有层次结构。其次，不同层次的子系统既相互区别又相互联系、相互协调，通过有机结合构成一个整体，且系统的整体功能大于各子系统功能之和。

4. 物流系统是一个动态系统

物流系统一般联系多个企业与用户，随着供需情况、价格等因素的变化，系统内部的要素及系统的运行也经常发生变化。由于社会需求和生产等环境条件是时时变化的，物流系统必须是一个灵活、可变且具有适应环境能力的动态系统。

5. 物流系统是一个复杂系统

物流系统的运行对象是“物”,“物”的多变性增加了物流系统的复杂性。物品资源品种庞杂、参与人员众多、物品占用大量资金、物流网点遍及城乡各地，由此导致的所有人力、物力、财力资源的组织及合理配置，是一个非常复杂的问题。在物流活动中，始终贯穿着大量的物流信息，如何把大量的信息收集好、处理好并使其为物流活动服务是一个非常复杂的问题。

6. 物流系统是一个多目标系统

物流系统的总目标是实现社会效益及经济效益，在实际工作中要同时实现物流时间最短、服务质量最佳、物流成本最低这三个目标几乎是不可能的。物流系统存在非常强的“效益背反”现象。“效益背反”是指物流系统的若干功能要素之间存在损益的矛盾，即在某一功能要素的优化和利益发生的同时，必然会存在另一个或几个功能要素的利益损失，反之亦然。这种此消彼长、此盈彼亏的现象，在物流系统中尤其突出。例如，减少库存量能抵减库存持有成本，但会增加运输次数，从而增加了运输成本。这些相互矛盾的问题在物流系统中广泛存在，而物流系统又需要在这些矛盾中运行，并尽可能满足人们的要求。显然，在物流系统规划与设计中，应该建立多目标函数，并在多目标中求得系统的整体最佳效果。

二、物流系统的目标

物流系统是社会经济大系统的一个子系统或组成部分，其目标是获得宏观和微观最大的经济效益。物流系统的宏观经济效益是指物流系统作为社会经济系统一个子系统，对整个社会流通和国民经济产生的影响。物流系统的微观经济效益是指物流系统本身在运行过程中取得的企业效益，其直接表现形式是这一物流系统通过组织“物”的流动，实现本身消耗与取得效益之合理比例。在物流系统运行基本稳定后，物流系统的微观经济效益主要表现在企业通过物流活动所获得的利润，或为其他系统所提供的服务上。

具体来讲，物流系统要实现以下 5 个目标，简称为“5S”。

1. 服务（Service）

物流系统是联系生产和再生产、生产和消费的桥梁和纽带，因此要求有较强的服务性。这种服务性就是要以用户为中心，树立用户第一的观念，将物品按照用户的要求，以最快的方式、最低的成本送到用户手中。

2. 快速、及时（Speed）

及时性是服务性的延伸。随着社会的进步，客户对物流快速和及时性的要求也更加强烈。物流系统中采用直达运输、多式联运、快速反应机制等管理和技术，就是这一目标的体现。

3. 库存控制（Stock Control）

库存控制是及时性的延伸，也是物流系统本身的要求，涉及物流系统的效益。物流系统通过本身的库存，起到对众多生产企业与消费者的需求保证作用，从而创造一个良好的社会外部环境。在物流领域中正确确定库存方式、库存数量、库存结构、库存分布就是库存控制目标的体现。

4. 低成本（Saving）

物流过程消耗大，且基本不增加物品的使用价值，因此，通过节约来降低投入是非常重要的手段。物流领域必须提高物流作业能力，采取各种节约、省力、降耗的措施，以实现降低物流成本的目标。

5. 规模优化（Scale Optimization）

相对生产系统而言，物流系统的稳定性较差，不易形成标准的规模化模式，较难获得规模效益。但可以通过科学规划来构建物流系统，提高物流系统的集约化程度，以实现规模优化的目标。

三、物流系统的分类

由于不同领域物流系统的对象、目的、范围和范畴的差异，物流系统的分类有着不同的方法和标准。按照物流的源点和流向，物流系统可分为正向物流系统和逆向物流系统；按照物流活动的规模和范围，物流系统又可分为社会物流系统和企业物流系统。本书主要从物流活动的规模和范围的角度对物流系统进行分类后加以分析，并以此为基础来说明各类物流系统规划与设计的理论和方法。

1. 社会物流系统

社会物流系统是指通过对多种资源的整合，形成服务于一个城市、一个区域甚至一个国家集团的社会基础服务体系，提升全社会物流服务水平，降低物流成本。

社会物流系统是国民经济活动和区域经济发展的动脉，是联系生产与消费的纽带，是社会发展和人民生活水平提高的基础条件，也是衡量一个国家或区域现代化程度的重要标志之一。世界各国都将构筑社会物流系统作为增强综合竞争能力的基础要素和重要战略措施。部分发达国家早在几十年前，就通过加大国家基础设施建设的投入、在税收等方面给予优惠等方式，促进社会化物流系统的形成和发展。

社会物流系统包括三大服务领域、两个基础平台、一个企业群体、一个产业宏观发展政策环境。

（1）社会物流系统的三大服务领域为：国际物流、区域物流、城市物流。根据现代物流业发展趋势，三大领域的基本发展目标为：适应跨国公司全球经营战略需求的国际物流体系；具有高时效性的区域运输服务体系；提供快速、准时、多样化服务的城市物流配送服务体系。

（2）社会物流系统的两个基础平台为：物流基础设施平台、物流基础信息平台。物流基础设施平台的构成包括：物流园区，特征指标包括位置、规模、功能；货运通道，连接主要物流节点的货运干线，特征指标包括连接端点、道路等级、可利用时段、饱和情况、通行能力瓶颈位置；外部交通设施（含港口、机场、铁路），特征指标为容量、航线航班等；配送道路体系，特征指标包括分时段允许配送车辆通行的区域、允许配送车辆停靠的区域。物流信息平台由物流节点信息平台和公共物流信息平台两个层面组成。物流信息平台为企业提供一个公共物流信息基础。物流信息平台采用物流信息服务中心或物流数据中心的形式和政府支持建设、企业化运营的方式进行运作。

（3）社会物流系统的企业群体是具有相互补充的核心业务能力、构成物流行业主体的企业网协作群体。现代物流业是由具有不同核心业务能力的企业群体构成的，包括具有综合物流管理能力的第三方物流服务商，具有综合运输组织管理能力的多式联运服务商，提供多样化服务的货运代理商，提供准时、快速服务的配送业服务商，具有先进运输管理能力的承运人企业等。

（4）社会物流系统的宏观发展政策环境是适应产业发展规范化、具有政府主管部门协同能力的政策环境。通过政府部门的协同工作机制来分析国外物流政策演变过程，可以看到，政策环境具有阶段性的特点。例如，一般在市场不成熟的情况下采用较强的市场准入管制（管制方法为资格条件准入），当市场发育到一定阶段采用放松管制的原则。政府部门之间的协同工作机制一般包括：目标的分解与协调、协同组织方式、信息沟通协调、任务的协调等。

2．企业物流系统

企业物流系统是从企业角度研究与之有关的物流活动，是具体的、微观的物流活动。它是指某一企业或部门为了满足一定的物流服务需求、实现具体的物流服务目标而构建的物流服务系统。

企业物流系统包括生产企业物流系统、商业企业物流系统和物流企业物流系统。

（1）生产企业物流系统。生产企业物流系统一般由五个方面组成：①供应物流，包括原材料等一切生产要素的采购、进货、运输、仓储、库存管理和用料管理；②生产物流，包括生产计划与控制、厂内运输（搬运）、在制品仓储与管理等活动；③销售物流，包括产成品的库存管理、仓储、配送、发货、运输、订货处理与客户联系等活动；④回收物流，包括废旧物品、边角余料等的回收利用；⑤废弃物流，企业排放的无用物的运输、装卸和处理。

（2）商业企业物流系统。商业企业物流系统是未来物流系统的主流，如果说生产企业物流系统的作用在于提高企业的利益，而商业企业物流系统则直接面对广大消费者，从物流系统中直接受益的是消费者和社会全体。商业企业物流系统对提高人民生活水平与生活质量、促进经济发展至关重要。商业企业物流系统因为没有涉及生产环节，所以比生产企业物流系统简单，其最重要的部分就是配送中心或物流中心。

（3）物流企业物流系统。物流企业物流系统也就是第三方物流系统，基本上由运输系统、仓储系统和信息系统等组成。

3．社会物流系统与企业物流系统的关系

社会物流系统和企业物流系统是完成各种物流活动不可缺少的资源，它们相互联系、相互衔接、相互补充，共同完成各种物流服务业务。但这两类系统是不同的系统，是有区别的，社会物流系统不能替代企业物流系统，反之亦然。二者相互的不可替代性主要表现为以下三个方面。

（1）目标不同。建设社会物流系统的主要目标是满足整个社会经济的发展需要，追求整个社会的综合效益和可持续发展；而企业物流系统目标是满足某个具体企业的经营需要，追求该企业的经济效益。

（2）服务对象不同。社会物流系统将社会经济领域的所有经济实体作为服务对象，包括生产制造企业。商业销售企业、物流企业，它对接整个社会的经济活动，要抽象出整个经济社会物流服务需求的共性、普遍性，为整个社会构筑一个优化的物流服务体系。企业物流系统不一样，企业构建物流系统的服务对象很明确，是为自己或某一特定的客户群提供服务，服务的目标客户比较具体。

（3）资源配置不同。社会物流系统从整个社会角度考虑物流资源的需求，配置社会物流资源，如铁路、公路、水路、航空、各种港站码头、公共物流园区、公共信息平台等公共物流资源，其目的是解决在市场经济环境下，由单个企业难以实现却不可缺少的物流资源配置问题，需要由政府干预创建一个公共物流资源平台，以满足企业需要。企业物流系统从自身需求考虑，配置企业内部资源及社会资源的利用，要素的组成具有个性化特点，系统的构建属于企业行为。

同时，社会物流系统与企业物流系统是相互联系、衔接与补充的关系。社会物流系统是企业物流系统的基础，企业物流系统是构建于这一物流基础平台之上的具体物流服务实体，企业物流系统离不开社会物流系统的支持，没有政府投资建设的交通基础设施，任何企业将难以开展物流服务。社会物流系统直接制约企业物流系统的构建，如企业物流或配送中心的选址都受交通条件的限制。社会物流系统通过对企业物流系统的影响，引导物流资源优化配置。

同样地，企业物流系统是影响社会物流系统建设的关键因素，社会物流系统的构建需要满足企业物流系统构建的需要，社会物流系统的功效也只有通过企业物流系统才能实现，否则将导致社会物流系统资源闲置，如物流园区建设成败的关键是有没有足够多的企业进驻。企业物流系统通过对社会物流系统的资源选择，促进社会物流系统的优化。

社会物流系统与企业物流系统的关系，如图 1.1 所示。

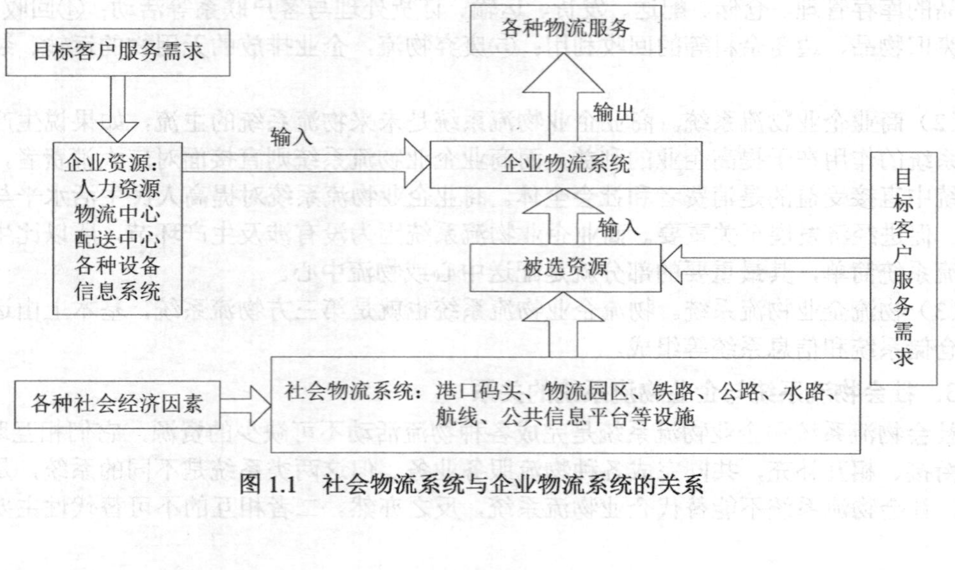

图 1.1　社会物流系统与企业物流系统的关系

第三节　物流系统的要素及联系

一、物流系统的要素

与一般的管理系统一样，物流系统是由人、财、物、设备、信息和任务目标等要素组成的有机整体。由于物流系统的特点，物流系统的要素还可具体分为功能要素、支撑要素、物质基础要素、流动要素、网络要素等。

1．功能要素

物流系统的功能要素指的是物流系统所具有的基本能力，这些基本功能有效组合、联合在一起，以完成物流系统的目标。

通常，物流系统的功能要素可包括运输、储存、包装、装卸搬运、流通加工、配送及信息处理。

如果从物流活动的实际工作环节来看，物流工作就是由上述七个具体功能要素组成的。也就是说，物流活动能实现以上七项功能。

在上述功能要素中，运输和储存分别解决了供给者及需求者之间空间和时间的分离问题，是物流创造“空间效用”及“时间效用”的主要功能，因而在物流系统中处于主要功能要素的地位。

2．支撑要素

物流系统处于复杂的社会经济系统中，其建立需要有许多支撑手段。物流系统的支撑要素主要包括体制、制度，法律、规章，行政命令，标准化系统和组织及管理等。要确定物流系统的地位，以及协调与其他系统的关系，这些支撑要素必不可少。

（1）体制、制度：物流系统的体制、制度决定了物流系统的结构、组织、领导、管理方式，决定了国家对物流系统的控制与指挥。管理方式及系统的地位、范畴是物流系统的重要保障。有了这个支撑条件，物流系统才能确立在国民经济中的地位。

（2）法律、规章：物流系统的运行，不可避免地会涉及企业或人的权益问题。法律、规章一方面限制和规范物流系统的活动，使之与更大系统协调；另一方面对物流系统的活动提供法律保障，如合同的执行、权益的划分、责任的确定等都需要靠相应的法律和规章来维系。

（3）行政命令：物流系统一般关系到国家军事、经济命脉，所以行政命令等手段也常常是支持物流系统正常运转的重要支撑要素。

（4）标准化系统：实施标准化以保证物流环节协调运行，是物流系统内部及其与其他系统在技术上实现无缝连接的重要支撑条件。

（5）组织及管理：组织及管理发挥协调与控制各种物流要素、规范物流业务活动、协调相关各方利益冲突等作用，以保证物流系统目标的实现。有效且高效率的组织管理是物流系统至关重要的组成部分。

3．物质基础要素

物流系统的建立和运行，需要有大量基础设施和技术装备手段有机联系，以构成物流系统的物质基础要素，这些要素对实现物流的运行具有决定性作用。

（1）物流设施：物流设施是物流系统运行的基础和物质条件，主要包括物流节点（仓库、港口、车站、码头、物流园区、物流中心、配送中心等）和运输通道（铁路、公路、水路、航空、管道）。

（2）物流设备：物流设备是形成劳动手段的各种设备或工具，包括运输设备、仓储设备、搬运设备、包装设备、加工设备及办公设备和设备维修工具等。

（3）信息技术及网络：信息技术及网络为物流各环节的衔接与协调提供了必要的支撑，包括通信设备及线路、传真设备、计算机及网络设备等。

4．流动要素

如果抽象掉物流对象的具体特征，从“流”的角度来分析物流系统的要素，那么物流业务可以分解为7个要素的结合，即流体、载体、流向、流量、流程、流速和流效的结合。

（1）流体。流体指物流的对象，即物流中的“物”，一般指物质实体。流体具有自然属性和社会属性。流体的自然属性是指其物理、化学、生物的属性。物流管理的任务之一是保护好流体，使其自然属性不受损坏，因而需要对流体进行检验、养护，在物流过程中需要根据物质实体的自然属性合理安排运输、保管、装卸等物流作业。流体的社会属性是指流体所体现的价值属性，以及生产者、采购者、物流作业者与销售者之间的各种关系。有些关系国计民生的重要商品作为物流的流体还肩负着国家宏观调控的重要使命，因此在物流过程中需要保护流体的社会属性不受任何影响。

可用价值密度来反映流体的价值特性。流体的价值密度是单位流体所含的价值，其中单位流体可以根据需要分别指单位重量（如每吨）、单位体积（如每立方米）、单位数量（如每个）；价值可以是出厂价，也可以是销售价。

流体的价值密度是一个具有多种用途的重要参数。它可以反映商品的价值高低，可以反映生产过程的技术构成，其对物流部门确定物流作业方案、对货物保险条款的确定都有重要参考价值。价值密度越大的商品，其物流过程越要精心，一方面可采取商品保险措施，另一方面要精心规划和选择运输方式、运输工具、保管场所、包装方式和材料及装卸设施设备。

流体要不断流动。由于物流的目的是实现流体从供应者向需求者的流动。尽管为实现此目的，有一部分流体要不断地储存在仓库中，这也是流动的前提，是流动的一种形式，但所有的流体最终都要经过运输等方式实现空间上的移动。总体来说，流体是处于不断流动状态中的。

（2）载体。载体是指流体借以流动的设施和设备。

① 设施。第一类载体指基础设施。如铁路、公路、水路、港口、车站、机场等基础设施，它们大多是固定的、需要高额投资的、使用年限较长的，同时对物流的发展也是战略性的。

② 设备。第二类载体指设备，即以第一类载体为基础，直接承载并运送流体的设备。如车辆、船舶、飞机、装卸搬运设备等，它们大多可以移动，使用年限相对较短，而且必须依附于固定设施才能发挥作用。

物流载体是物流系统最重要的资源。物流载体的状况，尤其是第一类载体，即物流基础设施的状况直接决定物流的质量、效率和效益，也决定着物流系统中物流系统网络的形成与运行。基础设施决定物流的发展。

（3）流向。流向是指流体从起点到终点的流动方向。物流是矢量，物流的流向有两类，即正向和反向。

① 正向物流的流向。起点是供应链的上游，终点是同一供应链的下游或者是沿着下游的方向的流向就是“正向物流”。正向是物流系统的主要流向，可以从不同的角度对流向进行分类。从流向的计划性角度分类可以将流向分为四种：自然流向，指由自然资源分布、工厂布局、产销关系等所决定的商品的流向，这表明一种自然的客观需要，即商品要从资源富有地流向资源贫瘠地、由产地流向销地；计划流向，指根据流体经营者的商品经营计划而形成的商品流向，即商品从供应地流向需求地；市场流向，指根据市场供求规律由市场确定的商品流向；实际流向，指在物流过程中实际发生的流向。

对某种商品而言，可能会同时存在以上几种流向。如根据市场供求关系确定的商品流向是市场流向，这种流向反映了产销之间的必然联系，是自然流向。实际发生物流时还需要根据具体情况来确定运输路线和调运方案，这才是最终确定的流向，这种流向是实际流向。在确定物流流向时，理想的状况是商品的自然流向与商品的实际流向一致，但由于计划流向与市场流向都有其存在的前提，还可能由于载体的原因，导致商品的实际流向经常偏离自然流向。

② 反向物流的流向。起点是供应链的下游，终点是同一供应链的上游或者是沿着上游的方向的流向就是“反向物流”。反向物流需要花费更多的成本。由于制造过程、采购过程、销售过程的错误导致产品退货、召回、拒收等反向物流，以及由于物流运作过程的失误造成的反向物流，都会吞噬供应链利润。因此，应该最大限度地减少这种反向物流的比重。但像包装物回收、废弃物处理等反向物流则能获得正面的效益。

（4）流量。流量即通过载体的流体在一定流向上的数量表现。流量与流向是不可分割的，每一种流向都有一种流量与之对应。因此，流量的分类可以参照流向的分类，分为四种，即自然流量、计划流量、市场流量和实际流量。但是，流量的分类也有其特殊性，根据流量本身的特点，可以将流量具体分为两类：第一类是实际流量，即实际发生的物流流量。实际流量又可分为五种，即按照流体统计的流量；按照载体统计的流量；按照流向统计的流量；按照发运人统计的流量；按照承运人统计的流量。第二类是理论流量，即从物流系统合理化角度来看应该发生的物流流量，也可按照与实际流量对应的五个方面来分类。另外，流量统计的单位也可根据具体统计目的确定，如吨、立方米、元等。

从物流管理角度来看，理想状况的物流应该是在所有流向上的流量均匀分布的，这样，物流资源利用率最高，组织管理最有效率。但实际上，在一定的统计期间内，所有流向上流量达到均衡的物流是不存在的，在流体之间、载体之间、流向之间、承运人和托运人之间的实际物流流量是不可能达到均衡的。这样，就需要从宏观物流管理的角度，通过资源的合理配置、采用合理的物流运行机制等手段消除物流在流向和流量上的不均衡。

（5）流程。流程即通过载体的流体在一定流向上行驶路径的数量表现。流程与流向、流量一起构成了物流向量的三个数量特征，流程与流量的乘积还是物流的重要量纲，如吨公里。流程的分类与流向和流量的分类基本类似，可以分为自然流程、计划流程、市场流程与实际流程，还可以像流量的分类那样，将物流流程分为两类：第一类是实际流程，实际流程又可按照与流量相对应的五种口径来统计；第二类是理论流程，理论流程往往是可行路径中的最短路径。路径越长，运输成本越高，如果要降低运输成本，一般就应该尽量缩短运输里程。

（6）流速。流速即单位时间流体转移的空间距离。流速由两部分决定：一是流体转移的空间距离，即流程；二是进行这种转移所用的时间。流速就是流程除以时间所得到的值。流体在转移过程中总是处于两种状态，第一种状态是在运输过程中，第二种状态是在储存过程中，流速衡量的就是这两种状况。由于第二种状态需要花费时间，但是并不发生空间位移，因此，第二种状态的存在是导致流速降低的原因，而第一种状态采用的具体运作方式（如不同的运输设备、不同的运输网络布局、不同的装卸搬运方式和工具等）也会对单位时间内流体转移的空间距离产生影响。因此，要提高物流的速度从而提高商品周转速度，就必须从决定流速的两个方面着手进行合理规划。

（7）流效。流效即物流的效率和效益。物流的目的是用最少的物流总成本完成物品从生产地到需求地的转移，并满足客户的其他物流服务要求。这个目的集中体现在物流的效率和效益上。

物流效率是指单位人力、资本、时间等要素的投入所完成的物流量的大小，可用物流的反应速度、订货处理周期、劳动生产率、物流集成度、物流组织化程度、第三方物流的比重等一系列定量和定性指标来衡量。物流效益是指单位人力、资本、时间等要素的投入所完成的物流收益的大小，可用成本、收益、服务水平等定量和定性指标来衡量。

根据不同的主体，可将物流的效益分为两部分：物流服务提供方的效益和物流服务需求方的效益。以上两种效益之间经常存在冲突。因为，一般来说，物流服务提供方的收益就是物流服务需求方的成本，物流服务提供方努力增加的东西正好是物流服务需求方努力减少的东西，即双方存在利益的冲突。一个优化的物流系统应该在这两种效益上寻求能够实现“双赢”的平衡点，这也是物流系统集成的主要内容之一。

物流的效率与效益从根本上来讲是一致的。物流的高效率一般会带来高效益。物流效率和效益也经常发生冲突。例如，提高效率经常需要增加投入，包括增加固定资产投资和营运资本投入，这样使固定资产折旧增加，运营成本增加，如果没有相匹配的业务规模保证，就会减少获得相应效益的可能性。

物流的流体、载体、流向、流量、流程、流速和流效七要素之间有极强的内在联系。流体的自然属性决定了载体的类型和规模，流体的社会属性决定了流向和流量，载体对流向和流量有制约作用，载体的状况对流体的自然属性和社会属性均会产生影响，流体、载体、流向、流量、流程等决定流速，其他物流六要素的具体运作决定了流效。因此，进行物流活动要注意处理好七要素之间的关系，否则可能使物流成本提高、服务降低、效益低下、效率下降，即流效变差。

流体、载体、流向、流量、流程、流速更多地考核物流的“自然属性”，包括设施设备的要素、技术的要素等；流效则更多地考核物流的“社会属性”，包括人的要素、组织的要素、资金的要素、信息的要素等。

5．网络要素

就本质而言，任何一个物流系统都是开放的网络，而网络要素由节点和节点间的连线组成。

（1）点。在物流过程中供流动的物品储存、停留以便进行后续物流作业的场所称为点，如工厂、商店、仓库、配送中心、车站、码头等，也称节点。点是物流基础设施比较集中的地方。根据点所具备的功能可以将其分为以下三类。

① 单一功能点。这类点的主要特点是：只具有某一种功能，如专门进行储存、运输、装卸、包装、加工等单一作业，或者以某种功能为主，以其他功能为辅；需要的基础设施比较单一和简单，但规模不一定小；在物流过程中处于起点或者终点。工厂的原材料仓库，不具备商品发运条件的储备型仓库，仅承担货物中转、拼箱、组配的铁路站台，仅供停泊船只的码头等就属于单一功能点。

这类点的业务比较单一，比较适合进行专业化经营。但是从物流系统的角度来看，必须将许多单一功能集成起来才能完成所有的物流业务。因此，如何将各个行使单一功能的不同的点集成起来、由谁来集成及如何集成，都是非常重要的问题。

② 复合功能点。这类点的特点是：具有两种以上主要物流功能；具备配套的基础设施；一般处于物流过程的中间。这类点多以周转型仓库、港口、车站、集装箱堆场等形式存在。规模可大可小，小规模如商店后面的一个小周转仓，在那里要储存商品、处理退货、粘贴商品条形码、重新包装商品，以及向购买大宗商品的顾客发货等；大规模的如一个年处理 80 万个 TEU 的大型集装箱堆场，除了储存集装箱，还有集装箱掏箱、商品检验、装箱，同时，一般的集装箱堆场都与码头或者港口在一起，在那里有大规模的集装箱吊车、大型集装箱专用运输车辆等。

这类点很多，如厂家在销售渠道的末端设立的配送中心或者中转仓库、一个城市集中设立的物流基地等，在一个点上具有储存、运输、装卸、搬运、包装、流通加工、信息处理等功能中的大部分或者全部，它们都属于复合功能点。

③ 枢纽点。这类点的特点是：物流功能齐全；具备庞大、配套的基础设施及附属设施；有强大的吞吐能力；对整个物流系统网络起着决定性和战略性的控制作用，该点一旦形成，以后很难改变；一般处于物流过程的中间。比如辐射亚太地区市场的大型物流中心、辐射全国市场的配送中心、一个城市的物流基地、全国或区域铁路枢纽、全国或区域公路枢纽、全国或区域航空枢纽港等都属于枢纽点。

这类点的设施一般具有公共设施性质，因而必定采用第三方的方式进行专业化经营。它的主要优势是辐射范围大，通过枢纽点连接的物流系统网络非常庞大，但是这类点面临着非常复杂的协调和管理问题，信息的沟通、设施设备的运转效率也是这类点值得注意的主要问题。

以上三类点主要是从功能的角度划分的，从单一功能点、复合功能点到枢纽点，功能不断完善，在物流系统网络结构中的辐射范围也不断扩大，规划、设计和管理的难度也逐渐加大。

（2）线。连接物流系统网络中的节点的路线称为线，或者称为连线。物流系统网络中的线是通过一定的资源投入而形成的。线是矢量，分为正向和反向，一般物流的正向是从供应链的上游经过连线到下游，而物流的反向指的是从供应链的下游经过连线到上游。物流系统网络中的线具有以下特点：方向性、有限性、多样性、连通性、选择性、层次性。

物流系统网络不是靠孤立的点或者线组成的，点和线之间通过有机的联系形成了物流系统网络。点和线其实都是孤立的、静止的，但是采用系统的方法将点和线有机地结合起来以后形成的物流系统网络则是充满联系的、动态的。点和线之间的联系也是物流系统网络的要素之一，这种联系才是物流系统网络的灵魂。

二、物流系统要素冲突

物流系统要素之间的联系是物流系统的重要组成部分。要规划、建设和形成物流系统，最重要的是要理解联系、恢复联系、构建联系。联系就是冲突，联系就是相持，联系就是协同。物流系统要素之间的联系也是冲突、相持和协同的综合表现。

下面将分析物流系统要素之间存在的冲突和协同关系。从冲突方面来看，物流系统要素之间存在目标、产权、运作上的冲突。

1. 要素目标冲突

要素目标冲突发生在三个层次：要素之间、要素内部和要素外部。

（1）要素之间的目标冲突。物流系统功能要素之间存在目标冲突。物流系统中各功能独立存在时，各自的目标之间存在冲突。

例如，运输功能要素的目标一般是追求及时、准确、安全、经济。为达到目标，企业通常会采用最优的运输方案，但是在降低运输费用、提高运输效率的同时，可能导致存储成本的增加。从储存的角度来看，为降低库存成本，企业就会降低每次进货的数量，这将导致增加收货次数、缩短收货周期，就会影响运输的经济规模，导致运输成本增加。由此可以看出，物流系统中运输子系统的目标和储存子系统的目标是冲突的，在物流系统形成之前，它们分别追求各自的最优目标。显然，它们的目标是无法简单实现的，而是必须在整个物流系统内进行协调以达成系统的目标。

再如，包装和运输这两个功能要素也存在目标冲突。为了保证运输货物的安全，减少运输中发生的损失，常常会导致物流包装过大、过重、过结实，从而导致包装成本过高，同时增加了无效运输的比重。另外，如果包装的回收和重复利用系统不健全，就会因不能重复使用包装而造成浪费，还会产生额外的包装处理费用。因此，在物流系统中，要协调运输要素和包装要素的目标，实现两个要素目标的整体最优。

（2）要素内部的目标冲突。物流系统的要素可作为系统来分析。物流系统的功能要素都是物流系统的子系统，物流系统要素内部也存在着目标冲突。

以运输功能要素为例，每种运输方式都具有各自的优势。如采用铁路运输成本比较低，但不够灵活；采用公路运输灵活性强，可提供“门到门”服务，但长距离运输运费相对昂贵，且易污染和发生事故；采用航空运输速度快，不受地形的限制，但成本高昂。如果追求速度快、灵活性强，就要付出成本高的代价；如果追求低成本，就要付出灵活性和速度的代价。每种运输要素各具优势，不可兼得，在物流系统中要综合权衡。

又如，在储存子系统中，为保证供应、方便生产，人们会提出存储的物品高库存、多品种的办法；而为了加速资金周转、减少资金占用，人们又会提出降低库存的要求。

（3）要素外部的目标冲突。当物流系统本身也是一个更大系统的子系统时，物流系统就要与外部系统发生联系，而构成物流系统环境的就是这些与物流系统处在同一层次的子系统。与物流系统一样，该环境中的其他系统都有着特定的目标，这些目标之间的冲突也是普遍存在的，物流系统以这种方式同环境中的其他系统发生联系。

在一个企业内部，物流系统是与生产系统、销售系统等并列的。它们都是企业经营系统的子系统，有各自的目标，而且目标常常是冲突的。例如，生产部门要批量发货以降低运费，因此发货的间隔就会延长，而销售部门希望快速处理订单以满足客户的需求；物流系统要降低库存，而销售系统希望保证充足的库存以满足难以预测的客户要求。这些目标的冲突不能在物流或生产、销售、财务等单个系统的层次上解决，而必须在整个企业的层次上才能协调彼此冲突的目标，以达到整个系统的最优。

总之，物流系统要素之间、要素内部、系统和外部的冲突普遍存在，物流系统要素之间的目标冲突不能在要素这个层次得到协调，必须在比要素高一个层次的系统才能解决。

2．要素产权冲突

供应链上的要素之间必然存在产权冲突。一条供应链上的物流系统不可能由一个企业建立，即一条供应链上的物流系统是由不同产权组织共同完成的。不管有多少个企业参与，从理论上来讲，供应链上的物流系统都有比较明晰的边界。一体化的物流系统希望有与这个系统边界一致的产权边界，但实际上这是不可能实现的事情。因此，要素产权冲突就产生了。

属于公共设施性质的物流基础设施，如载体，无论是在发达国家还是在发展中国家，大多都是由国家、集体和个人共同投资兴建的，其产权状况十分复杂。而载体的产权状况对物流系统的建立和经营管理影响很大。可能有人说，物流系统的建立和运作与物流系统载体的产权状况无关，这种解释对在高度发达的自由市场经济国家建立物流系统是有效的，因为无论初始状况如何，载体的产权都可以在发达和完善的市场环境中交换，并且通过在市场上购买载体一段时间、在一定区域内的使用权来集成物流载体系统已经成为一种普遍的行业惯例。

在中国，物流系统载体的产权在地域上有严重分割。除了载体产权在地域上严重分割外，“大而全、小而全”的传统思想根深蒂固，导致我国的物流载体发展尚未成熟。一个物流系统包含了产权关系复杂的载体系统，而企业要建立的物流系统只是在一段时间、在一定区域重复使用这些载体中的一部分，这就要克服这种载体产权的分散性与物流系统的统一性之间的矛盾，这是任何想建立、使用或者经营物流系统的单位或者个人都不可能回避的问题，但是载体的产权矛盾对于建立和经营物流系统的单位和个人来说更为重要。

3．要素运作冲突

技术规范不统一导致物流要素在运作上出现冲突。物流系统的各种要素都有各自的运作规律和标准，在尚未建立统一的物流运作规范和标准的情况下，由于要素之间在运作上互相不能适应对方的业务特点和流程、标准、规范、制度、票据格式等而产生的矛盾很普遍。

就托盘的例子来说明这一问题。如果商品在一个物流系统中都以托盘为基础进行运输、储存等作业的话，可以减少装卸搬运次数，降低装卸搬运损失，减少中间作业量，提高作业效率，加快物流速度。但是，托盘是低值易耗品，物流系统的上游、中游和下游企业都使用自己的托盘，这些托盘可能存在着尺寸、材质、价格、使用寿命、质量、新旧程度及样式不同的情况，这样不同企业的托盘使用的技术标准就不同。其直接后果是托盘不可流通，这就影响了托盘在物流中效益的发挥。使用托盘还增加中间作业成本，因此很多企业干脆不用托盘。主导企业则强迫其他协作企业采用自己的托盘，这是一种推行物流托盘标准的方法，但并不是市场选择的结果，这对物流系统运作的整体优化是很不利的。

总之，物流系统要素之间、要素内部、系统与环境的冲突广泛存在，要建立物流系统就要解决这些冲突，冲突是物流系统要素的重要联系。

三、物流系统要素协同

协同是要素有利于物流系统的一种联系方式。要达到协同，就要做到要素的目标和产权一致，无缝对接。

1．调整要素之间的目标

物流系统要素之间的目标必须进行调整，因为它们的目标往往是相互冲突的。为了使目标一致，必须进行调整，调整的出发点是所有要素的目标最后都要服从于高于要素所从属的系统的目标。在将运输要素和储存要素进行集成的时候，“运输成本最小”和“储存成本最小”的要素目标应该改为“物流总成本最小”这个系统目标。按照这个目标，可能运输成本不是最小，或者储存成本不是最小，但是，只要通过储存和运输这两个主要要素的运作最后能达到物流总成本最小的目标，那它们就是得到了最好的集成。

2．统一要素之间的产权

要素的不同产权是不可能消除的，但物流系统要求有统一的产权这一点也是不变的。作为一个物流系统，它希望整个物流系统内部的所有要素的产权是统一的。也就是说，这种产权的矛盾可能永远存在。

统一要素之间的产权不是将所有要素由一个产权主体拥有，因为这是不可能实现的，也没有必要，关键是要使由不同产权主体拥有的所有要素都能按照物流系统的要求进行集成，也就是要按照一定的标准将有产权差别的不同产权要素集成为一个没有产权差别的单一产权系统。这里只能采取一种方式，就是通过市场进行产权交换，使企业能够在一定的时间、一定的边界范围内将各种要素集成为一个完整的无差别的单一产权系统。这里的单一产权并不是真正的单一产权，而是“准单一产权”，也就是说它不是由企业真正所有的，但是能够达到就像是企业自己真正所有那样的效果。企业真正获得的是这些要素的使用权。使用权只是产权的一部分而不是全部，只要物流系统要素的使用权能够被交换，不管物流系统要素产权分布的初始状况如何，物流系统要素的集成就有可能。而实现这一目标的条件就是物流系统要素产权——使用权交换市场的建立。

3．构建无缝的要素接口

物流系统要素之间存在界面，这种界面往往会成为要素之间合作的障碍。在将这些物流系统要素集成起来的时候，界面必须打开，不同的要素必须实现无缝对接。

马丁·克里斯多夫从供应链的角度分析了这个问题，为了解决物流系统要素之间的接口障碍，他提出供应链要实现“无缝”对接，并提出了三个解决方案：缩短供应链，提高供应链的可见性，以及将物流作为一个系统来管理，而不是将其作为一个个狭窄的功能来管理。

物流系统要素之间构建通畅无缝的信息接口至关重要。物流系统信息接口的集成对于整个物流系统要素的集成是至关重要的。同时，在进行物流或配送系统要素的接口集成时，应该遵循一些基本原则，比如三流（商流、物流和信息流）集成原则、快速反应原则等。

第四节　物流系统规划与设计概述

一、物流系统规划与设计的含义和目的

系统的思想是物流系统规划与设计的重要思想体系。系统方法论对于物流系统规划与设计工作具有指导意义。在实际工作中，面对影响物流系统规划与设计的复杂因素，相关人员必须有意识地应用系统的方法论。

物流系统规划与设计是在一定系统范围内对整个物流系统建设与运行进行总体的战略部署。它以国家、地区的经济和社会发展规划为指导或以企业的发展战略为指导，以物流系统的内部的自然资源、社会资源和现有的技术经济构成为依据，考虑物流系统的发展潜力和优势，在掌握运输、仓储等基本要素的基础上，研究确定物流系统发展方向、规模和结构，经济、合理、有效地配置资源，统筹安排运输、仓储等物流设施，使物流系统可持续发展，获得最佳经济效益、社会效益与生态效益，为物流运作创造最有利的环境。

物流系统规划与设计的目的是从系统分析的角度，应用物流学的相关理论方法，对物流系统的各项功能进行优化组合，确保整个系统的全局优化，即在系统投入最小化、系统运作成本最小化和服务水平最大化之间寻求一个平衡。

二、物流系统规划与设计的原则

物流系统规划与设计必须以物流系统整体的目标为中心。物流系统整体的目标是使人力、物力、财力和人流、物流、信息流得到最合理、最经济、最有效的配置和安排，即确保物流系统的各方面参与主体功能，并以最小的投入获取最大的效益。为实现物流合理化目标，建立高效率的物流系统，物流系统规划与设计要基于以下六个原则。

1. 系统性原则

系统性原则是指在物流系统规划与设计时，必须综合考虑、系统分析所有对规划有影响的因素，以获得优化方案。首先，从宏观上来看，物流系统在整个社会经济系统中不是独立存在的，而是社会经济系统的一个子系统。物流系统与其他社会经济子系统不但存在相互融合、相互促进的关系，而且存在相互制约、相互矛盾的关系。因此，在对物流系统进行规划与设计时，必须把各种影响因素考虑进来，达成整个社会经济系统的整体最优。其次，物流系统本身又由若干子系统（如运输系统、储存系统、信息系统等）构成。这些物流子系统之间既相互促进，也相互制约，即存在着大量的“背反”现象。这要求我们在进行物流系统规划与设计时对物流系统内部也要系统考虑，因此就意味着物流系统规划与设计是要实现物流系统的整体目标而不是仅取得局部利益。

2. 战略性原则

战略性原则是指在进行物流系统规划与设计时，必须对物流系统中的各种要素进行长期的、战略性的思考和设计，主要体现在三个方面：一是在进行物流系统规划与设计时，对规划要素的评价和取舍要有战略视角，要从长期发展的角度进行评价并做出取舍；二是在进行物流系统规划与设计时，对规划要素要有全局意识，而且是中长期的全局意识；三是要充分考虑各种环境因素可能发生的变化，使物流系统规划与设计具有一定的柔性，以适应环境的变化，降低调整成本。

3．科学性原则

科学性原则主要体现在三个方面：一是对规划要素的现状和问题要进行科学的调查；二是对规划要素的现状和问题要进行科学的分析，科学调查是科学分析的基础，只有对调查资料进行科学的处理和分析，才能得出科学的结论；三是要有科学的规划方法和程序。

4．可行性原则

可行性原则是指在进行物流系统规划与设计时必须使各规划要素满足既定的资源约束条件，也就是说，在规划与设计物流系统时必须考虑现有的可支配资源，必须符合自身的实际情况，既要与物流发展的总体水平、社会经济的总体水平及经济规模相适应，体现前瞻性和发展性，又不能超越企业本身的整体承受能力，以保证物流系统规划与设计目标的实现。

5．经济性原则

经济性原则是指在物流系统的功能和服务水平一定的前提下，追求成本最低，并以此实现系统自身利益的最大化。显然，经济性也是物流系统规划与设计追求的一个重要目标。经济性原则具体体现在以下六个方面。

（1）规模化。通过一次性处理大量货物，提高设施设备的使用效率和劳动生产率，以达到降低物流成本的目的，如配送中心集中进货、库存集中化、将小批量运输合并为大批量运输等。规模化还有利于采用先进的作业技术，实现自动化和省力化。

（2）连续与计划。通过有计划地组织物流活动，保证物流要素在系统中流动顺畅，消除不必要的停滞，保证整个过程的连续性，避免无谓的浪费，达到物流合理化的目的。

（3）短距离化。通过物品分离减少物流中间环节，以最短的线路完成商品的空间转移。

（4）共同化。通过物流业务的合作，提高单个企业的物流效率，如自有仓库加公共仓库、共同配送中心内的共同作业等。

（5）标准化。标准化包括作业标准化、信息标准化和工具标准化等。实现标准化是有效开展物流活动、实现物流效率化不可缺少的环节。物流涉及多个部门、多个环节，标准化是实现物流各个环节相互衔接、相互配合的基础条件。

（6）信息化。运用现代计算机技术、信息网络技术和数字通信技术，构筑能够对物流活动相关信息进行高效率收集、处理和传输的物流信息系统。通过信息的顺畅流动，将物流采购、生产、销售系统联系起来，以便有效地控制物流活动。

6．社会效益原则

社会效益原则是指物流系统规划与设计应该考虑环境污染、可持续发展、社会资源节约等因素。一个好的物流系统不仅在经济上是优秀的，在社会效益方面也应该是杰出的。物流系统的社会效益也越来越受政府和企业的重视，中国倡导循环经济，绿色物流是其中重要的组成部分。另外，政府在法律、法规上将会对物流系统的社会效益问题做出引导和规定。

三、物流系统规划与设计的影响因素

物流系统的规划与设计是为了更好地配置系统中的各种物流要素，形成一定的物流生产能力，使之能以最低的总成本完成既定的目标。因此，在进行物流系统规划与设计时，有必要考察分析其影响因素，从而制订合理的物流系统规划与设计方案。影响物流系统规划与设计的因素通常有以下七个方面。

1．物流服务需求

物流服务需求包括服务水平、服务地点、服务时间、产品特征等多项因素，这些因素是物流系统规划与设计的基础。较短的交货周期，意味着需要采用快捷的运输方式或配置更多的物流节点，服务地点和服务时间直接决定物流系统的网络配置及运输方案设计，产品特征影响仓储设备、搬运设备、运输设备等的选择。

由于物流市场和竞争对手都在不断地发生变化，为了适应变化的环境，满足物流服务需求必须不断改进物流服务条件，以寻求最有利的物流系统，支持市场发展前景良好的物流服务项目。

2．行业竞争状况

为了成为有效的市场参与者，在进行物流系统规划与设计时需要对竞争对手的物流竞争力进行详细分析，如竞争者的服务水平、物流资源配置情况、服务方式及商业模式等，全面掌握行业基本服务水平，从而为寻求合适的物流市场定位、培养自身的核心竞争力、构筑合理的物流系统提供良好的基础。

3．地区市场差异

物流系统中物流节点结构直接同客户的特征有关。地区人口密度、交通状况、经济发展水平、区域产业结构等都影响着物流节点设置的决策。如沿海外向型经济比较发达的省市，其物流系统中常常要考虑国际物流节点的配置、与港口物流环节的有效衔接等。

4．物流技术发展

在技术领域中对物流系统最具影响力的是信息、运输、包装、装卸搬运、管理技术等。其中，信息技术、网络技术对物流发展具有革命性的影响，及时、快速、准确的信息交换可以使物流相关方随时掌握物流动态，不但改进了物流系统的实时管理控制及决策，而且为实现物流作业一体化、提高物流效率奠定了基础。

5．流通渠道结构

流通渠道结构是由买卖产品的关系组成的，一个企业必须在流通渠道中建立企业间的商务关系，而物流活动是伴随着一定的商务关系产生的，是构成渠道的重要组成部分之一。因此，为了更好地支持企业的商务活动，物流系统的构筑应考虑流通渠道的结构。

6．经济发展

经济发展水平、居民消费水平、产业结构直接影响着物流服务需求的内容、数量和质量。为了满足客户需要，物流系统的内容也在不断拓展、丰富，集货、运输、配载、配送、中转、保管、装卸、包装、流通加工和信息服务等构成了现代物流活动的主要内容。为此，物流系统的规划与设计应适应物流服务需求的变化，不断拓展其功能，以满足经济发展的需要。

7．政策、法律、法规

物流运输法则、税收政策、工业标准等都将影响物流系统的规划。在进行物流系统规划与设计时，要充分考虑政策性因素，如政府的方针、税收政策、法律法规、区域规划和生态环保等方面的要求，还要考虑如何衔接国家标准与行业标准，如物流系统中托盘的标准规格等。

四、物流系统规划与设计的层次及内容

物流系统规划与设计是以一定区域或一定范围的物流系统建设布局为研究对象。本节主要根据物流系统所涉及的范围，从社会物流系统和企业物流系统的角度阐述物流系统规划与设计的层次及内容。

1. 社会物流系统规划与设计的层次及内容

社会物流系统规划与设计是通过对多种资源的整合，形成服务于一个城市、一个区域甚至一个国家或一个国家集团的社会基础服务体系，以提升全社会物流服务水平，降低物流成本。它通过将物流活动纳入整个社会活动对其加以调控，其目的在于协调社会资源配置与企业经济活动之间的关系，构建一种良好的投资环境和社会活动基础，使整个社会物流系统可持续发展。

（1）社会物流系统规划与设计的层次。根据物流系统规划与设计的实践，从物流系统服务的地域范围来看，主要有国家级物流系统规划与设计和省、市或区域级物流系统规划与设计。

① 国家级物流系统规划与设计。国家级物流系统规划与设计应当着重于以物流系统的基础设施和物流基础网络为内容的物流基础平台规划与设计，应与国家的基础设施建设的国策相吻合。物流系统基础平台规划与设计应包括铁路、公路与航空等主要干线的设计，不同干线的合理布局，综合物流枢纽节点的设计及综合信息网络平台的设计。设计过程中要从现代物流系统的整体出发，而不是从某个部门的利益出发来统筹协调、全面综合地设计。重点在如何建立社会物流系统的中枢网络，其核心是主枢纽城市的选择和联系主枢纽城市的主干线通道建设。

② 省、市或区域级物流系统规划与设计。省、市或区域级物流系统规划与设计应从区域经济发展的角度出发，研究区域物流系统对区域经济的促进和带动作用，着重于地区级物流节点及综合物流园区的规模和布局的设计。在规划与设计过程中，首先要解决与中枢网络的衔接，然后解决如何利用中枢网络发展各自区域的物流系统，发挥物流节点的集散功能，提高物流效率。在区域物流平台上，将有大量的企业与经济事业单位进行物流运作，想要使这些运作做到合理化和协调发展，就需要有规划的指导。

（2）社会物流系统规划与设计的内容。社会物流系统规划与设计的任务就是建立合理的社会物流运作体系，即在规划体系范围内，从整体和长远利益出发，统筹兼顾、因地制宜、正确地配置物流要素，使之布局合理、比例协调、发展迅速，为区域经济发展提供最优的物流支撑环境。具体来讲，社会物流系统规划与设计包括以下五个方面的内容。

① 物流服务需求分析，不仅要分析运输需求规模，而且要分析市场情况，包括经济规模的空间分布、支柱产业情况、国民经济发展计划、商业发展计划和外贸发展计划等。

② 运输结构及空间分布特征分析，包括道路货运流量分布、道路货物运输承担单位结构、道路货物运输货种结构、铁路货物运输 OD（Original Destination）、铁路货物货种结构等。

③ 物流基础设施规划，首先要明确设施的规模、位置、功能要求、设施间的协调关系等问题。物流基础设施规划是在相关规划的基础上展开的，以协调与土地资源管理、城市交通管理、交通建设项目之间的关系。

④ 物流信息系统规划，是为了降低物流企业的信息成本（费用、时间），通过公用物

流信息系统建设给予技术支持。

⑤ 产业总体发展战略与政策规划，包括政府的市场管理方案和产业技术战略规划、政府部门的协同工作机制设计、政府的人才战略规划、政府的基础设施建设支持等。

2．企业物流系统规划与设计的层次及内容

企业物流系统规划与设计主要是从企业物流运营的角度进行系统设计与优化，是运用各种社会资源来构建的具体物流系统，包括一般企业的物流系统规划与设计和物流企业的物流系统规划与设计。

（1）企业物流系统规划与设计的层次。企业物流系统规划与设计涉及三个层次内容，即战略层、战术层与运作层。

① 战略层，主要是客户的服务水平确定、物流系统的发展方向、规模与网络结构设计、各级节点（供应商、制造商、零售商等）的选址决策、运输方式选择等。

② 战术层，主要是整个系统及每个节点的设施规划、多级库存管理（库存水平、库存分布、控制方法）。

③ 运作层，主要是具体的运作管理，如运输路线选择、车辆调度、货物拼装、仓库管理、物料搬运等。

战略层规划是长期的，其时间跨度一般是一年以上，需要考虑内外环境的趋势性信息，经常是平均的、概括性的数据，最终的规划结果一般只要求得到一个在合理范围内接近最优的框架性方案。而运作层规划与设计则要使用非常准确、详细的数据，能根据大量数据计算得出合理的作业调度计划。

（2）企业物流系统规划与设计的主要内容。企业物流系统规划与设计主要以四个方面内容为基础，即客户服务水平确定、选址决策、库存规划和运输规划。

① 客户服务水平确定。客户服务水平的确定是物流系统规划的核心，比其他因素对系统规划与设计的影响都要大。如果客户服务水平设置得较低，那么可能要在较少的存储节点中集中存货，利用较廉价的运输方式；如果客户服务水平要求高，就需要更快速的运输和足够的库存保障。在服务水平接近上限时，要想继续提高往往需要付出更大的代价。因此，物流系统的规划与设计的首要任务是合理权衡，确定适当的客户服务水平。客户服务水平可以包括产品的可得性、产品的交货周期、送货速度、订单履约的速度和准确性等。

② 选址决策。物流节点分布包括确定节点的数量、类型、地理位置、规模，并分配各节点所服务的市场范围。物流节点、供应点与需求点的地理分布构成物流系统网络的基本框架，决定了产品到市场之间的线路。好的选址方案应考虑所有的物品移动过程及相关成本，包括从工厂、供应商或港口经中途储存点，然后到达客户所在地的物品移动过程及成本。通过选择不同的渠道来满足客户需求，如直接由工厂供货、供货商或港口供货，或经特定的储存点供货，选用渠道不同，分拨的费用也是不同的。因此，满足客户要求，寻求成本最低或利润最高的需求分配方案是选址战略的核心。

③ 库存规划。库存规划主要是在物流系统中建立适当的库存水平和库存补充策略，确定是推动式管理方法还是拉动式管理方式。特别对于多级分销网络要确定货物存放的节点类型、地理位置与库存水平。

④ 运输规划。运输规划所涉及的问题包括运输方式选择、运输批量、运输路线选择、车辆时间安排、货物拼装等，这些决策受客户需求与物流节点分布、库存水平的影响。

五、物流系统规划与设计的步骤

物流系统是由若干个子系统组成的，物流系统规划与设计需要对每个子系统进行规划与设计。同时，每个子系统的规划与设计又需要与物流系统其他组成部分的规划与设计相互平衡、相互协调。因此，物流系统规划与设计首先需要确定一个总体框架，在总体框架的基础上采用系统分析的方法对整个系统的各个部分进行规划设计，最后把各个独立部分结合成一个整体。

物流系统规划与设计的流程或步骤大致可分为四个阶段：确定目标和约束条件、数据收集和方案拟订、方案评价与选择、方案实施与实效评价。

1．确定目标和约束条件

在整个物流系统规划与设计的过程中，最重要的是确定物流系统规划与设计的目标。目标的定位直接决定了物流系统的组成部分。例如，对于企业的物流系统规划与设计而言，比较常用的目标有三种，即总成本最小、运营成本最低及客户服务水平最高。总成本最小旨在使物流系统中总投资最小，相应的物流系统设计方案往往是减少物流节点的配置数量，直接将物品送到用户手中或选择公共仓库而不是企业自建仓库；运营成本最低的目标通常也需要利用物流节点实现整合运输；客户服务水平最高的目标，一般又需要配置较多的物流节点、较好的信息系统等。

由于物流系统庞大而复杂，各子系统之间相互影响和相互制约的情况很明显，而且系统受外部条件的限制也很多。因此，在物流系统规划与设计时需要说明各种约束，特别是那些暂时无法改变的系统制约因素，因为这些制约因素可能与既定的目标冲突。

2．数据收集和方案拟订

在物流系统规划与设计中，要进行大量的相关基础资料的调查和收集工作。作为系统设计的参考依据，一个物流系统规划与设计方案的有效性依赖于调查获得的基础资料的准确程度和全面程度。一般物流系统规划与设计需要调查的基础资料包括物流服务需求、物流资源状况、社会经济发展、竞争状况等。调查方法主要有访谈调查、问卷调查、查找相关统计资料、现场调查等。在完成数据收集之后，剔除异常数据，确定数据样本容量，对数据进行分类、整理、分析，结合系统目标制订物流系统初步方案。

3．方案评价与选择

物流系统方案评价是物流系统规划与设计工作必不可少的步骤和重要的组成部分，是对经分析和规划设计后形成的各种备选方案进行经济、技术与社会多个层面的比较和评价，即根据物流系统的评价标准，采用有效的方法，比较这些备选方案的优劣，从而辅助决策者选择最优或最满意的方案并付诸实施。

物流系统方案评价一般应经过以下步骤：确定评价目标与评价内容，确定评价因素，建立评价指标体系，制定评价准则，选择评价方法，进行单项和综合评价。评价方法一般采用程序评价法、层次分析法、模糊评价法、目标设计法等。

4．方案实施与实效评价

物流系统方案的实施过程是相当复杂的过程，方案设计的实际可操作性将在这里得到验证，这就要求实施者根据决策者选出的最优设计方案，严格按照方案设计的要求逐步实施。在这个过程中，可能会遇到各种实际问题，有些是设计者事先并未预料到的。因此在方案实施过程中，实施者首先要充分领会设计者的整体思路和设计理念，在遇到问题时尽可能最大限度地满足设计要求。如果确有无法满足的部分，需要对设计方案做必要的调整，但要保证不影响物流系统整体目标的实现。

方案实施后还要对实施的方案进行追踪，实效评价就是对实际方案实施效果的评价，是对实际结果的客观评判。实效评价的目的是实际检验方案设计的优劣，并作为今后物流系统规划设计的参考和借鉴。

思考练习题

一、单项选择题

1. 系统结构和功能相互联系和相互转化的规律就是系统（　　）。

A. 结构功能相关规律　　B. 竞争协同规律

C. 涨落有序规律　　D. 优化演化规律

2. （　　）是物流系统规划的核心。

A. 库存规划　　B. 客户服务水平的确定

C. 选址决策　　D. 运输规划

3. （　　）具有两种以上主要功能，一般处于物流过程的中间。

A. 单一功能点　　B. 枢纽点

C. 复合功能点　　D. 以上都不是

4. 亚里士多德的哲学命题“整体大于它的各个部分之和”是对系统（　　）原理最简洁的阐述。

A. 开放性　　B. 层次性　　C. 目的性　　D. 整体性

二、多项选择题

1. 物流系统具体要实现（　　）目标。

A. 服务　　B. 低成本　　C. 快速、及时

D. 库存控制　　E. 规模优化

2. 企业物流系统规划与设计的层次包括（　　）。

A. 宏观层　　B. 微观层　　C. 运作层

D. 策略层　　E. 战略层

3. 社会物流系统的服务领域包含（　　）。

A. 企业物流　　B. 国家物流　　C. 城市物流

D. 区域物流　　E. 国际物流

4. 流体的社会属性决定了（　　）。

A. 载体　　B. 流向　　C. 流量　　D. 流程　　E. 流速

三、简答题

1. 什么是物流系统？物流系统具有哪些特征？

2. 阐述社会物流系统与企业物流系统的关系。

3. 说明物流系统流动七要素之间的关系。

4. 物流系统规划与设计的基本原则有哪些？

5. 影响物流系统规划与设计的主要因素有哪些？

四、分析题

1. 亚里士多德曾经说过“整体大于它的各个部分之和”，请问这种说法能够说明整体和部分之间真正的关系吗？

2. 可口可乐是一种典型的快速消费品，但是你知道吗——物流成本占一瓶可口可乐成本的20%～30%。请对这种产品的自然属性和社会属性进行分析，同时说明产品的这种性质决定了它的物流活动具有什么特点。

3. 医药是一种比较特殊的产品，因此医药企业既具有流程特点又具有按预测生产的特点。请对医药产品的自然属性和社会属性进行分析，同时从物流系统的七个流动要素方面来分析医药物流系统。

4. 点是在物流过程中供流动的物品储存、停留以便进行后续相关物流作业的场所。根据点所具有的功能来分析，工厂、商店、仓库、配送中心、车站、码头、物流基地这几个点分别属于哪一类型的点？各类型的点都具有什么特征？

5. 运输、储存、包装、装卸和流通加工是物流系统的基本功能要素，请从降低成本这个角度出发，分析这些功能要素独立存在时各自的目标存在的冲突。

五、案例分析

来自厄瓜多尔的玫瑰花

1. 案例背景

南美洲厄瓜多尔中部 Cotopaxi 火山地区常年气候温暖，雨水充足，虽然山高林密，地势险要，却是玫瑰花和其他珍贵花卉的盛产之地。美国迈阿密州的布里恩花卉物流公司向北美各大城市配送的玫瑰花就是在这个地区的3家大型农场定点采购的。当人们在花店看到娇艳欲滴、花香袭人的玫瑰花时必会为之一动，但不可否认的是，玫瑰花娇嫩易损，一旦残败凋零，其价值便丧失殆尽。鲜花种植专家测定，玫瑰花从农场收割后，在正常情况下可以保鲜 14 天。这是在整个运输过程万无一失的情况下才能够做到的，而且玫瑰花不能受到挤压，花枝变形也会大大降低玫瑰花的品质。那么，如何才能让人们看到最“高贵”的玫瑰花呢？

2. 玫瑰花的旅途

Cotopaxi 地区：新的一天又开始了，昨夜一场大雨过后，空气格外清朗，Rose 走向农场，准备开始一天的劳作。这些尤物含苞待放，露珠在花瓣上微微颤抖，惹人怜爱，然而她们实在是太娇嫩了，经不起日晒雨淋，所以 Rose 将园中的玫瑰花枝剪下来之后立即包装起来。为了防止花枝受到挤压，这些盒子都非常结实，装满鲜花后的盒子即使站一个人上去都不会变形，而且这种良好的包装避免了运输过程中的重复包装。每次，Rose 都将150枝玫瑰花包成一盒，然后将盒子装入华氏34度的冷藏集装箱内。在农场中，所有人都在这么做，等集装箱装满之后就被送到厄瓜多尔的首都 Quito 国际机场，再被连夜直接送往美国迈阿密国际机场。

美国迈阿密国际机场：由于布里恩花卉物流公司发明了一种环保集装箱，它的保温时间可以持续 96 小时，而且能贮存在宽体飞机底部的货舱内。所以，这些玫瑰花整晚都安安静静地躺在飞机底部货舱。第二天凌晨，满载着新鲜收割的玫瑰花的货机徐徐降落在迈阿密国际机场，在此等候着的工作人员将鲜花迅速从飞机舱口运到温控仓库里。早上，海关当局、检疫所和动植物检验所的工作人员来对鲜花进行例行检查。之后，花卉就被转运到集装箱卡车或国内航空班机上，直接运达美国各地配送站、超市和大卖场，再通过它们将鲜花送往北美大陆各大城市街道上的花店、小贩和快递公司等处，并最终到达消费者手中。整个过程是快速衔接的，在时间上不能有任何差错。这样，北美地区的人们就能够欣赏到来自南美洲厄瓜多尔最美丽的玫瑰花了。

3. 旅途多舛

当然，并不是所有的玫瑰花都能够如此顺利地到达消费者手中。在玫瑰花从不远千里的厄瓜多尔农场来到北美各大城市的过程当中，任何一个环节发生意外或处理不当都有可能导致玫瑰花“香消玉殒”。例如，飞机晚点、脱班或飞机货舱容量不够大，又或者冷藏集装箱的温控设备失灵等都会影响玫瑰花的品质。此外，还会有一些人为的因素，例如，有些货主为了降低运费，不采用具有温控设备的运输工具来运送玫瑰花等。

总而言之，鲜花物流的标准是非常高的。因为玫瑰花和其他许多鲜花都十分容易枯萎甚至腐烂，枯萎腐烂后将一文不值。因此，布里恩花卉物流公司必须将新鲜花卉运输途中可能遇到的各种障碍和意外风险都降到最低点。为此，布里恩花卉物流公司牵头，由美国赫尔曼国际货运代理公司主持，成立了迈阿密赫尔曼保鲜物流集团，从事花卉异草的进出口运输工作。还与 FedEx 和 UPS 签订了一体化快递服务合同，把鲜花直接运送到美国各地。

根据案例分析以下问题。

（1）通过案例的描述，用物流七要素来分析布里恩花卉物流公司的物流系统？

（2）归纳鲜花物流的特点。

（3）“在斗南市场的周围有很多民房，全国各地的花商们就在这里每月花 400～500 元的租金，租个约 30 平方米的房子，雇几个小时工把收到的鲜花粗略地挑选、整理、包装、装箱。玫瑰的包装实际上非常简单，标准的货运箱子是 50 厘米×50 厘米规格的纸壳箱子，每个箱子里放 45～50 扎，每扎 20 枝玫瑰。但是如果没有标准箱子，长一点、大一点也都无所谓……箱子的不规范和质量的低标准，直接导致鲜花在运送过程中的破损。”

“娇嫩的玫瑰在冬天容易受冻，夏天容易腐烂，但它所需要的高标准保鲜、保温设备在我国目前只是塑料布、泡沫板和装着冰的可乐瓶子。在斗南花卉市场，装满水后冷冻起来的可乐瓶子被称为‘冰瓶’，一个冰瓶 5 毛钱，一个鲜花货箱里装 4～5 个冰瓶就足够了。国航货运提货场里，装满鲜花的纸箱子摆了一地，10 个箱子里有 5 个已经破损或者变形。有意思的是，有的矩形货箱已经被超载的鲜花胀成了球形！……按规定，每个货箱不能超过 50 公斤，但实际上，大部分箱子都装着 70 公斤甚至更多的玫瑰。”

资料来源：何明柯. 物流系统论[M]. 北京：高等教育出版社，2004.

云南省斗南镇是北京鲜花的主要供应源，参考本案例和上面的资料，说明我国的鲜花物流系统需要在哪些方面进行改进？

第二章

物流系统战略规划

学习目标

1. 理解物流系统战略规划的内涵
2. 了解物流系统战略规划的内容及层次
3. 掌握物流系统战略规划制定的过程
4. 掌握物流系统战略规划实施的过程、方法及程序
5. 掌握物流系统战略规划控制过程及方法
6. 掌握社会物流系统战略规划的内涵、内容及实施
7. 理解并掌握一般企业物流系统与物流企业系统战略规划的制定

引导案例

7-11便利店的物流战略

7-11 便利店是目前全球最大的零售网络商，被公认为世界便利店的楷模。7-11 便利店取得的辉煌业绩，除了其先进的经营方式与独特的品牌营销外，支撑其快速发展的另一重要因素就是强大的后方物流支持系统。

作为全球最大的便利店企业之一，7-11 便利店取得如今的辉煌，与其物流体系构建的影响是分不开的。7-11 便利店以区域集中化建店战略和信息灵活应用作为实现特许经营的基本策略之一，以综合考虑生产厂家、批发商、配送中心、总部、加盟店和消费者的整体结构为思考模式，从而发展出一条不建立完全属于自己公司的物流和配送中心，而是凭着企业的知名度和经营实力，借用其他行业公司的物流、配送中心，采取集约配送、共同配送方式的道路，实现自己的独特经营战略。7-11 便利店总部的战略经营目标是使 7-11 便利店的所有加盟单店成为“周围居民信赖的店铺”。这里所说的忠诚度，是通过 7-11 便利店所特有的三个要素来实现的：首先，只有在 7-11 便利店能够买到的独特商品；其次，刚制作的新鲜商品；最后，零缺货，即令顾客永不失望的供货。7-11 便利店为了确保实现忠诚度所需的三个要素的顺利施行，建立了先进、高效的物流系统，并确定了多个物流战略体系。

1. 区域集中化战略

区域集中化战略是指在一定区域内相对集中地开出更多店铺，待这一区域的店铺达到一定数量后，再逐步扩展建店的地区。利用这种办法，不断增加建店地区内的连锁店数，以缩短商店间的距离，缩短每次配送行走的距离及时间，确保高效的运载量，从而形成提

高物流效率的基础，使配送地区合理化，配送中心分散、中小规模化。

2. 共同配送中心

由于特许经营企业的单店都是由特许经营总部进行统一领导、授权、管理、培训，同时对各单店的经营进行协调，并作为信息中心为各单店提供后台支持的，因此，建立由特许经营总部指导下精心管理的共同配送中心，为不同的特许经营单店进行集约配送与共同配送不但成为可能，更是特许经营便利店的一大优势。7-11 便利店在建立其全球零售网络时正是利用了这种优势，几乎所有由 7-11 总部制定的具体物流战略都必须依靠共同配送中心来实现。

7-11 便利店按照不同的地区和商品群划分，组成共同配送中心，由该中心统一集货，再向各店铺配送。地域划分一般是在中心城市商圈附近 35 公里，其他地方市场为方圆 60 公里，各地区设立一个共同配送中心，以实现高频度、多品种、小单位配送。为每个单店有效率地供应商品是配送环节的工作重点。配送中心首先要从批发商或直接从制造商那里购进各种商品，然后按需求配送到每个单店。

7-11 便利店的物流体系并非独自完成，而是由合作的生产商和经销商根据 7-11 便利店的网点扩展，根据其独特的业务流程与技术而量身打造的。根据 7-11 便利店与生产商、批发商达成的协议，生产商和批发商对各自所在地区内的闲置土地、设施或运转率较低的设施，投资设立共同配送中心，由参加投资的公司共同经营。生产商和批发商将配送业务和管理权委托给共同配送中心，7-11 便利店与参加共同经营的生产商、批发商密切协作，以地区集中建店和信息网络为基础，创造成独立的系统。

3. 不同温度带物流战略

7-11 便利店目前已经实现了全球方位内的不同温度带物流配送体系，针对不同种类的商品设定了不同的配送温度，并使用与汽车生产厂家共同开发的专用运输车进行配送，如蔬菜的配送温度为 5 摄氏度，牛奶为 5 摄氏度，加工肉类为 5 摄氏度，杂货、加工食品为常温，冷冻食品为–20 摄氏度，冰激凌为–20 摄氏度，盒饭、饭团等米饭类食品为 20 摄氏度恒温配送。7-11 便利店总部根据商品品质对温度的不同要求，一般情况下会建立三个配送中心系统，即冷冻配送中心系统、冷藏配送中心系统和常温商品配送中心系统。对于不同的配送中心系统，单店都会有不同的订货，这种做法也是为了尽可能地提高商品的新鲜度。

冷藏供货商的运作方式有所不同，为保证商品新鲜度，配送中心没有库存，也不打印配送单据。有单店直接向供货商发送订货信息，然后有供货商打印送货单据，并根据订货信息安排生产。单店的订货原则同样是每天上午 10 点结束。供货商会在当天下午 4 点前将货物与送货单据送至配送中心，接着配送中心再按不同单店的订货需求分装好货物并送至店铺。单店验收完货物后，再在配送单据上签字并盖章，配送过程结束。

资料来源：朱耀勤等. 物流系统规划与设计 [M]. 2 版. 北京：北京理工大学出版社，2017.

第一节　物流系统战略规划概述

一、物流系统战略规划的内涵

1. 物流系统战略规划的含义

战略是对相对较长时期内重大事项的全局谋划与决策。战略具有指导性、全局性、长远性、竞争性、系统性、风险性的特点。将战略思想运用于物流系统中，就产生了“物流战略”的概念。根据国家标准《物流术语》（GB/T18354—2001），物流战略是指为了寻求物流的可持续发展，就物流发展目标及达成目标的途径与手段而制定的长远性、全局性的规划与谋略。

战略规划是制定全局性、长远性、战略性目标的策划。经济全球化与信息技术的迅速发展推动现代物流业不断发展壮大，大到一个国家，小到一个企业，物流系统战略规划已逐步成为战略规划的重要组成部分，它的成功与否关系到经济发展的质量、速度和效益。从某种程度上讲，无论一个国家，抑或是一个地区或城市，或者是一个企业都应根据自己的战略发展要求把物流系统战略规划纳入议事日程。

具体来说，物流系统战略规划是指确定物流系统的社会和历史使命，明确其目标，制定其发展战略和总体方案，即着眼于物流系统发展的长期的、总体的、全面的计划。

2．物流系统战略规划的特点

（1）总体性。形象地说，物流系统战略规划就是物流系统发展的蓝图，需要综合分析物流系统中的人、财、物、信息、设施与设备、技术及物流系统的各环节、各环节之间的相互关系。

（2）长远性。物流系统战略规划考虑的是物流系统未来相当长一段时间内的总体发展问题。一般可以有1~2年的短期发展战略规划、3~5年的中期发展战略规划、5~10年的长期发展战略规划等。

（3）指导性。物流系统战略规划规定了物流系统，如产业物流系统、城市物流系统、企业物流系统、物流企业系统等，在一定时期内的基本发展方向、发展目标，以及实现这一目标的基本途径、基本策略等，对物流系统的发展具有指导意义。

（4）现实性。物流系统战略规划是建立在当前已有条件、主客观因素基础之上的，从当前的现实出发，反映了现有的物流系统结构特征、要素特征和要素之间的关系特征及物流系统的环境特征等。

（5）竞争性。物流系统战略规划的目的同军事战略一样，是克敌制胜，战胜竞争对手，赢得市场竞争的胜利，寻找赢得胜利的法宝。

（6）风险性。物流系统战略规划是对未来发展的筹划和谋略，然而物流系统本身及物流系统的环境总是处于不确定的变化中，任何物流系统战略规划或多或少都要承担一定的风险。

（7）创新性。物流系统战略规划是在全面分析物流系统内外部因素的基础上，发挥系统优势、突破系统瓶颈、利用外部机会、规避外在风险的筹谋过程。在这个过程中，必须不局限于已有的观念和思路，勇于突破和变革，超越传统和历史。任何因循守旧的战略规划都是无法适应时代和市场发展的。

（8）稳定性。物流系统战略规划一旦制定和完成，就要在较长的一段时期内执行和实施。在这一时期内，尽管不排除对战略中局部内容的调整，但必须保持物流系统战略规划总体的稳定，以有利于各方面的贯彻和执行。

（9）柔性。物流系统战略规划的柔性是为实现“以客户为中心”的理念而提出的。物流系统战略规划必须根据系统经营模式、经营方向和策略、物流人员和物流技术、消费者需求的变化，进行不断调整和改变，以适应系统内部条件和外部环境的变化。

二、物流系统战略规划的内容

物流系统战略规划的基本内容包括：物流系统的宗旨、战略目标、战略导向、战略优势、战略态势、战略类型、战略措施和战略步骤等内容，其中战略导向、战略优势、战略类型和战略态势又被称为物流系统战略规划的基本要点。

1．物流系统的宗旨

物流系统的宗旨是物流系统在社会经济发展中所承担的责任或发展的主要目的。物流系统的宗旨一旦确定，将直接影响政府或企业参与物流系统设计与运营的任务、目的和目标。

2．战略目标

物流系统战略目标是由物流系统宗旨引导、表现为物流系统目的并可在一定时期内实现的量化成果或期望值。它为整个物流系统设置了一个可见和可以达到的未来，为物流系统战略规划基本要点的设计与选择指明了努力的方向，是物流系统战略规划中各项策略制定的基本依据。一个完整的物流系统战略目标应明确阐述以下三个问题：物流系统目的——做什么；发展标准——物流达到什么水准；时间进程——什么时候完成。物流系统战略目标主要包括服务水平目标、物流费用目标、社会责任目标和经济效益目标等。其战略目标应体现纲领性、多元性、指导性、激励性和阶段性等基本特点。

3．战略导向

物流系统战略导向指的是物流系统生存、成长与发展的主导方向。物流活动领域中的服务、市场、技术、规模、资源、组织、文化等方面都有可能成为物流系统生存、成长与发展的某一主导方向。物流系统战略导向的确立，既明确了物流营运基本原则、指导规范和行动方略，又避免了竞争与发展中的盲目性。

4．战略优势

物流系统战略优势是指物流系统能够在战略上形成的有利形势和地位，是其相对于其他物流系统的优势所在。构成物流系统战略优势的主要方面有产业优势、资源优势、地理优势、技术优势、组织优势和管理优势。研究物流系统战略优势，关键是要在物流系统成功的关键因素上形成差异优势或相对优势，这是取得物流系统战略优势经济有效的方式，当然也要注意发掘潜在优势，关注未来优势的建立。

5．战略态势

物流系统战略态势是指物流系统的服务能力、营销能力、市场规模在当前的有效方位及战略逻辑过程的不断演变过程和推进趋势。研究物流系统战略态势，就应该对整个行业和竞争对手的策略有敏锐的观察力和洞察力，不断修改自身定位，从而做到知己知彼，以期在行业中占据相应的市场份额。物流系统战略态势分析是物流系统战略规划的基础。

6．战略类型

物流系统战略类型是指依据不同的标准对物流系统战略进行划分，以助于更深刻地认识所拟定的物流系统战略的基本特点，进一步完善物流系统战略规划方案。

7．战略措施

物流系统战略措施是指物流系统战略的实施与控制及附带的有关技术手段。在战略实施过程中，战略规划制定与其进入实施阶段的措施是密切相关的，如果配合得当，则物流管理将有更大可能获得成功。

8. 战略步骤

物流系统战略步骤是指阶段性目标的制定和实施。物流系统战略在总体上要按时间做整体规划，使其在分阶段实施时能有所侧重。反过来，这种分阶段目标的实现也是实现物流系统战略总目标不可缺少的一部分。

三、物流系统战略规划的层次

按照层次划分，物流系统战略规划可分为宏观物流系统战略规划和微观物流系统战略规划两种类型。

1. 宏观物流系统战略规划

宏观物流系统战略规划又称社会物流系统战略规划，是从国家、区域、城市、产业经济发展的角度出发，针对国家、区域、城市、产业物流系统的优势、劣势、机会和威胁，规划国家、区域、城市、产业物流系统的发展方向、未来目标及发展路径。

（1）国家物流系统战略规划。国家物流系统战略规划是以国家经济和社会发展的规划为指导，以物流系统内部的自然资源、社会资源、文化资源和经济资源为依据，考虑宏观物流系统发展的潜力和优势，在掌握交通运输包括铁、水、航、公等基础设施要素，以及交通运输网络的基础上，研究和确定物流系统的发展方向、发展规模、发展结构，合理配置资源，统一规划和安排交通运输网络和交通基础设施的协同发展，以获得最佳的经济、社会和生态效益。

（2）区域物流系统战略规划。区域物流系统战略规划是根据区域社会经济发展的总体规划，考虑区域内不同地区之间的自然资源条件差异、已有基础设施优势和经济社会发展的重心，对区域物流系统活动进行整体分析与设计的过程。区域物流系统战略规划主要在于解决区域内不同地区物流系统发展的重点、目标、领域和特色，将不同地区的物流系统发展有机地衔接起来，以提高整个区域内的物流发展水平。

（3）城市物流系统战略规划。城市物流系统战略规划是在城市经济社会发展规划的基础上，通过统筹协调和全面分析城市货物运输、道路建设、路线选择、物流设施等问题，对城市物流系统各环节进行合理设计和整体控制，包括交通基础设施、交通网络、物流园区、物流中心等的规划与设计。城市物流系统战略规划的目标在于提高城市物流活动的效率，充分利用现有交通基础设施和网络，解决城市物流活动引起的交通阻塞、环境污染、能源浪费等一系列问题，实现物流活动整体最优化的过程。

（4）产业物流系统战略规划。产业物流系统战略规划是国民经济和社会发展规划的重要组成部分，是在分析产业市场前景和规模、企业运营数据、行业经营情况、市场竞争格局和策略、投资发展环境及政策、销售及生产等情况的基础上，基于客观情况做出的战略规划。产业物流系统战略规划的目的是通过对产业物流现状的客观、准确评价和判断，在考虑产业物流特征、基础条件、发展目标等因素的基础上，选择和确定物流发展的突破口和相应的策略，实现产业物流的跨越式发展，以提高产业的竞争力。

2. 微观物流系统战略规划

微观物流系统战略规划包括企业物流系统战略规划和物流企业系统战略规划两类。

（1）企业物流系统战略规划。企业物流系统战略规划是指制造型企业、非物流型服务企业的物流系统战略规划，是企业在确定未来发展的战略目标、发展方向和发展路径的基础上，通过分析自身物流系统的内部条件、外部物流环境的变化，研究和确定的物流系统战略规划，是企业战略规划中的一个业务规划，是企业战略规划中的重要组成部分。企业物流系统战略规划主要包括企业供应物流系统战略规划、企业生产物流系统战略规划、企业销售物流系统战略规划、企业回收物流系统战略规划等。

（2）物流企业系统战略规划。物流企业系统战略规划是指专门从事物流服务的专业性物流企业的战略规划。物流企业系统战略规划与企业物流系统战略规划既有相同点，也有不同点。两者的相同点都是对于物流系统的战略规划；不同点是企业物流系统战略规划是物流企业的主规划，却是一般性企业战略规划的子规划。

第二节　物流系统战略规划的制定

一、物流系统战略规划制定的原则

物流系统战略规划在制定过程中，通常会遇到许多无法预估或者预估不准确的问题。战略规划制定必须遵守以下四项基本原则。

1．适度合理性原则

一方面，由于受到信息、决策及人的认知能力等因素的限制，在战略规划制定时，通常很难对未来的变化做出准确的预测，制定的物流系统战略规划也难以保证是最优的。因此，只要在主要的战略目标上设置了预定的目标值，就应当认为这一战略规划是可行的、成功的。另一方面，因为新战略规划本身就是对过去战略规划及与战略规划相关的文化、价值观念的纠正和修改，而且在战略规划实施的过程中由于企业内部条件及外部环境的变化较大，不可能完全按照原先制定的战略规划去实施。战略规划的实施过程可以对战略规划进行再调整，战略规划的某些内容或特征有可能会改变，但只要不妨碍总体目标及战略规划的实现，就可以认为其是合理的。

2．开放性原则

物流系统战略规划，包括愿景和目标设计、竞争优势确定、资源要素获取等，都要从一个长远的、全社会的角度进行分析和设计。因此，一方面，坚持开放性原则，始终使物流系统保持与社会、经济、人文、自然系统的互动性，是物流系统战略规划制定必须坚持的原则。另一方面，坚持开放性原则，也是物流系统战略规划面对市场和经济环境的变化，能够实现及时调整的重要保证。

3．要素集成原则

物流系统战略规划的制定涉及多方面的因素，如何使这些因素相互适应、协同运行，是战略规划制定中的一个重要方面。物流系统要素集成就是指通过一定的制度安排，对物流系统的功能、结构、网络、资源等要素进行统一预测、设计、控制、评价，并通过对要素间的协调性和适应性分析，使所有要素汇聚成一个整体来运行，从而实现物流系统整体优化的目的。

4．统一领导原则

对物流系统战略规划了解最深刻的应当是组织的高层领导人员。一般来讲，他们比组织的中下层管理人员及一般员工掌握的信息更多，对物流系统战略规划各个方面的要求及相互之间的关系了解得更全面，对战略规划意图的体会也最深。因此，物流系统战略规划的制定应当在高层领导人员的统一领导、统一指挥下进行。只有这样，系统资源的分配、机构的调整、文化的建设、信息的沟通及控制、激励制度的建立等各方面才能相互协调和平衡，才能使系统为实现战略目标而卓有成效地运行。

二、物流系统战略规划制定的过程

无论是宏观物流系统战略规划，还是微观物流系统战略规划，物流系统战略规划的制定一般来说包括战略环境分析、战略目标确定、战略方向选择等环节。

1．物流系统战略规划的环境分析

（1）物流系统战略规划的环境分析是制定物流系统战略规划的基础和依据。适应环境变化，寻找发展机遇，避开或者减轻环境威胁，寻找战略思路，是物流系统战略规划环境分析的根本目的。根据宏观和微观物流系统的不同，物流系统战略规划的环境分析具有不同的内容。

对于国家物流系统战略规划的环境分析，主要以国际市场和国际关系、国际经济贸易区的发展、跨国经济、金融、贸易、外交、文化及重大的国际事件为主要对象。

对于区域、城市、产业物流系统战略规划的环境分析，主要考虑国家经济发展，包括经济发展水平、经济结构、经济形势、经济周期、物流商品结构、技术发展趋势及区域、城市和产业对物流的服务要求，国家相关产业政策和法律，包括法规、工商、税务、质检、标准等，以及社会文化，包括人口、风俗习惯、宗教信仰、社会价值观、语言文字、历史等方面的因素。

对于微观物流系统战略规划的环境分析，除了要考虑宏观物流系统的环境之外，还要分析产业竞争力、行业竞争对手、专业化的市场需求、物流技术本身，物流设备、物流系统、物流和商务的相关标准及人们的价值观念、消费观念和消费方式，以提供适应性、特色化和本土化的服务。

（2）物流系统战略规划环境分析的方法。对物流系统战略规划环境的分析，一般通过对多个具体问题的分析，并通过寻找问题的解决途径来完成。例如，如何利用外部环境提供的机遇？如何减轻或避开外部带来的不利影响？如何将不利条件转化为有利条件？如何充分发挥自身优势利用有利因素，克服不利因素？如何利用自身优势来应对目前的不利状况？

2．物流系统战略规划目标的确定

（1）物流系统战略规划目标的含义。物流系统战略规划的目标是物流系统设定的、经过一段时间的努力所达到的结果，也是物流系统的发展方向和行动纲领。物流系统战略规划的目标，应根据不同系统的具体情况来定。国家物流系统应考虑交通基础设施、交通网络的发展；区域、城市、产业物流系统，应考虑区域和城市的交通基础设施、交通网络、物流园区、物流中心，以及产业物流特征及其发展目标；微观物流系统应根据企业在供应链中的不同环节、不同功能、不同发展阶段等确定战略目标。

（2）物流系统战略规划目标的内容。一般情况下，物流系统战略规划目标应该包括以下内容：盈利目标，如利润、投资收益率、销售利润率、每股平均收益等；市场目标，如占有率、销售额、销售量、竞争地位、市场导入或者退出等方面的期望；效率目标，如采购、仓储、配送效率、资源使用效率等；服务目标，如产品和服务目标规划、新产品和新领域开发、服务体系建设等；资金目标，如资本构成、资金总量、资金流动、资金回收、资本投资、资本运作等；技术目标，如物流流程、物流能力、物流技术和物流设备等；组织目标，如组织结构、组织设置、组织改革等；人员目标，如员工使用、员工引进、员工发展等；社会责任目标，如减少污染物的排放、节约能源消耗、增加污染治理投资等。

3．物流系统战略规划方向的选择

根据战略管理的基本理论，物流系统战略包括集中性战略、差异化战略、成本领先战略。战略规划方向的选择一般都要根据战略环境分析、战略目标设定、已有的基础和条件、过去的战略实施效果等做出决策。

（1）集中性战略。集中性战略是指将物流系统的战略重点放在一个特定的目标区域、目标市场、产业领域或者方向上，为特定的地区、特定的产业、特定的用户或者特定的用途、特定的目的，提供特殊的产品和服务的战略。

实施集中性战略具有三个方面的优势：第一，可以进行有效防御，在局部重点上构建自己的坚固堡垒，拥有较强的实力；第二，可以有效地避开竞争，如果集中性战略是针对竞争对手的盲点或者弱点实施的，就可以有效地避开竞争，有时还会与竞争对手形成互补局面；第三，由于集中性战略集中在相对小的目标市场、目标顾客，可以集中面向有限的服务范围，针对性强，对物流系统服务能力和服务水平的提高有利，从而可以占领目标市场。

集中性战略也具有局限性。首先，市场上用户群体的差异给集中性战略创造了条件，如果没有相关差异，就不能实施集中性战略。但是，如果目标市场小、目标顾客少或者购买潜力弱，一旦市场发生变化，则可能给物流系统带来风险。其次，如果市场上没有其他对手试图采用相同或者相近的集中性战略，则集中性战略会给系统带来良好的收益，否则可能有巨大的风险。

（2）差异化战略。差异化战略是指利用新颖的构思，先进的科学技术和工作流程、工作程序、操作方法，别具一格的物流活动、物流系统结构、服务形式等，在产品包装、服务及时性、服务准确性、服务稳定性等方面，设计出的与众不同的战略。

差异化战略既可以面向大范围的市场，也可以针对相对小范围的市场。面向广阔范围的市场，差异化主要是物流系统、物流活动本身提供差异化的服务。在小范围市场的情形下，差异化战略则是面向一小群有特别需要或嗜好的消费者，所以又称为聚焦式的差异化战略。

（3）成本领先战略。成本领先战略是指在庞大的市场面前，组织可以利用大批量的物流活动，减少物流中间环节等方法，取得规模化的效益和专业化的工作效率，使整体物流成本下降的战略。

成本领先战略的要点是通过规模经济降低平均支出，同时产品和服务价格得以定位于较同行业低的区间，竞争优势由此产生。

成本领先战略强调的是物流总成本的最低。成本领先战略要求采用整体优化的方法，确保物流系统总成本的降低，而不是局限于某一环节成本的减少。

第三节　物流系统战略规划的实施与控制

一、物流系统战略规划的实施

1. 物流系统战略规划实施概述

物流系统战略规划实施就是将战略规划转化为具体的行动。战略规划实施的成功与否，是整个战略规划能否实现战略目标的关键，所以必须对物流系统战略规划的实施进行全方位的策划。如物流系统如何建立年度物流目标、制定物流政策、配置物流资源，以使物流系统制定的物流战略得以落实；同时为实现既定的战略目标，还需要获得哪些外部资源及如何利用外部资源；需要对组织结构做哪些调整，如何处理可能出现的利益分配与文化适应问题等。策划这些实施行为并有效执行，是保证战略目标实现的关键。物流系统战略规划实施的主体是负责组织和参与实施物流系统战略规划的全体人员，因而培训和指导物流系统战略规划实施的各类人员是实施战略规划的重要前提条件。

2. 物流系统战略规划的实施过程

物流系统战略规划在实施之前只是一种概念，而物流系统战略规划的实施是战略管理过程的行动阶段，因此它比战略的制定更重要。在将物流系统战略规划转化为战略实施的过程中，有四个相互联系的阶段。

（1）战略的发动。在这一阶段，物流系统的领导者要研究如何将物流系统战略的理想变为大多数员工的实际行动，调动大多数员工实现新战略的积极性和主动性。这要求对物流系统管理人员和员工进行培训，让他们学习新的思想和观念，提出新的口号和概念，消除不利于战略实施的旧观念和旧思想，以使大多数人接受新战略。新战略往往要将人们引入一个全新的境界。如果新战略没有得到员工的充分认可和理解，它就不会得到大多数员工的拥护和支持。因此，战略规划的实施是一个发动广大员工的过程，要向广大员工讲清楚企业内外环境的变化给物流系统带来的机遇和挑战，旧战略存在的各种弊病，新战略的优点及存在的风险等，让大多数员工能够认清形势，认识到实施新战略规划的必要性和迫切性，树立信心、打消疑虑，为实现新战略规划的美好前途而努力奋斗。在发动员工的过程中，特别需要努力争取战略规划的关键执行人员的理解和支持，物流系统的领导者要考虑机构和人员的认识问题以扫清战略规划实施的障碍。

（2）战略实施计划的制订。战略实施的计划必须适应多变的、不可控的未来环境，计划中的事项必须有足够的弹性，以使组织能够有充分的信心对付变幻莫测的环境。这决定了战略实施计划必须有以下六个方面的内容。

① 对物流系统战略规划的说明。包括三个方面的内容：第一，什么是物流系统总体战略，包括总体战略目标和实现总体战略的方针政策；第二，为什么做这些选择；第三，实施该战略可以给企业带来什么样的重大发展机遇。物流系统总体战略应是概括性的和非限制性的。

② 物流系统分阶段目标。一般需要对分目标进行尽可能具体与定量的阐述，它是保证总目标实现的依据。系统的分目标一般与具体的行动计划和项目联系在一起，它们都是达成系统总目标的具体工具。

③ 系统的行动计划和项目。行动计划是组织为实施其战略而进行的一系列资源重组活动的汇总。在战略实施的计划阶段，这些行动计划通常包括研究、开发及销售等方面的

活动。各种行动计划往往通过具体的项目来实施。

④ 系统的资源配置。资源配置是制订计划的基本决策因素之一。战略的实施需要设备、资金、人力资源及其他重要资源，因此，对各种行动计划的资源配置的优先程度应在战略的实施计划中有明确规定。所有必要的资源应尽可能折算为货币价值，并以预算和财务计划的形式来呈现。

⑤ 组织保证和子系统的接口协调。要实现战略目标，就必须有相应的组织结构来适应战略发展的需求。由于战略需适应动态发展的环境，所以组织结构必须具备一定程度的动态弹性。另外，物流系统战略的实施计划通常会包括若干子系统，如何协调这些子系统，对这些子系统间接口处的管理、控制应当明确化。

⑥ 应变计划。各种条件在一定时间内都可能突然地发生变化，因此有效的战略实施计划要求系统必须具备较强的适应环境的能力。要获得这种能力，就要有相应的应变计划作为保障。

将物流系统战略规划分解为几个战略实施阶段，每个战略实施阶段都有各自的目标、政策措施、部门策略及相应的方针等。要定出分阶段目标的时间表，对各阶段目标进行统筹规划、全面安排，并注意各个阶段之间的衔接，对于远期阶段的目标方针可以概括，但对于近期阶段的目标方针应该尽量详细具体。在战略实施的第一阶段，新战略与旧战略应该有很好的衔接，以减少阻力和摩擦。第一阶段的分目标及计划应更加具体化和可操作化，应制定年度目标、部门策略、方针与沟通等措施，使战略规划最大限度地具体化并落实到可以具体操作的业务。

（3）战略规划的执行。物流系统战略规划的执行主要与六个因素有关：各级领导者的素质和价值观念、物流系统的组织机构、物流文化、资源结构与分配、信息沟通和控制及激励制度。通过这六个因素使战略真正进入物流系统的日常生产经营活动中，成为制度化的工作内容。

战略规划的实施是一个动态过程，因为物流系统是时刻处于变化状态的，所以物流系统战略规划的实施必须随着产业政策、技术和市场的变化而变化。在外部环境发生变化时，物流系统要相应地对物流系统战略规划进行调整和完善。

（4）战略的控制与评估。战略规划是在变化的环境中实施的。物流系统只有加强对物流系统战略规划执行过程的控制与评价，才能适应环境的变化，完成战略规划任务。这一阶段的工作重点是建立控制系统、监控绩效和评估偏差、控制及纠正偏差三个方面。

3．物流系统战略规划的实施方法

物流系统战略规划的实施方法有以下五种。

（1）指令型实施方法。指令型实施方法的特点是高层管理者或者其委托者制定战略，由下属实施，高层管理者往往不参与具体实施。这种方法的优点是在原有战略或常规战略变化的条件下，战略规划实施不需要有较大的变化，实施的结果也比较明显；缺陷是不利于调动基层人员的积极性。

（2）转化型实施方法。转化型实施方法也可称为变革型实施方法，这种方法的特点是高层管理者重点研究如何实施战略规划，并且要为有效地实施战略规划设计适当的行政管理系统。因此，要进行一系列变革和转化，以增加战略成功的机会。这种方法的优点是从行为角度出发考虑战略规划实施问题，可以实施较为困难的战略；缺点是物流系统的变革和转换可能来不及适应环境的变化，而且物流系统内部流程可能由于经常处于变革中而变得不稳定甚至无所适从。

（3）合作型实施方法。合作型实施方法的特点是战略规划制定者充分调动各方面的积极性，各方在战略规划制定中可以充分发表自己的意见和方案，战略规划制定者实际上是一个协调员的角色。这种方法的优点是决策的科学性和民主性，能够充分调动人员的积极性；不足之处在于讨论时间可能过长甚至争执不下以致错过战略机会，战略的稳定性和全局性容易受到职能部门倾向性和局部性的影响。

（4）文化型实施方法。文化型实施方法的特点是战略规划制定者主要倡导物流系统的使命、价值观并引导基层人员建立正确的价值、态度取向，然后鼓励基层人员根据物流系统使命去设计自己的工作活动，甚至让个人做决策。这种方法能够集思广益、充分调动基层人员积极性，但其前提是要有良好的文化氛围，基层人员有较高的文化素质，受过良好的教育。

（5）增长型实施方法。增长型实施方法是高层管理者鼓励中下层管理者制定与实施战略规划。这种方法集中了来自实践第一线的管理者的经验与智慧，而高层管理者在这些战略中只是做出判断，并不将自己的意见强加在战略规划中。

总之，物流系统战略规划实施的各种方法都有自己的特点和优劣势，关键要根据物流系统的情况选择合理的战略规划实施方法。例如，基层人员素质低时，采用指令型方法；基层人员素质高时，采用文化型方法和增长型方法；物流系统环境稳定时，采用指令型或转化型方法等。此外，还有物流规模、物流范围、物流发展阶段等都是影响战略规划实施方法的因素。

4．物流系统战略规划的实施程序

物流系统战略规划的实施一般要经过以下四个程序。

（1）收集资料。将规划执行所需的相关资料进行收集，包括物流系统内部和外部的相关资料。

（2）确定规划执行需要的前提条件。包括对于资源的要求等，前提条件可以分为内部和外部前提条件、可控和不可控前提条件、关键性和一般性前提条件等。

（3）任务与目标分解。根据战略总目标和总任务，再将目标和任务分解到各个部门和岗位，分解到责任点上，保证目标一致，形成目标结构和目标体系。

（4）综合平衡。包括各环节、各部门的协调和衔接，时间和空间的平衡，组织活动和组织资源的平衡等。

二、物流系统战略规划的控制

1．物流系统战略规划控制的基本内容

物流系统战略规划控制是把物流系统战略规划实施过程中产生的实际效果与预定的目标和评价标准进行比较，评估工作绩效，发现偏差，采取措施，使战略的实施更好地与物流系统当前所处的内外环境、目标协调一致，以达到预期的战略目标，实现战略规划的目的。它是物流系统战略规划最后的一个阶段，也是保证物流系统战略规划实现的一个重要内容。物流系统战略规划控制一般包括物流质量控制、物流成本控制、物流财务控制、物流服务控制等。

2. 物流系统战略规划控制的过程

物流系统战略规划控制过程通常具有渐进性、交互性、系统性等特点，其基本过程包括四个阶段。

（1）确定物流系统战略规划控制的标准。建立控制标准是战略规划控制的依据，一般分为定性标准和定量标准。定性标准主要包括战略与环境的适应性、战略实施的风险性、战略与资源匹配性、战略执行的时间性、战略与物流组织机构的协调性、战略的客观可行性及对顾客的服务满意程度等；定量指标主要有物流效率、物流成本、市场占有率、劳动生产率、物资消费比率、工时利用率、业务增长率、净利润等。

（2）绩效监测。要判断和评估实现物流绩效的实际条件，相关人员需要收集和处理数据，进行具体的职能控制，以及监测外部环境和内部条件的变化等。

（3）评估实际绩效。这是指依据标准检查工作的实际执行情况，用实际绩效与计划绩效目标进行比较，确定两者之间的差距，并尽量分析差距出现的原因。衡量实际绩效的目的是给管理者提供有用的信息，为采取纠正措施提供依据。衡量实际绩效通常采用亲自观察、分析报表资料、召开会议和抽象调查等方法。这些方法各有利弊，管理者可根据需要选择合适的方法。

（4）纠正措施。衡量实际绩效之后，应将衡量结果与标准进行比较，经过比较会出现三种情况：超过目标（或标准），出现正偏差；正好相等，没有偏差；实际成效低于目标（或标准），出现负偏差。若有偏差要分析其产生的原因，并采取相应的措施。在某些物流活动中，偏差是在所难免的，因此确定可以接受的偏差范围，即容限，是非常重要的。一般情况下，如果偏差在规定的容限之内，可以认为实际绩效与标准吻合，这时候不用采取特别的行动；如果偏差在规定的容限之外，管理者就应该注意，并根据偏差的大小和方向，分析偏差产生的原因。

偏差产生的原因可能有多种，但一般可以分为两大类：一类是执行过程中发生的；另一类是计划本身不符合客观实际或是情况变化造成的。管理者应针对具体情况采取相应的纠正措施。如果偏差是因绩效不足产生的，应采取的行动是改进实际绩效；如果是因标准本身的制定引起的，则应重新修订标准。

通常纠偏行动可分为两种不同的措施：一是立即纠正措施；二是彻底纠正措施。立即纠正措施指立即纠正出现问题的工作；彻底纠正措施指先分析偏差发生的原因和方式，然后从产生偏差的地方进行纠正。当有偏差出现时，管理者应首先采取立即纠正措施，避免造成更大的损失，然后应对偏差进行认真分析，采取彻底纠正措施，使类似的问题不再发生。

此外，还应制订应变计划。应变计划指在战略规划控制过程中，在发生重大意外情况时系统所采取的应急处理计划。它是一种及时的补救措施，能够帮助管理者处理不熟悉或意料之外的情况。

3. 物流系统战略规划控制的方法

物流系统战略规划控制的主要方法有：事前控制、事中控制、事后控制、随时控制。

（1）事前控制。事前控制又称前馈控制，是在物流系统战略规划实施前，对物流系统战略规划行动的结果有可能出现的偏差进行预测，并将预测值与物流系统战略规划的控制标准进行比较，判断可能出现的偏差，从而提前采取措施，使物流系统战略不偏离原定的计划，保证物流系统战略目标的实现。

（2）事中控制。事中控制又称行或不行的控制，是在物流系统战略规划实施过程中，按照控制标准验证物流系统战略规划执行的情况，确定正确与错误、行与不行。例如，在财务方面，对物流设施项目进行财务预算的控制，经过一段时间之后，要检查是否超出了财务预算，以决定是否继续将该项目进行下去。

（3）事后控制。事后控制又称后馈控制，是在物流系统战略规划推进过程中将行动的结果与期望的控制标准相比较，看是否符合控制标准，总结经验教训并制定行动措施，以利于将来的行动。

（4）随时控制。随时控制又称过程控制，负责人要控制战略规划实施中的关键性过程或全过程，随时采取措施纠正实施中的偏差，引导系统沿着战略规划的方向进行运作。

以上几种方法的作用不同，物流系统在不同阶段应根据实际运作情况选择不同的控制方法。

第四节　社会物流系统战略规划

一、社会物流系统战略的构成

1. 战略目标

（1）依据国民经济发展战略规划，优化国家、区域和城市的物流结构。

（2）创造促进物流业发展的外部环境，包括体制、机制、制度及政策等相关要素。

（3）把国家和区域作为一个整体，促进物流系统的合理布局，明确其基础设施建设的战略重点，并紧密结合城乡物流体系的建设。

（4）形成适应物资流通需要的社会化、专业化物流服务体系。

（5）形成一批具有市场竞争力、经营规模合理、技术装备和管理水平较高的大型物流企业。

（6）形成与国家、区域和城市经济发展水平相适应的高效率物流系统网络。

2. 战略导向

（1）物流业相关制度创新的导向，主要包括提高制度效率、提升公共部门效率、实施科学决策、建立健全社会信用体系等方面的内容。

（2）物流技术创新的导向，主要包括技术创新的路线与定位、加强创新型人才培养、建立技术创新体系（如建立以企业为主体、市场为导向、产学研相结合的技术创新体系）等。

（3）物流资源节约的导向，主要是要倡导大型物流企业之间、各区域之间物流资源的广泛整合，即不同的物流实体联结起来，形成共享物流资源的模式。

3. 战略优势

（1）产业优势。一个国家、区域和城市的主要经济支柱产业的发展会促进物流产业的发展，产业优势决定了物流业的服务重点。

（2）资源优势。包括人力资源、国土矿产资源、生产资料资源等。

（3）地理优势。主要指社会物流发展的交通基础条件，如是否临近海边、是平原地形为主还是山地为主等。

（4）社会物流发展的技术优势。主要指与物流产业相关的科学技术发展状况。

（5）物流的组织优势和管理优势。主要指国家、区域和城市的物流业发展的组织、运行体制等。

4．战略态势

战略态势分析是制定国家、区域和城市物流战略的基础，其分析过程一方面要和战略优势结合起来，另一方面要分析其劣势，以及面临的发展机遇和挑战。

5．战略部署

战略部署主要包括两层含义——社会物流战略措施和步骤。其涉及的主要内容有：政府如何引导、组织、协调产业结构，如何建立、完善物流发展相关的科学研究工作，以及政策措施的制定等。

二、社会物流系统战略规划的内涵和主要内容

1．社会物流系统战略规划的内涵

社会物流系统战略规划指确定社会物流系统战略目标，以及设计实现该目标的策略与行动的过程。即社会物流系统战略规划是根据现有的条件和未来发展的需要，从社会的整体利益出发，结合国民经济、社会发展长远计划，综合考虑自然条件、社会经济、物流环境、交通运输条件等各个方面的影响因素，合理利用资源，对社会区域内的物流发展的产业政策、物流活动模式、物流基础设施建设规模、速度和物流企业发展方向、功能定位等进行全面的宏观战略规划，并对物流基础设施进行合理空间布局，对运输活动、网络等进行合理规划，使一定社会地区内物流软、硬件设施能满足社会经济发展及人民生活需要，并且有效降低物流在仓储、运输、装卸搬运、包装、流通加工及信息服务等各个环节的经济成本和社会成本，缓解不合理物流带来的区域环境污染、交通恶化等问题，以最小的社会消耗、最佳的效益、最高的效率实现发展目标。

社会物流系统战略规划将规划对象视为一个相互联系的有机整体，从全局的观点出发，进行全面的综合分析，从整体上进行宏观规划。战略规划要遵循局部服从全局、个别服从整体、微观服从宏观、治标服从治本、眼前服从长远、子系统服从大系统的原则，只有重视了全局、整体和大系统的要求，使系统整体上合理、经济上最优，才能体现系统的综合效益和整体效率。

2．社会物流系统战略规划的主要内容

（1）物流业发展模式的选择及中长期发展目标的确定。物流系统战略规划的重要作用在于为整个物流业的发展指明方向，这当然是建立在科学把握社会经济发展规模与目标、科学技术发展动向、物流业发展基础与需求走势等要素的基础之上的。

（2）物流系统战略框架体系的构建。物流系统战略框架体系主要包括物流节点总体布局、物流通道的总体构建、物流信息平台的总体框架等。这些物流基础设施的规模与水平、分布形态均应满足包含物流需求在内的社会经济发展总体要求。

（3）物流业发展的政策保障体系。物流的发展必须有稳定、开放、公正、公平的市场环境，这需要一系列政策作保障。政府在制定物流系统战略目标和设计达到目标的策略时，必须有正确、科学、配套的政策保障。借鉴先进国家与地区的经验，充分考虑自身的基础

与发展历程，制定有效的对策是物流业健康、持续发展的基础。

三、社会物流系统战略规划的工作程序

1. 调查阶段

首先，对国内外物流发展的动向、规划区域内的自然环境（位置、气候、资源、地质等）、社会发展（人口规模与结构、民族、社会形态等）、产业经济（主要产业类别、GDP、三次产业结构、收入与消费水平等）、城市规划与建设（土地规划、城市总体规划、分区规划）、交通运输（线路、场站）、工业发展（现状、规划）、商业网点（商业发展、网点设置、规划）等情况进行资料调查和收集。其次，应对相关区域的物流状况与动向、物流意向与流动等内容进行符合规划要求的资料收集、数据统计等工作。

2. 分析阶段

分析阶段指对社会物流存在的问题、发展物流的比较优势、发展物流的必要性等深入研究，得出结论。

3. 预测阶段

预测阶段指对未来各阶段的物流需求的总量、分布形式、品类结构、服务水平与信息需求等进行定量与定性的估计。这是物流战略规划的基本依据，是应用现代物流规划理论与原理的具体体现。

4. 规划阶段

规划阶段即确定战略目标与战略模式，物流基础设施设备规模、水平、分布的规划，物流信息平台的设计与构建规划，制定宏观政策的过程。

5. 评估阶段

评估阶段指对规划的可行性、可靠性、可操作性进行综合评判。一个合理的规划必须是经济与技术上可行的，对社会与环境是可靠的，方案本身也是可实现的。一般可运用层次分析法、模糊综合评判法等进行评估。

通过上述过程，就可以为社会物流（国家、区域和城市物流）发展找到正确的方向，为物流的建设指定明确的目标，为物流业的发展奠定基础，为物流的经营与管理创造物流政策、市场条件。

四、社会物流系统战略规划的实施

对于社会物流系统而言，重要的不仅是要制定战略规划，而且要实施战略规划。战略规划实施绝不是一件简单的任务或目标，而是在构建社会物流系统过程中，通过物流战略规划的管理与实施，调节物流资源，最终实现物流系统宗旨和战略目标等一系列动态的过程。

在实施社会物流战略规划时应重点把握以下五个方面的关键问题。

1. 实施主体多元化

社会物流系统战略目标涉及政府工作的各个方面，从管理体制上看有各种要素在影响物流发展，同时社会与企业的参与和关注也将影响物流的发展。在实施社会物流系统战略规划时应调动政府、社会、企业各个方面的积极性。

2．实施推动的权威性

社会物流系统战略规划应该由权威的力量来推动，这是由战略规划的跨行业、跨区域、跨时间的特征决定的。

3．实施目标的阶段化

社会物流系统战略规划是长期的、宏观的、整体的、综合的发展目标与措施，必须将其分阶段逐步实施，具备可操作性。

4．实施要素的集约化

物流系统战略规划最终都要落实在具体的地区、产业和项目上，这需要人、财、物等多方面的投入。对于一个国家、区域和城市而言，人、财、物等资源的投入必须做出调整，进行资源的集聚，才可能获得有投入产出的社会效益和经济效益。

5．实施环境的法制化

实施社会物流系统战略规划需要良好的社会环境，应有健全的法律、法规、制度做保障。

第五节　企业物流系统战略规划

一、企业物流系统战略的构成

1．战略态势分析

战略态势分析就是对企业所面临的竞争环境做全面、深入、客观的分析。它包括以下三个方面的工作：首先是宏观环境分析，就是对社会经济环境进行分析，并进行发展趋势的客观预测；其次是进行行业环境分析，就是对市场需求状况、竞争对手状况进行分析；最后是企业内部环境分析，主要分析企业自身的优势和劣势。现在很多企业通常采用的方法是 SWOT 分析方法和 PEST 分析方法。

2．战略思想

战略思想是整个企业物流战略与企业物流管理的指导思想与准则。要形成一个正确的战略思想，首先要对企业物流的竞争态势有科学的分析；其次企业对市场竞争环境要有敏感的、超前的意识，在这两者结合的基础上，形成战略性的总体设想，并进而确定战略方针是进攻战略、防御战略，还是有进有退战略等；最后在确定方针后，还必须确定战略主攻方向。

企业物流系统的战略思想应该从以下四个方面来重点体现和把握：释放物流需求，实施业务外包；资源整合、流程再造；实施供应链管理；建立经济效益评价体系。

3．战略目标

企业的战略目标对企业经营战略的制定和实施有直接的指导作用。单纯有正确的战略思想是不足以具体指导整个企业的物流活动的，为此，必须把战略思想演化为具体的、可指导实际行动的、可操作的战略目标。企业的战略目标以企业宗旨为依据，以战略分析结果为基础。一般来说，企业战略目标应满足可接受性、灵活性、可度量性、激励性和可实现性及易理解性等基本要求。

4．战略重点

有了战略思想，以及正确且明确的战略目标，下一步就是确定关键的、全局性的策略。具体来讲，工商企业和物流企业应根据战略目标来确定战略重点。

（1）核心业务和重点区域。核心业务指仓储、运输、第三方物流、第四方物流业务等，重点区域指的是重点发展的领域和未来拓展的区域。

（2）正确的产品组合战略。用什么产品去竞争，对物流而言意味着要决定采用运输、仓储、货代等单一服务，还是发展多式联运、综合物流等。

（3）市场竞争战略。一般来说，就是在多种策略中进行选择。

5．战略部署

任何战略行动都需要周密的、现实可行的资源配置与思想动员来保证。因此，要仔细计算、全面筹划与协调平衡地进行战略部署。简单地讲，就是必须有三个方面的支撑体系与部署：战略资源配置，主要是资金、设备、人力资源的支撑体系与计划；战略文本的编制；战略动员计划，包括培训、研讨和战略安排等。

二、一般企业物流系统战略规划

1．企业物流系统战略规划的内涵

一般企业物流系统战略规划属于企业职能战略，与企业生产战略规划、营销战略规划、财务战略规划、人力资源战略规划等一样，是企业战略规划的组成部分。企业物流系统战略规划主要是针对企业采购、生产、销售和售后服务等不同环节的物流做出的整体部署和安排。

作为企业战略规划的组成部分，企业物流系统战略必须与各职能部门战略规划相互适应、相互协调、相互支撑，因为只有当生产、营销、财务、人力资源和物流部门制定的战略规划相互配合，并且满足企业战略规划的需要时，企业战略规划才有可能实现。

2．企业物流系统战略规划的框架

一个企业物流系统战略通常表现在五个重要层次上，构成物流系统战略环形图，它确立了企业设计物流系统战略的框架。

（1）战略层：确立物流对企业战略的协助作用，建设两大平台和两大系统。物流首先是一种服务，企业建设物流系统的目的首先是实现企业的发展战略，所以企业发展物流必须首先确立物流规划与管理对企业总体战略的协助作用。同时，企业现代物流的发展必须建设两大平台（基础设施平台和信息平台）和两大系统（信息网络系统和物流配送系统）。在进行物流系统规划设计初期必须进行企业资源能力的分析，充分利用过去和现在的渠道、设施及其他各种资源来完善企业的总体战略并以最低的成本和最快的方式建设两大平台和两大系统。

（2）经营层：通过客户服务建立战略方向。物流活动存在的唯一目的是向内部和外部客户提供及时准确的交货服务，无论交货是出于何种动机或目的，接受服务的客户始终是形成物流需求的核心动力。所以，客户服务是制定物流系统战略的关键。另外，执行一项营销战略时必须考察企业在与争取客户和保持客户有关的过程中的所有活动，而物流活动就是这些关键能力之一，可以被开发成核心战略。在某种程度上，企业一旦在物流能力方面拥有了竞争优势，它就具有了难以被复制和模仿的特色。

（3）结构层：进行渠道设计和设施网络规划。企业的物流系统首先应该满足客户的服务需求，而物流系统的渠道结构和设施网络结构提供了满足这些需求的物质基础。物流渠道设计包括确定为达到期望的服务水平而需执行的活动与职能，以及渠道中具体的执行成员。渠道体系设计需要在渠道目标的制定、渠道长度和宽度的评价，市场、产品、企业及中间商因素的研究，渠道成员的选择及职责，渠道合作等方面认真分析与判断，因为体系一经确定，通常无法轻易地改变。随着客户需求变化和竞争者的自我调整，渠道战略必须再评价以维持或增强市场地位。

企业物流设施网络战略要解决的问题有：设施的功能、成本、数量、地点、服务对象、存货类型及数量、运输选择、管理运作方式（自营或向第三方外包）等。网络战略必须以一种客户价值最大化的方式与渠道战略进行整合，涉及与第三方物流提供商的合作，物流系统网络可能会变得更为复杂，也比传统网络更加灵活。因此对现有的仓储业务、库存配置方针、运输管理业务、管理程序、人员组织和体系等进行革新是明智之举。在动态的、竞争的市场环境中，也需要不断修正设施网络以适应供求基本结构变化。

（4）职能层：对物流系统战略各个环节进行规范。物流系统战略规划的职能部门主要负责对企业物流作业管理的分析与优化。运输分析包括承运人选择、运输合理化、货物集并、装载计划、路线确定及安排、车辆管理、回程运输或承运绩效评定等方面；仓储方面主要包括设施布置、货物装卸搬运技术选择、生产效率、安全、规章制度的执行等；在物料管理方面，分析可以着重于预测、库存控制、生产进度计划和采购上的最佳运作与提高。

（5）执行层：对物流系统战略规划的实施和控制。物流系统战略规划与管理的最后一层为执行层，包括支持物流的信息系统、指导日常物流运作的方针与程序、设施设备的配置及维护，以及组织与人员问题。其中，物流信息系统和组织结构设计是最重要的。

物流信息系统是实现一体化物流思想的手段和现代物流作业的支柱。没有先进的信息系统，企业将无法有效地管理成本、提供优良的客户服务和获得物流运作的高绩效。当今企业想要保持竞争力，就必须把信息基础结构的作用延伸到包括需求计划、管理控制、决策分析等方面，并将信息的可得性、准确性、及时性、灵活性、应变性等特点结合到一起，还要注意与渠道成员之间的连接。

对于组织一体化、供应链整合、虚拟组织、动态联盟、战略联盟、战略伙伴、企业流程再造、敏捷制造等发生在组织管理领域的变革，需要企业以全新的思维认识，同时，物流管理也要对变革做出积极反应。一个整合的、高效的组织对成功的物流绩效来讲是至关重要的。一体化的物流管理并不等于将分散于各职能部门中的物流活动集中起来，单一的组织结构并非对所有企业都适宜，关键在于物流活动之间的协调配合，要避免各职能部门只致力于追求局部物流绩效的最大化。

3．企业物流系统战略规划的形成方法

企业物流系统战略规划制定方法主要从以下三个方面来进行。

（1）企业内部制定法。企业内部制定法主要是指物流系统战略规划制定是通过企业组织内部制定生成方案的方法。根据不同层次管理者介入战略分析和战略选择工作的程度，可以将战略形成的方法分为四种形式。

① 自上而下的方法。这种方法是先由总部的高层管理者制定物流系统的总体战略规划，然后由下属各部门根据自身的实际情况将物流系统的总体战略规划具体化，形成系统

的战略规划方案。这种方法最显著的优点是物流系统的高层管理者能够把握整个系统的战略方向，同时能对下属各部门的各项行动实施有效的控制。这种方法的缺点是，要求物流系统的高层管理者在制定战略规划时必须深思熟虑，战略规划方案务必完善，并且要给下属各部门提供详尽的指导。这种方法也约束了各部门的行动，难以发挥中下层管理者的积极性和创造性。

② 自下而上的方法。这是一种先民主后集中的方法。在制定战略规划时，物流系统最高管理层对下属部门不做硬性规定，而是要求各部门积极提交战略规划方案，物流系统最高管理层在各部门提交战略规划方案的基础上加以协调和平衡，对各部门的战略规划方案进行必要的修改后加以确认。这种方法的优点是，能够充分发挥各个部门和各层管理者的积极性和创造性，集思广益。同时，由于制定的战略规划方案具有广泛的群众基础，在战略规划实施过程中也容易得到贯彻和落实。这种方法的不足之处是，各部门的战略规划方案难以协调，可能会影响整个战略规划实施的系统性和完整性。

③ 上下结合的方法。这种方法是在战略规划的制定过程中，物流系统最高管理层和下属各部门的管理者共同参与，通过上下各层管理者的沟通和协商，制定适宜的战略规划。这种方法的主要优点是可以产生较好的协调效果，制定的战略规划更加具有可操作性。

④ 战略小组的方法。这种方法是指物流系统的负责人与其他的高层管理者组成一个战略制定小组，共同处理企业面临的问题。在战略规划制定小组中，一般是由总经理任组长，其他人员的构成则具有较大的灵活性，由小组的工作内容而定，通常是吸收与所要解决的问题关系最密切的人员参加。这种战略规划制定方法目的性强、效率高。

（2）外部机构制定法。外部机构制定法主要是指企业通过签订合同的方式邀请外部专家或咨询机构制定企业的物流系统战略规划。企业自身不参与物流系统战略规划的制定，只是通过提供相应的资料数据，配合外部专家或咨询机构进行企业物流系统战略规划的制定，最终按照合同规定付以相应的报酬。最后由外部专家或咨询机构制订适合企业物流运作的战略规划方案。

（3）企业与外部机构合作制定法。企业与外部机构合作制定法是企业内部制定法和外部机构制定法的综合结果。同样，企业通过与外部机构签订相应的合同，但企业不仅提供相应的资料，还配备相关人员参与物流系统战略规划的制定，与外部机构的合作协商，直到制订出适合企业物流运作的物流系统战略规划方案为止。

4. 企业物流系统战略规划制定的过程

（1）企业物流系统战略规划的环境分析。

① 外部环境分析。外部环境分析主要包括政治经济环境、科技教育环境、行业竞争环境、区位市场环境等。

第一，政治经济环境。政治稳定是社会安定的基础，政治的发展现状、社会法制化水平的高低，对企业经营活动有十分重要的影响。同样地，国民经济增长的总体表现、社会与个人购买力水平对物流发展也有很大影响。

第二，科技教育环境。科学技术和教育为企业物流系统提供了宝贵的技术和人才支撑，科技教育水平对企业物流系统的发展有重要的影响。

第三，行业竞争环境。行业中物流系统的服务水平、竞争对手的物流系统服务水平，都是企业物流系统战略外部因素的重要内容。

第四，区位市场环境。区位市场环境包括：企业及产品覆盖市场的区域经济、产业动向；企业产品在目标市场上被接纳程度、产品的市场竞争力及市场占有率情况；市场拓展的可能性及拓展区位、地点的选择分析等。

② 内部条件分析。内部条件分析主要分析物流系统战略规划及功能单元的选择对物流渠道构成、流动能力及物流服务等的影响。其包括：企业物流系统的现实发展水平以及满足社会需求的情况；企业生产布局及生产加工能力，企业产品品种与数量结构、产品生产所需资源的构成及分布情况、企业生产开工利用率对企业物流系统能力的影响；企业内部职能部门的划分对物流活动的影响，企业物流活动的整合情况及发展趋势；企业经营及企业物流活动发展环境预测研究。

（2）明确企业物流系统战略规划的展望和宗旨。企业物流系统战略规划展望是企业管理者对企业物流系统战略发展前景和发展方向高度概括的描述——企业的物流业务是什么；应该朝什么方向发展；这个方向能为企业提供什么样的商业意义；在这个方向上的业务领域中，企业要占领什么样的市场位置，根本性目标是什么。物流系统战略规划的业务宗旨，指明了企业未来物流业务前进的目标，制定了企业需要遵循的物流系统战略规划发展途径，塑造了企业物流系统发展方向的特性，如产品、供应链、市场、客户服务、运输技术应该集中在哪个方向发展和改进。

战略展望的核心是企业物流系统能力的长远性，而业务宗旨主要集中于企业现阶段物流系统战略的规划，是对企业经营范围、市场目标和物流领域等的概括性描述。相比较而言，业务宗旨更具体地表明了企业物流系统服务的方向。

（3）设置企业物流系统战略规划目标。设置物流系统战略规划目标，其主要作用是将企业物流系统战略展望和业务宗旨转换为明确具体的绩效目标，即企业管理者想要达到的效果和成果，从而使企业有一个可参照的对象和测量标准，以跟踪企业的发展和绩效。企业物流系统战略规划目标要有创造性，并具有一定的挑战性，以促使企业和员工更加努力地为实现目标而奋斗。物流系统战略规划目标包括以下具体内容。

目标主要分为两种类型：财务目标和战略目标。其中，财务目标是企业得以生存发展的基础。但是企业仅仅实现财务目标是远远不够的，更重要的是要实现战略目标，即保持企业物流系统的竞争优势和企业市场地位。

战略规划目标的设定包括短期目标和长期目标。长期目标的期限通常超出一个现行的年度，通常为 3~5 年，甚至更长；短期目标是执行目标，是为实现长期战略规划目标而设计的，时限通常在一个年度内。如果短期目标和长期目标发生冲突，应当优先考虑长期目标。

战略规划目标的制定过程是通过企业的组织机构层次由上至下层层进行的，由企业整体直至个人。其具体内容包括：企业最高管理层的物流系统战略规划展望和业务宗旨，确定达到物流系统战略规划展望和业务宗旨的长期目标，分解长期战略规划目标，建立整个企业的短期执行性战术目标，企业相关业务部门及员工建立自己的目标。

在满足用户需求的过程中，通过实现企业物流资源的优化配置，尽量降低企业物流成本，减轻物流系统造成的环境负担，使企业在物流系统中获得源于时间、空间和加工的附加值；在企业获得较好经济效益的同时，又能确保社会效益。企业物流系统战略规划目标可以归类为以下三个方面的内容。

第一，用户服务。对用户需求进行分析、识别和归类，并力促其发展成为市场需求，为拓展物流服务领域创造条件；寻求有别于竞争对手并能体现企业特色的服务，完善竞争策略和服务措施，改进服务，以提高物流服务水平。

第二，降低成本。在实现战略规划目标的过程中，应通过对仓库的选址与布局、对运输方式的选择，努力并协同地降低运输、存储等功能环节的作业成本，以实现最小总成本。

第三，减少投入。应通过对物流过程的合理组织，实现物流系统各类要素投入的最小化。

（4）制定企业物流系统战略规划。

① 制定物流系统战略规划的基础。制定企业物流系统战略规划，需要企业管理层对以下关键问题进行回答：服务什么样的客户、选择什么样的业务模式、如何获取竞争优势、怎样适应环境变化等。例如，从客户的角度考虑，企业的管理层需要决定为哪些客户群体服务，顾客需求变化和期望会发生什么样的变化，为了向顾客提供高水平的物流服务，是开展单一业务还是多元化业务，如何优化配置资源，提高企业竞争力；从市场的角度考虑，市场趋势及竞争对手的下一步行为是什么，企业进军广泛的市场还是聚焦于某一细分市场；从财务角度考虑，企业在未来要获得什么样的收益，是否把竞争优势建立在低成本的基础上；从内部供应链的角度考虑，在决定企业的竞争领域及收益目标后，应采用何种供应链和衡量方法；从适应环境考虑，企业的经营环境时刻都在发生变化，管理者需要注意环境中意外事件的发生和潜在的变化，及时回应并做出物流系统战略规划上的调整，带领企业朝着市场环境的新方向前进，并对企业的物流系统战略规划进行反复的思考和讨论，进行相应的修正，并达成共识。

② 物流系统战略规划的主要内容。用户服务：服务水平是对物流系统战略规划影响最大的因素，客户群体的大小是系统生存的关键，客户服务水平直接影响物流系统对客户的吸引力，同时也反映企业核心竞争力。设施与设备的选择：设施与设备的选择对物流渠道系统的资源投入，对于运作过程费用开支的大小会产生直接影响。库存决策：它既要解决如何形成合理的库存管理模式，又要解决仓储设施的层级、个数、地点的选择决策问题。运输模式选择：主要解决运输方式、运输批量、运输时间和运输路线问题，以及与仓储设施布局与选择、库存规模决策之间紧密的互动关系。

③ 物流系统战略规划的主要影响因素。经济因素：不同经济发展水平是影响物流系统发展水平的关键。市场规模、供求关系、交易方式及商品的品种、结构、性质、生产批量等，都会对物流系统的发展产生影响。科技因素：物流发展需要的物流技术、物流设备与设施的现代化，均离不开科技的不断创新与发展。社会因素：社会对物流活动的认识水平，对促进物流活动的开展及增加用于对物流活动的投入将产生直接的影响。管理因素：管理思想、管理体制、管理方法的改进，将对物流系统的发展产生深远的影响。

（5）选择企业物流系统战略规划。物流系统战略是指导企业物流系统的发展方针，一旦确定并付诸实施将很难改变，但在企业的整个发展过程中，其也会根据情况做相应的调整。从这个角度来讲，物流系统战略可以根据企业物流系统的具体情况变化，分为四个选择方向：维持战略、紧缩战略、优化战略和扩张战略。

① 维持战略。维持战略是指企业管理者通过对企业发展面临的环境及企业物流的竞争战略的分析研究，发现现有物流系统提供的服务已经可以较高水平地满足客户的需要，相对其他竞争企业也不处于劣势的情况下所采取的战略方案。在这种情况下，企业只需要维持原有物流系统的正常运作，可以对局部不合理的环节进行微调，但不需要增加物流系

统中设备、设施和人员的投入。

② 紧缩战略。紧缩战略是指物流系统在满足企业物流要求的基础上减少人力、物力和财力投入的战略。企业对自有物流系统中效率比较低的部分采取放弃措施，但这并不意味着企业要退出现有的市场。当然，企业总体战略在退出战略的情况下，也会表现出企业对现有物流系统的部分或者全部放弃。企业部分地放弃对物流系统的控制可以表现为企业物流设备和技术的出售，物流管理、操作的相关人员削减，物流投入比率减少甚至为零等。如果企业在物流系统上的紧缩并不是总体经营范围紧缩造成的，那么企业可能存在物流活动外包的倾向，也就是企业具有与专业物流企业或拥有更高工作效率物流系统的供应商进行合作的倾向。

③ 优化战略。优化战略是指企业对现有物流系统进行改建，提高整个系统运作效率和服务水平的战略。企业物流系统提供的物流服务水平不足以满足客户对物流的要求，但是这种不足并不是由物流系统设施、技术等硬件条件造成的。在这种情况下，企业可以采取优化战略，通过改进物流系统的运作流程、局部提高物流环节的工作效率、对物流业务操作人员和管理人员进行专业培训等方式提高整个系统的协调性和效率，从而满足客户对企业物流运作的要求。

④ 扩张战略。扩张战略是指企业通过增加对现有物流系统的投入，改善物流系统的运作，扩大物流系统服务范围的战略。企业的物流系统不能满足客户对物流的要求是由物流系统的硬件设施不足造成的。在这种情况下，企业只能采取扩张战略，通过增加物流系统固定资产的投资和对外开展战略性物流合作等手段来改善物流服务水平。企业建立高效的物流系统的扩张方式有并购、合资经营、战略联盟、技术共享、采购与营销协议和内部新建等。

（6）执行企业物流系统战略规划。物流系统战略规划的执行是以实施为导向，将物流系统战略规划变成实际行动，并转化为有效结果，完成物流系统战略规划目标的活动。物流系统战略规划的执行是整个物流系统战略规划管理环节中最耗时、要求最严格的部分。企业在物流系统战略规划执行阶段需要采取的措施主要包括以下六个方面。

① 战略发动。让广大员工了解企业物流系统战略规划的目标，调动他们的积极能动性，激发他们的潜能与热情。企业管理者需要统一全体员工的价值观和战略目标，鼓舞员工士气，从而得到员工的拥护和坚定的支持，不断克服外界挑战，创造企业的长期繁荣。

② 战略计划制订。物流系统战略计划可以避免战略计划执行过程中出现的混乱局面。战略规划主要包括三个方面的内容：一是时间分解，将企业物流系统战略规划总目标、总任务按时间长短细分，明确进度和阶段性目标，并分析论证既定时间框架下的可行性；二是空间分解，制订各职能部门的细分计划，进一步明确相应的措施和策略；三是明确企业不同时期、不同部门的计划要点，哪些目标需要保证必须实现，哪些目标可以相对灵活变通，当目标之间相互冲突时哪些目标具有优先权，确保整个战略规划执行过程中，有重点、有区别、全面推进，保证战略规划目标的实施效果。

③ 内外部因素的匹配。物流系统战略规划的实质是使企业的内部实力与外部环境所提供的机会和威胁相协调。物流系统战略规划匹配是战略管理的关键问题。

④ 资源与执行的匹配。企业战略资源一般可以分为人力资源和资金资源两种。在人力资源分配中，应注意为各个战略岗位配备管理和技术人员，关键岗位选择关键人物，不断为战略规划执行配备高效的人才，创造先进的技能。在执行过程中，应注重整个团队综

合力量的均衡。在资金分配过程中应注意规划预算、比例预算、产品生命周期预算。

⑤ 组织与执行的匹配。企业的组织结构是指企业为了有效地达到企业物流系统战略规划目标而筹划建立的组织体系架构，是结构和权力的有机结合。企业组织结构的形式随企业内部和外部各种因素的变化而变化，主要有直线制、职能制、直线职能制、事业部制、矩阵结构等形式。直线制、职能制、直线职能制具有集权性质，事业部制具有分权性质，而矩阵结构则是集权和分权的有机结合。组织结构对物流系统战略规划执行的影响主要体现在：有效的组织结构不仅为资源和要素的运行提供最适当的空间，而且可以弥补或缓解资源要素等方面的缺陷；有效的组织结构规定了企业资源分配的权力，确定了管理控制的方向，企业各层管理者都有明确的职责，企业管理有条有序；有效的组织结构规定了企业内各部门、各员工之间的分工合作，确保全体成员能够协同完成企业物流系统战略规划目标；有效的组织结构确定了各部门的联系与沟通，确保了组织间各类信息和资源能够快速传递，提高了企业的应变能力。

⑥ 文化与执行的匹配。企业文化的表层是物质层，由包括企业外形、产品包装、技术设备特性等反映出来；企业文化的中层是制度层，由包括企业工作制度、职责制度的内涵折射出来；企业文化的核心层是精神层，由包括经营理念、企业风气、远景目标、职业道德等内容组成。加强企业文化建设，保证企业文化同企业宗旨、理念、目标的统一，是企业物流系统战略规划实施成功的一个重要环节。通过企业文化激励员工，并把员工凝聚到企业物流系统战略规划目标上，是物流系统战略规划实施的保证。

（7）评价与调整企业物流系统战略规划。

① 评价与调整的内容。评价业绩、监测新的发展情况并加以改进，是评价和调整企业物流系统战略规划的主要内容，包括评价企业经营业绩，审视物流系统战略规划的科学性和有效性，参照企业实际的经营事实、变化的经营环境、新的思维和新的机会，及时对物流系统战略规划进行调整，以保证物流系统战略规划对企业指导的有效性。战略规划、规划目标、规划实施等，不断地进行评价，同时为适应周围环境的变化，进行适当的调整，使企业物流系统战略规划不断优化和发展，是企业物流系统战略规划管理的必要过程。

② 战略评价与调整的时机。需求情况变化：需求在地域上的分布变化不大，但不同区域内需求数量出现较大的涨落，或者需求在地域上的分布已发生了很大的变化，必须对物流渠道进行较大的调整才能适应新的情况。客户服务发生变化：由于竞争环境的变化，为了保持一定的市场份额，企业必须对自身的服务战略进行调整，设定新的服务目标；另外，随着客户服务要求的提高，对库存的可得率、送货速度、订单履行速度和准确性提出了更高的要求，企业需要对物流系统进行重大的结构性调整。产品特征发生了变化：由于产品设计或包装设计的改变，其重量、尺寸对于搬运、运输和储存作业有较大的影响，必须对系统进行必要的调整。物流成本发生了变化：物流系统的运送对象在体积、重量及具有的价值比方面发生了明显的改变，必须对其运送和储存策略进行调整。

三、物流企业系统战略规划

1. 物流企业系统概述

物流企业是指在物流供应、需求双方之外专门提供专业性物流服务的企业，是为各类用户提供各种物流服务的经营者，是具有自主经营、自负盈亏、独立核算的经营单位。物流企业使物流活动跨出了企业供需双方的范畴，进入了一个更大的物流管理领域。

物流企业的范畴较广，包括经营各种货运站（中转站）、集装箱码头（多式联运中转站）、车站、港口、机场、物流中心、配送中心、仓库、各种货物运输方式及多式联运、货运代理、配载服务、物流信息服务等的企业。这些企业虽然参与了物流活动，但它们既不是物料、物品的所有者、销售者，也不是消费者、用户企业。

以物流为主业的物流企业与其他企业，如供应企业、生产企业和销售企业等，就其所开展的物流活动而言，彼此之间所完成的作业内容并没有什么不同，真正的不同之处在于它们所处的生存和发展环境有所差异。不以物流为主业的企业物流活动，是企业内部的一种伴生性活动，其生存和发展都受到所依存的企业的引导和约束，而物流企业则完全没有这类内在的制约因素存在。

物流企业提供物流服务的质量依赖于原材料、物品等从最初的供应者到最终用户间运动的各要素、各环节组成的网络结构。物流企业追求的是协同运作效益，即整个物流系统效益目标的实现，同时也有利于各成员（各级各类参与物流系统运作的单位）效益目标的实现。

2．物流企业系统战略规划制定的环境分析

（1）物流企业系统外部环境分析。物流企业的外部环境分为一般环境和竞争环境，是企业自身难以把握的不可控变化因素。对外部环境进行全面分析，可以使物流企业获得非常重要的机会和挑战，为进行物流战略规划决策提供重要信息。物流企业系统的一般环境也称为宏观环境，包括政治法律环境（P）、经济环境（E）、社会文化环境（S）、技术环境（T）等。

① 政治法律环境。稳定的政治环境是社会经济稳定发展的基础。对于物流行业来说，目标市场的政治稳定性是其长期稳定发展的必要保证。法律法规对于规范物流及物流企业行为有着直接的强制性作用。法律法规在经济上的作用主要表现为维护公平竞争、维护消费者利益、维护社会最大利益三个方面。物流企业想要发展，就必须有一个完善且稳定的法律体系作保障。

② 经济环境。物流企业在制定战略规划时应考虑总体经济情况。例如，国家 GDP 的增长、利率的变化、通货膨胀、国际贸易和预算赤字等经济环境。物流行业经营环境的好坏最终表现为购买力的大小。经济环境的变化如果能促进购买力的提高，不但能推进现有市场购买力的扩大，而且会促进新市场开发，以满足扩大化的社会需求。

③ 社会文化环境。社会文化环境是对市场、产品与服务产生重大影响的实质性因素。例如，人口数量、年龄构成、性别构成、教育程度、家庭构成、传统习惯、审美观念等在不同国家或地区会存在差异，从而导致对物流的需求流量、需求品种、需求质量存在较大差别。所以，物流企业在制定战略规划时，要考虑社会文化环境的变化。

④ 技术环境。技术进步直接影响到大多数产品和服务，也影响着创造和运转这些产品或服务的生产过程。以电子信息技术、网络技术为核心的新技术革命，已经在实践中取得了极大的社会效益和经济效益。例如，EDI、GIS 等在物流系统中的应用，对物流系统的效率、质量、成本及效益都产生了重大影响。物流企业的决策者，应时刻关注新技术的发展动态，不断引进新技术，提高企业的竞争实力。

（2）物流企业系统竞争环境分析。竞争环境是影响企业战略规划决策的关键因素，竞争环境的发展变化对物流企业利润和物流行业内的竞争状况和性质具有直接影响。竞争环境分析就是对行业整体的发展状况和竞争态势进行详细分析，并确定物流企业在行业中的地位。美国管理学家迈克尔·波特给出的“五力竞争模型”是企业分析竞争环境最常使用的分析工具，如图 2.1 所示。

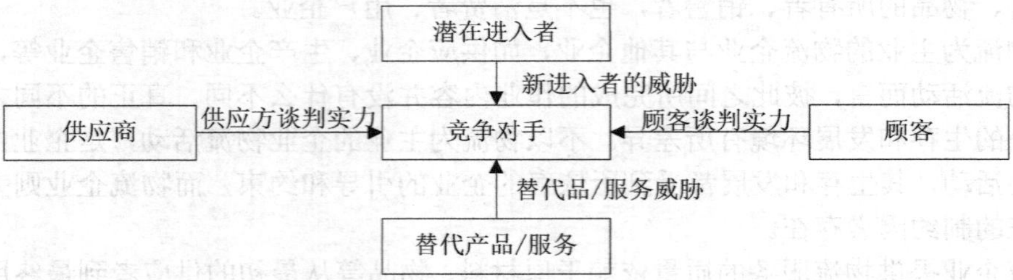

图 2.1　五力竞争模型

① 潜在进入者。潜在进入者指准备进入某一行业市场中的企业，对行业内现有企业构成竞争威胁。

② 供应商。物流企业涉及进、存、销等各个环节，供应商的产品、质量、价格、信用、交易成本、合作态度、发展方向、谈判的实力等，影响到物流企业的服务能力和水平。供应商对交易价格的谈判和协商能力或优势与以下因素有关：物流市场是买方市场，还是卖方市场；物流需求者转换成本的高低；物流企业之间存在的差异性高低；物流需求者需求量的多少；物流市场的集中程度。

③ 顾客。影响服务交易能力的因素与影响物流企业交易能力的因素相同，但影响的方向正好相反，即物流企业交易能力越强，顾客交易能力就越弱。物流企业必须了解顾客多方面的信息，如收入、习惯、偏好、特点、家庭、职业、年龄、动机等；对于供应商，物流企业必须了解其生产技术、发展方向、产品和服务需求。

④ 替代产品/服务。在物流市场中，替代产品或服务是指物流行业内同类物流服务项目。一个物流企业与具有同类物流服务项目的物流企业进行竞争，采取产品或服务差异化是比较理想的战略。

⑤ 竞争对手。物流行业是一个新兴行业，发展变化日新月异，从物流技术到物流标准、业务流程，再到经营方式和服务体系都在发生着深刻的变革。因此，物流行业是一个竞争极为激烈的行业。物流企业竞争的特点通常是服务项目的差异性、服务项目创新、价格竞争等。具体地说，竞争者的产品、质量、花色品种、服务、价格、渠道、信誉、营销手段、规划等都直接影响到服务项目的差异性、创新和价格竞争。

（3）物流企业系统内部环境分析。物流企业的内部环境是指构成物流企业内部生产经营过程的各种要素，并且体现为物流企业总体的经营能力，如领导指挥能力、协同能力、应变能力、竞争能力、获利能力、开发创新能力等。物流企业内部环境因素是可控因素，可以经过努力创造和提高企业能力，但也可能由于管理不善而失控和削弱。物流企业内部环境分析的目的在于掌握物流企业的内部资源现状，找出影响企业战略规划制定与成败的关键因素，辨别企业的优势和劣势，适应环境变化，创造和获得成功的机会，避免或减少可能遇到的风险。内部环境分析主要从以下两个方面进行。

① 对内部各职能部门进行分析。分析的内容主要是研究目前各职能部门现状及发展趋势，以及各部门之间的协调程度，而不涉及与其他相关物流企业进行比较的问题。其目

的是找出物流企业的“瓶颈”部门，并确定该部门的主要问题所在。

② 对物流要素进行分析。打破物流企业职能部门的界限，从物流企业整体发展的角度，分析物流企业中各要素对物流企业发展的影响，更适合于物流企业总体战略规划。

3．物流企业系统战略规划的类型

物流企业系统战略规划按不同角度划分有不同的种类。

（1）基于能力的战略规划类型。按能力划分，物流企业系统战略规划分为以差异化为中心的战略规划和以市场优势为中心的战略规划。

① 以差异化为中心的战略规划。以差异化为中心的战略规划就是物流企业设法使自己的产品或服务乃至经营理念、管理方法、技术等有别于其他企业，在全行业范围内树立别具一格的经营特色，从而在竞争中获取有利地位。

这种战略规划首先是确定目标，由物流企业管理者的价值观决定企业的战略愿景、业务宗旨和战略目标，在此基础上，运用 SWOT 分析方法，详细分析企业的优势与劣势、环境的机会与威胁。其次，确定物流企业系统的竞争战略、执行规划、实施控制和调整规划，最后，通过经营结果反过来印证战略规划目标的实现和管理者的期望。

② 以市场优势为中心的战略规划。以市场优势为中心的战略规划，首先需要确定物流企业所处的市场环境，并结合企业高层管理者的期望，确定物流系统的使命、政策、目标、方案等；其次根据目标、方案等制定物流企业系统的战略实施规划，编制战略实施规划的预算；最后根据实施战略规划所取得的经营结果，对战略规划进行调整。这些过程环环相扣、相互关联。

（2）基于发展方向和业务相关性的战略规划类型。按照发展方向和业务相关性划分，物流企业系统战略规划可以分为增长（维持型、收缩型）集中经营型战略规划和增长（维持型、收缩型）多样化经营型战略规划。

① 增长集中经营型战略规划。集中经营战略是指物流企业将全部资源集中使用在某一特定的市场、产品或技术上。在创立初期，由于融资能力弱、管理经验不足以及营销渠道少等各种原因，许多物流企业采取区域市场中的集中经营型战略规划。在此期间，物流企业为改变实力弱小、竞争地位低的局面，通常采取增加销量、扩大市场份额及建立企业信誉、创立企业品牌的战略。集中经营型战略规划可以使物流企业有明确的发展目标、简明的组织结构。只要物流企业有技术或市场优势，就能集中力量，并随着品牌形象的形成而迅速成长。

增长集中经营型战略规划也存在一定的风险，最主要的就是物流企业完全被行业兴衰所左右。当受到大环境的影响出现衰退时，集中经营型的物流企业必然会受到相当大的冲击。对于已经成熟的物流企业，集中经营型战略适合于在未完全饱和市场中占相对竞争优势的物流企业；对于中小型物流企业，由于整体实力较弱小，其集中经营型应该针对大物流企业未涉及的市场，包括地域市场和产品市场；对于参与大市场范围竞争的物流企业，选择集中经营型战略规划应该是行业内领先的国际性公司；对于区域市场竞争型的物流企业，可针对众多不同地域的细分市场来实施集中经营型战略；对于一些资源垄断型的行业，如铁路行业，物流企业客观地形成了资源垄断，只要有市场，就可以选择集中经营型战略规划。当市场已趋饱和，占相对竞争优势的物流企业的增长速度肯定会放慢，从而影响物流企业的长期稳定发展。此时，集中经营型的物流企业应向多样化经营方向转移。

② 增长多样化经营型战略规划。增长多样化经营型战略规划是指物流企业不是将资源分配到一个特定的市场，而是将它们分配到有限的几个或多个市场的物流经营活动的一种战略。选择多样化经营型战略规划可能是物流企业的主导业务所在行业的生命周期已处于成熟期或衰退期，物流企业长期稳定增长的潜力有限，也可能是物流企业的主导业务已发展到规模经济，并占有较大的市场份额，市场竞争已处于均衡状态，再继续扩大业务规模反而不经济。

（3）基于管理模式的战略规划类型。按管理模式划分，物流企业系统战略规划可以分为纵向一体化经营型战略规划和横向一化经营型战略规划。

① 纵向一体化经营型战略规划。纵向一体化经营型战略规划是指企业出于管理和控制方面的目的，对为其提供原材料、半成品或零部件的其他企业采取投资自建、投资控股或兼并的管理模式，即某核心企业与其他企业是一种所有权关系。例如，一些大型的工商企业拥有自己的运输车队、仓储中心、汽车维修厂。推行纵向一体化经营战略的目的是加强核心企业对原材料供应、产品制造、分销和销售全过程的控制，使物流企业能在市场竞争中掌握主动，从而增加各个业务活动阶段的利润。

纵向一体化战略规划的不足主要是增加物流企业的投资负担。不管是投资建新的工厂，还是用于其他公司的控股，都需要物流企业自己筹集必要的资金，承担丧失市场机会的风险。对于某些新建项目，由于有一定的建设周期，市场机会有可能在项目建设过程中失去。由于企业从事自己并不擅长的业务活动，致使许多管理者将宝贵的精力、时间和资源花在辅助性职能部门的管理工作上，而无暇顾及关键业务的管理工作。在每个业务领域都直接面临众多的竞争对手，增大企业的行业风险。如果整个行业不景气，采用纵向一体化战略规划的企业不仅会在最终用户市场遭受损失，而且会在各个纵向发展的市场上遭受损失。

② 横向一体化经营型战略规划。任何一个企业都不可能在所有业务上成为最杰出的企业，只有优势互补、相互合作，才能增强竞争实力、实现双赢。物流企业要摈弃过去那种所有相关业务都自己负责的方式，在全球范围内与供应商和销售商建立战略合作伙伴关系，与它们形成一种长期的战略联盟，结成利益共同体。例如，可从仓储、运输、配送方面，采用横向一体化的全球战略规划。

（4）基于服务范围和功能整合的战略规划类型。按照服务范围和功能整合性，物流企业系统战略规划可以划分为先驱型战略规划、结合型战略规划、代理型战略规划、缝隙型战略规划。

① 先驱型战略规划。先驱型战略规划的功能整合度高、物流服务广，提供的是一种综合性的物流服务战略规划。这种物流企业的业务范围往往是全球性的，对应的货主企业也是全球化的经营方式。

② 结合型战略规划。结合型战略规划是指功能整合度高、物流服务范围较窄的一种物流服务战略规划。这类企业集中于特定的物流服务，拥有高水平的物流服务功能，因此，在特定市场上具有竞争优势。结合型战略规划的特点是以货物为核心，通过推进货物分拣、货物追踪系统，提供高效、迅速的输送服务。但是，这种以特定货物为对象构筑的系统，物流服务的范围受到限制。

③ 代理型战略规划。代理型战略规划是利用各种运输机构，如公路、铁路、航空、船舶等运输机构，而进行货物混载代理业务的物流服务战略规划，是一种特定经营管理的

物流战略规划。这种战略不需要物流企业在运输手段上进行投资，因而能够灵活应对市场环境的变化，具有较高的柔性，然而运输功能的不充分可能会导致客户对物流服务信赖性的缺乏。

④ 缝隙型战略规划。缝隙型战略规划是指功能整合度低、物流服务范围较窄的一种物流服务战略规划。物流企业通常是以局部市场为对象、在特定市场从事特定物流活动。由于在经营资源数量和质量方面都受到限制，这类企业必须发挥在特定物流服务方面的优势，在战略规划上实现物流服务的差别化和低成本化。

上述四种物流企业系统战略规划是针对各自特色鲜明的物流系统而言的。在现实生活中，物流系统是千差万别的，客户需求也呈现多样化的发展趋势。因此，上述四种战略规划可能会在同一个物流系统中并存，而且发挥不同的作用。一个物流服务提供商必须针对不同客户的物流需求，采取不同的物流系统战略规划加以应对。

思考练习题

一、单项选择题

1.（　　）的功能整合度高、物流服务广，提供的是一种综合性的物流服务战略规划。

A. 先驱型战略规划　　B. 代理型战略规划

C. 结合型战略规划　　D. 缝隙型战略规划

2.（　　）指的是物流系统生存、成长与发展的主导方向。

A. 战略目标　B. 战略导向　C. 战略优势　D. 战略态势

3.（　　）是利用新颖的构思、先进的科学技术等、别具一格的服务形式等，在物流服务上设计出的一种与众不同的战略。

A. 集中性战略　B. 差异化战略　C. 成本领先战略　D. 多样化战略

4.（　　）是物流系统的负责人与其他的高层管理者组成一个战略制定小组，共同处理企业所面临的问题。

A. 自上而下的方法　　B. 上下结合的方法

C. 自下而上的方法　　D. 战略小组的方法

5.（　　）是指物流系统在满足企业物流要求的基础上减少人力、物力和财力投入的战略。

A. 扩张战略　B. 优化战略　C. 紧缩战略　D. 维持战略

二、多项选择题

1. 按照发展方向和业务相关性划分，物流企业系统战略规划可以分为（　　）。

A. 增长型集中经营型战略规划　　B. 增长型多样化经营型战略规划

C. 维持型集中经营型战略规划　　D. 维持型多样化经营型战略规划

E. 收缩型集中经营型战略规划

2. 宏观物流系统战略规划包含（　　）。

A. 企业物流系统战略规划　　B. 产业物流系统战略规划

C. 城市物流系统战略规划　　D. 区域物流系统战略规划

E. 国家物流系统战略规划

3. 物流系统战略规划的实施方法有（ ）。

A. 指令型方法 B. 合作型方法 C. 增长型方法

D. 文化型方法 E. 转化型方法

4. 物流系统战略规划的控制方法有（ ）。

A. 随时控制 B. 定期控制 C. 事前控制

D. 事后控制 E. 事中控制

5. 企业物流系统战略规划的框架包含（ ）等层次。

A. 结构层 B. 执行层 C. 职能层

D. 战略层 E. 经营层

三、简答题

1. 物流系统战略规划的原则有哪些？
2. 物流系统战略的实施计划包含哪些内容？
3. 简述物流系统战略规划的控制过程。
4. 阐述社会物流系统战略规划的内涵及其主要内容。

四、案例分析

从 GSSC 看京东物流的谋略

当初，京东不堪物流行业的弊端，才自建京东物流，如今，京东物流已经成为京东的一张王牌，同顺丰、“通达系”等共同占据着市场的大部分份额。京东的这一步棋确实有风险，在于自建物流是一个重资产的业务，需要巨大的投入，而且盈利不可预期，一旦操作不好，整个企业就会受到牵连。不过，以目前京东物流的发展状况来看，它给整个京东集团所带来的收益是不可估量的，至少在服务体验上是有口皆碑的。而这需要的不单是资金上的持续投入，更多的是要谋略在先，要通观全局，将眼光放远。

2018 年 10 月 18 日，“智链无界，全球共生”2018 全球智能物流峰会在北京召开，京东物流与业内龙头、合作伙伴等对物流发展的未来做了长远的规划，推出“GSSC——全球智能供应链基础网络”战略，并发布了京东物流六大产品体系，其中，个人业务正式上线。

1. 战略之一：个人业务

2018 年 9 月，京东物流上线个人快递业务，让高品质的物流配送服务从 B 端开始延伸到 C 端。目前，北上广已率先上线该业务，而后向全国扩展。未来，消费者寄送快递又多了一种选择。

在此之前，京东物流在 B 端做得风生水起，并没有涉及个人业务。而且在目前的物流市场中，以个人业务起家的“通达系”，以及市场定位较为高端的顺丰，占据了个人业务的大部分市场。京东物流推出个人业务也不是偶然，过去十余年，京东从自建物流，到开放给第三方商家，再到个人业务，已然是对国内经济转型期间消费升级下的个性化、多样性的需求进行供应链及服务场景的全面覆盖。

2. 战略之二：供应链

就目前来说，个人业务的上线只是京东物流战略的一小步，而在供应链的布局上，也将是京东未来发展的重中之重。正如英国著名的供应链专家马丁·克里斯多夫所说：“21 世纪的竞争不是企业之间的竞争，而是供应链与供应链之间的竞争。”没有供应链，就无从谈竞争。一个实力强劲的公司，必然是要把供应链放在首位的，否则，公司也会步履维艰，更不要谈竞争了。尤其是在零售企业中，供应链创新已经成为降低社会运行成本、提高运营效率、重构商业价值的关键竞争手段。

而物流是供应链的核心承载点，其商业本质最关心的是成本、效率和体验，回归供应链来说，就是要对订单预测、采购、生产包括交付的全链条进行优化。所以，京东物流要对供应链进行掌控，原因之一也在于此。不过，就目前整个物流市场的发展状况来看，供应链管理困难已经成为企业普遍存在的问题。这次京东物流发布京东供应链、京东快递、京东冷链、京东快运、京东跨境、京东云仓在内的六大产品体系，最终是要提供一整套的物流供应链解决方案。可见，京东物流已经将供应链视为所有产品当中最核心的部分，未来所有产品都将围绕供应链产品展开。当然，供应链固然重要，如果只固守自己面前的“一亩三分地”也很难有所发展，所以，在国内赋能合作伙伴的同时，也需要向国际市场扩展。

3. 战略之三：国际市场

从 2016 年开始，圆通、申通、韵达、顺丰的陆续上市，让物流行业市场竞争变得白热化，物流的增量市场已过，存量市场似乎也被瓜分得所剩无几。这就需要公司进行更加长远的规划，否则，生存空间的逐渐减少也会导致发展上的步履维艰。而国内各行业市场的饱和，也促使了各个公司企业的出海计划，如华为、小米、美团等，以及跨境电商的兴起。以跨境电商为例，据数据显示，2017 年我国跨境电商交易规模将突破 7 万亿元，2018 年将达 8.8 万亿元，2020 年有望达到 12 万亿元。

面对这一巨大的市场，任何一个企业都不会坐等旁观。刘强东曾强调：“把以物流为载体的供应链服务带到全世界。”而京东物流早在 3 年前就开始了全球智能供应链的布局，进行国际化物流的探索。而此次京东物流打造全球智能供应链基础网络（GSSC），也是对全球化战略的一个延伸。

作为京东物流未来 5~10 年的发展愿景，GSSC 承载着京东的全球化战略。京东物流已在五大洲设立有 110 多个海外仓，采用自主研发的“智能”大脑 WMS5.0 海外版系统，缩短了全球商品的“距离”，可以实现 48 小时中国通达全球、48 小时各国本地交付的双向通路网络。而在商业模式输出上，以 GSSC 为基础，目前引领全球的时效和服务按照当地的商业环境去运作，京东物流的商业模式都已经开始在国际市场崭露头角，目前，京东物流在印尼、泰国、马来西亚、美国等地区落地多项业务。

京东物流的发展是由内而外的过程，这个由内而外，一层是从京东体系中独立出来，从自用到赋能第三方；另一层是在业务的扩展上，进行全业务的覆盖，再有就是从国内到国际的拓展。京东物流此次搭建全球智能供应链基础网络（GSSC），在供应链产品上的全球化战略布局，以及在业务上的拓展都将成为企业未来竞争的关键。

资料来源：王长胜. 从 GSSC 看京东物流的谋略[A/OL].

根据案例，分析以下问题。

（1）京东物流的战略重点是什么？

（2）京东物流该如何实现“GSSC——全球智能供应链基础网络”战略目标？

第三章

物流系统网络规划与设计

学习目标

1. 理解物流系统网络的内涵
2. 掌握物流系统网络的构成要素
3. 理解并掌握物流系统网络的结构
4. 了解物流系统网络规划与设计的原则及影响因素
5. 掌握物流系统网络规划与设计的内容及步骤

引导案例

菜鸟网络

菜鸟网络科技有限公司（以下简称菜鸟网络）于2013年5月28日正式成立，计划首期投资1 000亿元，希望在5~8年的时间，打造遍布全国的开放式、社会化物流基础设施。目前，菜鸟网络推进有序，正进一步加快建设全球领先的物流网络。

1. 仓配网络的构建

菜鸟网络成立之初便制定了“地网”战略，计划在全国范围内自建8个仓储中心，搭建连通全国的高标准仓储体系，为商家提供仓储相关服务。目前菜鸟网络已建成北京、广州等五大仓并投入使用，西安、沈阳两大仓也在规划建设当中。仓配方面，菜鸟网络利用自建仓储及大数据资源，分别对商家、行业、消费者而言推出多项服务，如提供入驻、退出自由，当日达及次日达，以及预约配送和上门取退货服务。

2. 跨境网络的助推

跨境电商是近年来国家大力扶持的一种新型贸易方式，有直接对接终端来满足客户需求的特点。阿里巴巴作为我国较早涉足跨境电商的企业，发展国际物流是其未来发展的重要战略之一。在跨境物流网络的建设方面，菜鸟网络的跨境仓库数量 74 个，跨境物流合作伙伴49家，物流覆盖范围全球224个国家或地区，订单处理能力达每天400万单。

3. 农村服务网的打造

菜鸟网络的农村物流是依托阿里巴巴的农村淘宝业务发展起来的，是实现商品从农村到城市，从城市到农村双向流通的解决方案，也是菜鸟网络“地网”物流节点建设的重要一环。其主要与落地布局配网公司合作建设农村节点，到目前为止已覆盖全国270多个县，1.3 万个农村服务站。例如，菜鸟网络联合日日顺为天猫大家电提供送货进藏服务。由于西藏地区地理环境的特殊性，在配送过程中除了使用铁路、卡车等普通运输工具，更多采用当地农牧民常用的牛车、拖拉机等运输工具，部分配送员还要人工扛运，来保证提供从仓储到送货上门的供应一体化服务。

4. 菜鸟驿站的完善

菜鸟网络为了完善末端配送采取了许多手段。首先，与中国邮政达成战略合作关系，获得邮政提供的十万网点资源；其次，建立了个体、连锁、物业和校园四个专属合作通道，通过代收返利、增加客流量等方式吸引加盟，还与绿城等各方实现了初步合作，现建有两万多个菜鸟驿站，主要为消费者提供代收快递、自主取寄件等末端服务；最后，与目前国内最大的三家智能快递柜服务商和六家主流快递共同签署三方合作协议，获得四万多自提柜的使用权限。

综上所述，菜鸟网络在三年的发展过程中，通过利用其先进的互联网技术，努力建立开放、透明、共享的数据应用平台，连接供应链各方信息使其共享，为电子商务企业、物流公司、仓储企业、第三方物流服务商、供应链服务商等各类企业提供优质服务，初步形成互利互惠共生体。大数据和云计算技术是菜鸟网络相较于其他竞争者的优势，通过智能化手段促进物流产业的更新升级，利用自身技术优势寻求与竞争对手之间的合作，在一定程度上降低自身风险。快速发展的同时利用多种途径提高潜在竞争力，支持物流行业向高附加值领域发展和升级。但菜鸟网络也存在管控、整合困难，高成本拓展业务等瓶颈，如何解决好这些问题将密切关系到菜鸟网络今后的发展。

资料来源：王丹. 菜鸟网络物流近三年发展现状 [J]. 环球市场信息导报， 2016（46）：62.

第一节 物流系统网络概述

一、物流系统网络的内涵

物流系统网络，简称物流网络，国内外不同机构和学者从不同的角度对物流系统网络的内涵进行了界定。我国国家标准《物流术语》（GB/T18354—2006）将“物流网络”定义为“物流过程中相互联系的组织、设施与信息的集合”。这是一个概括性的定义，说明了物流系统网络中所包含的主要要素。缪立新提出：物流系统网络是指实现物流系统各项功能要素之间所形成的网络，包括物理层面上的网络和信息网络。这些观点都是主要从物流系统物质实体的角度去阐释的。

从物流过程来看，如果按其运动的程度即相对位移大小来观察，物流是由许多运动过程和许多停顿过程组成的。一般情况下，两种不同形式运动过程或相同形式的两次运动过程都要有暂时的停顿，而一次暂时停顿也往往连接两次不同的运动。物流过程便是由这多次的“运动—停顿—运动—停顿”组成的。

与这种运动形式相呼应，通过对物流系统进行抽象，可以将其看作由执行运动使命的线路和执行停顿使命的节点两种基本元素组成的网络。由此，肖亮、沈祖志等认为物流系统网络是指为实现货物从供应地到需求地的畅通流动，物流企业或组织构造和组织的与经营有关的物流节点、物流线路所构成的空间网络。线路与节点的相互关系、相对配置及其结构、组成、联系方式不同，形成了不同的物流系统网络。物流系统网络的水平高低、功能强弱则取决于网络中两个基本元素的配置和两个基本元素及网络本身。

二、物流系统网络的构成要素

抽象来看，物流系统网络是由物流系统的节点与节点之间的连接方式构成的。从物质实体的角度来说，物流系统网络是由厂商、客户、物流节点、物流线路、信息系统和物流系统网络组织等要素构成的。

1．厂商

厂商作为产品或原材料的生产者和供应商，是物流系统网络的起点。物流系统网络的核心功能就是实现原材料或产品从生产者到消费者的空间转移，因此厂商的分布情况对整个物流系统网络结构起着至关重要的作用。例如，在厂商分布集中和厂商分布分散两种情况下，所要求的物流节点的位置、数量及运输线路等都会有所不同，因此对应的物流系统网络也会存在明显差别。

厂商分布与物流系统网络是相互影响的。当大规模的厂商分布既定的时候，物流系统网络往往会把厂商分布作为一个约束条件；而当物流系统网络初具规模的时候，新的厂商在选址时则会把已有的物流系统网络作为约束条件。

2．客户

与作为物流系统网络起点的厂商相对应，客户作为物流系统网络的终点，也是物流系统网络的重要组成部分。客户既是物流系统网络的一部分，也是物流系统网络服务的对象。客户的自身特征和分布特点直接决定物流系统网络的内部结构。物流系统网络是否高效的直接评价标准就是能否为物流客户提供恰当的服务，所以说物流系统网络是客户的导向系统。

3．物流节点

所有的物流活动都是在线路和节点上进行的。其中，在线路上进行的主要是运输，包括集货运输、干线运输、配送运输等。物流功能要素中的其他所有功能要素，如仓储、配货、包装、装卸、分货、集货、流通加工等，都是在节点上完成的。因此，从这个意义上来说，物流节点是物流系统网络非常重要的组成部分。实际上，物流线路上的活动也是靠节点组织和联系的，如果离开了节点，物流线路上的运动必然陷入瘫痪。

4．物流线路

厂商、物流节点和客户构成了物流系统网络的主要架构，而要把这些要素联系起来，就必须通过线路的连接。这些节点实体之间的连接需要通过物流线路来实现。物流线路广义上指所有可以行驶或航行的陆地、水上、空中路线，狭义上仅指已经开辟的、可以按规定进行物流经营的路线或航线。物流线路有铁路线路、公路线路、海运线路和空运线路几种类型。

5．信息系统

在物流系统网络各节点之间不仅存在物品实体的流动，而且有大量物流信息在节点之间进行传递。在物流系统网络内，物流信息的及时传递、共享及处理都会对整个物流系统网络的效率产生重要影响。因此，在构建物流系统网络时，既要考虑有形的硬件节点建设，也要考虑无形的信息网络体系建设。只有有了物流信息管理体系的支持，物流系统网络才能够真正激活并发挥效用。

6．物流系统网络组织

物流系统网络的运行离不开人力资源与组织管理，因此在进行物流系统网络资源配置时不仅要考虑节点配置，还要考虑人力资源的配置及对整个物流系统网络的组织管理。只有建立一套好的组织管理和运行机制，物流系统网络才有可能持续地良性运转。

如果把物流系统网络比作人的生理系统，就可以把厂商、客户、物流节点看作人体的骨架和器官，把物流线路和信息传递看作人体的血液循环系统和神经系统，把物流系统网络组织看作人体的调节系统。它们既有明确分工，也需要相互协作，共同构成物流系统网络。

第二节　物流系统网络结构

一、物流系统网络的基本结构

1．按照结构复杂程度分类

根据物流系统网络点线联系之间的结构复杂程度划分，物流系统网络的基本结构可以分为五类，如图 3.1 所示。

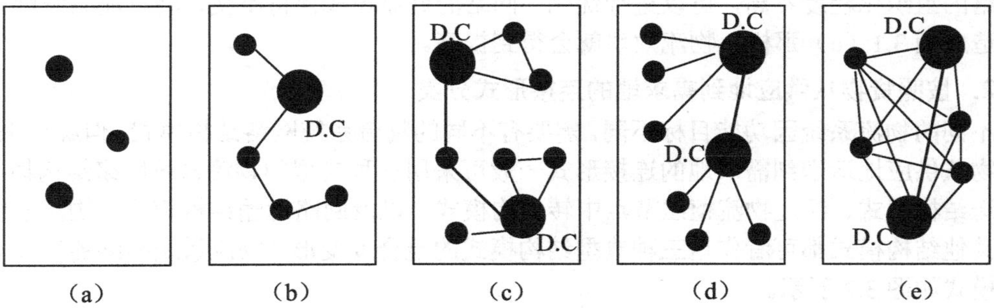

图 3.1　物流系统网络的基本结构

（1）点状图。点状图是由孤立的点组成的物流系统网络。这是物流系统网络结构的一种极端情况，实际上，这种点状图只在封闭的、自给自足的系统中才存在，但这样的系统，除了荒废的仓库、站台等，在现实生活中基本不存在，如图 3.1（a）所示。

（2）线状图。线状图是由点和连接这些点的线组成的，且满足两个条件：两个点之间只有一条线；线没有连成圈的简单网络。一个农副产品物流系统网络可能是线状图，在产地建立配送中心，先将农副产品收集起来，然后卖给公路沿线的各个销售点，如图 3.1（b）所示。

（3）圈状图。圈状图是由至少包含一个连接成圈的线组成的物流系统网络，但同时至少有一点没有包含在圈中。一个工业品制造商在两个市场区域各设置一个配送中心，每个配送中心覆盖各自的市场区域，区域内部各供货点之间的货品是连通的，同时两个配送中心通过干线连接起来。这是一种物流活动效率比较高的物流系统网络结构，如图 3.1（c）所示。

（4）树状图。树状图是无圈但能够连通的网络。汽车物流系统网络基本上采用这种方式，一个汽车制造商，按市场区域设置分销网络和配送网络，将市场层层细分，每个细分市场选择一个经销商，经销商之间在销售政策，如折扣和价格等策略上稍有差别。为了便于市场管理，不同经销商的市场范围之间有严格的界限。公司设立两个配送中心，配送中心之间通过干线运输连接，每个配送中心覆盖一定的市场区域，从一个配送中心发出的汽车不能流向另一配送中心负责供应的经销商。因此，经销商之间的物流是不连通的，如图 3.1（d）所示。

（5）网状图。网状图是由点点相连的线组成的网络。这是非常复杂的网络，它最大的优点是方便销售，而缺点是物流效率低下。在复杂的网状销售渠道中，物流渠道应该与销售渠道分开，因为商流和物流都有了一定的规模，可以分别实现各自的规模效益。因此应该按照各自的专业化经营要求来设置渠道，然后建立一种将商流和物流紧密结合的机制，比如说商流系统与物流系统共享一个信息系统，商流系统和物流系统受同一个决策和管理机构指挥，等等。建立配送中心的目的就是按照物流专业化的要求实施集中配送。比如在图 3.1（e）中，一个服装制造商设立了一些专卖店，公司设立两个配送中心来为所有的专卖店提供服装配送，配送中心之间通过干线运输连接。一方面，每个配送中心都负责为一定的专卖店供货；另一方面，任何一个专卖店都可从任何一家配送中心或者其他专卖店进货。这样确实方便了专卖店的销售，有利于专卖店控制库存，但是物流管理的难度很大，如果没有完善的信息网络和集中统一的数据库系统支持，物流和配送环节就会出现混乱和无效率。这是一种没有经过规划的物流系统网络，网点之间的联系处于原始状态。因此这种网络的组织化程度不高，可以进行优化，网络的商流模式保持不变，将物流系统网络模式改造成图 3.1（c）那样，物流效率就会得到提高。

2．按照货物从供应地到需求地的连接形式分类

不同的物流系统因功能目标不同，需要有不同的物流系统网络结构模式。但综合来看，将货物从供应地运送到需求地的连接形式一般可采用三种典型的物流系统网络结构模式，即直送结构模式、经过物流枢纽节点中转结构模式，以及回路运输结构模式。物流系统网络的其他结构模式都可看作这三种典型结构模式的混合或变形，物流系统网络的三种典型结构模式如图 3.2 所示。

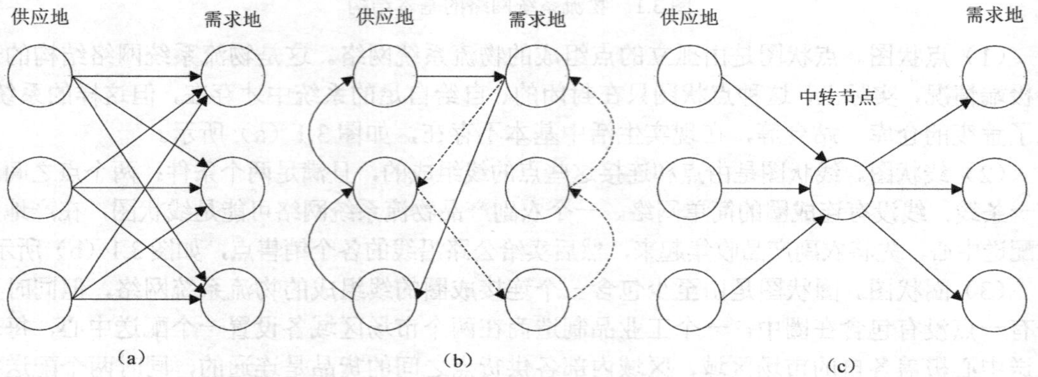

图 3.2　物流系统网络的三种典型结构模式

图 3.2（a）为物流直送模式示意图，即一个或多个供应地直送到一个或多个需求地。图 3.2（b）为回路运输模式示意图，即从一个供应地提取的货物连续运送到多个需求地，或者从多个供应地连续搜集货物后送至一个需求地。这种运送的线路是一种旅行商问题

（TSP）的线路结构，也称为“送奶路线”网络结构。图 3.2（c）是多个供应地通过物流枢纽节点处理后配送到多个需求地的示意图。多个供应地可以用直送方式运到物流枢纽节点，也可用“送奶路线”方式集货到物流中转节点。这种物流系统网络结构模式是一种可以普遍应用于经济活动的集运物流模式。

（1）直送网络结构模式。在直送网络结构中，所有货物都直接从供应地运到货物需求地。每一次运输的线路都是指定的，管理人员只需决定运输量并选择运输方式。这要求物流管理人员必须在运输费用和库存费用之间进行权衡。

直送网络的主要优势在于其环节少，无须中转节点，降低了物流枢纽节点的建设运营成本，而且在操作和协调方面简单易行，效率较高。由于这种运输的规划是局部的，一次运输决策不影响其他货物的运输。同时，每次货物的运输都是直接的，因而从供应地到需求地的运输时间较短。

如果需求地的需求量足够大，每次运输的规模都与整车的最大装载量相近，那么，直送网络还是行之有效的。但如果各个需求地的运输需求量过小，没有达到满载的话，直送网络的成本就会过高。随着物流系统业务范围扩大，“一对一”的直送方式将变成“多对多”的直送方式，这种直送方式的效率将大幅下降，无法满足业务增长的需要。另外，“一对一”或者“多对多”直送方式辐射的范围非常有限，区域物流系统根本无法使用这种方式。

（2）利用“送奶路线”的直送网络结构模式。这种网络结构模式是通过一辆卡车（或其他运输工具）把一个供应地的货物直接向多个需求地运送，或者由一辆卡车从多个供应地装载一个需求地的货物，再直接运送。一旦选择这种物流系统网络模式，管理者就必须对每条“送奶路线”进行规划，如图 3.3 所示。

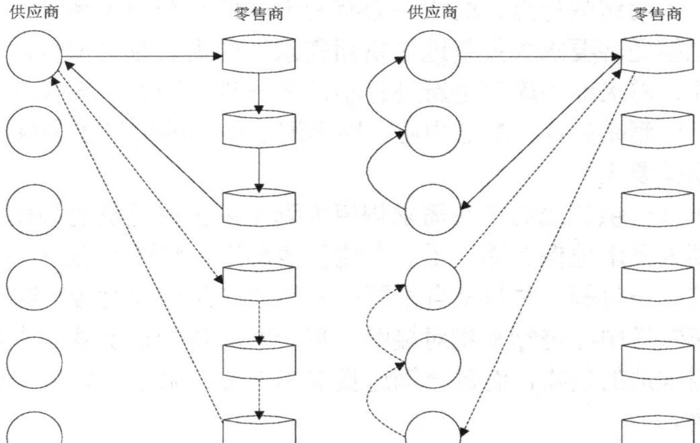

图 3.3　利用“送奶路线”的直送网络结构模式

直接运送具有无须中转节点的好处，而“送奶路线”通过多个供应商或零售商的货物装载在一辆卡车上的联合运输降低了运输成本。例如，由于每家零售店的库存补给规模较小，这就要求使用非满载方式进行直接运送，而“送奶路线”使多家零售店的货物运送可以装载于同一辆卡车上进行，从而更好地利用车辆的装载能力，降低了运输成本。如果有规律地进行经常性、小规模的运送，而且多个供应商或零售店在空间上非常接近，“送奶路线”的使用将显著地降低成本。如丰田汽车公司利用“送奶路线”运输来维持其在美国和日本的 JIT 制造系统。在日本，丰田汽车公司的许多装配厂在空间上很接近，因而可以使用“送奶路线”从单个供应商运送零配件到多个工厂。而在美国，丰田汽车公司利用“送奶路线”将多个供应商的零配件运往位于肯塔基州的一家汽车装配厂。

（3）通过配送中心中转的物流系统网络结构模式。在这种物流系统网络结构模式中，供应地的货物不是直接运送到需求地，而是先运到配送中心中转后，再运到需求地。如在零售供应物流系统网络中，依据零售店的空间位置将零售店划分成几个区域，并在每个区域建立一个配送中心。供应商将货物送至相应的配送中心，然后由配送中心进行分拣后选择合适的运输方式，再将货物送到零售店，如图 3.4 所示。

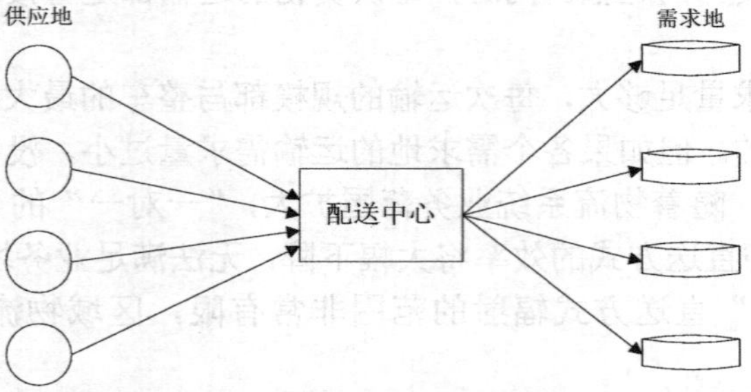

图 3.4　通过配送中心中转的物流系统网络结构模式

这种物流系统网络模式的核心集中表现在收集（Collection）、交换（Exchange）和发送（Delivery），简称 CED 模式。配送中心是供应地与需求地之间运输的中间环节，它发挥两种不同的作用：一方面进行货物库存保管与分拣；另一方面承担各种运输方式转换与货物交换的作用。利用这些特点，配送中心有利于降低整个物流系统网络的成本耗费。

如果运输的规模经济要求大批量地进货而需求地的需求量又偏少，那么，配送中心就保有这些库存，并为需求地的库存更新进行小批量送货。例如，沃尔玛商店在从海外供应商处进货的同时，把商品保存在配送中心，因为配送中心的批量进货规模远比附近的沃尔玛零售店的进货规模要大。

如果需求地对某一供应地的产品需求规模大到足以获取进货的规模经济效益，这样配送中心就没有必要为需求地保有库存了。在这种情形下，配送中心通过把进货分拣成运送到每一个需求地的较小份额，并与来自不同供应地的产品进行对接。这种方式称为对接仓储或货物对接。在配送中心进行货物对接时，每一辆进货卡车上装有来自同一个供应地、将被运送到多个需求地的货物，而每一辆送货卡车上装有来自不同供应地、将被运送至同一个需求地的货物。

货物对接的主要优势在于其不需要库存，且加快了物流系统网络中产品的流通速度。货物对接也减少了物流处理成本，这是因为它不需要从仓库中搬进搬出，但成功的货物对接常常需要高度的协调和进出货物节奏的高度一致。货物对接适用于大规模的可预测商品，要求建立配送中心，以便在进、出货物两个方面的运输都能获得规模经济。

沃尔玛已成功地运用货物对接，减少了物流系统网络中在库库存量，也没有引起运输成本增加。沃尔玛在某一区域内建立许多由一个配送中心支持的商店，因此，在进货方面，所有商店从供应商处的进货能装满卡车并获得规模经济；同样在送货方面，为了获取规模经济，他们把从不同供应商运往同一零售店的货物装在一辆卡车中。

（4）通过配送中心使用“送奶路线”配送与集货的物流系统网络结构模式。以配送为例，如果每个需求地的要货规模较小，配送中心就要使用“送奶线路”向需求地送货。“送奶线路”通过拼装小批量运送量来减少送货成本，如图 3.5 所示。

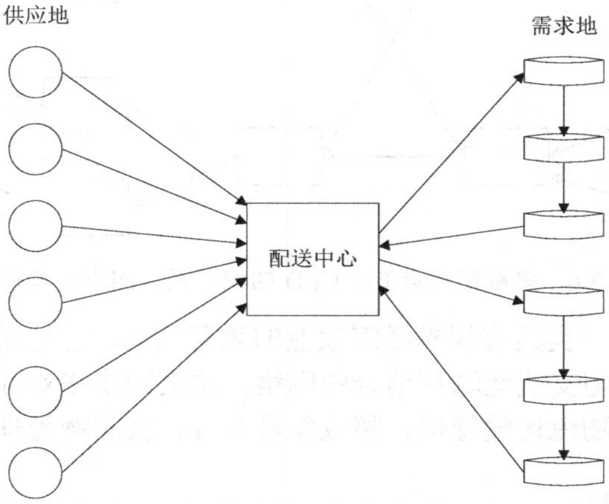

图 3.5　配送中心使用“送奶路线”配送的物流系统网络结构模式

例如，日本的 7-11 便利店将来自新鲜食品供应商的货物在配送中心进行货物对接，并通过“送奶路线”向连锁商店送货。因为单个商店向所有供应商的进货还不足以装满一辆卡车，货物对接和“送奶路线”的使用使该公司在向每一家连锁店提供库存商品时降低了成本。同时使用货物对接和“送奶路线”要求高度的协调及对配送线路的合理规划与安排。

在 B2C 网上交易中，像 Peapod（www.peapod.com）这样的网上商店在向客户送货时，也是从配送中心使用“送奶路线”送货，以减少小规模送货上门的运输成本。

（5）多枢纽节点 LD-CED 的物流系统网络结构模式。这种网络模式是由通过配送中心中转的物流系统网络模式演变而来的一种网络模式，即采用“物流中心+配送中心”的模式，也就是“Logistics Center+Distribution Center”（简称 LD）。

在这种物流系统网络结构中存在两类枢纽节点，即物流中心与配送中心。物流中心更多地侧重于为上游供应厂商方面提供服务与货物中转业务，而配送中心则更多地侧重于为下游客户方面提供服务。物流中心和配送中心不但是物流活动的核心，而且是大量的物流信息汇集的核心节点，如图 3.6 所示。

LD-CED 网络模式通过多级枢纽节点进行货物运送，实现物流规模化处理，降低物流总成本，这种物流系统网络模式广泛存在于大范围的经济区域内，部分大型企业的销售网络也是通过这种模式实现的。

二、轴辐式物流系统网络结构

上述介绍的各种物流系统网络模式中的货物运输都是单向运输，即从一个地方运送到另一个地方，而没有考虑车辆返回的空载率。为了提高物流系统的效率，必须建立一种双向运输的网络。轴辐式网络结构就是其中一个有名的网络模式，这种网络结构也称为中枢辐射式网络结构。

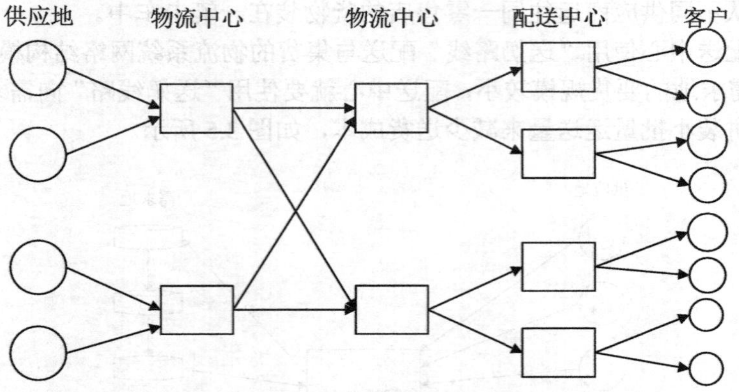

图 3.6　多枢纽节点 LD-CED 的物流系统网络结构模式

轴辐式网络结构是一类具有规模经济效益的重要网络。它是通过中转进行双向运输的网络结构，是干线运输与支线运输相结合的网络。这类网络在实际工作中有广泛应用，如航空运输管理、第三方物流运输管理、邮政包裹业务、供应链管理等，另外还可应用于通信网络的信息传输。

这类网络由节点组成，每对节点之间双向都有一定的运输量，形成两条 OD 流（Origin-Destination，即从起点到终点的运输流），网络规划问题是如何选择中枢节点，使得每条 OD 流通过一或两个枢纽节点后到达目的地。由于中枢节点之间干线运输的规模效应，虽然增加了运输距离与运输时间，但总的运输成本降低了。

1．单一枢纽站纯轴辐式物流系统网络结构模式

单一枢纽站纯轴辐式物流系统网络是由若干站点和一个枢纽站组成的。其中这些站点覆盖了由相关集货和递送点组成的区域；同时，这些站点又与枢纽站点或转运中心相连。站与站之间的货物必须由站点到转运中心再到站点的运输才能得以实现。单一枢纽站纯轴辐式物流系统网络结构模式，如图 3.7 所示。

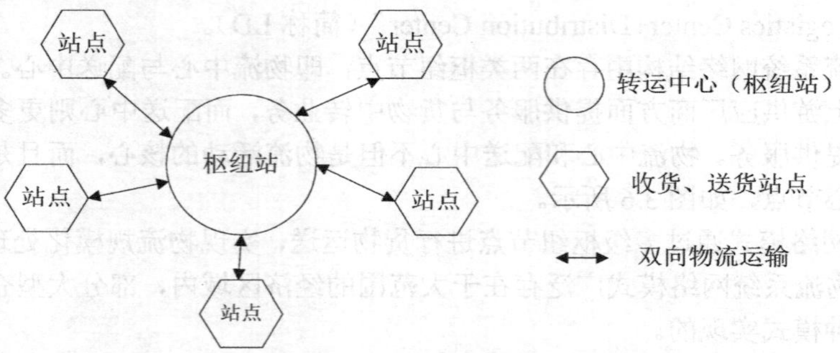

图 3.7　单一枢纽站纯轴辐式物流系统网络结构模式

单一枢纽站纯轴辐式物流系统网络中的物流组织方式有以下四个阶段。

第一个物流阶段：收货站点收集其服务区内货主的货物（这一过程简称集货）并把货物运送到相应的站点。

第二个物流阶段：不同的站点将所收集的目的地不是本站服务区的货物选择合适的运输方式运到转运中心进行转运。

第三个物流阶段：将来自不同站点的货物按照去向的不同在转运中心进行分类组合。在工作时间内，选择合适的运输方式将货物运送至相应的送货站点。

第四个物流阶段：送货站点把货物递送至收货客户，从而完成整个货物的运输过程。一般来讲，集货与递送货物的工作是同步进行的，收货站点与送货站点也合而为一。

在这样的物流系统网络中，货物的整个移动过程可分成两部分，即干线运输和本地运输（包括集货和递送）：干线运输通常是在送货站点与转运功能的枢纽站间和枢纽站与收货站点间的长途运输，一般采用大运量运输方式（公路运输使用的车辆一般也是大型卡车）；本地运输则在收货站点或送货站点的服务覆盖区域内采用小型车辆的短途公路（城市道路）运输方式来实现。单一枢纽站纯轴辐式物流系统网络物流组织方式如图 3.8 所示。

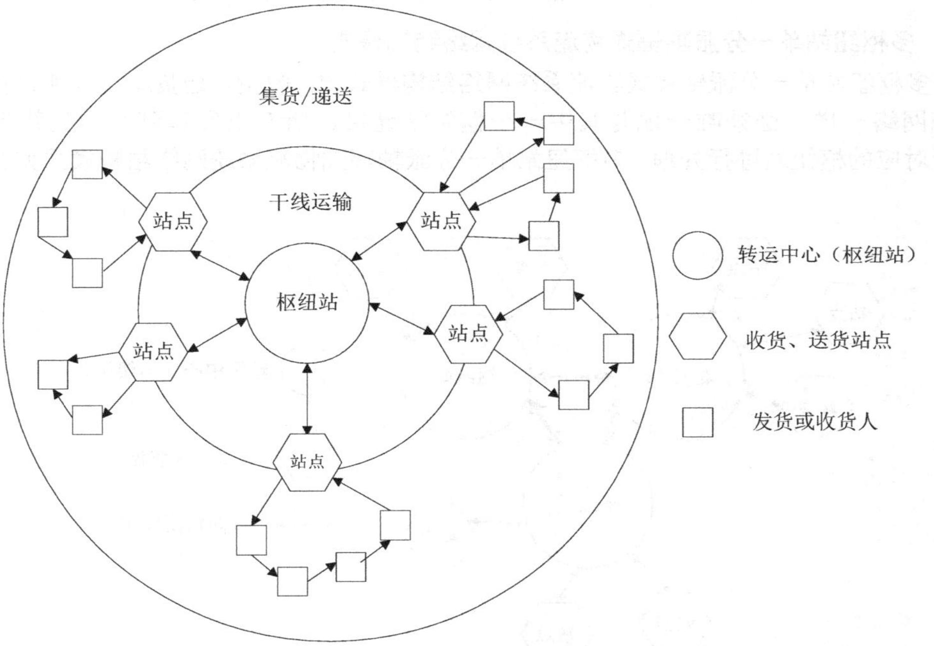

图 3.8　单一枢纽站纯轴辐式物流系统网络物流组织方式

从图 3.8 中可以看出，单一枢纽站纯轴辐式物流系统网络像一个车轮的轮辐，因此，把这种网络命名为 hub-and-spoke（轮辐、辐条）网。单一枢纽站纯轴辐式物流系统网络的辐射能力较弱，辐射范围小，一般适用于区域性物流系统网络。

2．单一枢纽站复合轴辐式物流系统网络结构模式

在单一枢纽站复合轴辐式物流系统网络结构模式中，货物可以直接由发送站点运送至收货站点，而不通过转运中心或枢纽站的转运，特别是当发送到收货站点的货物是整车时，这种网络可以有效地缩短运输时间，降低运输成本。单一枢纽站复合轴辐式物流系统网络结构模式如图 3.9 所示。

单一枢纽站复合轴辐式网络是纯轴辐式物流系统网络的扩展。复合轴辐式物流系统网络与纯轴辐式物流系统网络在服务能力、服务范围上基本相同，同样适用于区域性物流系统网络。但复合轴辐式物流系统网络在网络构成和运输组织方面与纯轴辐式物流系统网络存在较大的差异，其物流组织更加复杂灵活。

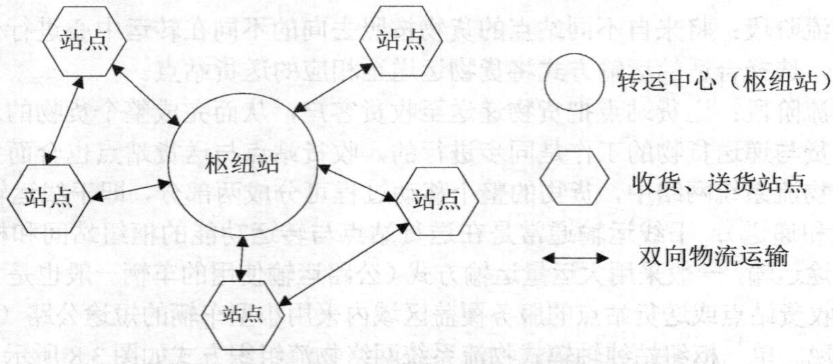

图 3.9　单一枢纽站复合轴辐式物流系统网络结构模式

3. 多枢纽站单一分派轴辐式物流系统网络结构模式

在多枢纽站单一分派轴辐式物流系统网络结构模式中，收货、送货站点与纯轴辐式物流系统网络一样，必须唯一地与其中一个枢纽站连接，所有出发和到达的货物也必须在其所对应的枢纽站进行处理。多枢纽站单一分派轴辐式物流系统网络结构模式如图 3.10 所示。

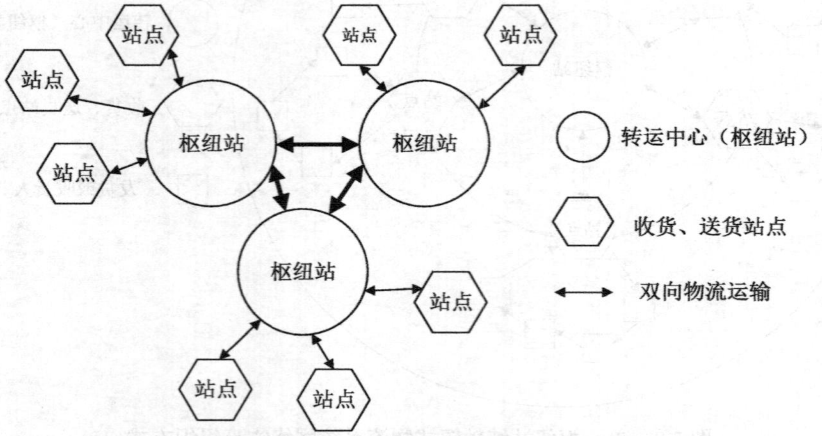

图 3.10　多枢纽站单一分派轴辐式物流系统网络结构模式

多枢纽站单一分派轴辐式物流系统网络结构模式中的物流组织方式有以下五个物流阶段。

第一个物流阶段：收货站点收集其服务区内货主的货物，并把货物运送到相应的站点，这是集货过程。

第二个物流阶段：不同的站点将所收集的目的地不是本站服务区的货物选择合适的运输方式运到相对应的唯一分派的枢纽站。

第三个物流阶段：将来自不同站点（本服务区域内）和其他枢纽站的货物按照去向的不同在枢纽站处进行分类组合。如果货物是其他枢纽站服务区域内的，则选择合适的运输方式将其在枢纽站间转运。

第四个物流阶段：对本枢纽站服务区域内的货物，也选择合适的运输方式将其运送至相应的送货站点。

第五个物流阶段：送货站点把货物递送至收货客户，从而完成整个货物的运输过程。一般来讲，集货与递送货物的工作是同步进行的，收货站点与送货站点也合而为一。

在这种物流系统网络模式下，货物的整个移动过程可以划分成主要干线运输、干线运输和本地运输（包括集货与递送）。主要干线运输：在枢纽站与枢纽站间的长途运输，一般采用大运量运输方式；干线运输：在收货站点与枢纽站间和枢纽站与送货站点间的长途运输，一般采用较大运量运输方式；本地运输：在收货站点或送货站点服务区域内采用小型车辆的短途公路（或城市道路）运输来实现。多枢纽站单一分派轴辐式物流系统网络的物流组织方式如图 3.11 所示。

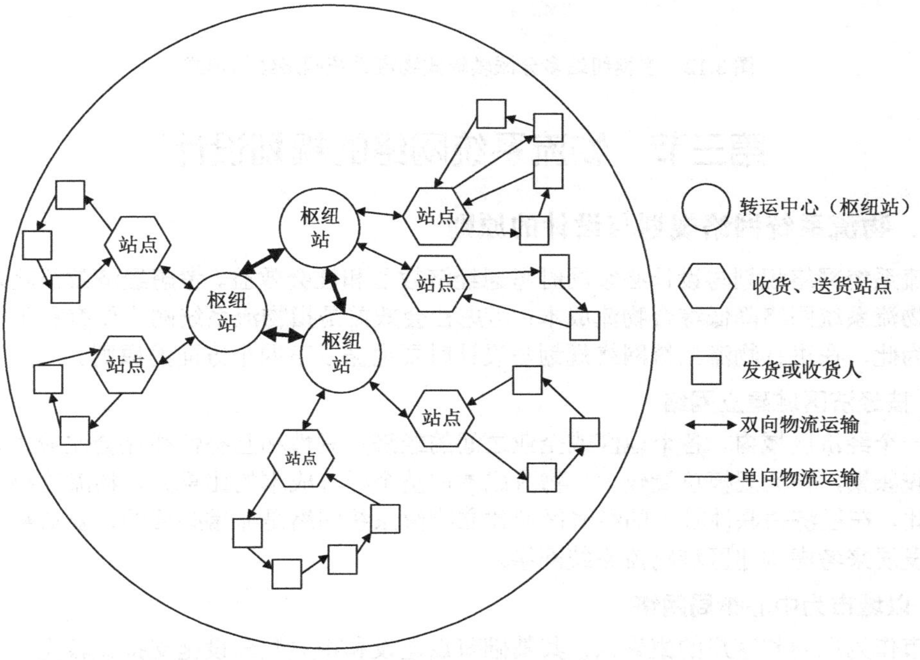

图 3.11　多枢纽站单一分派轴辐式物流系统网络的物流组织方式

多枢纽站单一分派轴辐式物流系统网络的辐射能力强、辐射范围广，适用于跨区域物流系统网络。

4．多枢纽站多分派轴辐式物流系统网络结构模式

多枢纽站多分派轴辐式物流系统网络结构模式允许收货站点或发货站点与多个枢纽站相连，收货、发货站点可以根据实际情况（如枢纽站拥挤、交货期要求）选择与其连接的枢纽站，从而提高整个网络的转运效率，缩短运输时间，降低物流成本。当然，收货、发货站点的这种选择也要用全局视角进行规划与设计。多枢纽站多分派轴辐式物流系统网络结构模式如图 3.12 所示。

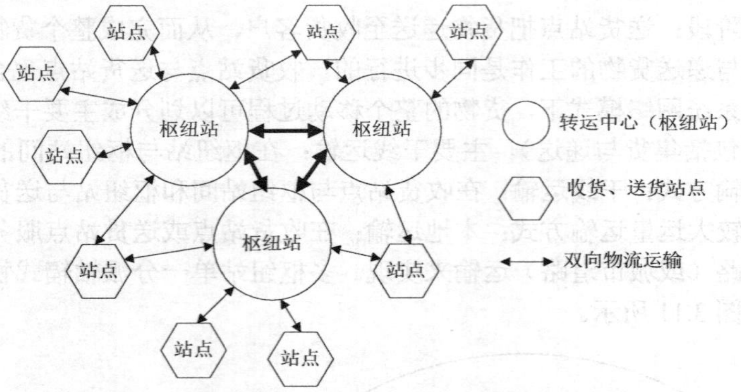

图 3.12　多枢纽站多分派轴辐式物流系统网络结构模式

第三节　物流系统网络的规划设计

一、物流系统网络规划与设计的原则

物流系统网络规划与设计必须同时考虑经济效益和社会效益。考虑经济效益就是要通过建立物流系统网络降低综合物流成本；考虑社会效益是指物流系统网络要有利于资源的节约。为此，在进行物流系统网络规划与设计时要遵循以下四个方面的原则。

1．按经济区域建立网络

在一个经济区域内，各个地区或企业之间的经济关联性和互补性往往会比较大，经济活动比较频繁，物流规模总量较大，物流成本占整个经济成本的比重大，物流改善潜力巨大。因此，在经济关联性较大的经济区域建立物流系统网络是非常必要的，要从整个经济区域的发展来考虑构建区域物流系统网络。

2．以城市为中心布局网络

城市作为厂商和客户的集聚点，其基础节点建设和相关配套设施支持比较完善，是物流系统网络布局的重点，能有效地发挥节省投资和提高效益的作用。因此，在宏观上进行物流系统网络布局时，要考虑物流系统网络覆盖经济区域的城市，把它们作为重要的物流节点；在微观上进行物流系统网络布局时，要考虑以中心城市为依托，充分发挥中心城市现有的物流功能。

3．以厂商集聚形成网络

集聚经济是现代经济发展的重要特征，厂商集聚不仅降低营运成本，而且将形成巨大的物流市场。物流是一种实体经济活动，显然与商流存在明显区别。物流活动对地域、基础节点等依赖性很强，因此，很多企业将生产基地设立在物流系统网络的中心。在进行物流系统网络构建时，需要在厂商集聚地形成物流系统网络的重要节点。

4．建设信息化的物流系统网络

物流信息系统作为物流系统网络的一个重要组成部分，发挥着非常重要的作用。物流系统网络的要素不仅是指物流中心、仓库、节点、公路、铁路等有形的硬件，这些硬件只是保证物流活动能够实现，而不能保证高效率。物流信息系统通过搭建物流信息平台，通过物流信息的及时共享和对物流活动的实时控制，能够大大提高物流系统网络的整体效率。有关专家指出，科学完善的物流信息系统将会使物流活动的效率提高3~8倍，甚至有可能更高。

二、物流系统网络规划与设计的内容

物流系统网络规划与设计要确定物品从供应地到需求地流动的结构，包括使用何种节点、节点的数量、节点的位置、节点之间采用的运输方式及如何进行服务等，所以在进行规划和设计时，应重点关注以下五个方面的内容。

1．物流节点的规划与设计

根据不同物流节点的功能和规模，确定合适的物流节点配置，为物流系统网络功能的实施提供支撑。物流园区、物流中心和配送中心是物流系统网络的重要节点。

（1）物流节点的数量和种类。建立物流系统网络的目的是使物流系统网络整体最优，而要实现这一目的，就要在物流系统网络中建立合适数量的物流节点并确定这些节点的种类。物流节点包括物流园区、物流中心、配送中心、货场、仓库、码头等，它们的作用各不相同，实现的功能也不相同，所以要根据需要确定物流节点的种类。

（2）物流节点的设置地点。物流节点的设置地点指对物流节点进行选址，具体内容将在相关章节中做详细说明。

（3）物流节点的功能配置。物流节点的功能配置是由节点的种类决定的，如物流中心和配送中心的功能是不同的。物流中心主要是大量货物的集散地，而配送中心主要负责将多品种、少批量的货物配送给用户。在物流系统网络布局规划中，要根据物流节点的种类配备相应的功能。

（4）物流节点规模的确定。目前对物流节点规模的确定还没有统一的方法，但规模的确定主要是由物流节点的种类及用户的需求决定的。

2．物流线路的规划与设计

物流线路的规划与设计，从宏观层面来说，就是对各种运输方式的网络配置，通常也称为物流通道规划。从微观层面来说，就是充分利用企业已形成的网络，制订满足一定物流服务需求的物流线路方案。

3．物流节点和线路的统一与协调

线路与节点的相互关系、相对配置及其结构、组成、联系方式的不同，形成了不同的物流系统网络。物流系统网络的水平高低、功能强弱则取决于两个基本元素本身和两个基本元素的配置。

物流活动是在线路和节点进行的。其中，在线路上进行的活动主要是运输，包括集货运输、干线运输、配送运输等，而包装、装卸、保管、分货、配货、流通加工等，都是在节点上完成的。实际上，物流线路上的活动也是靠节点组织和联系的。如果离开了节点，物流线路上的运动也必然陷入瘫痪。因此，要依据线路和节点的不同功能，进行有效分工和协调，形成统一的、一体化的运作系统，以保障物流系统输出的最大化。

4．信息网络的规划与设计

在物流系统网络各节点之间不仅存在物品实体的流动，而且存在大量的信息在各节点之间的传递。在物流系统网络内，物流信息的及时传递、共享及信息的处理都会对整个物流系统网络的效率产生重要影响，所以在物流系统网络规划与设计时，既要考虑有形的节点硬件建设，更要考虑无形的信息网络体系建设。只有在拥有了物流信息网络的支持之后，物流系统网络才能够被真正激活，才能大大提高运作效率。

5．物流系统网络组织的规划与设计

物流系统网络的运行离不开组织管理，因此在进行物流系统网络规划与设计时不仅要考虑节点等的配置，还要考虑人力资源的配置及对整个物流系统网络的组织管理。只有建立一套运行良好的物流系统网络组织管理和运行机制，物流系统网络才有可能实现持续的良性运转。

以上五个方面既是物流系统网络规划与设计时需要重点考虑的方面，也是物流系统网络的重要组成部分。它们既有明确分工，又相互协作，所以要规划好物流系统网络，就要注意对其进行规划，只有这样，才能规划建立一个合理可靠的物流系统网络。

三、物流系统网络规划与设计的影响因素

影响物流系统网络规划与设计的因素有很多，而且这些因素在不同具体场景中的重要性也不同。物流系统网络规划中通常需要重点考虑的因素有产品数量、种类；供应地和需求地客户的地理分布；不同区域的顾客对每种产品的需求量；运输成本和费率；运输时间、订货周期、订单满足率；仓储成本和费率；采购或制造成本；产品的运输批量；物流节点的成本；订单的频率、批量、季节波动；订单处理成本与发生这些成本的物流环节；顾客服务水平；在服务能力限制范围内设备和设施的可用性。

针对物流系统网络规划和设计的具体目标与要求，实践中需要对以上因素做出权衡与取舍。

四、物流系统网络规划与设计的步骤

物流系统网络的规划与设计是一个复杂的、反复的过程。一般对于战略性和综合性的物流系统网络规划与设计过程有以下五个步骤。

1．组建物流系统网络规划设计团队

一开始，最重要的就是成立负责物流系统网络规划与设计过程各个方面的设计团队。这一团队可以包括企业的高层管理者、物流经理、物流专家及生产和销售部门的相关人员等。组建物流系统网络规划与设计团队的关键就是，参加人员必须了解企业总体发展战略、企业的业务需要和企业所参与的供应链。这个团队需要制定物流系统网络设计的目标和评价参数，还要考虑使用物流外包的可能性，以充分利用外部提供的物流系统网络和物流资源。

2．物流系统网络的数据收集

物流系统网络数据收集的主要目的是全面深入地了解当前的系统并且界定对未来系统的要求。一般来说，数据的收集包括对物流系统网络中各个节点资料的收集。例如，对于库存系统，需要获取空间利用率、仓库布局和设备、仓库管理程序等具体的数据；对于运输系统，应收集运费等级和折扣、运输操作程序、送货需求等资料；此外，还要收集客户需求情况和关键的物流环境要素的数据，并且界定企业在相关供应链上的位置。

3. 备选方案的提出

在数据收集之后，需要利用各种定量、定性的方法建立恰当的模型，进行节点选址规划分析，提出物流系统网络规划的具体备选方案。各种用于取舍备选方案的数据来自实地调查、未来要求、数据库分析和客户服务调查，用于选择的方法随网络设计的目的不同而不同。这一步骤用到的主要的建模方法有模拟仿真方法和启发方法等。

4. 相关方案的比较

物流系统网络备选设计方案的比较首先是各个方案实施费用的比较，如添置新的仓库设备、有关建筑物建造整改费用等都是用于各个备选方案优劣分析的重要因素。当然，各方案之间不能仅靠经济分析来比较，还必须考虑每种方案对于客户服务水平的影响，不能一味地降低成本而使客户满意度下降。在得出结论后，就要制定各主要步骤的时间进度表，包括从现行的物流系统向规划的物流系统转换的执行时间表。

5. 方案的执行实施

物流系统网络规划的总体方向一旦确定，有效的执行方案就变得非常重要，这是物流系统网络规划与设计的最后一个步骤。在方案的实施过程中应该不断地收集信息、发现问题，及时将具体实施过程中的问题汇总到管理层和物流系统规划与设计团队，以期得到修正。

思考练习题

一、单项选择题

1.（　　）是无圈但能够连通的网络。

A. 线状图　　B. 圈状图　　C. 树状图　　D. 网状图

2. 在日本，丰田汽车公司的许多装配厂在空间上很接近，因而可以使用（　　）从单个供应商运送零配件到多个工厂。

A. 直送网络　　B. 送奶路线　　C. CED　　D. LD-CED

3.（　　）网络模式广泛存在于一些范围较大的经济区域内，一些大型企业的销售网络也是通过这种模式实现的。

A. 直送网络　　B. 送奶路线　　C. CED　　D. LD-CED

二、多项选择题

1. 如果把物流系统网络比作人的生理系统，（　　）可看作人体的骨架和器官。

A. 厂商　　B. 客户　　C. 物流节点

D. 物流线路　　E. 信息系统

2.（　　）网络的辐射能力较弱，辐射范围小，一般适用于区域性物流系统网络。。

A. 单一枢纽站纯轴辐式　　B. 单一枢纽站复合轴辐式

C. 多枢纽站单一分派轴辐式　　D. 多枢纽站多分派轴辐式

E. LD-CED

三、简答题

1. 按照结构的复杂程度分类，物流系统网络的基本结构有哪些？这些结构有什么特点？

2. 按照货物从供应地到需求地的连接形式分类，物流系统网络模式有哪些？它们有何特点？

3. 什么是轴辐式网络系统？常见的轴辐式网络有哪些？

4. 单一枢纽站纯轴辐式物流系统网络中的物流组织方式与多枢纽站单一分派轴辐式物流系统网络中的物流组织方式的区别体现在哪些方面？

5. 简述物流系统网络规划与设计的原则、内容及步骤。

四、案例分析

TCL 物流系统网络

TCL 在惠州、无锡、呼和浩特和新乡有四个工厂，根据 TCL 的物流系统网络策略，其建有四个以工厂为依托的物流 CDC（全国配送中心）。同时，还将全国分为华北、西北、西南、东北、中原、华东、华南 7 个销售大区，每个大区有一个中转仓，面积在 2 000～5 000 平方米。中转仓一般选在本区的经济中心，如北京、上海、武汉、广州、成都、西安等，向区内的经营部配送。在各大区内人口密度超过 400 人/平方千米的省份，每个省有 10 家以上的经营部，每个经营部的覆盖半径约为 100 千米，例如山东、江苏、河南等省；人口密度在 200～400 人/平方千米的省份有 5～10 家经营部，覆盖半径在 200 千米左右；人口密度在 200 人/平方千米以下的省份经营部一般不超过 5 家，比如新疆只有 3 家经营部，这样的地区销量也较小。一般来说华北、华东、华南和中原省份的人口密度较高，西北、东北和西南地区的人口密度较低。全部经营部数量为 208 个，并且还在不断增长之中。每个经营部至少有一间仓库，面积在 500~3 000 平方米不等。

TCL 一直在强调“受控网络”的概念，即销售网络中的任何一个环节都能够按照统一的步调来运作。对于网络末端的节点，必须通过增值服务才能真正控制起来，物流运作就是这样的手段之一。每个网络节点上都驻留库存，充足的货源供应和及时的配送，正是这些措施吸引了经销商，确保经营部能够维持一定的利润水平，而 TCL 王牌彩电也一跃成为全国销量最高的电视品牌。在人口密度较高、零售较发达的省份，一般每个经营部会面对 30～50 家的经销商，还有像国美、苏宁、三联等不通过经销商直接向经营部要货的零售大客户。在人口密度较低的省份，每个经营部面对的经销商数量在 10～20 个。经销商和大客户一般拥有 15~45 天不等的账期，其平均库存在 10～30 天。

经营部一直持有较高的库存，同时，工厂、中转仓也持有库存。那么为何还会有较高的缺货率呢？从物流系统网络分析，原因主要有两点。

（1）紧缺货物的品类属于畅销品类，需求周期短，各个仓库持有的库存品类与需求不对应。

（2）三级的物流系统网络垂直化较严重。也就是说，如果客户提出需求，首先要向经销商提出订货要求，这种需求要通过 RDC（区域配送中心）、CDC（全国配送中心）再到工厂，然后从工厂端返回到客户端。这样，需求反馈的周期被拉长，导致缺货率上升。

库存持有成本较高，占物流系统网络成本的比例排在第一。排在第一的不是财物务表里排在首位的运输费用的原因，首先，为了满足经销商的订货需求，物流系统网络中的分布点较多，且每个分布点都有库存，加起来总的库存持有成本很高；其次，较多的物流节点、较高的网络密度使得每次运输的距离减少，灵活性增强，且每次都是整车运送，运输费用因此减少。

现有的物流系统网络是“工厂—中转仓—经营部—客户”这样一种物流系统网络结构，根据上述问题，可见主要的原因是物流系统网络的密集不仅带来了优势，也带来了劣势，而且目前看来劣势有超越优势的趋势。于是，在不影响销售的情况下，如果摘掉一些网络节点，压缩占总数 2/3 的经营部库存，就可以达到降低总体库存水平的目的。208 个经营部每家每个 SKU（库存管理单位）都有 14 天的安全库存，这是问题的关键。根据运输商的服务标准，只要托运单能够及时提交，保证一定的利润，500 千米以内的客户都可以在 24 小时内送达。而当前大部分经营部的配送范围仅在 100～150 千米。因此，在保证服务水平不变的前提下，没有必要保留过多的经营部仓库。

按照 500 千米的范围，以销量高的中心城市为圆心，20 多个圈就可以覆盖 TCL 整个网络。这 20 多个圆心基本上就是各个省的省会，可以作为区域配送中心。把这些圈内经营部的库存整合到中心城市去，整合后的销售波动就会比每个经营部的销售波动之和小得多，因此相应的安全库存也会小。这样，物流系统网络就可以扁平化至“工厂—区域配送中心—客户”的新模式。

资料来源：李卫红，任平国. 物流系统规划与设计 [M]. 西安：西安工业大学出版社，2012.

根据案例分析 TCL 的物流系统网络存在哪些问题？它们是如何进行分析的？

第四章

物流系统节点规划与设计

学习目标

1. 理解物流系统节点的内涵和类型
2. 了解物流系统节点的功能
3. 理解并掌握配送中心规划的要素
4. 了解配送中心规划的程序
5. 掌握配送中心规划资料的分析方法
6. 掌握配送中心功能区的规划与设计
7. 了解物流园区的分类及功能
8. 掌握物流园区规划与设计的主要内容

引导案例

九州通医药配送中心规划布局

九州通集团有限公司（以下简称“九州通”）是一家以药品批发、零售连锁经营为主的大型民营企业集团。九州通成立于 2003 年 10 月 28 日，总部位于湖北省武汉市。截至 2018 年 9 月 30 日，注册资本 18.79 亿余元，总资产 608.79 亿元。

九州通先后在湖北、北京、河南、新疆、上海、广东等大部分区域中心城市和省会城市兴建了 31 家大型医药物流中心和 94 家地区配送中心，自有配送车辆 1 700 余台，并广泛使用了具有自主知识产权的仓储管理系统（LMIS）、设备控制系统（WCS）、运输管理系统（TMS）、第三方物流平台、药品监管码采集等系统，从而使公司物流存储能力达到 1 000 万件，出货效率达 10 000 行/小时，出库准确率达 99.99%。

九州通医药配送中心最基本的流程仍然是入库、拣选、补货、出库、盘点及退货。具体到操作层面，客户将需要的药品信息（包括品名、规格、批号等）提交给业务部人员，业务人员按照九州通的计算机系统提供的价格算总账，给出总分类单（按 ABCDE 分类合计单）；客户到财务处付款后直接到仓储部提货。客户付款之后，九州通的内部计算机系统将药品明细分类传到仓储部，分别按照 ABCDE 五类出货单打印，提交给分管这五类药品的小组，各组分别取货。发货出来之后，经过内外两道复核，再将包装好的货物发给客户。

九州通医药配送中心分为五个区：入库区、整货区、自动化立体仓库储存区、零货区、暂存区。拣选与组配是配送中心的核心环节，为保证拣选效率与准确率，配送中心实现了分区拣选、零整分开拣选、任务自主索取，再由系统安排合流。由于采用了精确的货位管理与分区管理，拣选人员轻松拣选，拣选标签内容详细，商品下一步去向明确，使得拣选任务的分割与合并实现了高效率和标准化。

1. 入库区

入库区分为卸货区、货物点查区、入库暂存区、入库处理区。在入库暂存区内，将整货和零货分开，为整货入整货库、零货入零货库做准备。整货放在托盘上，通过叉车放到传送带上，经过两个检验口入库。第一个检验口是外形检测站，检查码的货有没有超出托盘边界。第二个检验口是确定把货物发往哪一个仓库。如果是针剂、非处方药，则用叉车送到一楼平库（整货库）；如果是片剂、成药、水剂及易串味药品，则发往二楼平库，如果是高密度存储药品（一般是整个托盘装的），则发往自动化立体仓库。

2. 整货区

在九州通配送中心内部，整货区指的是仓库一楼、二楼两个平库。一楼一般放针剂、非处方药，因为这两类药品多为易碎品，放在一楼比较安全；片剂、成药、水剂一般放在二楼的平库；易串味药品如正红花油等放在二楼一个隔开的区域内；贵重药品放在一楼，并有专人专柜保管。整货区的货品摆放分为堆垛（垫板）和货架两种，一般而言，发货量大的药品放于垫板，发货量偏小的药品摆放在货架上。另外，平库一般放的是 A、B 类药品，C 类药品放在四楼的仓库。

3. 自动化立体仓库储存区

平库的药品摆放有严格的规定，而自动化立体仓库则由 AS/RS（自动存货/取货）系统控制，随机安排货位，存放的是需要高密度存储的药品（易串味药品不进立体仓库）。一旦发生平库药品缺货的情况，则由系统发出补货通知，由立体仓库补充。立体仓库货架高 21 米，11 层，每层 1.45 米左右，可以同时容纳 30 万箱累计 11 500 单位的存货，一个吨位的存货设计不超过 800 千克。立体仓库的关键设备是堆垛机，确认货物是否已经放到货位上，有红色指示灯标志；前后距离用激光检测；上下距离靠传感器确认。虽然是由系统随机指定托盘在货架上的位置，但是在系统设计时还是会遵循一些基本原则，如上轻下重等。

4. 零货区

由于九州通医药配送中心实行整货、零货分开入库、出库策略，零货库的入库管理不仅是从整货库补货。这里的货位管理比较复杂，管理层次分为巷道号、货架号、层号。一般按照九州通历年的销售数据确定 IQ、IK，再由 IQ 确定库存量，IK 决定药品在货架上放置的层数。另外，货架层数的确定还和药品属性及相关规定有关，如重量、剂型、串味与非串味、处方与非处方、外用与内用等。根据每年的销售数据，可以分析得出大量需求和少量需求的药品，因而零货摆放中按照 ABC 分类，分别确定药品的最高库存和最低库存量。

零货条码的最后 3 个字段决定了货位的排、列、层。一排货架分为多个间隔，每个间隔贴一张条码，每个间隔内放置 5 种药品。条码便于拣货员使用扫描器扫描，查找需求的药品，5 种药品共用一个条码，减少查找次数，因为在 5 种药品中找到某一种规格的药品还是比较容易的。

配送中心还划分出了流力货架区位。流力货架的每一层底板不是平的而是倾斜的，临近拣货员的药品被取走之后，后面的货品会自动滑下来补充，多用于出库频繁的药品，无须不断整理货架，有利于节约管理时间。

5. 暂存区

暂存区处于拣货区和发货区之间，在这里将整货、零货合流，等待外部复核及发运。暂存区按照客户需求量大小划分出特定的区域，并为特定的客户服务。九州通按照“二八法则”区分重要客户（需求量大的客户）和一般客户，暂存区也因而划分为大小不同的两种编号，比如A06指的是大暂存区的06区位。面积大的暂存区用于暂存发往重要客户的药品，而面积小的暂存区用于暂存发往一般客户的药品。但是，暂存区内并没有规定哪个区域专用于哪个具体客户，在区分了大暂存区和小暂存区之后，某个客户的药品放置在哪个具体区位并不固定，一般都是由系统随机指定的。一个客户的订单下达到仓库之后，计算机系统会生成一个暂存区的货位条码，发货员只需要将药品发到对应的暂存区就可以了。客户来提货时，药品就从暂存区移至装载区，装车发货。

资料来源：邵正宇，周兴建. 物流系统规划与设计 [M]. 2版. 北京：清华大学出版社，北京交通大学出版社，2014.

第一节 物流系统节点概述

一、物流系统节点的内涵

所有的物流活动都是在线路和节点上进行的，线路上进行的物流活动主要是运输及其相关业务活动，物流功能要素中的其他功能要素，如仓储、配货、包装、装卸、分货、集散、流通加工等，都是在物流节点上完成的。因此，物流节点是物流系统的重要组成部分，物流效率的发挥依赖于物流节点的位置和功能配置。

物流系统节点简称物流节点，是物流系统网络中物品从供应地到需求地流动过程中需要停靠的，承担储存、配货、装卸搬运、分拣包装、流通加工等物流作业的地点或场所。在抽象意义上，物流节点是指物流系统网络中连接物流线路的结节处，是具有一定规模和综合服务功能的物流集结点。

物流节点对于优化整个物流系统网络起着重要作用，它不仅执行一般的物流职能，而且越来越多地执行协调管理、调度、信息等职能。因此，有时物流节点也被称为物流枢纽、物流基地或物流场站。

二、物流系统节点的类型

1. 按功能分类

由于物流系统目标不同且节点在物流系统网络中的地位不同，节点的主要功能也不尽相同。根据主要功能，节点可分成以下四类（按照功能和规模分类的物流节点类型，如图4.1所示）。

（1）转运型物流节点。以接连不同运输方式或相同运输方式为主要职能的节点，是处于运输线路上的节点，如铁路货站（或货场）和编组站、水运的港口码头、航空空港、公路货站等。一般来说，由于这种节点处于运输线路上，以转换不同运输方式或同一运输方式为主，所以物品在这种节点上的停留时间较短。由于物流服务的快速、准时、低成本的发展趋势，转运型物流节点已成为物流服务目标实现的关键影响因素。

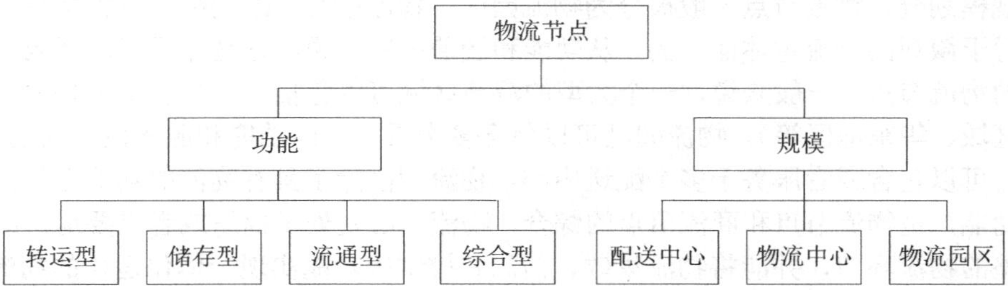

图 4.1　按照功能和规模分类的物流节点类型

转运型物流节点具备搬运、装卸、储存、配载及一定的流通加工和信息服务功能，在这个意义上，它同物流中心、配送中心具有一定的共性。相对其他类型的物流节点，转运型物流节点一般位于交通枢纽周边，交通十分便捷，其主要功能体现在多种交通运输方式间的便捷转换上。

（2）储存型物流节点。以存放物品为主要职能的节点，物品在这种节点上停滞时间较长。在物流系统中，储备仓库、营业仓库、货栈等都属于储存型物流节点。由于储备的需要及生产和消费的季节性等原因，一些物品需要较长时间的储存，因此储存型节点主要是带有储备性质的仓库。由于物品储存量较大、周转速度较慢，因而对节点的物品保管、养护的要求比较高。

尽管不少发达国家仓库职能在近代发生了较大的变化，大部分仓库转化为不以储备为主要职能的流通仓库，甚至是流通中心。但是，在当下全球任何一个有一定经济规模的国家，为了保证国民经济的正常运行，保证企业经营的正常开展，保证市场的流转，发挥储备功能的仓库仍是不可或缺的。在我国，这种类型的仓库依旧占据主要地位。

（3）流通型物流节点。连接干线物流与末端物流，以货物配备和组织送货为主要功能的节点，在社会系统中则是以组织物品快速流转为主要职能的节点。现代物流中常提到的流通仓库、集货中心、分货中心、加工中心、配送中心都属于流通型物流节点。

配送中心是流通型物流节点的典型代表，具有集货、分货、分拣、倒装、加工、配送、为客户调节库存、送货服务及收集和传递信息的功能。在现代物流中，配送活动已不是单纯的物流活动，而是与销售或供应等营销活动结合在一起，成了营销活动的重要内容。

（4）综合型物流节点。在物流系统中集中于一个节点中，全面实现两种以上主要功能，并且在节点中并非独立完成各自功能，而是将若干功能有机结合于一体，能完善设施、有效衔接和协调工艺的集约型节点。这种节点是适应物流大量化和复杂化，适应物流更为精密准确，在一个节点中实现多种功能转化而使物流系统简化、高效的要求出现的。在一个节点中实现多功能的连接和转化，这不仅简化了物流系统，而且大幅地提高了物流效率，是现代物流系统中节点发展的方向之一。

依据功能是一种通用的物流节点分类方法，放在物流实践中，未必能将任何一个物流节点定位于某一类型，原因在于许多节点有同有异，难以明确区别；各种节点尚在发展过程中，其功能、作用、结构、工艺等尚在探索阶段，使分类难以明朗化。所以物流节点的分类并不是绝对的，现实中各类节点的功能往往是交叉并存的。

2. 按规模分类

按规模划分，物流节点一般被分为物流园区、物流中心、配送中心三种类型。物流园区是相对于微观的物流主体而言的，从功能和涵盖范围来说，它是介于流通区域和物流中心之间的物流节点。一般来说，一个大型的流通区域可以包括一个或者多个物流园区（比如东北区域、华东地区等），物流园区可以包含多个具有不同功能和服务范围的物流中心，物流中心可以包含或者服务于多个配送中心。物流园区除了具有物流的功能之外，还具有商流的功能，是物流节点和商流节点的综合。物流中心是处于枢纽或者重要地位的、具有比较完整的物流环节，并能将物流集散、信息和控制等功能实现一体化运作的物流节点。

物流园区、物流中心与配送中心在规模、综合程度、服务对象和服务功能等方面的比较如表 4.1 所示。

表 4.1　物流园区、物流中心与配送中心的比较

节点类型	规模	综合程度	服务对象	功能	层次关系
物流园区	超大规模	必定是综合型的物流设施	综合型的基础服务设施，面向全社会	具有综合运输、多式联运、干线终端等大规模处理货物和提供相关服务的功能	综合型的大型物流节点
物流中心	大规模和中等规模	有一定的综合性	局部领域经营服务	主要是分销功能	专业范畴的综合型大型物流节点
配送中心	依据专业化配送和市场大小而定，一般比较小	专业化的、局部范围的	面向特定用户和市场	向最终用户提供送货服务的功能	专业清晰，规模适应需求的专业性物流节点

三、物流系统节点的功能

综观物流节点在物流系统中的作用，物流节点不仅执行一般的物流功能，而且越来越多地执行协调管理、调度和信息等功能。

1. 物流处理功能

物流节点是物流系统的重要组成部分，是仓储保管、物流集疏、流通加工、配送、包装等物流活动的载体，是完成各种物流功能、提供物流服务的重要场所。因此，物流处理功能是物流节点具备的基本功能。

2. 衔接功能

物流节点将各个物流线路连接成一个系统，使各个线路通过节点变得更为贯通而不是互不相干，这种作用称为衔接作用。在物流未成系统化之前，不同线路的衔接有很大困难。物流活动往往需要若干环节，在不同的线路间进行转换，才能够到达终点。在这个过程中，不同线路之间的运输形态、运输装备、运输数量都各不相同。如果没有节点，不同线路之间的连接就非常困难，甚至中断。例如，轮船的大量输送线和短途汽车的小量输送线，两者输送形态、输送装备都不相同，再加上运量的巨大差异，所以往往只能在两者之间有长时间的中断后再逐渐实现转换，这就使两者不能贯通。物流节点利用各种技术的、管理的方法可以有效地起到衔接作用，将中断转化为通畅。只有节点才能使不同线路连接起来，成为连续不断、畅通无阻的网络。

物流节点的衔接功能主要表现：一是通过物流节点将不同运输方式或同一运输方式连接起来，通过多式联运，实现集疏运输与干线运输、干线运输与支线运输的衔接；二是通过物流节点将运输、储存、加工、搬运、包装等物流功能有效地联系起来，实现物流作业的一体化。

3．信息功能

在物流系统中的每一个节点同时又是一个信息点，节点是连接线路的枢纽，各方面的信息都在节点流进流出，这使节点成为信息收集、处理、传递的集中地。这种信息作用在现代物流系统中起着非常重要的作用，也是复杂的物流环节能联结成有机整体的重要保证。

在现代物流系统中，每一个节点都是物流信息的一个点，若干个这种类型的信息点和物流系统的信息中心结合起来，便是指挥、管理、调度整个物流系统的信息网络，这是一个物流系统建立的前提条件。如果说设备、节点、线路是物流系统的硬件，那么信息网络就是物流系统的软件。如果软件出现问题，那么硬件的正常运行几乎是毫无意义的。因此，节点的信息功能是物流系统运行不可缺少的前提条件。

4．管理功能

物流系统的管理设施和指挥机构往往集中设置于物流节点之中，实际上，各种物流节点大都是集管理、指挥、调度、信息、衔接及物流处理为一体的物流综合设施。管理功能也是物流系统的神经枢纽，整个物流系统运转的有序化和正常化，以及整个物流系统的效率和水平取决于物流节点的管理水平。

5．配套功能

配套功能包括车辆停靠及辅助服务，可提供车辆停靠的场地和车辆检修、加油、配件供应等服务；金融生活配套服务，提供餐饮、住宿、购物、提款、保险等服务功能；工商、税务、海关的服务。

6．延伸功能

除了具备以上基本功能外，现代物流节点还附加以下功能：货物调剂中心（库存处理中心），物流节点一般能够有效处理库存物品与召开新产品展示会；系统技术设计，吸引高科技企业进入节点，从事物流软件的开发设计和物流设备的开发设计；咨询培训服务，利用丰富管理经验，为企业或客户提供咨询，提供高附加值服务。

第二节　配送中心规划与设计

一、配送中心的含义

配送中心是基于物流合理化和发展市场两个需要而发展起来的，是以组织配送式销售和供应，执行实物配送为主要功能的流通型物流节点。它很好地解决了用户多样化需要和厂商大批量专业化生产的矛盾，因此逐渐成为现代化物流的标志。

在中华人民共和国国家标准《物流术语》（GB/T 18354—2006）中将配送中心定义为：配送中心是指从事配送业务且具有完善信息网络的场所或组织。应符合的要求有：①主要为特定客户或末端客户提供服务；②配送功能健全；③辐射范围小；④提供高频率、小批量、多批次配送服务。

国外对配送中心的定义是广义的配送中心，英文是“distribution center”，也就是我国物流中心（logistics center）的意思。而国内配送中心的定义是具体执行末端物流即以配送方式执行末端物流的基地，是狭义的配送中心，英文是“delivery center”，而不是“distribution center”。根据我国国家标准《物流术语》（GB/T18354—2006），物流中心（logistics center）和配送中心（distribution center）在服务对象、功能要求、辐射范围等方面存在一定的差异，是不完全相同的设施。物流中心更综合、更概括、更宏观，而配送中心只是物流中心的一种主要形式，更专业、更具体、更微观。

二、配送中心规划与设计的内容

配送中心规划是指从空间和时间上对配送中心的新建、改建和扩建进行全面系统的规划，对配送中心的位置、规模、形式、供应保障时间、速度等进行研究和分析。配送中心的规划是一项系统工程，包括选址规划、平面布局规划、设施设备规划、信息系统规划、运营系统规划等内容。

1. 选址规划

配送中心的选址对实际营运的效率与成本及仓储规模、运输批量有显著的影响。配送中心拥有众多固定机械设备，一旦建成将很难搬迁，如果选址不当将产生长远影响。

2. 平面布局规划

平面布局规划首先需要对配送中心的运输、配送、保管、包装、装卸搬运、流通加工、物流信息等功能要素进行分析，然后结合物流需求的形式、发展战略，规划与设计功能和功能区。

3. 设施设备规划

设施设备是保证配送中心正常运作的必要条件。设施设备规划涉及建筑形式、空间布局、设备选择与安装等问题，需要运用系统分析的方法求得整体优化，最大限度地减少物料搬运、简化作业流程，创造良好、舒适的工作环境。一般包括原有设施设备分析、设施的内部布局、设备选型规划、公用设施规划等。

4. 信息系统规划

信息化、网络化、自动化是当代配送中心的发展趋势。信息系统规划一般包括网络平台架构及内部的管理信息系统分析与设计。在规划与设计中，既要考虑满足内部作业的要求，有助于提高物流作业的效率，又要考虑与外部信息系统的连接，方便及时地获取和处理各种信息。

5. 运营系统规划

运营系统规划包括作业程序与标准、管理方法和各项规章制度，以及对各种票据的处理和各种作业指示图、设备维修制度和系统异常事故的对策设计等。

三、配送中心规划与设计的要素

配送中心的规划与设计要素就是影响配送中心系统规划的基础数据和背景资料，主要包括七个方面：E（Entry），指配送的对象或客户；I（Item），指配送物品的种类；Q

（Quantity），指配送物品的数量或库存量；R（Route），指配送的通路；S（Service），指物流的服务水平；T（Time），指物流的交货时间；C（Cost），指配送物品的价值或建造的预算。

1. 配送的对象或客户——E

配送中心的服务对象或客户不同，其订单形态和出货形态就会有很大不同。例如，制造商型的配送中心，它的配送对象有经销商、批发商、百货公司、超市、便利商店及平价商店等。其中经销商、批发店及百货公司等客户的订货量较大，它的出货形态可能大部分是整托盘出货，小部分整箱出货；超市的订货量次之，它的出货形态可能30%属于整箱出货，70%属于拆箱出货。因此，制造商型的配送中心有可能同时出现整托盘、整箱及拆箱拣货的情形，由于客户订单量大小差异性大，订货方式也是非常复杂。同时有业务员抄单、电话订货、传真订货及计算机连线等方式（EOS、POS），是配送中心比较复杂的一种，规划与运营的难度也较高。

零售商型的配送中心的配送对象可能是批发商（百货公司）、超市及便利商店中的一种，因此其出货形态可能出现整托盘及整箱拣货（批发商及百货公司），与整箱及拆箱拣货（超市及便利商店）。同时，由于客户层次整齐且订单量大小差异性小，订货大部分采用计算机连线方式（EOS、POS），是配送中心中比较简单的一种，规划与运营的难度较低。

2. 配送的物品种类——I

配送中心处理的物品品项数量差异性非常大，多则上万种，如书籍、医药及汽车零件等配送中心；少则数百种或数十种，如制造商型的配送中心。由于品项数量的不同，其复杂性与难度也有所不同，如所处理的物品品项数量为10 000种的配送中心与处理物品品项数量为1 000种的配送中心是完全不同的，其物品储放的储位安排也完全不同。

另外，配送中心处理的物品种类不同，其特性也完全不同。如目前比较常见的配送物品有食品、日用品、药品、家电、3C 产品、服饰、化妆品、汽车零件及书籍等，它们分别有其特性，相应的配送中心的厂房硬件及物流设备的选择也完全不同。

3. 配送物品的数量或库存量——Q

物品的配送数量或库存量包含三个方面的含义：一是配送中心的出货数量，二是配送中心的库存量，三是配送中心的库存周期。

物品的出货数量的多少和随时间的变化趋势会直接影响配送中心的作业能力和设备的配置。例如，一些货款结算、季节性波动、年节的高峰等问题，都会引起出货量的变动。

配送中心的库存量和库存周期将影响到配送中心的面积和空间的需求。因此，应对库存量和库存周期进行详细的分析。一般进口商型的配送中心因进口船期的原因，必须拥有较长的库存量（2 个月以上）；而流通型的配送中心，则完全不需要考虑库存量，但必须注意分货的空间及效率。通常，一般配送中心库存量约在7~10日。

4. 配送的通路——R

配送通路与配送中心的规划也有很大的关系，常见有以下四种通路模式。

（1）工厂—配送中心—经销商—零售商—消费者。

（2）工厂—经销商—配送中心—零售商—消费者。

（3）工厂—配送中心—零售店—消费者。

（4）工厂—配送中心—消费者。

因此，规划配送中心首先必须了解配送通路的类型，然后根据配送中心在配送通路中的位置和上下游客户的特点进行规划，这样才能更有效地避免失败。

5．物流的服务水平——S

建设配送中心的一个重要的目的就是提高物流服务水平，但物流服务水平与物流成本成正比，也就是说物流服务水平越高则其成本也越高。但是站在客户的立场来看，希望以最经济的方式得到最佳的服务。因此，物流的服务水平应该是在合理的物流成本下的服务水平，即物流成本不会比竞争对手高，而物流的服务水平更高。

物流服务水平的主要指标包括订货交货时间、物品缺货率、增值服务能力等。配送中心应该针对客户的需求制定一个合理的服务水平标准。

6．物流的交货时间——T

在物流服务水平的评价中，物流的交货时间非常重要，因为交货时间太长或不准时会严重影响零售商的业务，因此交货时间的长短与守时程度是物流业者重要的评估项目。

物流的交货时间是指从客户下订单开始，订单处理、库存检查、理货、流通加工、装车及卡车配送到达客户手上的这一段时间。物流的交货时间依配送中心的服务水平的不同，可分为 2 小时、12 小时、24 小时、2 天、3 天、1 星期送达等。

7．配送物品的价值或建造的预算——C

在配送中心规划过程中，除了要考虑以上的基本因素外，还应该注意研究配送物品的价值和建造预算。

首先，配送物品的价值与物流成本有很密切的关系，因为在物流的成本计算中，往往会计算它占物品价值的比例。因此，如果物品的单价高则该比例会相对较低，客户比较能够负担得起；如果物品的单价低则该比例会相对较高，客户会感觉负担较重。

另外，配送中心的建造费用预算也会直接影响配送中心的规模和自动化水平，没有足够的建设投资，任何规划和设计都是无法实现的。

四、配送中心规划与设计的程序

1．规划准备阶段

在配送中心的筹划准备阶段，首先需要对配送中心的必要性和可行性进行分析和论证，有了初步结论后，应做以下三个方面的工作。

（1）组建配送中心规划建设项目组，应包括来自投资方、工程设计部门等的人员。

（2）明确制定配送中心的功能与运营目标，以方便资料收集与规划需求分析。

（3）收集所在地区的有关发展资料和有关基本建设的政策、规范和标准，还有自然条件资料和交通等协作条件资料。资料收集的目的在于把握现状、掌握市场容量。

2．总体规划设计阶段

配送中心在总体规划设计阶段的主要任务包括以下六个方面。

（1）基础资料分析。基础资料分析就是将收集到的相关资料进行汇总整理，并作为规划设计阶段的依据，包括订单变动趋势分析、物品特性分析、储运单位分析、EIQ 分析等。

通过基础资料分析，可以确定配送中心的规划条件，为配送中心的规划提供设计依据。

（2）规划条件设定。通过对现状资料的分析，可以充分了解企业或区域原有物流系统网络的弱点，进而设定配送中心的规划条件，包括仓储能力和自动化程度等。

（3）作业需求功能规划。作业需求功能规划包括配送中心的作业流程、设备与作业场所的组合等。配送中心的作业包括入库、储存、拣取、配货、出货、送货等，部分还有流通加工、贴标签、包装、退货等。在规划时，首先要分析每类物品的作业流程，并制定作业流程表。

（4）设施需求规划与选用。一个完整的配送中心建设规划所包含的设施需求相当广泛，可以既包括储运作业区域的建筑物与设备规划，也包括支持配送中心运作的服务设施规划及办公室和员工活动场所等场地设施规划。

（5）信息系统规划。配送中心管理的特点是信息处理量比较大。配送中心管理的物品种类繁多，而且由于入库单、出库单、需求单等单据发生量大、关联信息多，查询和统计需求水平很高，因而管理工作也有难度。为了避免差错和简化计算机工作，需要统一各种原始单据、账目和报表的格式。程序代码应标准化，软件要统一化，确保软件的可维护性和实用性。界面尽量简单化，做到实用、方便，以尽可能满足企业中不同层级人员需要。

（6）整体布局设计。估算储运作业区域、服务设施的大小，并依据各区域的关联性确定各区域的摆放位置。整体布局设计应遵循以下原则：作业流程原则（依顺序处理）；整合原则（商品、人、设备间有整体性配合）；弹性的原则（适合高低尖峰、季节的变化及商品调整的拣货配送作业）；管理容易化的原则（各项作业能目视管理）；作业区域相关分析，依各作业区域间的相互关系，调查后制作其作业区域相互关系分析图；物品流程分析，绘制作业区域物品流程形式图与物品流程图。

3．方案评估决策阶段

一般的规划过程均会产生多种方案，应根据各方案的特点，采用各种系统评价方法或计算机仿真的方法，对各方案进行比较和评估，从中选择一个最佳方案进行详细设计。

4．详细设计阶段

经过总体方案设计与评估之后，应该进行详细设计。在此设计阶段主要是对配送中心作业场所的各项物流设备、运营系统与信息系统及物流周边设施进行规划设计与布局。本阶段的主要任务包括以下四个方面。

（1）配送中心设备规格型号的设计。配送中心总体规划设计阶段，主要规划设计配送中心的功能、数量和形式，而在详细设计阶段主要设计各项设备的详细规格型号和设施配置，这主要包括运输车辆的类型和规格、储存容器形状和尺寸的选择等。

（2）设备面积与实际位置的设计。设备面积与实际位置的设计是根据配送中心各区域规划图逐步进行分区的详细配置设计和区域内通道设计。主要包括物流作业区域、办公室区、劳务设施区、餐厅、盥洗室、休息室和停车场等区域布局。

（3）运营系统与信息系统详细规划。首先把配送中心的物流和信息流统一起来，完成配送中心各项作业流程和事务流程详细规划，实现合理化的物流作业。然后便可进行信息系统的功能和整体框架、设备和界面等设计。信息系统设计包括对系统和子系统的系统关系、档案结构、资料关系等的设计。硬件设备和信息网络界面设计是根据系统功能设计硬件设备和相关软件、系统界面以及输入/输出界面和格式等。

（4）周边设施的设计。周边设施设计主要是针对配送中心周边，如配送中心发货接货站台、附近物流通道等设施的设计。

5. 计划执行阶段

当各项成本和效益评估完成以后，如果企业决定建设该配送中心，则可以进入计划执行阶段，即配送中心建设阶段。为了保证统一性和系统目标与功能的完整性，应对参与施工各方所设计的内容从性能、操作、安全性、可靠性、可维护性等方面进行评价和审查，在确定承包工厂前应深入现场，对该厂生产环境、质量管理体制及外协件管理体制等进行考察，如发现问题应提出改善要求。在设备制造期间也需要进行现场了解，并对质量和交货日期等进行检查。

五、配送中心规划与设计的资料分析

1. 基础资料的收集

配送中心规划设计中所要收集的基础资料包括现行作业资料和未来规划需求资料两部分。资料调查采集方法包括现场访问、网上调研以及对实际使用的表单进行收集等。配送中心规划需求的资料类型如表 4.2 所示。

表 4.2　配送中心规划需求的资料类型

资料类型		资料内容
现行作业资料	基本营运资料	业务类型、营业额、运输车辆数、供应商和用户数量等
	商品资料	产品类型、品种规格、品项数、供货渠道和保管形式等
	订单资料	商品种类、名称、数量、单位、订货和交货日期、生产厂家等
	货物特征	货物形态、温湿度要求、腐蚀变质特性、规格、包装形式等
	销售资料	按商品、种类、用途、地区、客户及时间等的统计结果
	作业流程	进货、搬运、储存、拣选、补货、流通加工、配送、退货等
	事务流程与单据传递	按单分类处理、采购任务指派、发货计划传送、相关库存及账务管理等
	厂房设施资料	厂房结构与规模、地理环境与交通特性、主要设备规模、生产能力等
	人力与作业工时资料	机构设置、组织结构、各作业区域人数、工作时数、作业时序分布等
	物料搬运资料	进货及发货频率、数量、在库搬运车辆类型及能力、作业形式等
	供货厂商资料	供货种类、规格、地理位置、厂商规模、交货能力、厂商总数、分布等
	配送网点与分布	配送网点分布与规模、配送路线、交通状况、特殊配送要求等
未来规划需求资料	运营策略和中长期发展计划	国家经济发展和产业政策走向、区域（城市）发展规划、企业未来发展、国际现代物流技术、国外相关行业发展趋势等
	商品未来需求变化	商品现有销售增长率、未来商品需求预测、未来消费增长预测
	商品品项变化趋势	商品在品种和类型方面可能的变化趋势
	配送中心未来可能的发展规模和水平	可能的预定地址和面积、作业实施限制与范围、预算范围、未来扩充需求等

对已有配送中心进行改造的项目，可以收集到相对全面的资料，但由于原有运作模式和信息系统的情况各异，在资料收集的广度和深度上也会有所不同。新建配送中心因为缺乏历史资料，资料收集应着重关注潜在市场客户的需求。企业自有的配送中心则应对企业

集团的物流需求做详细调研。

2．资料分析方法

通过对基础资料的整理和分析，可以为规划设计阶段提供参考依据。资料分析方法包括定量和定性两种方法。定量化的分析包括变动趋势分析、储运单位分析、物品特性分析、EIQ 分析；定性化的分析包括作业流程分析、事务流程分析、作业时序分析、人力需求与素质分析、自动化水准分析。

（1）作业流程分析。划分常态性及非常态性的作业，整理出配送中心的基本作业流程。可找出同类其他配送中心的现有作业流程，经合理化分析改进后，再根据一定顺序建立其作业流程规划。分析结果是进行配送中心各功能区相关性分析的重要前提，直接关系到配送中心的功能布局结果，同时也是信息系统功能模块划定的依据之一。

（2）事务流程分析。分析配送中心内各项作业对应事务流程的执行运作方式。可找出同类其他配送中心的信息窗体流程步骤、输入输出方式及资料接口传递方式等情况，经窗体与信息接口合理化分析改进之后，再依序建立其事务流程。分析结果可为后续的配送中心信息系统规划设计提供重要依据。

（3）作业时序分析。分析过去的作业形态及作业时间的分布。配送中心的配送作业须基于服务客户的原则进行配送时段及拣货、分货等相关作业时间的配合，并协调厂商进货时段，避免同时进出货。分析结果可为后续运营系统规划设计过程中设定合理的作业时序提供参考。

（4）人力需求与素质分析。对配送中心使用人数背景及各层级人数进行分析，并考虑劳动人数及劳动程度。分析结果可作为后续运营系统规划设计中确定配送中心经营效率、设备自动化与机械化程度的参考。

（5）自动化水准分析。对现有系统设备自动化程度进行分析及诊断，判断是否有过度依赖劳动力现象或自动化设备因不当投资设置而不适用之处。分析结果可作为后续物流设施设备规划设计中制定配送中心自动化水平，以及相关机械设备选用的参考依据。

（6）变动趋势分析。配送中心作业能力的规划，需利用已有的经验值来推测未来趋势的变化。因此，配送中心的规划首先需针对历史销售或出货资料进行分析，以了解出货量的变化特征与规律。

一般分析过程的时间单位需视资料收集的范围及广度而定：如要预测未来成长的趋势，通常以年为单位；如要了解季节变动的趋势通常以月为单位；而要分析月或周内的倾向或变动趋势，则需将选取的期间展开至旬、周或日别等时间单位，或找出特定单月、单周或单日平均及最大、最小量的销货资料来分析。变动趋势分析常用的方法包括时间序列分析、回归分析等，以下就时间序列分析做简要说明，如表 4.3 所示。

表 4.3　变动趋势的形态及其分析应用

类别	图　示	特征分析	应　用
长期趋势	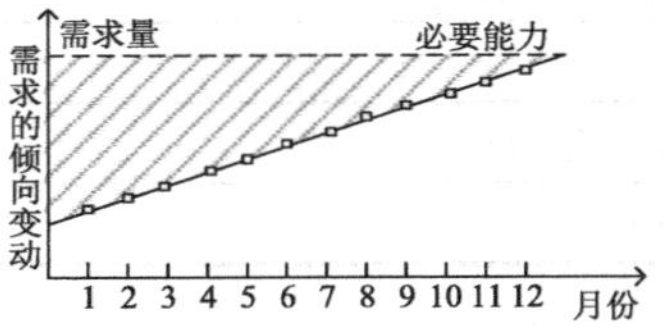	长期趋势有持续递增的趋向，应配合年周期的成长趋势加以判断	规划时可以中期的需求量为规模依据，若需考虑长期递增的需求，则可以预留空间或考虑设备扩充的弹性，以分阶段投资的方式建设

续表

类别	图　示	特征分析	应　用
季节变动	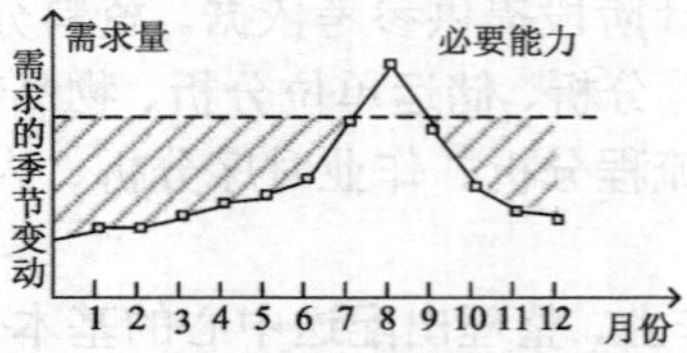	以一年为周期的循环变动，有季节变动的明显趋势	如果季节变动的差距在3倍以上，可部分外包或租用设备，以避免造成设施长期利用率偏低、投资过多；淡季应争取互补性商品业务，增加仓储设施利用率
循环变动	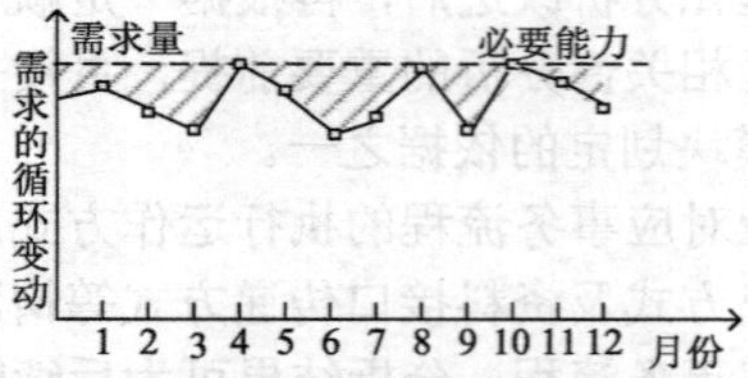	以一固定周期为单位的变动趋势，有些循环周期可长达数年以上	如果高低峰差距不大且周期较短，可以周期变动内的最大值规划。后续资料分析可缩至某一周期为单位，以简化分析作业
偶然变动	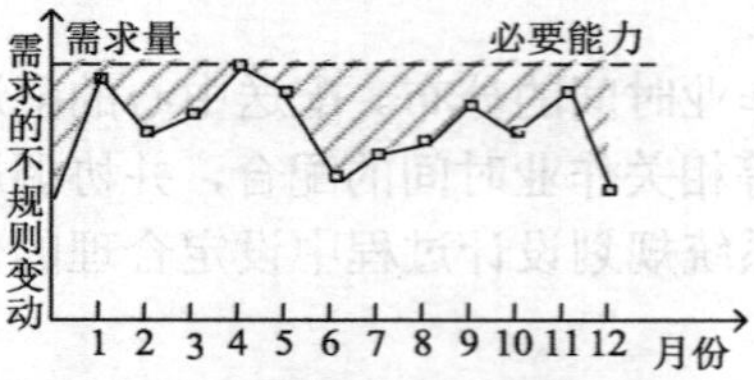	不规则变动趋势，可能为多项变动因素的混合结果	系统较难规划，宜规划通用型的设施，以增加运用的弹性。仓储货位以容易调整及扩充为宜，以应付可能突增的作业需求量

根据配送中心需求量的不同变动趋势设定目标，并设定必要能力的水准，通常以达到峰值的80%为基准，再根据峰值出现的频率来调整。一般来说，如果曲线的峰值超过谷值的3倍，配送中心营运规模的设定将比较困难，容易造成设施长期利用率偏低的情况，因此必须考虑经济效益与营运规模的平衡。不足的产能或储运量可借助外包、租用调拨仓库、订单平准化，或设计弹性较大的仓储物流设备来适应；至于多余的产能或储运空间，则可以考虑出租或者开发具有时间互补性的产品以消化淡季的剩余储运能力。

（7）物品特性分析。物品特性是物品分类的参考因素，物品分类又是配送中心功能分区的主要依据。如依储存保管特性可将配送中心区域分为干货区、冷冻区及冷藏区，或依产品重量区分为重物区、轻物区，也有依物品价值区分为贵重物品区及一般物品区等。因此配送中心规划时首先需要进行物品特性分析，以划分不同的储存和作业区域。一般物品特性与包装单位的分析如表4.4所示。

表4.4　一般物品特性与包装单位的分析

特　性	资料项目	资 料 内 容
物料性质	物态	□气体　□液体　□半液体　□固体
	气味特性	□中性　□散发气味　□吸收气味　□其他
	储存保管特性	□干货　□冷冻　□冷藏
	温湿度需求特性	____℃，____%
	内容物特性	□坚硬　□易碎　□松软
	装填特性	□规则　□不规则

续表

特　　性	资料项目	资 料 内 容
物料性质	可压缩性	□可 □否
	有无磁性	□有 □无
	单品外观	□方形 □长条形 □圆筒 □不规则形 □其他
单品规格	重量	____（单位：）
	体积	____（单位：）
	尺寸	长×宽×高（单位：）____
	物品基本单位	□个 □包 □条 □瓶 □其他
基本包装单位规格	重量	____（单位：）
	体积	____（单位：）
	外部尺寸	长×宽×高（单位：）____
	基本包装单位	□个 □包 □条 □瓶 □其他
	包装单位个数	____（个/包装单位）
	包装材料	□纸箱 □捆包 □金属容器 □塑料容器 □袋 □其他
外包装单位规格	重量	____（单位：）
	体积	____（单位：）
	外部尺寸	长×宽×高（单位：）____
	基本包装单位	□托盘 □箱 □包 □其他
	包装单位个数	____（个/包装单位）
	包装材料	□包膜 □纸箱 □金属容器 □塑料容器 □袋 □其他

（8）订单品项数量分析。订单品项数量（Entry of Order、Item、Quantity，EIQ）分析是进行配送中心规划资料分析的有效工具，即从客户订单的品项、数量与订购次数等关键因素出发，进行出货特性的分析。EIQ 分析的主要步骤包括订单资料的收集、分解、统计和分析。

① 订单资料的收集。订单品项数量分析从收集订单开始，收集的订单量以能反映和代表配送中心的全面状态为标准。由于订单数据量庞大，在实际分析中需要对资料进行取样分类，通常先选取一个作业周期内的订单加以分析，若有必要再扩大采样范围进一步分析。

② 订单资料的分解。在获得所需要的订单资料后，需要对每张订单的出货品种、各品种的出货量等，以表格的形式进行资料分解。在编制表格时，需注意数量单位的一致性和储运单位，将所有订单品种的出货数量转换成相同的计算单位，进而分解展开为单张订单的出货数量（EQ）、单张订单的出货品项数（EN）、单一品项的出货总数量（IQ）、单一品项的出货次数（IK）四个类别的群组，以提供不同信息。EIQ 分析的主要应用范围如表 4.5 所示。

表 4.5　EIQ 分析的主要应用范围

类型	分析对象	主要应用范围
EQ	分析单张订单出货数量，可以了解每张订单订购量的分布	用于决定订单处理原则、拣货系统规划，并将影响出货方式及出货区的规划 ● 掌握物品配送需求及重点客户管理 ● 决定配送中心的模式，并依此决定拣货设备的选用和拣货策略 ● 根据订单量分布趋势决定储区规划
EN	分析单张订单出货品项数，可以掌握客户订货品种数的分布	决定使用的拣货方式，判断物品拣货时间与拣货人力需求，影响拣货系统及出货区的规划
IQ	分析每单一品项出货总数量，可以知道哪些物品为当期出货的主要物品	● 对出货物品进行 ABC 分类，重点物品重点管理 ● 把握物品处理模式，与 EQ 分析所得的模式类似 ● 对储存系统进行规划（包括储区的规划、储存设备的规划和选用、储存单位和库存水平的确定等） ● 对搬运系统进行规划
IK	分析每单一品项出货总次数，可以了解单一品种出货次数分布	根据 IK 分布图类型，结合 IQ 分布类型，决定仓储及拣货系统的设计并进一步影响储区划分及储位配置

在进行 EIQ 分析时，首先必须考虑时间范围。在以某一天为单位的分析数据中，主要订单资料可分解为表 4.6 的格式；如果分析资料的范围为一定时间周期，则需加入时间参数 T，即 EIQT 资料分析格式，如表 4.7 所示。

表 4.6　EIQ 资料统计格式（单日）

出货订单	出货品项						订单出货数量	订单出货品项
	I_1	I_2	I_3	I_4	I_5	…		
E_1	Q_{11}	Q_{12}	Q_{13}	Q_{14}	Q_{15}		EQ_1	EN_1
E_2	Q_{21}	Q_{22}	Q_{23}	Q_{24}	Q_{25}		EQ_2	EN_2
E_3	Q_{31}	Q_{32}	Q_{33}	Q_{34}	Q_{35}		EQ_3	EN_3
…								
…								
IQ	IQ_1	IQ_2	IQ_3	IQ_4	IQ_5		GEQ/GIQ	GEN
IK	IK_1	IK_2	IK_3	IK_4	IK_5		—	GIK

注：EQ_1（订单 E_1 的出货量）$=Q_{11}+Q_{12}+Q_{13}+Q_{14}+Q_{15}+\cdots$

IQ_1（品项 I_1 的出货量）$=Q_{11}+Q_{21}+Q_{31}+\cdots$

EN_1（订单 E_1 的出货品项数）=计数（Q_{11}，Q_{12}，Q_{13}，Q_{14}，Q_{15}，…）>0 者

IK_1（品项 I_1 的出货次数）=计数（Q_{11}，Q_{21}，Q_{31}，…）>0 者

表 4.7 EIQT 资料分析格式（加入时间范围）

日期	出货订单	出货品项						订单出货数量	订单出货品项
		I_1	I_2	I_3	I_4	I_5	…		
T_1	E_1	Q_{111}	Q_{121}	Q_{131}	Q_{141}	Q_{151}		EQ_{11}	EN_{11}
	E_2	Q_{211}	Q_{221}	Q_{231}	Q_{241}	Q_{251}		EQ_{21}	EN_{21}
	…								
	IQ	IQ_{11}	IQ_{21}	IQ_{31}	IQ_{41}	IQ_{51}		GEQ_1/GIQ_1	GEN_1
	IK	IK_{11}	IK_{21}	IK_{31}	IK_{41}	IK_{51}		—	GIK_1
T_2	E_1	Q_{112}	Q_{122}	Q_{132}	Q_{142}	Q_{152}		EQ_{12}	EN_{12}
	E_2	Q_{212}	Q_{222}	Q_{232}	Q_{242}	Q_{252}		EQ_{22}	EN_{22}
	…								
	IQ	IQ_{12}	IQ_{22}	IQ_{32}	IQ_{42}	IQ_{52}		GEQ_2/GIQ_2	GEN_2
	IK	IK_{12}	IK_{22}	IK_{32}	IK_{42}	IK_{52}		—	GIK_2
…									
合计	IQ	IQ_1	IQ_2	IQ_3	IQ_4	IQ_5		GEQ/GIQ	GEN
	IK	IK_1	IK_2	IK_3	IK_4	IK_5		—	GIK

注：IQ_1（品项 I_1 的出货量）$=IQ_{11}+IQ_{12}+\cdots$

GIQ（所有品项总出货量）$=GIQ_1+GIQ_2+\cdots$或 GIQ（所有品项总出货量）$=IQ_1+IQ_2+\cdots$

IK_1（品项 I_1 的出货次数）$=IK_{11}+IK_{12}+\cdots$

GIK（所有品项总出货次数）$=IK_1+IK_2+\cdots$

③ 订单资料的统计。主要采用柏拉图分析、次数分布、ABC 分析等多种统计方法，从 EQ、EN、IQ、IK 分析四个方面，对分解的订单资料按类进行统计整合，并以图表形式直观地表现出来。

以 EQ 分析为例，首先对各订单的出货量按大小排序，画出各订单的出货量分布图，并将其出货累计量（出货单位或是百分比）以曲线形式同时表现出来，得到柏拉图；其次将出货量进行适当分组，算出各订单出货量出现于各分组内的次数，画出次数分布图；最后若各订单的出货量存在较明显的差异，还可进一步将特定百分比内的主要订单找出，实施重点分析和管理，即进行 ABC 分析。此外，在进行 ABC 分析后，这四个方面还可根据不同需要进行交叉汇编分析，进一步挖掘数据包含的有用信息。

④ 订单资料的分析。根据获得的统计图表，对配送中心的模式、各个功能区域的规划等分别提出直接建议和要求，以备实际规划参考。

表 4.8~表 4.11 分别介绍 EQ、IQ、EN、IK 分析图表的典型类型及应用，以供参考，至于较深入的分析技巧仍需规划分析者从各类不同配送中心运营及规划设计过程中习得。

表 4.8　EQ 分布图的类型分析

EQ 分布图类型	分　析	应　用
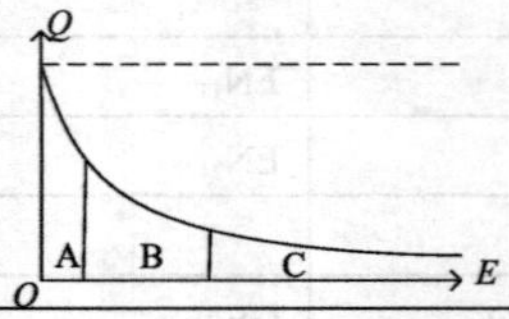	为一般配送中心常见模式，由于量分布趋于两极化，可做进一步的 ABC 分析	规划时可将订单分类，对少次而量大的订单可进行重点管理，相关拣货设备的使用亦可分级
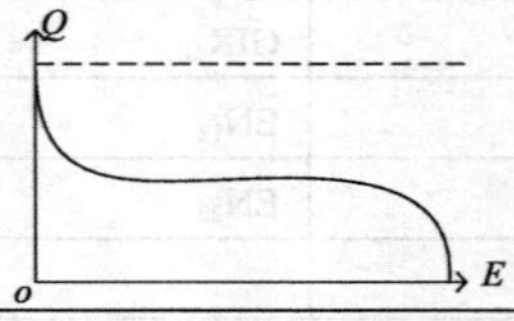	大部分订单量相近，仅少部分订单量为特大量或特小量	可以按主要量分布范围进行规划，少数差异较大订单可以特别处理，但需要注意规范对特例的处理模式
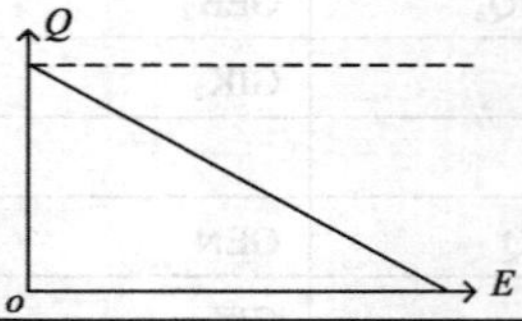	订单量分布呈逐次递减趋势，不会特别集中于某些订单或某个范围	系统较难规划，宜规划通用型的设备，以增加实际运用的弹性，货位亦以容易调整为宜
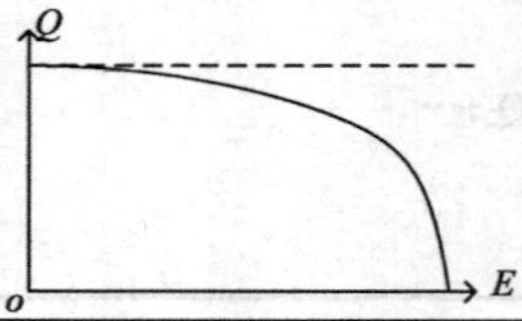	订单量分布相近，仅少数订单量较少	可以区分为两种类型，部分少量订单可以按批次处理或以零星拣货方式进行规划
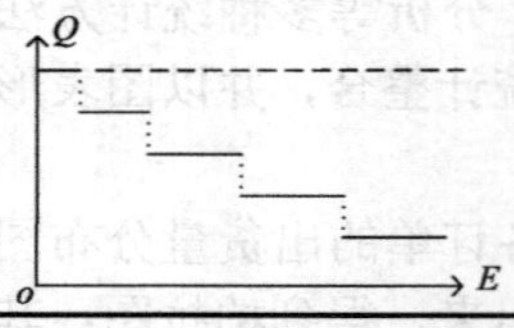	订单量集中于特定数量而无连续性递减，可能为整数（箱）出货，或为大型物品的少量出货	可以按较大单元负载单位规划，而不考虑零星出货

表 4.9　IQ 分布图的类型分析

IQ 分布图类型	分　析	应　用
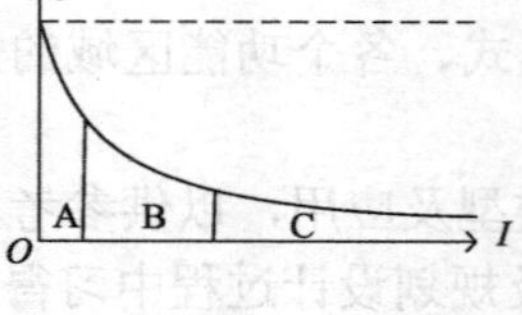	为一般配送中心的常见模式，由于量分布趋于两极化，可做进一步的 ABC 分析	规划时可将物品分类按储区储存，各类物品储存单位、存货水平可设定不同水平
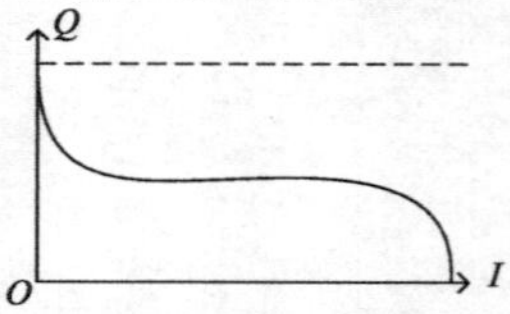	大部分物品出货量相近，仅少部分物品出货量为特大量或特小量	可以按同一规格的储存系统及寻址型储位进行规划，少数差异较大物品可以特殊处理

续表

IQ 分布图类型	分　　析	应　　用
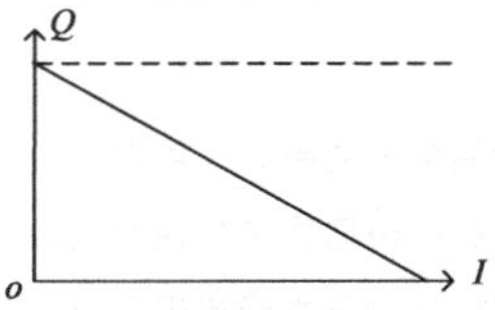	各物品出货量分布呈逐次递减趋势，不会特别集中于某些品项或范围	系统较难规划，宜规划通用型的设备，以增加实际运用的弹性，货位亦以容易调整为宜
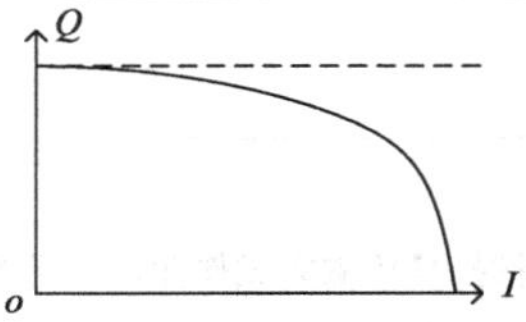	各物品出货量相近，仅部分品项出货量较少	可以区分为两种类型，部分中、少量物品可以用轻量型储存设备存放
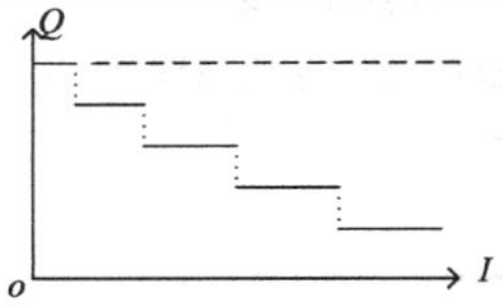	物品出货量集中于特定数量而无连续递减，可能为整数（箱）出货或为大型物品出货但出货量较小	可以按较大单元负载单位规划，或以重量型储存设备规划，但仍需要配合物品特性加以分析

表 4.10　EN 分布图的类型分析

EN 分布图类型	分　　析	应　　用
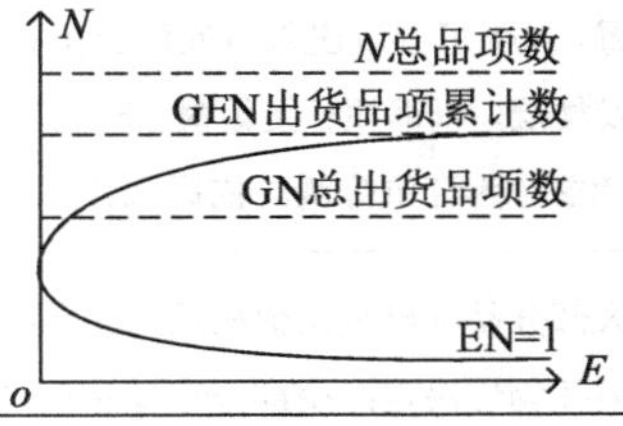	单一订单的出货品项数较小，EN=1 的比例很高；总品项数不大且与总出货品项数差距不大	订单出货品项重复率不高，可考虑订单拣取方式作业，或采取批量拣取配合边拣边分类作业
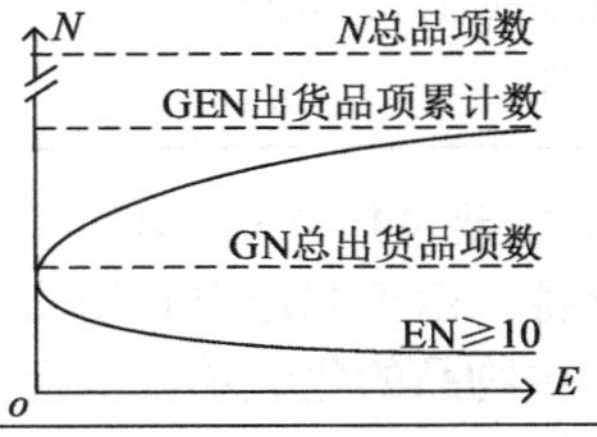	单一订单的出货品项数较大，EN≥10；总出货品项数及累计出货品项数均仅占总品项数的小部分；通常为经营品项数很多的配送中心	可以按订单别拣取方式作业，但由于拣货区路线可能很长，可采用订单分割方式分区拣货再集中，或用接力方式拣取
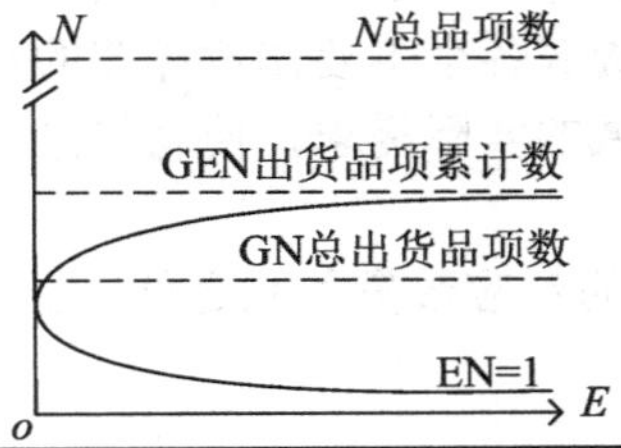	单一订单的出货品项数较小，EN=1 的比例较高；由于总品项数很多，总出货品项数及累计出货品项数均仅占总品项数的小部分	可以按订单别拣取方式作业，并将拣货区分区规划；由于各订单品项少，可将订单以区域别排序并进行分区拣货

续表

EN 分布图类型	分　析	应　用
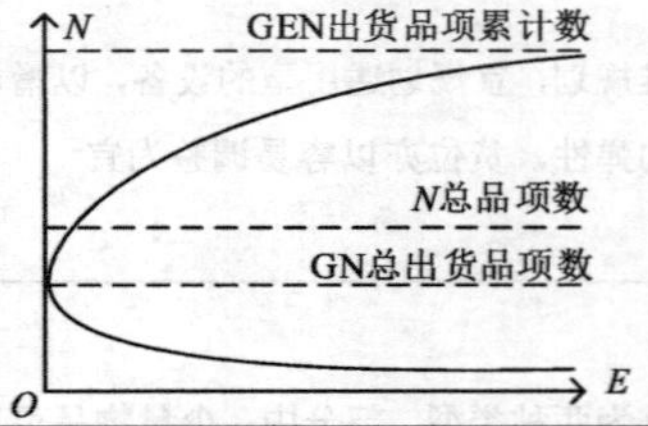	单一订单的出货品项数较大，而物品总品项数不大，累计出货品项数较总出货品项数高出数倍并比总品项数多	订单出货品项重复率高，可以按批量拣取方式作业；根据物品特性及物流量大小决定在拣取时分类或拣出后再分类
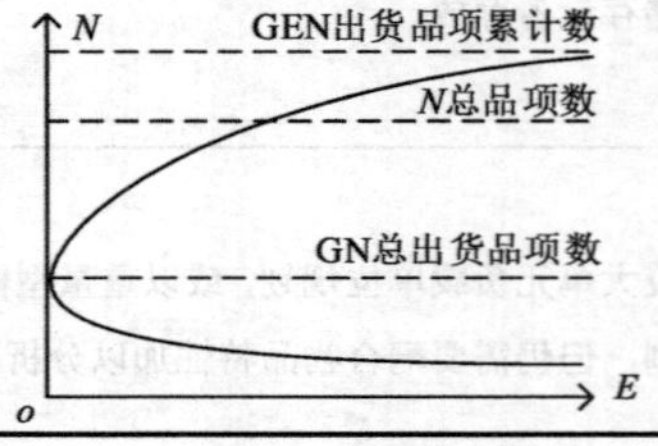	单一订单的出货项数较大；物品总品项数也多，累计出货品项数较总出货品项数高出数倍并比总品项数多	可考虑按批量拣取方式作业，但是若单个订单品项数多且重复率不高，应考虑分类的难度，否则以采取订单分割方式拣货为宜

表 4.11　IK 分布图的类型分析

IK 分布图类型	分　析	应　用
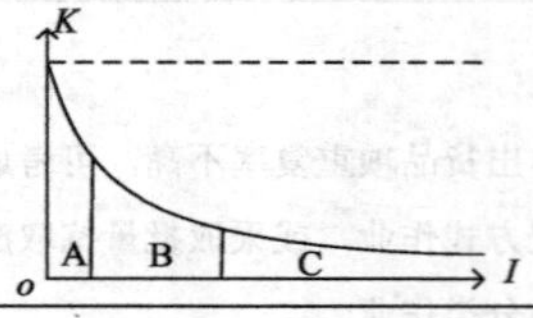	一般配送中心的常见模式；由于分布趋于两极化，可做进一步的 ABC 分析	规划时可按物品分类划分储区及储位配置，A 类可接近出入口或便于作业的位置及楼层，以缩短行走距离；若品项多时可考虑作为订单分割的依据来分别拣货
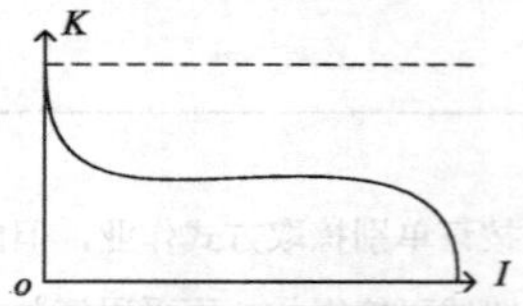	大部分物品出货次数相近，仅少部分物品出货次数为特大量或特小量	大部分品项出货次数相同，因此储位配置需按物性决定；少部分特异品仍可按 ABC 分类原则决定配置位置，或规划特别储区

（9）储运单位（PCB）分析。配送中心的储运单位（PCB）主要包括 P（托盘）、C（箱子）和 B（单品），不同的储运单位适用不同的储存和搬运设备。由于配送中心物品品种多，个别品种每托盘、每箱、每件的组合都有差异，物流作业中物品的包装单位也会因不同的需求而变化，因此，订单分析中物品单位的统一需要以各环节储运单位的转换情况为基础。PCB 分析通过考察和分析包括进货、储存、拣货、出货等各个主要作业环节的基本储运单位，使储运单位易于量化及转换，从而正确计算各区域的实际需求，使仓储区与拣货区得到适当的规划，并作为设备选型的考虑依据。

PCB 分析除了可以得到各种物品与各储运单位之间转换的对应数量关系之外，还可得到配送中心各作业储运单位的转换关系，如图 4.2 所示。

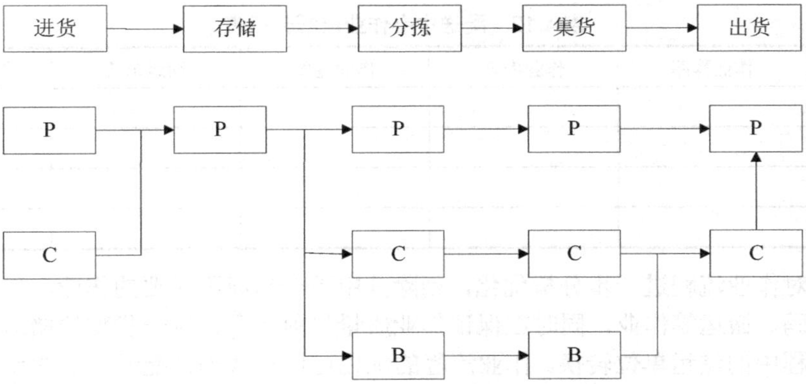

图 4.2　配送中心各作业储运单位的转换关系

图 4.2 的 PCB 关系为以托盘、箱为主要进货单位，然后统一以托盘进行存储，而拣货和集货分别包括 P、C、B 三种储运单位，最后通过包装集中以托盘和箱为单位出库运输。

EIQ 分析是建立在 PCB 分析结果的基础上的，又称为 EIQ-PCB 分析，其具体应用如下。

（1）出货单位的 PCB 分析。出货单位的 PCB 分布状态不仅可作为计算拣货与出货人力需求，以及搬运与配送设备的选用依据，而且可以根据出货量与标准工时，计算出托盘、箱和单品拣取所需的设备和人力需求量。

（2）EQ-PCB 分析。用 EQ 分析客户订单量，并根据订单内容分析其 PCB 分布状态，可以了解出货状态及区域销售的数量和包装特征。

（3）IQ-PCB 分析。结合 IQ 分析 PCB 分布，可以知道单一品种被订购的状态和包装单位，并以此作为拣货系统、储存方式和设备设计的参考。

六、配送中心功能区规划与设计

1. 功能区设置

功能区是配送中心内部布局的基本空间单元，是配送中心各项功能实现的保障和支撑。配送中心的基本功能已通过规划目标进行了初步确定，在功能区设置之前，还需要对这些功能的具体实施流程进一步细化，以获得相应功能实现所需的基本活动，并以此为依据将各项功能落实到由功能划分的不同物理场所，即完成了配送中心功能区的设置。

（1）配送中心的流程分析。一般来说，配送中心的主要活动包括订货、进货、仓储、拣货、包装、贴标签和送货作业。此外，配送中心还负责退货作业，并对客户退货进行分类，将废品和滞销品退回供货厂商，以及退回货物的重新入库保管等活动。

首先，用作业流程图描述配送中心的作业流程。对于新建配送中心的规划，应根据规划目标设定的功能，结合同类型配送中心的作业流程进行考虑；对已有配送中心的改造规划，则要对现有作业流程进行描述。

其次，将作业流程图所描述的各项基本活动以列表的方式进行归类分析，如表 4.12 所示。分类标准以货物储运单位的转换及作业性质为主，货物储运单位包括托盘、箱、单品等；作业性质可以分为装货、卸货、拣货、补货、搬运、检验、暂存、储存等。

表 4.12　配送中心作业流程分析表

编号	作业程序	作业内容	作业性质	储运单位	作业所在区域
1					
2					
3					
…					

最后，对作业流程进一步分析优化，剔除其中不合理或不必要的作业，尽量简化和减少装卸、堆码、搬运等作业，同时在保证作业质量的前提下，统一货物的储运形式，减少内部作业过程中的储运单位转换。作业流程的优化可以有效提升配送中心的作业水平和运转效率，而经分析优化后的作业流程，可以作为后续空间规划的参考。

（2）作业区域设置。针对配送中心作业流程在落实方面的物理空间需要，可将配送中心的作业区域域分为物流作业区域和外围辅助活动区两类进行规划。其中，物流作业区域是配送中心业务开展的核心部分，主要进行出入库、订单拣选、装卸货物等基础物流活动，各项活动之间具有较强的前后关联；外围辅助活动区主要进行对外业务办理及作为会议、维修、休息等公共场所使用。

物流作业区域设置：物流作业区域的设置以物流作业流程为突破口，对应各项作业分别给出操作的可能作业区域，再从中选出本次规划确定的功能区。从实践来看，同类的多个作业项目的作业场所既有可能集成为一个功能区，也可以分别设置独立的功能区。功能区设置的判断标准在于这些作业项目的业务量大小及相关作业的可区分程度。

外围辅助活动区域规划：外围辅助活动区域包括厂房使用配合作业区域、办公事务区域、劳务性质活动区域和厂区相关活动区域等。具体规划时根据实际需要选择所需功能即可，使用频率较低的区域应尽可能合并以有效节约空间。

2. 功能区布局

功能区布局对配送中心的规划具有重要意义，确定了功能区布局也就大体确定了配送中心的内部总体结构。功能区布局的基本思想是根据功能区之间的联系程度和作业流程，获得以最短时间、最小搬运量和最合理路线，即最高的作业效率完成主要物流活动的布局方案。各功能区的相关性，特别是物流作业流程所引起的物流相关性是功能区布局的出发点和最终的决定因素。

功能区布局的方法包括关联线图法、图形构建法、作业流程基本计划表法及动线布局法等。

3. 通道空间设计

（1）通道设计要点。通道不属于任一功能区，但通道的合理设置与宽度设计是影响物流效率的关键。一般配送中心的布局规划必须先划定通道位置，通道位置应方便物品存取、装卸设备进出及必要的服务区间。

通道可以分为主通道及辅助通道。主通道通常连接配送中心的进出口至各功能区，道路宽；辅助通道为连接主通道至各作业区域内的通道，通常垂直或平行于主通道。

一般良好通道设置的要点包括：流量经济，即让配送中心所有通道的人、物移动皆能形成路径；空间经济，即通道本身通常占据不少空间，需谨慎设计以发挥空间运用的效益；

设计的顺序，首先对主要通道配合出入配送中心的位置进行设计，其次为进出口及作业区域间的通道设计，最后是服务设施、一般走道等通道设计；危险条件，必须要求通道足够空旷，以适应危险时尽快逃生的目的。

（2）通道宽度设计。通道宽度设计需视不同的作业区域、人员或车辆行走速率、单位时间通行人数、搬运物品体积等因素决定。以人员行走通道为例，如果人员通过速率为v、单位时间通过人数为n，估计两人行走所需最短距离为d，人身宽度约为w，则每一人员在通道上行走瞬间需要的空间为$d\times w$。由此，通道宽度W为：

$$W=d\times w\times\frac{n}{v}$$

若两人行走时需要的最短前后距离应在1.5米以上，而人身宽度为0.76米，一般人员行走速率约为3.2千米/小时，若每分钟需通过105人，则通道宽度应在2.2米以上。相同的计算方式也适用于台车或叉车等搬运工具的计算。

4．功能区空间规模设计

（1）仓储区空间规模设计。仓储区的主体结构是储运场所及设施，其内部作业区域可以分为以下三个部分。

① 接货验收作业区域。接货区与验收区可以相邻配置，在这个区域主要完成货物的卸载、清点、检验、分类、入库等工作，通常设置在储存场所外围，通过卸货站台与公路或铁路专用线、专用码头等直接相连；内侧还规划与设计有暂存、分类验收区域及相应的设施设备。

② 储存保管作业区域。储存保管作业区域是专门用于存放货物的相对静态的区域，这个区域主要完成货物的储存保管和养护作业，货物在这个区域存放的时间相对较长。储存保管区所占面积与配送中心的基本功能和运作模式相关：流通性的储存保管区所占面积相对较少，储存性的储存保管区一般储存面积较大，可以占到配送中心总面积的50%以上。

进行储存保管作业区域的空间规模规划时，应考虑货物尺寸及数量、堆码方式、托盘尺寸、货架货位空间等因素。储存保管作业区域规模规划与具体的储存策略有关，下面介绍不同储存策略下的储存保管作业区域空间规模计算方法。

第一，托盘平置堆放。若配送中心物品以托盘为单位置于地面上，用平置堆放方式储存，则计算物品空间应考虑的因素有物品数量、托盘尺寸、通道等。假设托盘尺寸为$P\times P$，由物品及托盘尺寸算出每托盘平均可码放N箱物品，若平均物品存放为Q，则物品空间需求D为：

$$D=\frac{Q}{N}(P\times P)$$

实际储存保管作业区域空间规模还要考虑叉车存取作业所需空间，若以一般中枢通道配合辅助通道规划，通道约占全部面积的30%～35%，故实际储存保管作业区域空间规模为：

$$A=D/(1-35\%)=1.5D$$

第二，托盘叠加堆放。若物品以托盘堆放于地面上，则计算物品空间要考虑物品尺寸及数量、托盘尺寸、可堆叠高度等因素。假设托盘尺寸为$P\times P$，由物品及托盘尺寸算出

每托盘平均可码放 N 箱物品，托盘在储存保管作业区域内可堆叠 L 层，若平均物品存放量为 Q，则物品空间需求 D 为：

$$D=\frac{Q}{N\times L}(P\times P)$$

考虑通道占全部面积的 35%～40%，实际储存保管作业区域空间规模为：

$$A=D/(1-40\%)=1.67D$$

第三，托盘货架储存。当使用托盘货架储存物品时，计算物品占地面积，除了考虑物品尺寸和数量、托盘尺寸、货架形式和层数之外，还要考虑相应通道空间。假设货架为 L 层，每个托盘可堆放 N 箱物品，平均物品存放量为 Q，则物品需要的占地托盘数 P 为：

$$P=\frac{Q}{L\times N}$$

由于货架具有区块特性，即每个区块由两排货架和通道组成。实际储存区空间包括存取通道和储存区块空间（由托盘占地空间换算）。在计算货架的货位空间时，应以一个货位为计算基础。一般一个货位可存放两个托盘或一个托盘，现以存放两个托盘为例加以说明。托盘平置堆放储区如图 4.3 所示。

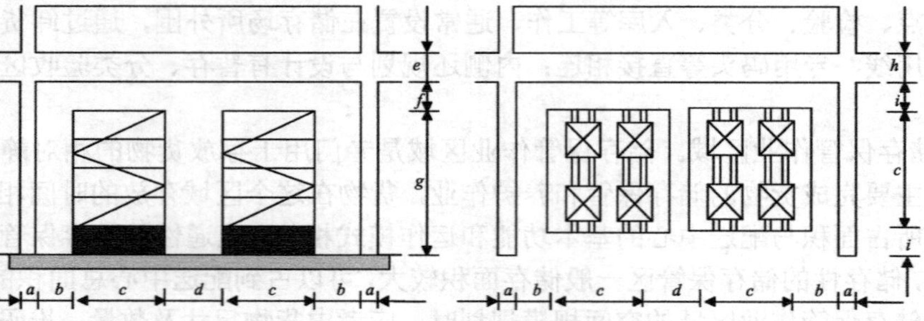

图 4.3　托盘平置堆放储区

在图 4.3 中，a 为货架柱宽，b 为托盘与货架间隙，c 为托盘宽度，d 为托盘间隙，e 为托盘梁架高度，f 为托盘堆放与货架横梁间隙，g 为托盘堆放高度（含托盘厚度），i 为托盘堆放前后深度间隙，h 为托盘架中梁柱宽，由此可得货架单位宽度

$$P_1=c+2i+h/2$$

货架单位长度

$$P_2=a+2b+2c+d$$

假设区块货位列数为 Z，叉车直角存取通道宽为 W_1，储区区块侧向通道为 W_2，则每个区块占地面积 A 及储区的区块数 B

$$A=(2P_1+W_1)\times(ZP_2+W_2)$$

$$B=\frac{P}{2\times 2Z}$$

当求得储区的区块数 B 和每区块面积 A 之后，可得储区总面积

$$S = A \times B$$

每个区块内货格所占面积为$2Z \times P_1 \times P_2$。

③ 理货作业区域。在这个区域主要对分拣出来的货物进行配货与配装作业，并将配好的货物暂时存放，以备送货。该区域所占面积同样与配送中心的基本功能和运作模式有关，通常，流通型、转运型配送中心或多品种、多用户、少批量、多批次的配送中心的分货、配货频繁，作业量大，其所占面积也相对较大。

（2）拣货区空间规模设计。配送中心的拣货区一般有两种布局设计模式：一种是利用现有的存储区域，存储货位设计既要满足存储要求，又要满足拣货需要，这种布局物品周转率高；另一种是指定配送中心的某些区域为拣货区，围绕拣货需要和尽量减少订单履行中的移动时间来设计，同时指定另一些区域为物品存储区，围绕存货需要和充分利用仓储容量来设计。

如果物品体积、发货批量较大，经常采用储存区和拣货区共用托盘货架。一般第一层为拣货区，第二、三层等为储存区。需要考虑的因素主要有物品品种总数、库存量所需要的托盘数。假设托盘货架堆叠层数为L，平均每一托盘堆放物品箱数为N，物品所需的托盘规模为D，拣货品项数为I，平均存货量为Q，则

$$D = 1.3 \times \frac{Q}{N \times (L - I)} (P \times P)$$

拣货区规模为分拣设备面积与操作活动空间面积之和。

（3）加工区空间规模设计。设立专门的流通加工区，可以对物品在配送之前进行流通加工处理。流通加工作业包括物品的分类分装、过磅、拆箱、重新包装、物品组装、贴标签及物品的组合、包装等。

加工区规模为加工设备面积与操作活动空间面积之和。

5. 进出货站台设计

（1）进出货站台设计原则。进出货站台的设计是影响进出货作业的关键所在。进出货站台是货车装卸物品的场所，因而站台设施的规划设计必须考虑物品搬运的过程。从货车进入站台开始到搬运物品至码头上，再到物品离开码头，整个过程必须使车辆及物品有效率且安全移动。

进出货站台设计必须遵循以下原则：站台设施位置能使车辆快速安全地进出配送中心，不发生交叉会车；站台尺寸须尽可能兼顾主要车辆规格；选用站台设备以保证操作员能安全装卸货物；规划站台内部暂存区使物品能有效地在站台与存储区之间移动。

根据物品在配送中心内的堆放方式、存放时间、物品的最终去向不同，为避免在装卸物品时的互相干扰，提高工作效率，物品的装卸作业场地可以分开设置。如果能合理分配作业时间和区域，装卸场地也可以合并。

（2）进出货站台配置形式。进出货站台的配置形式从不同角度有不同的分类方式，主要有以下三种。

① 按出入口的配置分类。为使物品能顺畅地进出配送中心，进货站台与出货站台的相对位置安排非常重要，直接影响进出货的效率及品质。进出货站台的设计可根据作业性质及配送中心形式来考虑，以物流动线来决定进出货站台的安排方式。一般来说，进出货站台按出入口分类的配置方式有四种，如图 4.4 所示。

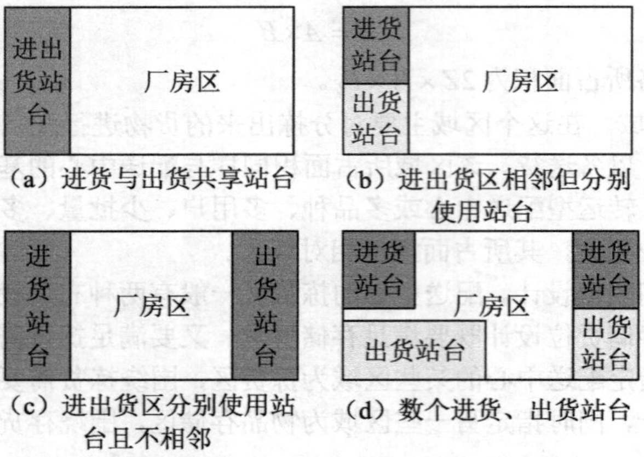

图 4.4　进出货站台按出入口分类的配置方式

第一，进货与出货共享站台，如图 4.4（a）所示。此种设计可提高空间及设备使用率，但有时较难管理，尤其是在进出货高峰时，容易造成进出货相互干扰的不良效果。所以此安排较适合进出货时间可以错开的配送中心。

第二，进出货区相邻但分别使用站台，如图 4.4（b）所示。此安排设备仍可共享，但进出货作业空间分隔，可解决共享站台时进出货互相干扰的困扰；但进出货空间不能弹性互用，使空间效益降低。此方式较适合厂房适中且进出货作业容易相互干扰的配送中心。

第三，进出货区分别使用站台且不相邻，如图 4.4（c）所示。这种站台的进出货作业是完全独立的两部分，不仅空间分开，设备的使用也有明确划分，可使进出货作业更为迅速通畅，但空间及设备的使用率降低。此方式不适用于厂房空间不足的配送中心。

第四，数个进货、出货站台，如图 4.4（d）所示。若厂房空间足够且物品进出频繁复杂，则可规划多个站台以适应频繁进出货作业需求的管理方式。

② 按站台与配送中心的位置分类。进出货站台的设计除了需要考虑效率及空间，安全也是必须考虑的因素，尤其是车辆与站台之间的连接设计，必须考虑如何防止大风吹进配送中心内部、雨水进入配送中心及避免配送中心内空调冷暖气外泄等灾害损失及能源浪费。为此，按站台与配送中心的位置，可以把进出货站台分为以下三种配置方式，如图 4.5 所示。

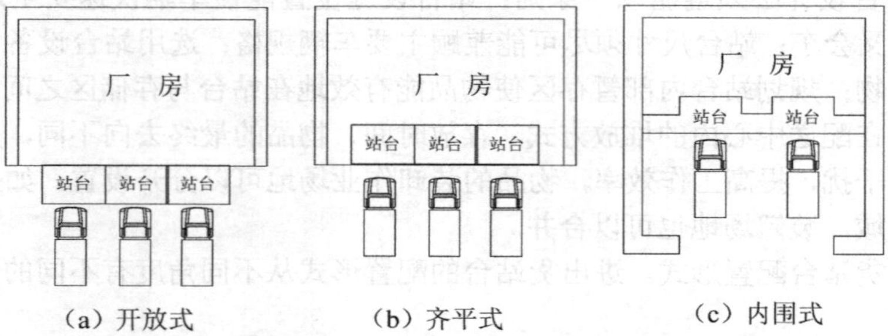

图 4.5　按站台与配送中心的位置分类的进出货站台配置方式

第一，开放式，如图 4.5（a）所示。表现为站台全部突出于厂房，在站台上的物品完全不受遮掩保护，且厂房内冷暖气更容易外泄。

第二，齐平式，如图 4.5（b）所示。表现为站台与厂房外缘刚好齐平，其优点是整个站台仍在厂房内，能源浪费较少，是目前应用最广泛的配置方式。

第三，内围式，如图 4.5（c）所示。把站台围在厂房内，进出货车辆可直接开进厂房装卸物品，这种设计最安全，不怕风吹雨打及冷暖气外泄。

③ 按站台与作业方式的关系分类。按站台与作业方式的关系，可以将进出货站台分为以下四种配置方式，如图 4.6 所示。

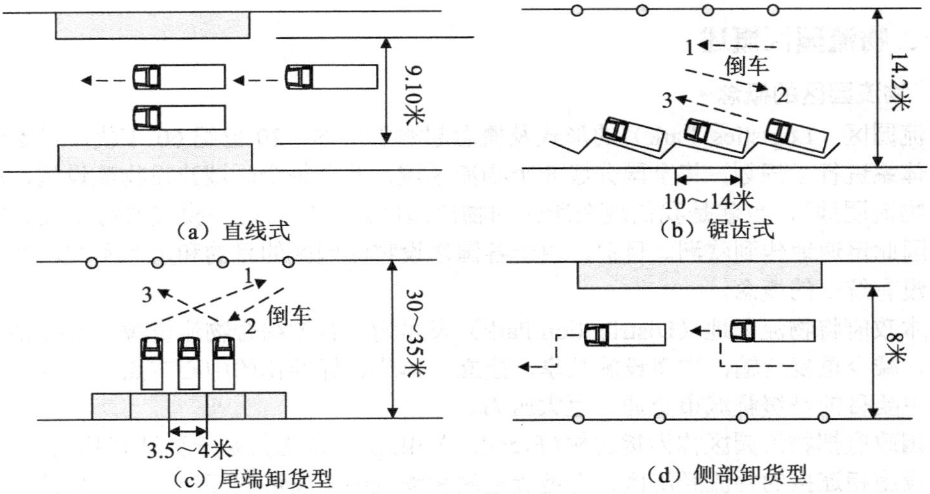

图 4.6　按站台与作业方式的关系分类的进出货站台配置方式

第一，直线式。直线式站台的优点在于占用配送中心内部空间小，缺点是车辆旋转纵深较大，且需要较大的外部空间。

第二，锯齿式。锯齿式站台车辆旋转纵深较浅，外部面积要求较小，适用于货车回转空间较小的情形，且货车可由尾端或侧端装卸物品，其主要缺点为占用较多的建筑物空间，车辆要求采用单线循环。

第三，尾端卸货型。尾端卸货型站台较适合易于控制的环境，站台面积较窄，适合标准集装箱和拖车，常采用平台站台和托盘装载作业。现在大部分站台都属于尾端卸货型。其最大优点是站台外侧齐平，可完全包围站台内部区域，并可提供较佳的密闭作业空间，对于天气控制的效果较好。

第四，侧部卸货型。侧部卸货型站台不需要站台高度调节板和驶入装卸设备就可以实现托盘装载，装卸物品的宽度可以比车辆门宽，且可同时从车辆两边卸货。

（3）站台数量设置。要准确地计算站台数量，需掌握以下资料：有关进出货的历史资料；高峰时段的车数；每车装卸货所需的时间。此外，还需考虑配送中心未来扩大的可能性，使其具有较好的弹性。

（4）进出货站台宽度及回转空间设计。由于配送中心常用运输车辆的宽度为 2.4~2.6 米，车辆垂直停靠在站台前所需要的停车位最小宽度为 3.5 米；如考虑车厢门向两侧开的货车停靠在站台后才开门时，则停车位最小宽度约为 4 米，否则，相邻货位的车厢门会互相碰撞或不能完全打开。为了防止装卸区域内交通阻塞、使车辆快速地靠泊和驶离站台，同时考虑到配送物品装卸作业一般以叉车为主，站台应有足够的宽度来满足叉车回转需要，应尽可能保证这一宽度不小于 4.5 米。

另外，平台外部空间需要根据经常停靠车辆的回转半径预留回转作业空间，以保证货车进出及停靠站台所需的活动空间。此空间大小与货车的长度及回转半径有绝对的关系，并与站台的宽度及数目有关。

第三节　物流园区规划与设计

一、物流园区概述

1. 物流园区的概念

物流园区（Logistics Park）的形式及概念起源于日本。20 世纪 60 年代，日本对全国的物流体系进行了规划，将全国分成 8 个物流区域，并在每个区域建设物流设施，从而形成了“物流团地”，也就是我们现在所说的物流园区。其后，这种模式取得了极大的经济效益，因此迅速地传到欧洲。目前，由于各国建设物流园区的目的和思想不同，对于物流园区并没有统一的概念。

日本政府将物流团地（Distribution Park）表述为：有效综合物流资源，实行物流现代化作业，减少重复运输，实现设施共享，建立一体化、标准化的中心节点。日本建立物流团地的主要目的是缓解城市交通的巨大压力。

德国政府把物流园区称为货运村（Freight Village），认为其是一种拥有独立入驻企业、与交通设施相连接的物流经济区，它是货运站和物流中心发展的高级阶段。与日本不同的是，德国建设货运村主要是为了经济和运输的平衡合理发展。德国对货运村的表述基本上反映了欧洲地区对物流园区的要求和理解。

根据我国国家标准《物流术语》（GB/T18354—2006），物流园区是指“为了实现物流设施集约化和物流运作共同化，或者出于城市物流设施空间布局合理化的目的而在城市周边等各区域集中建设的物流设施群与众多物流业者在地域上的物理集结地”。目前国内对物流园区的理解，一般认为物流园区是指在几种运输方式衔接下形成的物流节点活动的空间集聚体，是在政府规划指导下多种现代物流设施设备和多家物流组织机构在空间上集中布局的大型场所，是具有一定规模和多种服务功能的新型物流业务载体。它按照专业化、规模化的原则组织物流活动，园区内各经营主体通过共享相关基础设施和配套服务设施，发挥整体优势和互补优势，进而实现物流集聚的集约化、规模化效应，促进载体城市的可持续发展。

2. 物流园区的分类

依据物流园区的依托对象来划分物流园区类型，具体分为货运服务型、生产服务型、商贸服务型和综合服务型四种。

（1）货运服务型物流园区。货运服务型物流园区应符合三个方面的要求：依托空运、海运或陆运枢纽而规划，至少有两种不同的运输形式衔接；提供大批量货物转换的配套设施，实现不同运输形式的有效衔接；主要服务于国际性或区域性物流运输及转换。

空港物流园区依托机场，以空运、快运为主，衔接航空与公路转运；海港物流园区依托港口，衔接海运与内河、铁路、公路转运；陆港物流园区依托公路或铁路枢纽，以公路干线运输为主，衔接公铁转运。

从货运服务型物流园区的要求可以看出，建设专门的运输枢纽型的物流园区，形成区域运输组织功能是物流园区规划的重要内容之一。此类物流园区的主要功能是提供水运、空运、铁路运输和公路运输的组织与服务。

（2）生产服务型物流园区。生产服务型物流园区应符合三个方面的要求：依托经济开发区、高新技术园区等制造产业园区而规划；提供制造型企业一体化物流服务；主要服务于生产制造业物料供应与产品销售。

此类物流园区功能定位明确，一般是行业聚集型物流园区，为其所锁定的行业提供专业物流服务，如汽车物流园区、塑料物流园区等。

（3）商贸服务型物流园区。商贸服务型物流园区应符合三个方面的要求：依托各类大型商品贸易现货市场、专业市场而规划，为商贸市场服务；提供商品的集散、运输、配送、仓储、信息处理、流通加工等物流服务；主要服务于商贸流通业商品集散。

商贸服务型物流园区在功能上主要是为所在区域或特定商品的贸易活动创造集中交易和区域运输、配送服务条件。总体上，商贸服务型物流园区基本位于传统、优势商品集散地，对扩大交易规模和降低交易成本具有重要作用。

（4）综合服务型物流园区。综合服务型物流园区应符合以下三点要求：依托城市配送、生产制造业、商贸流通业等多元对象而规划；位于城市交通运输的主要节点，提供综合性物流功能服务；主要服务于城市配送与区域运输。

综合服务型物流园区是物流园区兼具区域物流组织、商贸流通、运输枢纽和为生产企业进行配套等多种功能，但这种综合不一定是所有功能的综合，往往是上述诸多功能不同形式的组合。

另外，可根据功能、作用等的不同对物流园区进行分类。例如，根据物流园区的功能不同，物流园区可以分为自用型物流园区、定向服务型物流园区、陆路交通枢纽型物流园区、产业聚集型物流园区、功能提升型物流园区、综合服务型物流园区等。

3．物流园区的功能

物流园区一般都具有广泛、复杂的综合功能。物流园区所应具备的功能是由物流园区的战略定位和市场需求决定的，不同的战略定位和市场需求对其功能要求不尽相同。一般情况下，按照功能的完善程度，将物流园区功能分为基础物流功能、增值服务功能和配套服务功能。

（1）基础物流功能。基础物流功能是与物流的功能要素直接对应的，为物流各个环节提供最基础的服务，主要包含运输、仓储、装卸搬运、包装、流通加工、配送、信息处理等服务。

（2）增值服务功能。增值服务功能是通过延伸产业链上下游、拓展基础服务，为客户提供高附加值的多元化服务，主要包括六个方面：一是展示交易服务，主要是为各类商品展示和交易活动提供场所和条件；二是信息服务，提供国内外物流行业权威信息和运输、仓储、市场等信息的发布、查询、统计、交易等信息服务；三是加工服务，为客户提供原料初加工、配套装配、条码生成、标签印刷、贴标签、改包装等流通加工服务；四是金融服务，为客户提供税务登记、投融资、财务咨询和管理、订单管理、结算管理、物流金融等服务；五是技术服务，为客户提供各种先进物流技术装备使用或租赁服务，实现物品全程在线跟踪，帮助客户维护运输设备及通信设施等；六是投资与咨询服务，为客户提供投资分析和物流方案咨询，如配送、运输方案的规划与选择、库存控制策略与供应链集成方案制定等。

（3）配套服务功能。配套服务功能主要是为园区入驻企业和人员提供行政、商务和生活配套服务，主要包括两个方面：一是商务服务、管理服务，为入驻园区的企业提供工商注册登记、优惠政策咨询、法律咨询等服务，履行对园区的行政事务管理、物业管理、投资管理等服务职能，并提供物流相关人才培训等服务；二是生活服务，为园区工作人员及客户提供商务办公、车辆停放、检测维修、通信、邮政、餐饮、住宿等生活服务。

二、物流园区规划与设计的主要内容

物流园区规划是指对城市区域物流用地进行选址定位、确定战略定位和发展模式、规划空间布局，对区内功能进行设计，对设施、设备进行配置，以及对物流园区经营方针和管理模式等进行策划的过程。

1. 战略定位

战略定位是物流园区规划的首要环节，是物流园区规划的核心，为物流园区创造一种独特、有利的价值定位，是针对竞争环节为物流园区确立相应的优势地位。定位准确的物流园区能够更好地吸引企业和产业的集聚，实现差异化竞争和发展。

（1）战略定位的影响因素。物流园区的战略定位以需求分析为前提，解决的是物流园区未来的发展方向、重点和路径问题。一般来说，物流园区战略定位需要考虑三个方面的因素，即市场范围、服务对象和主要功能。

① 市场范围。市场范围指物流园区服务的区域，一般与物流园区的区位和交通条件直接有关。若物流园区依托大型港口、机场而建，具有国际物流系统网络，则物流园区的市场范围能够辐射联通国际区域和国内区域；若物流园区依托国内主要铁路枢纽和大型公路枢纽，则其市场范围主要服务所在区域，面向若干省份和城市。市场范围影响物流园区的基础设施和服务功能，如服务国际物流和区域物流的园区，需要建设完善的多式联运设施和中转集散设施；对服务国际物流的物流园区则还需要提供保税物流等功能。

② 服务对象。服务对象指物流园区服务的产业和企业。服务的产业一般为物流园区辐射范围内、具有较大物流需求的产业类型，如汽车产业、钢铁产业、化工产业、商贸业等。产业类型直接影响物流园区入驻的企业类型和服务功能。服务的企业是入驻物流园区的、具有公共服务需求的企业，包括物流企业和非物流企业。服务对象直接影响物流园区的功能和设施设备配置。如主要服务于医药产业的医药物流园区，对仓储、配送等专业化设施设备要求较高；而服务于电商企业的物流园区对仓配一体化设施需求量较大。

③ 主要功能。主要功能指根据服务的范围和对象，确定物流园区为客户提供的服务类型。如依托大型机场而建、面向电商和区域分销商的物流园区，其主要功能包括航空快递分拨集散、区域分销等；依托大型港口而建的国际性物流园区，其主要功能可能包括保税物流、多式联运、集装箱物流等。不同物流园区的功能定位一般具有较大的差异性。

（2）物流园区发展模式。战略定位也要考虑物流园区的发展模式，解决物流园区未来经营方向与其周边相关产业之间的关系定位问题。物流园区的发展模式主要是指物流园区为实现发展目标所采取的发展措施和选择的发展道路，是物流园区对外部发展环境和自身发展条件进行主动优化和选择的结果，主要取决于其所在城市或区域的经济发展水平、产业特征和园区自身特点。当前我国物流园区的发展模式主要有以下五种。

①“物流+贸易”模式。这种模式是由物流业和商贸流通相结合而形成的，物流园区入驻企业的物流运作嵌入供应链之中，与分销企业、电商企业、批发零售企业建立合作关系，实现物流与商流的良性互动。这种模式不仅适合建在制造业发达城市的物流园区，也适合建在消费性城市的物流园区。

②“物流+产业链”模式。这种模式是随着物流园区与周边产业的融合发展不断加深、集聚，能力逐步增强而出现的一种模式，是“物流+产业”模式的升级。物流园区依托自身便捷的集散分拨条件和物流资源集聚优势，围绕服务的核心产业延伸产业链，向上游可以延伸拓展到技术研发环节，向下游则可以使产业链到达开拓市场环节和售后服务环节，促使产业链上下游企业向园区内集聚实现链条化发展，成为产业链的枢纽。这种模式适用于物流园区依托大型交通枢纽、具有明显的交通优势，拥有如汽车、大宗商品、装备制造等产业链纵深较长的货源资源，同时集聚了一批供应链管理企业。

③“物流+金融”模式。这是近几年出现的新概念。广义的“物流+金融”模式是指在整个供应链管理过程中，通过应用和开发各种金融产品，有效地组织和调剂物流领域中货币资金的流动，实现商流、资金流、物流和信息流的有机统一，提高供应链运作效率的融资经营活动，最终实现物流业和金融业融合化发展的态势。狭义的“物流+金融”模式是指在供应链管理过程中，第三方物流运营商与金融机构向客户提供商品和货币，完成结算和实现融资的活动，以及为客户提供采购执行、分销执行等服务，实现共生同长的一种经济模式。此模式往往和其他模式共存于一个物流园区中。

④“物流+项目”模式。这种模式是将项目管理思想引入物流运作和管理之中而形成的。项目实际上就是一个计划要解决的问题或一个计划要完成的任务，具有一次性、独特性和目标的确定性等特点。大到一个大型的土木工程，小到一个客户订单，为满足其物流需求而开展的整个物流活动过程都可以视作一个项目，只是不同项目所采用的业务管理方式、组织管理方式和成本管理方式等有所不同而已。

⑤“物流+互联网”模式。这种模式就是在物流园区发展过程中将线上平台与线下资源融合，实现实体平台与信息平台的联动发展，是伴随互联网在各行各业的不断渗透发展起来的。具体来说，采用这种发展模式的物流园区需要利用线下实体网络布局及交易中心的优势，建设功能完善、操作便捷、安全可靠的线上信息平台，将货源、物流企业及车源进行整合，为制造企业和商贸企业、物流企业、个人车主提供高效准确的物流交易服务，从而解决货主和车主信息不对称、运输过程不透明等问题，实现线上的交易、支付、车辆监控与线下的物流操作过程融合汇通。这种模式既可以单独存在，也可以与其他模式结合运用，适用于基础设施和服务功能完善、车源和货源等线下资源充足及信息化建设水平较高的物流园区。

2．选址规划

物流园区的选址规划是解决物流园区应该建在什么地方的问题。物流园区选址是物流园区规划与设计中至关重要的环节。

3．平面布局规划

平面布局规划是物流园区规划中至关重要的内容之一。物流园区的平面布局规划主要解决三个方面的问题：一是“物流园区应该由哪些功能区组成”；二是“这些功能区分别要占多大规模”；三是“这些功能区之间的相对位置关系怎样”。

（1）物流园区平面布局规划模式。目前，国内外物流园区的平面布局规划模式可以归纳为四种：功能区式布局模式、地块式布局模式、概念园式布局模式及混合式布局模式。

① 功能区式布局模式是将物流园区按照物流功能或物流经营主体的行业性质，划分不同功能的子区，如部分物流园区划分为仓储配送区、流通加工区、保税物流区等。

② 地块式布局模式是利用自然条件或人为地把物流园区内部的用地分解成若干大小不一的地块，由符合用地经营要求的企业根据需要租赁相应的地块，并进行自用设施设备的建设。

③ 概念园式布局模式，也称为弹性功能区模式，是将大的园区分成几个子区，对各子区并不进行严格的经营限制，而是通过分析各子区的区位条件给出概念定位。然后企业根据自己业务的需要选择进驻相应的子区。

④ 混合式布局模式是指在一个物流园区内以上几种布局模式同时存在。将一个物流园区分割成若干大型地块，某些地块直接出售给大型物流企业进行自建自营；而某些地块内进行详细功能分区布局，进行基础物流设施建设，然后出租给一些中小型物流企业；或者对某些地块进行概念园式设计。

物流园区四种平面布局模式的优缺点和适用条件如表 4.13 所示。

表 4.13　物流园区四种平面布局模式比较

布局模式	优　点	缺　点	适用条件
功能区式布局模式	同类设施统一规划和建设于某一功能区，可以提高设施的共享率和使用效率；有利于同类企业之间的协作	灵活性较差，可能会因物流需求量预测不准而造成设施建设多余或不足；无法满足入驻物流企业的特殊需求	适合由主体企业引导开发的物流园区、依托大型枢纽的物流园区及专业型物流园区
地块式布局模式	用地灵活性高，可减少物流基础设施的超前投入；入驻企业可以根据自己的需求进行自建自营	物流流程链缺乏统一规划，物流资源分散，不利于整合优化；入驻企业初建周期长，投入高	适合物流市场发育良好的区域或城市，物流园区内以几家大型物流企业为主导
概念园式布局模式	结合了功能区式和地块式模式的特点，在用地集中性和灵活性方面能有效协调	监管不力可能造成过多非物流设施和非物流业务占用物流用地	适合经济发达、高端物流需求旺盛的地区
混合式布局模式	—	—	大型综合性物流园区

（2）功能区划分。物流园区的功能区划分解决物流园区应该由哪些功能分区组成的问题。物流园区的功能分区的划分受到市场需求、战略定位、发展模式等诸多因素的影响。目前，我国现有物流园区的功能分区一般包括公路货运区、仓储配送区、流通加工区、展示交易区、保税物流区、综合服务区等。

① 公路货运区。运输是现代物流的核心环节之一。物流园区承担着合理化运输组织、加强综合运输系统完善的使命。因此，公路货运区是许多物流园区重要的组成部分。

② 仓储配送区。仓储和配送是物流的核心作业环节，也是物流园区的核心功能。考虑到仓储与配送作业两者之间的紧密联系，物流园区一般将两者整合划分为仓储配送区，

作为货物仓储、配送的作业场所。

③ 流通加工区。流通加工是现代物流作业的环节之一，是实现物流增值服务的重要途径。对于流通加工服务需求较大的物流园区一般设置流通加工区，作为原料初加工、配套装配、条码生成、标签印刷、贴标签、改包装等活动的作业场所。

④ 展示交易区。依托物流园区货物集聚辐射的优势，划分展示交易区，为商品提供展示平台、为供需双方提供交易平台，从而以物流带动市场开发、以市场促进物流发展。

⑤ 保税物流区。保税物流区是为适应现代物流运作与国际贸易的发展，满足跨国企业全球运作和经济全球化的要求而设立的。

⑥ 综合服务区。综合服务区一般是物流园区行政管理机构所在分区，也是为物流园区提供政务、商务、生活等配套服务的场所，是归并和整合了相近的功能服务而形成的。

（3）功能区规模的确定。物流园区功能区规模的确定解决“物流园区各功能分区占地规模大小”的问题。物流园区中有些功能区的占地规模是可以定量计算的。而有些很难定量计算，通常占地规模可以定量计算的功能区占物流园区总的比例较大，是决定物流园区总体规模的主要因素。在物流园区总体规模和可以定量计算的功能区规模确定的基础上，对规模难以定量计算的功能区可以通过定性地分析加以确定。

① 公路货运区规模。公路货运区包括零担仓库、装卸场、货场和停车场。

对于货场面积，可以采用下面公式计算：

$$S_{\mathrm{h}}=\frac{Q\times M\times N\times \alpha_1}{f_1}$$

其中，S_{h} 是货场面积（平方米）；Q 为日货物最大作业量（吨）；M 为货物平均存储天数（日）；N 为单位货物平均占地面积（平方米/吨）；α_1 为货物入库系数；f_1 是货场面积利用系数。

停车场面积可采用下面公式计算得出：

$$S_{\mathrm{T}}=k\times S_{\mathrm{D}}\times P$$

其中，S_{T} 是停车场面积（平方米）；k 是单位车辆系数；S_{D} 是单车投影面积（平方米）；P 是日均最大停车数。

② 仓储配送区规模。仓储配送区一般在物流园区中占地面积最大，其规模包括三个部分：一是仓库占地面积，二是装卸货台占地面积，三是装卸场占地面积。

对于仓库占地面积，可以采用下面公式计算：

$$S_{\mathrm{c}}=\frac{Q\times M\times \alpha_2}{T\times S_i\times f_2}$$

其中，S_{c} 为仓库占地面积（平方米）；Q 为仓储区年吞吐量（吨）；M 为货物平均堆存期（日）；α_2 为入库系数；T 是年运营天数（日）；S_{i} 是货物单位面积堆存量或仓储量（吨/平方米）；f_2 是仓库面积利用系数。

对于装卸货台的面积，因其与建筑方案关系密切，可以在仓库具体建筑方案确定后根据下式计算得出：

$$S_{\mathrm{z}}=K\times H$$

其中，S_{z} 为每个仓库装卸货台面积（平方米）；K 为仓库建造装卸货台的长度（米）；H

为装卸货台的深度（米）。

对于装卸场的占地面积，可根据下面公式进行计算：

$$S_{\mathrm{d}}=2\times K_{\mathrm{c}}\times L\text{；}\quad S_{\mathrm{s}}=2\times S_{\mathrm{d}}$$

其中，S_{d}为单面作业装卸场占地面积（平方米）；K_{c}是仓库总长度（米）；L是运输车辆长度（米）；S_{s}为双面作业装卸场占地面积（平方米）。

③ 多式联运区规模。多式联运设施主要包括铁路装卸线、装卸台、码头前沿作业区域、堆场等。其规模可以分别参照有关铁路、港站的设计规范。

④ 流通加工区规模。流通加工区的主要作业就是接货、流通加工和发货。在作业量一定的情况下，作业效率越高，单位时间内需要的作业面积越小。接货、流通加工和发货的作业面积可以采用下面的公式进行计算：

$$S_{\mathrm{L}}=(\frac{Q\times T}{H})\times N$$

其中，Q为日均作业量（吨）；T为完成每次作业的时间；H为每日的实际作业时间；N为单位货物的平均占地面积（平方米/吨）。

⑤ 保税物流区规模。保税物流区占地面积较大的设施主要是集装箱堆场、保税或监管仓库，对于保税或监管仓库可以采用仓库占地面积公式进行计算，对于集装箱堆场的占地面积可以采用下面的公式进行计算：

$$S_{\mathrm{j}}=\frac{Q\times L\times W}{H}$$

其中，S_{j}是集装箱堆场的面积（平方米）；Q是集装箱作业量（TEU）；L是集装箱长度（米）；W是集装箱宽度（米）；H是集装箱堆高的层数，可以根据箱型确定。

⑥ 物流园区内部线路占地规模。物流园区内的铁路专用线、装卸货场用地等的计算可以参照有关铁路场站设计标准。对于园区内的道路占地面积可以采用下面的公式进行计算：

$$S_{\mathrm{r}}=\sum_{i}l_i\times(n_i\times w+2d)$$

其中，S_{r}是道路总面积（平方米）；l_i是第i条道路的长度（米）；n_i是第i条道路车道数（取值 1、2、4、6）；w是车道宽度（米）；d是道路单侧路肩宽度（米）。

⑦ 绿化占地规模。根据国家有关规定，园区内绿化覆盖率应不低于 30%。考虑到利用道路两侧、建筑物周边等空余地带进行绿化，还至少有 15%~20%的地带规划为专门的绿化用地。

⑧ 其他功能分区占地规模。在物流园区总体占地规模、部分功能分区的占地规模及内部道路用地、绿化用地等面积确定之后，其余难以定量计算的功能分区也就有了一定的上限。根据这个上限，结合实际情况，可以因地制宜地确定其余功能分区的占地规模。

展示交易区设置展示交易展位、体验店，多为沿街多层建筑，占地面积较少。综合服务区可规划行政办公楼、商务配套楼等设施建筑。生活配套区提供后勤服务功能，规划酒店、公寓、汽车服务等设施建筑。

一般物流园区配套的行政办公、生活服务设施用地面积占园区总用地面积的比例，货运服务型和生产服务型应不大于10%，贸易服务型和综合服务型应不大于15%。

⑨ 发展预留用地。考虑物流园区发展过程中不可预见因素的影响，一般应预留3%~5%的空地，近期可作为绿化用地或其他简易建筑用地。

（4）功能区布局。物流园区的功能区布局规划解决功能分区之间相对位置关系应该怎样的问题，即在预定的规划红线范围内合理地确定各功能分区的相对位置。

目前，物流园区布局规划并无适用的量化方法，主要是因为物流园区不同功能分区之间，即便是从事物流作业的功能分区之间，物流量关系与非物流量关系往往很难预测和确定，微观层面的设施布局规划中经常采用的SLP、CRAFT、MultiPLE、ALDEP等方法在中观层面的物流园区布局规划中难以适用。不同的物流园区因为不同的选址、不同的战略定位、不同的交通条件及不同的用地条件等客观因素的影响，形成个性化的布局原则，当然其布局结果也各不相同。因此，在具体的规划实践中，一般采用以布局的一般原则与个性原则作为布局规划约束条件的方法，形成布局规划的诸多可行方案，再通过对可行方案进行比选得到最终的布局方案。

4．细部规划

物流园区的细部规划主要包括物流设施布置规划、物流设备设计与选择及作业流程设计等内容。

5．信息平台规划

物流园区是物流相关资源的集聚地，是采集信息、整合资源为社会提供物流服务的重要场所。随着不断发展的互联网技术和日趋成熟的信息技术在物流领域的广泛应用，物流园区信息平台的重要性日益显现，其规划也成为物流园区规划的重要内容。

物流园区信息平台建设的目标是实现物流园区内计算机管理，为物流园区内物流企业提供物流基础信息和交易信息，实现物流信息的共享和交换，达到物流交易的信息化，以最小的费用实现物流资源的最佳配置，完善物流系统的运行。信息平台规划的关键是确定信息平台的体系框架，确定各系统之间的衔接要求，明确信息组织方案等。物流园区信息平台由共用信息平台、基础信息平台和作业信息平台组成。

（1）共用信息平台。共用信息平台由各基础功能子系统组成，通过基础功能子系统实现与交通、运输等相关行业管理部门的信息系统，与港口、铁路、机场及其他物流园区等的信息系统，与银行、保险等服务机构的信息系统建立信息沟通渠道，构成共用信息平台。

（2）基础信息平台。基础信息平台是对园区内物流企业进行行业管理和信息服务的平台。通过物流企业的接入，实现园区内物流企业的统一管理和服务。物流园区搜集、处理、储存后的信息，通过基础信息平台向园区内物流企业提供信息服务，从而达到信息共享的目的。

（3）作业信息平台。作业信息平台主要是向园区内的物流企业提供一个完整的生产作业信息平台，满足物流企业完成生产过程的各项功能需求。设置物流作业信息平台的目的是满足物流企业的需求，以减少重复建设，提高园区信息网络资源的利用率，降低物流成本。

6．道路交通规划

物流园区内部道路一方面把物流园区的各组成部分连接成为一个整体，另一方面实现了物流园区与外部交通的有效衔接；同时，它是园区消防通道和园区景观构成的重要因素。园区内部的路网不仅对功能分区的布局产生重要影响，还对车辆、人员的进出及车辆回转等运动线路产生影响。物流园区道路交通规划，主要包括物流交通量预测、内部路网规划、出入口规划设计、停车设施规划、交通组织规划等方面的内容。

（1）物流交通量预测。交通量预测是物流园区道路交通规划的重要基础。物流园区产生的交通量，主要包括物流交通量和人流交通量两大部分，其中以物流交通量为主。对于物流交通量的预测，要根据物流园区总物流量进行预测。对于人流交通量，大致由两部分组成，一部分主要是由于物流运作、员工通勤产生的交通量，这部分人流交通量通常与物流量存在一定关系，对这部分人流交通量的预测要结合物流交通量的预测进行；另一部分人流交通量主要是由于物流园区的商贸活动、配套服务活动而产生，这部分人流交通量的产生与相应的建筑面积存在很大关系，因此其预测需要特别处理。

（2）内部路网规划。物流园区内部路网是由不同等级的道路组成的。根据园区用地条件、功能分区布局要求、周边路网状况等客观因素，将不同等级的道路以一定的形式进行布局并有效衔接，便形成了物流园区的内部路网。总体而言，物流园区的内部路网应该结构合理、功能分明，保证物流园区内部交通的通畅和安全。

① 内部道路的面积率确定。物流园区内部的交通与公路交通、城市道路交通相比，具有复杂性与特殊性。现有的公路交通和城市道路交通规划的一些方法很难适用于物流园区内部路网规划，因此引入道路的面积率作为物流园区内部路网规划的总的控制性指标。道路的面积率是指物流园区内部道路占地面积与园区总占地面积的百分比。影响道路面积率的因素包括物流园区交通生成量、园区内的交通设施状况、货运车辆类型及其比例等。其中，物流园区的交通生成量是影响道路面积率的关键因素，由于交通生成量是由物流园区的物流量计算得来的，可以说物流园区的规模不同，其内部道路的面积率也应不同。物流园区的规模越大，其道路面积率一般也越大。

② 内部道路的等级及宽度。不同等级的道路宽度不同，在物流园区路网中的地位与功能也不相同。目前，关于物流园区内部道路的等级划分尚未统一，根据道路在物流园区内部路网中的交通功能与地位，一般可以将其划分为三类：主干路、次干路和支路。

主干路是连接物流园区出入口、辐射物流园区主要功能分区且具有较大通行能力的道路，是构成物流园区内部路网的交通性干道。物流园区的主干路构成园区内部主要的货运通道，承担物流园区的主要货运交通，根据物流园区的规模可以采用两车道、四车道或六车道。

次干路是功能分区内部的主要道路，连接功能分区内部各组成部分；或是连接非物流关系功能分区的道路，为主干路分担流量。根据物流园区规模不同，可以采用两车道或四车道。

支路包括引道、搬运通道及特殊用途的道路等。引道为物流园区内仓库、堆场等物流设施及生活设施出入口与主干路、次干路连接的道路；搬运通道是功能分区内部作业区域用于搬运货物的通道；特殊用途的道路主要是为消防、安全等特殊要求而设的道路。支路一般采用单车道或双车道。

③ 内部路网的形态。物流园区内部路网的形态就是园区内部路网的布局形式，它与功能分区的布局相互影响、相互联系，并在一定程度上决定了物流园区的总体布局形态。物流园区的内部路网布局主要有以下三种形式。

第一，带状。规模较小且功能较为单一的物流园区，往往以一条主干道为主轴，各功能分区排列在主干道的两侧；园区的主出入口在主干道的一端或相对的两端。这种路网形态结构简单，货物运输容易组织。

第二，网格状。物流园区的路网由多条横向、纵向的主干道或次干道组成，将物流园区分割成若干网格，功能分区分布于网格之中，是一种比较常见的物流园区路网形态。这种路网布局形式的特点是道路整齐，有利于建筑物的布局，有利于分散交通及交通组织灵活方便。

第三，放射状。放射状布局形式往往有一个布局核心或顶点，功能分区围绕着布局核心或顶点向外扩展，与核心区的关系程度由内向外逐渐减弱，路网呈现由核心区向外放射的形态。

（3）出入口规划设计。物流园区的出入口不仅具有交通功能，通常还具有展示园区形象的功能。因此，出入口的规划与设计既要满足车辆的进出需求，还要有利于园区形象的展示。一般而言，物流园区出入口的设置有沿道路直接开口、辅助道路开口、专用道路开口和高架道路开口四种形式，如图 4.7 所示。

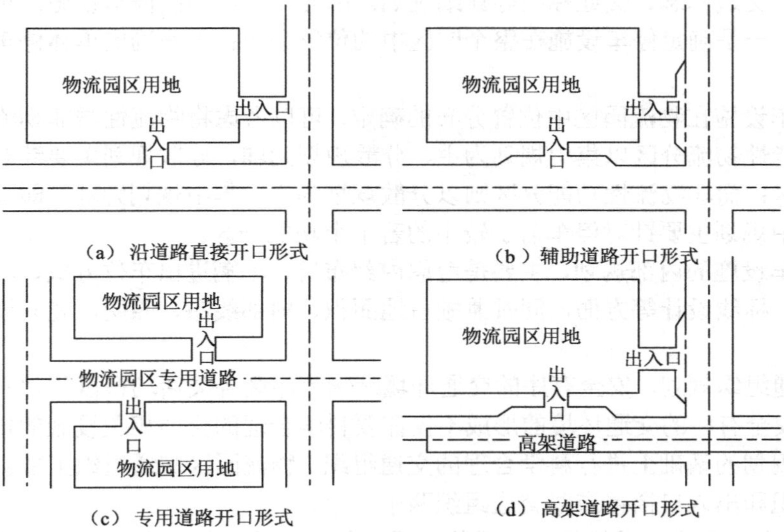

图 4.7 物流园区出入口设置形式

① 沿道路直接开口形式。沿道路直接开口形式直接将物流园区的出入口与周边的道路相连，这种形式最简单。但进出物流园区的车辆对连接道路的交通会产生较大影响，容易造成交通堵塞，产生交通冲突，导致交通安全隐患。因此，这种形式只适用于物流园区规模较小或连接的道路等级较低的情况。

② 辅助道路开口形式。辅助道路开口形式是在连接道路的红线与园区建筑物的红线之间设置平行于连接道路的辅助性道路，用于园区的进出。这种形式在一定程度上分离了物流园区的进出交通与连接道路的交通，减少了与连接道路的交通冲突。但是辅助性道路只能服务于一侧的物流园区用地，效益成本比不高。因此，辅助道路开口方式一般适用于用地条件比较宽松的物流园区。

③ 专用道路开口形式。专用道路开口形式是指通过园区内部开辟专用通道，将园区出入口与连接道路衔接起来的一种形式。这种开口形式的特点是出入口的通行能力很大，交通流构成简单；缺点是专用道路的利用率不高，还造成了园区用地的分割，不利于物流、

人流的联系。此外，专用道路的规划设计要求较高，要保证车辆能够快速地集散，否则容易造成交通堵塞。因此，专用道路开口形式一般适用于规模较大、进出车辆较多，而且连接道路的集散能力较好的物流园区。

④ 高架道路开口形式。高架道路开口形式是在连接道路上修建高架桥，使进出物流园区的车辆与连接道路上的交通分流的一种出入口形式。它的优点是可以使进出物流园区的车辆快速集散；缺点是建设成本较高，另外高架桥的建设还需要考虑连接道路条件、用地限制等诸多因素。因此，高架道路的开口形式适用于进出车辆较多、连接道路为城市快速路或主干道，而其他形式的出入口形式很难设置的物流园区。

（4）停车设施规划。停车是物流园区诸多活动得以开展的一个必要环节，因此停车设施规划是物流园区道路交通规划的重要组成部分。物流园区作为一个服务综合体一般占地规模较大，这决定了物流园区的停车设施规划与一般的停车设施规划应有所不同。

物流园区停车设施规划不仅包括确定停车设施在园区中的具体位置，还包括停车设施内部的布局、交通标志、交通标线等详细规划。因此，物流园区停车设施的规划应该从两个层面进行：一是确定停车设施在整个园区中的位置分布；二是确定单体停车设施的内部规划。

对于停车设施在物流园区中位置分布的确定，可以考虑将物流性与非物流性的功能分区分开。功能性物流分区以集中规划为主、分散规划为辅，分散规划主要针对停车需求较大的功能分区；而非物流性功能分区则以分散规划为主、集中规划为辅，即多采用配建停车设施。集中规划主要针对停车需求较小的若干个功能分区。

单体停车设施的内部规划，主要是考虑内部布局、车辆进出车位方式、车辆停放方式和交通标志、标线设计等方面，同时兼顾占地面积、内部线路、照明、竖向设计等方面的影响。

（5）交通组织规划。安全有序的交通环境是物流园区各类活动得以正常开展的重要基础。然而，安全有序的交通环境的形成不仅需要科学合理的交通相关设施的规划，还需要在交通设施规划的基础上进行科学合理的交通组织。物流园区交通组织主要包括园区内部道路交通组织和出入口衔接道路交通组织两个方面。

① 园区内部道路交通组织。根据物流园区的内部路网结构和用地的交通特性，园区内部道路交通组织主要由内部交叉口交通组织、园区内部路径优化组织和园区停车场地交通组织组成。

② 出入口衔接道路交通组织。出入口衔接道路交通组织是指根据物流园区出入口及其连接道路的道路和交通条件，针对衔接道路的交通特征而采取的相应交通组织方式。根据物流园区出入口的设置形式，出入口衔接道路交通组织可分成沿道路直接开口交通组织、辅助道路开口交通组织、高架道路开口组织和高速匝道开口组织四种方式。

7. 运作模式规划

物流园区的运作模式规划主要解决“物流园区应该如何去建设”及“物流园区建成以后如何运营”两个问题，它与物流园区平面布局、道路交通、信息平台三个方面的建设规划不是割裂的，而是相互影响的。因此，物流园区规划应该对物流园区的建设规划和运作模式规划做到统筹兼顾。一般来说，物流园区的运作模式规划主要包括开发模式、管理模式、盈利模式等方面的内容。

（1）开发模式。物流园区的开发模式主要包括物流园区的投资开发主体和投资开发方式两个方面的内容。一个物流园区究竟采用哪种开发方式，主要取决于政府对物流园区规划的战略思考、城市或区域经济发展水平、资本市场环境、城市或区域物流市场发育程度及物流企业发展状况等因素。我国物流园区的投资开发模式主要有以下四种。

① 经济开发区模式。经济开发区模式是一种政府出资，企业兴建并运营管理的模式。这种模式是政府负责物流园区规划，政府财政拿出部分资金用于物流园区重大基础设施建设，而园区的其他配套建设及经营和管理完全由企业来完成，政府承担的只是物流园区的建设投资者角色，并不参与园区经营。园区的日常经济活动及各项管理都由企业完成。

② 主体企业引导模式。从市场经济发展的角度与利用物流资源和产业资源合理有效配置的角度，通过应用先进信息技术和物流技术进行经营管理和在供应链中具有优势的企业，率先在园区内开发和发展，并在宏观政策的合理引导下逐步实现在整个园区范围内的物流产业的集聚和依托物流环境吸引工商企业在园区所在区域进行发展，达到物流园区开发和建设的目的，这就是主体企业引导的物流园区开发模式。这种模式比较适合市场化程度较高的地区和经济较为发达的地区。

③ 物流地产商模式。物流地产商模式是指将物流园区作为物流地产项目，通过给予开发园区的物流地产商适应的项目开发土地政策、税收政策和优惠的市政配套等综合性配套措施，由物流地产商主持进行物流园区道路、仓库和其他物流基础设施及基础性装备的投资和建设，然后以租赁、转让等方式进行相关设施的经营与管理。这种模式要求政府确立物流业对国民经济的贡献地位，给予相应的用地等方面的政策支持；对于物流地产商要求具有较强的投资能力、融资能力、招商能力和运营管理能力，保证按照政府对物流园区的规划要求进行开发和建设。

④ 综合运作模式。综合运作模式是指对经济开发区模式、主体企业引导模式和物流地产商模式进行综合运用的物流园区开发模式。物流园区项目一般具有较大的建设规模和涉及经营范围较广的特点，既要求在土地、税收等政策上的有力支持，也需要在投资方面能跟上开发建设的步伐，还要求具备园区的经营运作能力。因此，单纯采用一种开发模式，往往很难达到使物流园区建设顺利推进的目的，必须对经济开发区模式、主体企业引导模式、物流地产商模式等进行综合运用。

（2）管理模式。物流园区的管理模式主要是指物流园区管理组织机构的建立及管理组织在园区中的角色定位。物流园区的开发模式是决定其管理模式的主要因素。通过对物流园区开发模式的分析，其相应的管理模式主要有以下五种。

① 管理委员会制。政府仿照开发区的管理模式，组建管理委员会对物流园区进行管理，提供土地使用、企业登记、人事代理等服务，政府自身不参与经营，物流管理等具体工作则委托专业公司来做。这种模式比较适合规模较大的物流园区。

② 股份公司制。采取公司制管理物流园区，设立董事会、经理人、监事会与相关部门，按照责权利相结合的原则对园区进行管理。如果物流园区采用的是主体企业引导的开发模式，则采用这种管理模式的可能性较大。

③ 业主委员会制。如果物流园区的开发建设是由几个物流企业主导进行的，则参与开发建设的物流企业组成业主委员会，成为园区的决策机构，组建管理部门负责具体的运作管理。

④ 协会制。由物流行业协会负责整个物流园区的经营管理，组织、协调入驻园区的

企业开展物流服务。这种模式与业主委员会制的不同在于，协会所代表的物流企业更加广泛，协会只是组织者，并没有对物流园区进行直接投资。

⑤ 房东制。物流地产商完成土地开发、物流基础设施建设之后，把土地、仓库、办公楼等设施租赁或转让给各类物流相关企业，而自身成为“房东”，只收取租金而不参与经营，园区为企业提供的服务主要由政府相关职能部门或委托给专业公司来完成。

（3）盈利模式。物流园区的盈利模式主要是指物流园区通过选择提供何种合适的物流服务和公共服务功能来获取相应的经济利益。物流园区的盈利来源根据发展阶段的不同也有所差异。

① 初建期的盈利模式。在物流园区初建期，其主要目标是吸引企业入驻，主要通过将土地或建有一定基础设施的场地出租给相应的企业，收取土地出让金或租金获得利润，以及由物流产业集聚和园区的繁荣发展而获得的地价升值。

② 成长期的盈利模式。当物流园区进入成长期，企业群体和用户规模不断扩大，为客户提供增值服务是物流园区在成长期的主要盈利点。

③ 成熟期的盈利模式。物流园区进入成熟期，逐步实现了由企业集聚向产业集聚的发展，物流园区成为供应链不可分割的一部分，实现从单一的物流服务功能向一体化的物流服务功能转变，为客户企业提供完整、个性化的物流解决方案。这一阶段，增值服务和解决方案收费是较为重要的盈利来源。

对于物流园区运作模式的规划，除了以上三个方面，还有物流园区的区域协同机制、优惠政策保障、招商实施与准入、风险防范等内容。

三、物流园区规划与设计的步骤

物流园区规划与设计是一个动态的规划过程，在充分考虑各类因素的基础上，利用定性与定量分析相结合的方法，制订切实可行的规划方案，并经过不断的反馈和修正，选出最优方案的过程。具体包括以下四个阶段。

1. 计划开始阶段

这一阶段的主要任务是项目筹备，即成立或委托专门的组织机构进行规划，并明确任务，确定规划进度并就物流园区规划的一系列问题达成共识。

2. 需求分析阶段

（1）基础资料收集。一般而言，基础资料主要包括城市社会经济情况、城市综合规划、城市物流市场现状、政府的物流政策、园区选址周边路网及交通状况等。其中，城市社会经济情况包括城市经济地理条件、城市物产资源分布情况、内外部资源流入流出情况、城市经济发展状况、城市主导产业发展；城市综合规划包括土地利用总体规划、城市总体规划、综合交通规划等资料；城市物流市场现状主要包括物流市场需求与物流市场供给两个方面的资料，物流市场需求资料主要通过对生产制造企业、商贸企业及开发区、大型市场群、商贸经济中心等重点需求资源的调查获取，物流市场供给资料主要通过对大型综合性物流企业、以仓储或运输为主的小型物流企业及枢纽站场或船代、货代为主业的企业等调查获取；政府的物流政策主要包括政府的物流产业发展规划、物流业发展支持政策等方面的资料；周边路网及交通状况主要包括物流园区周边的路网结构、布局、现状交通量等资料。

（2）规划条件设定。规划条件设定是指要了解业主单位或委托单位对规划建设物流园区的意图、想法与要求，并作为物流园区规划的指导思想或限定条件。

（3）基础资料分析。基础资料分析主要是将收集到的基础资料进行分类汇总，利用一定的数据分析或处理方法，得出物流园区规划所需的数据或信息。

（4）物流总量分析与预测。通过对基础资料的分析，统计当前物流总量，并借助时间序列平滑、线性回归等预测方法，预测规划目标年的物流量，作为物流园区规划的重要参考依据。

3．概念规划阶段

概念规划是相对细部规划而言的，是细部规划的基础，即物流园区的细部规划是在其概念规划的基础上进行的。物流园区概念规划包括选址规划、战略定位、平面布局规划、道路交通规划、信息平台规划及运作模式规划等。

4．方案评估阶段

将概念规划的各部分整合起来，形成物流园区的概念规划方案。概念规划方案往往不是一个而是几个可行方案，可以采用层次分析、模糊综合评判、数据包络分析等方法对可行方案进行优选，选出最优方案。

在细部规划完成后，将概念规划与细部规划整合，就形成了物流园区规划的完整方案。

思考练习题

一、单项选择题

1.（　　）除了具有物流的功能，还具有商流的功能，是物流节点和商流节点的综合。

A. 物流园区　　B. 物流中心　　C. 配送中心　　D. 加工中心

2.（　　）是物流节点所具备的基本功能。

A. 衔接功能　　B. 物流处理功能　　C. 信息功能　　D. 管理功能

3. 通常，一般配送中心库存量在（　　）日。

A. 3～5　　B. 5～7　　C. 7～10　　D. 9～15

4.（　　）分析过去的作业形式及作业时间的分布。

A. 作业流程分析　　B. 自动化水准分析

C. 事务流程分析　　D. 作业时序分析

5.（　　）分析单张订单出货数量，可以了解每张订单订购量的分布。

A. EQ　　B. EN　　C. IQ　　D. IK

6. 若两人行走时所需要前后间距离在 1.8 米以上，假设人身宽幅为 0.8 米，人员行走速率为 4.5 千米/小时，每分钟需通过 100 人，则物流节点内部通道宽度应在（　　）米以上。

A. 2.2　　B. 1.8　　C. 2.1　　D. 1.9

7.（　　）在功能上主要是为所在区域或特定商品的贸易活动创造集中交易和区域运输、配送服务条件。

A. 货运服务型物流园区　　B. 生产服务型物流园区

C. 商贸服务型物流园区　　D. 综合服务型物流园区

8.（　　）是在连接道路的红线与园区建筑物的红线之间设置平行于连接道路的辅助性道路，用于园区的进出。

A. 沿道路直接开口形式　　B. 高架道路开口形式
C. 专用道路开口形式　　D. 辅助道路开口形式

二、多项选择题

1.（　　）属于流通型物流节点。

A. 营业仓库　B. 集货中心　C. 配送中心
D. 分货中心　E. 加工中心

2. 按站台与配送中心的位置分类，进出货站台的形式有（　　）。

A. 开放式　B. 直线式　C. 齐平式　D. 锯齿式　E. 内围式

3. 一般来说，物流园区战略定位需要考虑（　　）等因素。

A. 市场范围　B. 服务对象　C. 厂商
D. 企业　E. 主要功能

4. 当前，我国物流园区发展模式主要有（　　）。

A.“物流+贸易”模式　B.“物流+金融”模式
C.“物流+互联网”模式　D.“物流+项目”模式
E.“物流+产业链”模式

5. 物流园区的管理模式主要有（　　）。

A. 管理委员会制　B. 房东制
C. 股份公司制　D. 协会制　E. 业主委员会制

三、简答题

1. 说明物流园区、物流中心和配送中心在规模、综合程度、服务对象、服务功能和层次关系上的区别。

2. 配送中心规划与设计的影响因素有哪些？它们对配送中心规划与设计有什么影响？

3. 简述配送中心规划的程序。

4. 阐述 EQ、IQ、EN、IK 分布图的类型及其在配送中心规划中的应用。

5. 简述配送中心功能区设置的大致思路。

6. 物流园区平面布局规划的主要内容是什么？每部分内容主要解决哪些问题？

7. 物流园区的平面布局有哪些模式？每种模式的优缺点和适用条件是什么？

8. 物流园区的交通量包括哪些部分？每部分交通量如何预测？

四、分析题

1. 谈谈食品配送中心和医药配送中心两者在规划与设计中的差异？尝试利用本章知识提出一个食品配送中心方案设计思路。

2. 为电子商务企业服务的配送中心与服务线下销售的配送中心在规划与设计上有哪些不同？举例说明。

五、技能题

根据以下项目背景资料，试对某物流园区的平面布局进行规划，并分析它适用于哪种发展模式、开发模式、管理模式及盈利模式。

项目为中国某公司的海外物流基地，根据其发展战略定位：近期主要为企业自身承包的众多当地大型基础设施建设工程提供项目物流服务，主要包括各种类型的工程机械、运输车辆、工程机械和运输车辆的零部件、机电设备、吊装设备及钢筋、水泥等建筑材料的国内采购、海上运输、物流基地的集中仓储和面向不同工程项目的配送，也包括为相关工作人员提供生活资料的物流服务；远期目标是将物流基地打造成为服务于整个区域的国际贸易平台，积极开展各类商品的展示、交易以及区域配送服务功能，并为其所在城市提供生活资料的全城配送服务。项目规划占地面积为45.6公顷（1 200米×380米），外部道路为6车道，如图4.8所示。

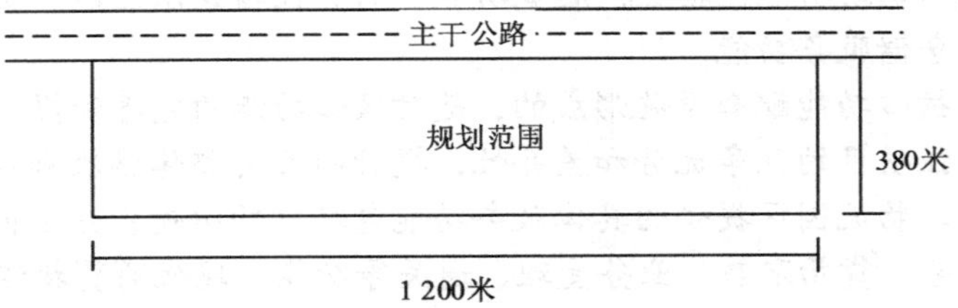

图4.8 某海外物流园区用地规划范围

六、案例分析

商贸物流园概念性规划与设计

第一部分 战略定位篇

1. 战略定位

（1）商贸物流园战略定位。根据物流发展定位，依托现有城镇体系和地区未来发展目标，结合东西走向的南昆铁路、汕昆高速、324国道、320国道，南北走向的晴隆—兴仁—XY高速、毕—水—兴高速、309省道、212省道等主要道路，合理布局物流发展格局及发展空间，规划形成“三个区域性商贸物流园、两个片区性商贸物流园及六个镇域物流中心”的物流发展格局及空间布局。

（2）物流园区总体规划：“三、二、六”。

三个区域性商贸物流园。规划建设JS、PD、DX三个区域性商贸物流园区，立足XY，服务QXN，并辐射周边200千米范围。

两个片区性商贸物流园。规划建设南部下五屯、西北马岭两个片区性商贸物流园，服务本片区，辐射XY及QXN，规范中心城区商贸物流秩序，促进商贸物流发展。

六个镇域物流中心。在威舍镇、清水河镇、乌沙镇、万屯镇、郑屯镇、捧绯镇分别规划建设镇域物流中心，支撑乡镇经济发展。

（3）三大战略层次。

第一圈层：成为QXN州地区具有示范作用和领头作用的地区商贸物流中心，且片区性商贸物流中心和镇域物流中心得到同步发展，并有效带动和联动QXN其他县、镇物流发展。

第二圈层：辐射周边200千米范围、影响周边黔、滇、桂三省区相关城市，成为我国西南地区重要的物流节点和我国西南重要的物流中心城市。

第三圈层：面向东盟并具有一定国际影响力的商贸物流城市。

2. 项目开发理念定位

项目开发从五大理念出发：城市经营理念、新产业区的企业集群理念、复合型产业城区的泛地产开发理念、以人为本（企业家为本）的创新理念、政府决策企业经营的理念。

3. 功能定位

（1）核心功能。核心功能包括商贸、物流、旅游、文化功能。

商贸和物流是XY商贸物流园项目最核心的功能，是其他两个核心功能的龙头。商贸和物流功能的实现带动旅游和文化功能的发展；旅游和文化功能是商贸和物流功能的延伸，通过商贸和物流功能将地方“商气和人气”激发出来，同时吸引更大范围的需求和供给来到XY，会使XY的旅游和文化功能得到彻底的释放。

（2）辅助功能。辅助功能包括会议展览功能、商务住宿娱乐功能、商务办公、电子信息服务功能、加工仓储服务功能。

辅助功能是由核心功能配套设施形成的，是对核心功能的完善和提升，通过辅助功能的配套实施，可增强项目的竞争优势和差异性，提升项目的整体档次和层次。

（3）基本功能。物流园区提供的具体服务功能包括货物运输、分拣包装、储存保管、集疏中转、信息服务、货物配载、业务受理、通关等功能。现代商贸物流园区建设，要遵照“物流集聚效应”和“设施适应性”两大原则，按以下八大功能进行规划布局。

① 现代市场批发功能。主要批发服装、纺织品等，逐步发展成门类较多、规模齐全的服装市场群体。

② 商品集散功能。发挥“蓄水池”的作用，吸引和汇集国内外商品，形成一个新的商品集散中心。

③ 商品加工功能。应建设加工配选区。

④ 配送功能。组织加工、包装、处理、分拨等物流服务，向连锁公司和零售企业提供专业化配送服务。

⑤ 电子商务交易功能。建设网络交易服务中心，利用现代信息技术和网络系统，收集、处理、发布产销变化、货物供求、价格走势、经贸商情信息，开展网上交易，实现有形市场与无形市场的有机结合。

⑥ 商品展示和商务活动功能。园区要建立商品展览展示厅，平时以生产商、经销商展示商品为主，可根据不同时期的特点，举办中小规模展销会，为中外客商提供理想的商品展地和贸易洽谈场所。

⑦ 多式联运中转功能。利用区位优势，发展包括融海运、公路、铁路、民航、内河航运等多种运输方式为一体的多式联运业务。承担货物从发货人到收货人的门对门的全程服务。

⑧ 完善配套的管理服务功能。要建立比较完善的管理服务机构，形成集园区物业、工商、治安、金融、税务管理服务于一体的管理服务区。为业户提供商务、办公、住宿等综合性配套服务。

第二部分 物流系统篇

1. 物流园区位与交通分析

JS商贸物流园情况如下。

（1）JS概况。JS位于XY市中部，东连DX镇，南临下午屯街道办与则戎乡，西靠黄草街道办，北接马岭镇。JS中心区位于XY市老城区北，南至北京路、凤仪路，西、北至环城路，东至顶兴路。

JS 境内企业有建材、冶金、农产品加工、制药、商贸餐饮服务等。代表企业主要有市绿茵草地畜牧发展有限公司、两江绿色食品责任有限公司等，工业、加工制造业基础比较雄厚，有发展商贸物流的良好基础。

国道 324 线贯穿中心区南北，贵兴高速公路直通新区的北部，外围有南昆铁路和 214、218 省道通过。规划建设中的汕昆高速、毕—水—兴高速将给 JS 中心区提供极大的交通和经济发展优势。目前，JS 中心区已基本建成"三纵七横"的路网格局，南北向重要的交通主干道瑞金大道已建成通车，同样重要的 XY 大道及中心区北侧的峡谷大道也近全部竣工，并与 XY 规划中的"一环、二纵、三横、六放射"的主要干道大部分相连，其中一环中的环城路，二纵中的 JS 路、顶兴路，三横中的纬三路、北京路和凤仪路经过 JS 中心区。

JS 中心区位于 XY 市的中心位置，城区周边有多条对外交通线路通过。便利的交通区位决定了其在 XY 市的发展中起到了绝对核心的作用，JS 的立体交通建设对 JS 与其他片区的联系及疏导中心区域周边的交通将起到积极的作用。

在 XY 新一轮的城市总体规划中，JS 是 XY 中心区的核心，也是 XY 中心区发展与扩大的起始点，是未来 XY 中心区的行政中心、文化体育中心、金融贸易中心、通信信息中心和旅游集散中心，人口规模预计将大幅度扩大；在居住区布局方面，各居住区之间将布置较大型的公共服务中心，其中设置大型综合类商业百货、办公、医院等；在居住区内部则布置中小学、幼托、社区服务和商业等居住区公共服务配套。

（2）物流体系建设。JS 商贸物流园预计总规划面积约 11 496.55 亩，位于马岭大道侧、汕昆高速的东呼通出口处，交通非常方便。

由于 JS 的定位为 XY 未来的"五中心"（行政办公中心、文化体育中心、金融贸易中心、通信信息中心、旅游集散中心），民生消费比较活跃。因此，JS 商贸物流园产业定位于轻工类，如日用品、数码、服装、农副产品、花卉、中草药、家具、建材等，其区位接近都会生活圈，为商贸发展提供很大的便利。

在交通组织上，通过沿区内及周边的国道 324、省道 214、218、马岭大道、贵兴高速、汕昆高速、毕—水—兴高速等各公路主干道、高速公路、联络线、支线等的有效衔接和互通，进行相关货物、产品、商品的集聚、集散、交易、分流、中转、输入、输出、运进、运出、配送等，并借助境内物流通道与外部物流通道的有效衔接和互通，通达各地。

2. 物流枢纽建设

在传统物流园基础上，应用先进的电子技术和 IT 网络科技构建物流营运及管理平台，结合物流原理及理论基础，综合打造一个以公共仓储服务为主，并提供配送、分拣、搬运作业等综合物流服务的物流枢纽（第四方物流），为当地商贸活动提供强有力的后台服务保障。物流枢纽服务体系，如图 4.9 所示。

通过"链"来连接物流枢纽服务体系中的每个部分，实现社会、企业物流一体化，形成一个有机服务整体，建立起高效的物流服务链。

（1）物流服务节点。物流园作为全国货物运输的主要节点，其枢纽作用在物流服务中的重要性已日益突出。故物流枢纽营运中心亦是第四方物流服务的服务中心点，它以数字物流园中心仓库为基础，进行大量的货物仓储、配送、分拣等物流作业活动，并以每日最高可达数万立方（以 1 万平方米的仓库为例）的货物吞吐实现货物的快速流通，体现其枢纽的本质——具有快速的通过能力，提高流通效率。

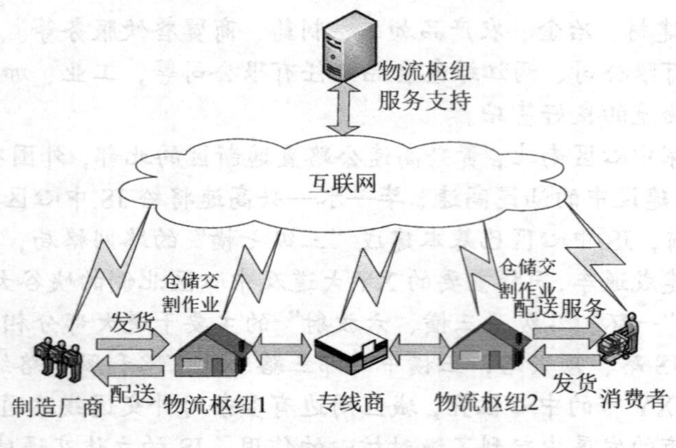

图 4.9　物流枢纽服务体系

以物流节点体现的两种不同的货物运输线路流程，如图 4.10 所示。

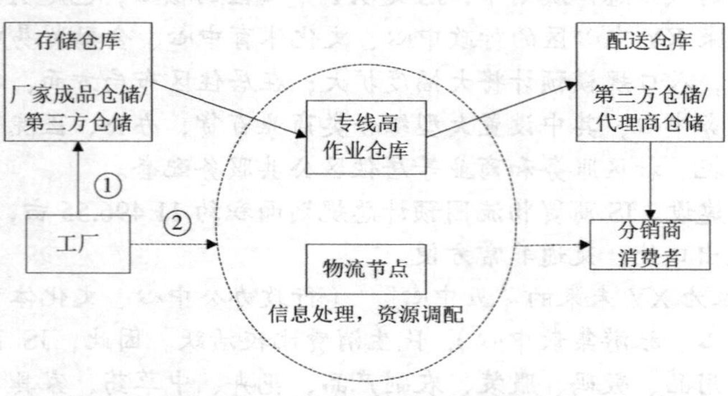

图 4.10　以物流节点体现的两种不同的货物运输线路流程

① 实线表示的是传统的货物运输线路，而现今国内的货物运输线路都是如此。在工厂生产出成品以后进入自己的存储仓库，然后根据客户和市场需求通过专线商的干线运输运往离消费者最近的配送仓库，而后由配送仓库将产品配送给分销商或消费者。一般情况下这种运输模式最少都会有四次运输，产生四次装卸搬运作业。

② 虚线表示的是一种新的运输模式，是经由第四方物流服务提供商整合后的运输线路，是在物流枢纽中心仓库的基础上实现的。工厂产出成品以后直接进入物流枢纽的中心仓库，根据客户和市场需求在物流枢纽选择专线商进行分拣、干线运输等作业，直接运送到分销商或消费者手中。这其中一般只会有两次装卸搬运活动，自然货物流通的速度会更快，货损货差也会更低，能够为企业提高作业效率、降低物流成本并保障物流服务质量；同时，这种运输模式对比第一种运输模式节省了两个仓储环节，能直接为生产企业节省仓储成本，带来经济效益。

（2）数字物流园和物流枢纽建设。数字物流园主要从经营管理的角度上，使物流园实现集约化、信息化管理，提供的是增值服务。它以出租档口等为主要经营目标，兼以通过电子技术及设备，应用 IT 网络技术实现更好的管理及增值服务，提升管理效率，提高客户满意度，促进物流园的盈利能力。其建设的主要内容是围绕着管理事务的信息系统，并可选择部分硬件配套（可根据实际需要选择开发和应用）。

物流枢纽是一个整体的物流营运服务体系，完成的是物流全过程的作业及其服务。物流枢纽建设是围绕物流作业全过程进行软硬件的配置，通过对物流服务资源进行集合和控制，整合各个物流服务功能模块，建立统一的物流营运服务平台，形成一个有机整体，实现物流作业及管理的集约化、信息化和标准化，其本质已经由单一的物业经营管理角色转变为提供综合物流服务的营运角色。

物流园是物流枢纽的主体，所以，数字物流园建设亦是物流枢纽的基础建设。实现物流枢纽的服务功能就要先对物流园进行数字化建设，对物流园进行软硬件各方面的设施、设备的添加和配置，并通过信息技术的应用将这些设施和设备连接起来使之形成一个整体，让信息畅通无阻，实现各方的信息对接、交互和处理。数字物流园与物流枢纽关系，如图 4.11 所示。

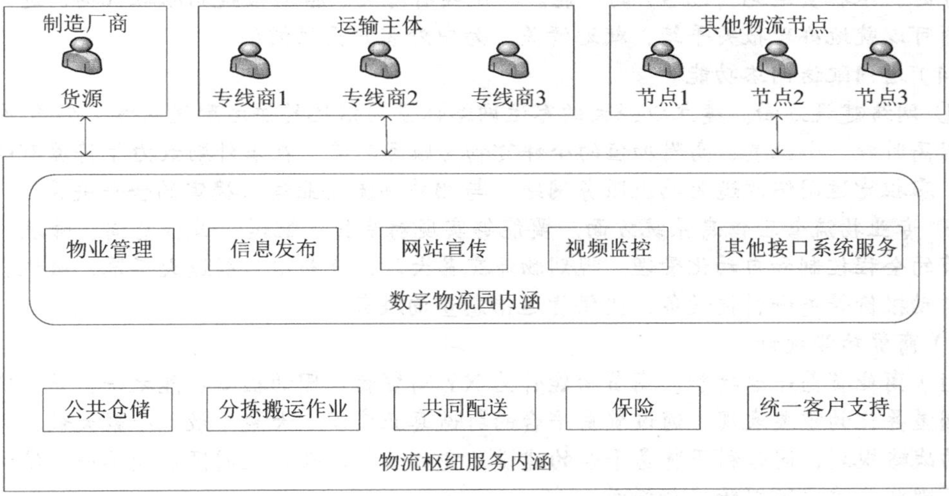

图 4.11　数字物流园与物流枢纽关系

第三部分　功能规划篇

1. 功能设计

1）物流功能设计

（1）物流配送功能。主要有以下三个方面。

① 集配货业务，又分为干线配货业务、多级配送业务和 JIT 集补货业务。

- 干线配货业务。XY 市内“四纵四横”八条铁路公路干线交流能够产生巨大的干线运输业务，可以开展为空车配货和为货物配车的业务，不仅提高了物流效率，也给 XY 商贸物流园带来巨大物流业务。
- 多级配送业务。XY 市物流产业战略规划为“三、二、六”，即三个区域性商贸物流园、两个片区性商贸物流园及六个镇域物流中心。区域性、片区性和镇域性相互结合，可以考虑针对这些商贸物流的多级物流配送业务，各类商品通过各级商贸物流园区分散到批发商、零售商等客户。
- JIT 集补货业务。为 XY、QXN 及 XY 周边 200 千米范围内的商业企业、终端消费客户提供即时集货、补货业务，减少商业企业的库存，提高商业企业的客户满意度。

② 仓储业务。仓储业务包括根据集配货需要的配送中转仓储业务、特殊商品的仓储业务、大宗商品的仓储业务、附加值高的仓储业务、对外租赁仓储业务等。

建议大宗货物如煤炭、水泥等商品在交易地外选取仓库，采用多级配送方式，商贸物流园仅作为交易、信息发布、展览展示运用。

③ 停车场业务。主要满足三类停车需求：一是每个园区内综合服务中心内办公停车需求；二是每个园区内货运车辆停车需求；三是每个园区内商贸客户办公和通勤停车需求。同时，每个园区内相关业务处理也存在大量的停车需求，停车业务也有利于开展集配货、货运代理和运输代理等业务。

（2）物流代理功能。物流代理功能包括：物流金融服务、物流税务代理、货运代理、运输代理、仓储代理等业务。

（3）集装箱进出口货运业务。物流园在集装箱进出口货运业务中，特别是开展多式联运业务时，承担货运站（CFS）的功能。物流园有海关、检验检疫局派驻机构，进口商、出口商可以就地办理报关手续，就地清关，为中外客户提供便利。

（4）省内配送网络功能。

① 网络建设方面。建立以强大的客运网络体系为依托的快运配送网络（公路快运），主要以高时效、小批量、高附加值的小件货物为服务对象，在省外则致力于将原有的联运网络、零担货运网络改造为物流服务网络，与相关物流企业建立稳定的合作关系。

② 专业物流管理信息系统方面。要能够实现对受托、配送、过程查询、管理、结算等环节的全程控制和自动化管理。规划物流交易大厅，交易中心引进大屏幕、微机自动查询、自动报价等先进科技设备，提供货运信息查询服务。

2）商贸功能设计

（1）商业贸易平台功能。商贸功能作为 XY 商贸物流园的核心功能之一，是 XY 商贸物流园差异化的重要表现，通过贸易平台的打造真正实现“大聚小散、小聚大散、大聚大散”的战略规划，同时利用贸易平台的建设，突破长久以来物流园区功能单一、结构简单的发展现状，建立商贸物流新模式。

（2）电子商务信息交流功能。随着互联网在全球的普及，地球越来越像一个村落，现代商业交流模式也在发生翻天覆地的变化，电子商务交易已经成为当今世界最流行、最快捷的信息交流通道，B2B、B2C 和 C2C 等电子交易的新形式正在成为当今商务交流的重要渠道。本项目在商务信息交流功能的设计上一定要突出电子商务的先进性和实用性相结合的特点。

（3）商贸体验功能。XY 商贸物流园不仅具有商贸、物流核心功能，还具有体验功能，打造成为体验式商贸、体验式交流、体验式一体化综合商贸物流园。

（4）商品展览、展示功能。（略）

（5）商业服务、文化娱乐功能。（略）

（6）休闲、旅游功能。（略）

2. 商贸物流园——“三大园区”具体功能设置

XY 商贸物流园着力打造三大园区：JS 商贸物流园、PD 商贸物流园和 DX 商贸物流园。

3. 商贸物流园

（1）区域位置分析。规划区位于 XY 市区北部，东临 324 国道，距昆汕高速公路出入口不足 1 千米处，交通极为便利。

（2）现状影响要素分析。区内地形较为平缓，西部为山体，中部有一河流南北向穿越规划区，且有若干个小山丘，景观较好。规划区东北部有数个工厂，尤其是荣盛水泥厂，灰尘污染较大，对区内规划布局造成一定的影响，应逐步拆除现有的工业厂房。规划区有少量的村民住宅，未来项目建设需要一定的拆迁工作。

（3）总体规划设计（略）。

第四部分　投资估算与资金筹措篇（略）

本次投资估算以相关参数较为准确的 JS 商贸物流园区为例，在实际情况的基础上，以行业经验及理论为辅，进行准确度较高的投资成本及效益估算。PD、DX 两个园区待相关参数确定后再依例推算。

第五部分　开发策略篇（略）

总体思路，一是“政府搭台”，商贸产业发展，物流政策扶持，交通配套建设；二是“引凤筑巢”，吸引第三方物流企业进驻，联合开发园区。

第六部分　结束语

在中国商贸物流产业迅猛发展之际，XY 打造西南物流产业支柱、构建中国商贸物流第三极，形成南有义乌、北有临沂、西有 XY 的物流大格局，是 XY 的经济发展和区位特点的必然选择。

（1）纵观中国整体商贸型物流园发展，浙江义乌小商品贸易和临沂商贸物流发展都是从无到有，从弱到强的过程，已形成“南有义乌、北有临沂”的商贸格局。

（2）XY 区位和交通优势明显，辐射范围广，后发优势巨大，具备打造成为中国西部物流中心城市、建设最综合商贸物流园的历史机遇。XY 商贸物流园的成功建设，将重新构筑中国商贸物流新格局，形成“西有 XY、南有义乌、北有临沂”三足鼎立新局势。

资料来源：高举红，王术峰. 物流系统规划与设计（第 2 版）[M]. 北京：清华大学出版社，北京交通大学出版社，2015.

根据案例，分析以下问题。

（1）商贸物流园有哪些基本功能？

（2）如何对物流园进行数字化建设来实现物流枢纽的服务功能？

第五章

物流系统节点布局规划与设计

学习目标

1. 了解物流系统节点选址的意义
2. 理解物流系统节点选址的目标及原则
3. 掌握物流系统节点选址的分类及步骤
4. 理解并掌握物流系统节点选址的模型
5. 了解物流系统节点平面布局的原则、目标及内容
6. 理解并掌握物流系统节点平面布局的方法

引导案例

联邦快递超级转运中心选址

联邦快递的创始人兼前任首席执行官弗雷德·史密斯先生在大学期间曾经写过一篇论文，建议在小件包裹运输上采纳“轴心概念”，可是这篇论文只得了个“C”。然而，他后来的实践证明“轴心概念”的确能为小件包裹运输提供一个独一无二的、有效的、辐射状的配送系统。最终他选择了田纳西州的孟菲斯作为公司运输的中央轴心所在地。

孟菲斯为联邦快递提供了一个不拥挤、快捷畅通的机场，它坐落在美国中部地区，气候条件优越，机场很少关闭。正是由于摆脱了气候对飞行的限制，联邦快递的竞争潜力才得以充分发挥。成功的选址在很大程度上对安全记录有重大贡献。在过去的二十多年里，联邦快递从来没有发生过飞行事故。

现在，每天有150多架从全球各个角落飞来的带有FedEx字样的飞机要在22：30—1：30全部降落，机上所有的货物经由几百辆货运车迅速转入设在机场边的超级转运中心。这些货物在集中分类后，又被迅速搬上飞机。凌晨2：30—5：00是起飞时间，所有的150多架飞机又要呼啸而去，带着货物飞向各个国家。孟菲斯机场上空的飞机犹如天女散花般纷纷而来又匆匆而去，在孟菲斯黑夜的天空中，点亮一盏盏灯火。

联邦快递的所有快递业务都是以超级转运中心为基点展开的。联邦快递的创始人弗雷德·史密斯在一开始就创立了“集中分发”的模式，所有包裹先运送到一个集中点进行分类，然后分配上机，运往不同的目的地。集中分发和隔夜速递使联邦快递成为名副其实的24小时快递公司。一直以来，联邦快递一直稳居全球速递业老大的位置。联邦快递位于孟菲斯国际机场的超级转运中心向全球220个国家和地区提供服务，是全球最繁忙的货

运机场。

超级转运中心是实现集中分发的关键所在，所有的货物和飞机都围绕着联邦快递的超级转运中心集中又分散，聚散离合之中，深深地蕴藏着货物分发配送的管理之道。目前，联邦快递在菲律宾的苏比克、法国的巴黎和总部孟菲斯设有三个超级转运中心，还有一些世界各地的中小型转运中心。在所有联邦快递转运中心之中，孟菲斯超级转运中心是最大的一个，占地400多英亩，日处理货物近200万件，每天晚上在这里工作的员工有近万人。

资料来源：张曙红等. 物流系统规划设计与仿真[M]. 北京：中国财富出版社，2013.

第一节　物流系统节点选址规划概述

一、流系统节点选址的意义

简单来说，物流系统节点选址是在一个具有若干供应点及若干需求点的经济区域内，选一个地址设置物流系统节点的规划问题。

物流系统节点选址的目标是使物品通过物流系统节点的汇集、中转、分发，直到输送到需求点的全过程的效益最好。在实际的物流系统中，物流系统节点的数量对实现物流系统节点的选址目标有着重要的影响。一个物流系统中物流节点数量的增加，可以减少运输距离、降低运输成本、提高服务效率、减少缺货率。但是当物流系统节点数量增加到一定程度时，由于单个订单的数量过小，增加了运输频率，并且达不到运输批量，从而造成运输成本大幅上涨，同时往往会引起库存量的增加及由此引起的库存成本的增加。因此，确定合适的物流系统节点的数量就成为物流系统节点选址的主要内容之一。

因此，物流系统节点选址不仅要考虑节点地理位置，还要考虑节点的数量及由此产生的节点服务对象的分配问题。物流系统节点选址就是确定整个物流系统中所需的节点数量、地理位置及服务对象的分配方案。

就单个企业而言，物流系统节点的选址决定了整个企业物流系统的结构，而且影响其他系统要素的决策，反过来，其他系统要素的决策会影响节点选址决策。就整个供应链系统而言，一个企业特别是核心企业的选址决策往往会影响供应链上其他企业的选址决策。

同时，物流系统节点拥有众多的建筑物、构筑物及固定机械设备，一旦建成很难搬迁，如果选址不当，将付出长远代价。因此，物流系统节点的选址是物流系统规划与设计至关重要的内容，它决定了整个物流系统网络的模式、结构和形状。

二、物流系统节点选址的目标

1．成本最小化

成本最小化是物流系统节点选址决策中最常用的目标，与物流系统节点选址有关的成本主要有运输成本和设施成本。

（1）运输成本取决于运输数量、运输距离和运输单价。运输数量如没有达到运输批量，就不能形成规模经济，从而会影响到总的运输成本。当物流系统节点的位置设计合理时，总的运输距离就小，运输成本也会下降。而运输单价取决于运输方式与运输批量，与物流系统节点所在地的交通运输条件和客户所在地的交通运输条件有直接关系。

（2）设施成本包括固定成本、存储成本与搬运成本。固定成本是指那些不随设施的经营活动水平而改变的成本，如设施建造成本、税金、租金、监管费和折旧费等。存储成本是指那些随设施内货物数量变化而改变的成本。典型的存储成本有仓储损耗、某些公用事业费、库存占用的资金费用、库存货物的保险费等。搬运成本是指随设施吞吐量变化的成本。典型的搬运成本有存取货物的人工成本、某些公共事业费、可变的设备搬运成本等。

2．物流量最大化

物流量是反映物流系统节点作业能力的指标，而反映物流量的主要指标是吞吐量和周转量。从投资物流系统节点来看，这两个指标用来测量物流系统节点的利用率，物流量越大，效益越高，如港口经营中需要不断挖掘潜力，以提高港口吞吐量。但从整个物流系统来看，吞吐量与周转量无法适应现代物流的多品种、小批量、高频度的趋势，如物流系统节点与客户距离越远，则周转量越大，费用也越高。即在以吨公里最大为决策目标时，物流系统节点选址是与客户的距离越远越好，这显然违背设置物流系统节点的根本目的。因此，物流系统节点选址决策是在成本最小化的前提下，考虑物流量最大化。

3．服务质量最优化

在追求成本最小化的基础上，服务质量也是物流系统节点选址决策追求的目标，服务最优化体现了物流服务以客户为中心的理念。与物流系统节点选址决策直接相关的服务指标主要是送货时间、距离、速度和准时率。一般来说，物流系统节点与客户的距离越近，送货速度就越快，订货周期也越短，而订货期越短，准时率也会越高。

4．发展潜力最大化

物流系统节点投资大、服务时间长，因此，在选址时不仅要考虑现有条件下的成本、服务等目标，还要考虑将来发展的潜力，包括物流系统节点扩展的可行性及顾客需求增长的潜力。

5．社会效益最大化

除了经济效益，社会效益也是物流系统节点选址决策中需要考虑的重要因素。物流系统节点建设，一方面要满足社会的物流需求，另一方面要考虑城市交通、环境等社会问题。因此，物流系统节点的选址不仅要考虑经济效益，也要从整个区域出发，使物流系统节点的地域分布与区域资源、区域环境相适应。

三、物流系统节点选址的原则

1．适应性和协调性原则

物流系统节点的选址决策应该与国家或地区的经济发展方针、政策相适应，与社会发展相适应。同时，把国家或地区的物流系统作为一个大系统来考虑，使物流系统节点的设施设备在地域分布、物流作业生产力、技术水平等方面与整个物流系统协调发展。

2．战略性原则

在物流系统节点选址时，要具有战略性眼光，要根据近期和长远的货物流通量，确定物流系统节点近期和长远的建设规模，并进行统一规划。

3．科学性原则

一般来说，根据物流系统节点在物流系统中的地位和作用，可以将其分为综合物流系统节点和专业物流系统节点。前者以现代化、多功能、社会化、大规模为主要特征，后者则以专业化、现代化为主要特征，如港口集装箱、空港、钢铁基地、汽车生产基地等专业物流系统节点。专业物流系统节点选址只要符合它自身的专业要求即可。综合物流系统节点的选址主要按照以下原则来确定：位于城市中心区的边缘地区，一般在城市道路网的外环线附近；位于交通枢纽的中心地带，至少有两种以上的运输方式连接，特别是铁路和公路；位于土地开发资源较好的地区，用地充足，成本较低；现有物流资源基础较好，一般有较大的物流量产生，如工业中心、大型卖场等；有利于整个地区物流系统网络的优化和信息资源的利用。

四、物流系统节点选址问题分类

在物流系统节点选址决策时，需要建立选址模型进行分析，而要建立选址模型，需要首先确定几个问题：选址的对象是什么？选址的目标区是怎样的？选址目标和成本函数是什么？有什么约束？

根据以上不同的问题，选址模型可以分为相应的类型，根据不同的选址问题类型建立不同的数学模型，进而可以选择相应的算法进行模型求解。这样，就可以得到该选址问题的方案。一般地，可将选址问题按下面六种方法分类。

1．按设施对象划分

不同的物流设施功能不同，选址时所考虑的因素也不相同。在决定设施定位的因素中，通常某一个因素会比其他因素更重要。工厂和仓库选址时，最重要的因素通常是经济因素；零售网点选址时，一般最重要的因素是零售服务顾客的消费偏爱；服务设施（如医院、银行）选址时，到达的容易程度则可能是首要的选址因素，在收入和成本难以确定时尤其如此。

2．按设施的数量划分

根据选址设施的数量，可以将选址问题分为单一设施选址问题和多设施选址问题。单一设施的选址与同时对多个设施选址是截然不同的两个问题。单一设施选址无须考虑竞争力、设施之间需求的分配、集中库存的效果、设施成本与数量之间的关系等，而运输成本是要考虑的首要因素。而在多设施选址问题中，需要同时确定两个或两个以上设施的选址，由于不能把这些设施看成是相互独立的，而且可能存在相当多的布局方案，因此问题比较复杂。

3．按选址的离散程度划分

按照选址目标区域的特征，选址问题分为连续型选址问题和离散型选址问题两类。连续型选址问题是指在一个连续空间内所有点都是可选方案，要求从数量无限的点中选择其中一个最优的点。这种方法称为连续型选址法，常应用于设施的初步定位问题。离散型选址问题是指目标选址区域是一个离散的候选位置的集合，候选位置的数量通常是有限的，可能事先已经通过了合理分析和筛选。这种方法称为离散型选址法，常应用于设施的详细选址设计。

4．按目标函数划分

按照选址问题所追求的目标和要求不同，模型的目标函数可分为以下四种。

（1）可行点和最优点。对于许多选址问题来说，第一步的目标是得到一个可行的解决方案，即一个满足所有约束的解决方案。可行方案得到以后，第二步的目标是找到一个更好的解决方案。

（2）中值问题。中值选址问题是选定设施的位置，使全部或平均性能最优的问题，通常是使成本最小，如使总（平均）运输距离最小、使总（平均）需求加权距离最小、使总运输时间最少，或者使总运输费用最小等，故又称为最小和问题。这里的距离是指需求点与最近设施之间的距离，需求加权距离是指需求点的需求量和该需求点与最近设施的距离的乘积。这种目标通常在企业问题中应用，如工厂、仓库的选址等，所以又叫“经济效益性”目标。公共设施选址也可以采用这个标准衡量选址效果，如学校、图书馆、邮局的选址等，故也称为“集体福利性”目标。

（3）中心问题。中心问题是指选定设施的位置，使得被选择设施位置离最远需求点的距离（或成本）最小的问题，如使最大反应时间最小、使需求点与最近设施的最大距离最小或使最大损失最小等，所以也叫极小化极大问题。中心问题的目标是使最坏的情况最优，这是一种保守的方法，通常在军队、医院、紧急情况和有服务标准承诺的服务行业（如比萨店承诺半小时内把订餐送到）中使用，它是 min-max 型的目标函数，有时也称作“经济平衡性”。

（4）反中心问题。反中心问题是指选定设施的位置，使得被选择设施位置离最近需求点的距离（或成本）最大的问题。反中心问题的目标也是优化最坏的情况，这种目标通常在有害设施（如废水处理厂、垃圾回收站等）选址中使用，是 max-min 型的目标函数。

5. 按设施间是否有联系划分

（1）单纯选址问题。如果新设施和已存在设施间的关系与新设施的位置无关，而且是固定的，则选址问题是单纯选址问题，也称为有固定权重的选址问题。

（2）选址分配问题。如果新设施和已存在设施间的关系与新设施的位置相关，那么，这些关系本身就成为变量，这种问题被称作“选址分配问题”。例如，配送中心的客户分配问题，添加一个新的配送中心不仅改变了原配送中心的客户分配，同时也改变了配送中心到客户的距离。

6. 按能力约束划分

根据选址问题的约束种类，可以分为有能力约束的选址问题和无能力约束的选址问题。如果新设施的能力可充分满足客户的需求，那么，选址问题就是无能力约束的设施选址问题，无能力约束的设施选址问题有时也称为“单纯设施配置问题”；反之，若新设施的能力不能充分满足客户的需求，具有满足需求的上限，就是有能力约束的选址问题。

五、物流系统节点选址规划的步骤

物流系统节点选址规划的步骤，如图 5.1 所示。

1. 选址约束条件分析

约束条件在一定程度上限制了物流系统节点的选址。在物流系统节点选址时，面临的主要约束条件有：一是资金约束，不同的区位价格差异较大；二是交通运输条件约束，由于只能选择能够到达客户的运输方式，如对某些客户而言，公路运输是唯一可选择的运输方式，则在选址时应侧重于公路交通枢纽附近或交通干线附近；三是能源条件约束，供热、供电等能源系统是物流系统节点赖以运行的基础；四是周边软环境约束，税收、政策等软环境与物流系统节点选址决策直接相关。此外，一些特殊的物流系统节点还受到地质条件和温度、湿度、雨量等气候条件的约束。

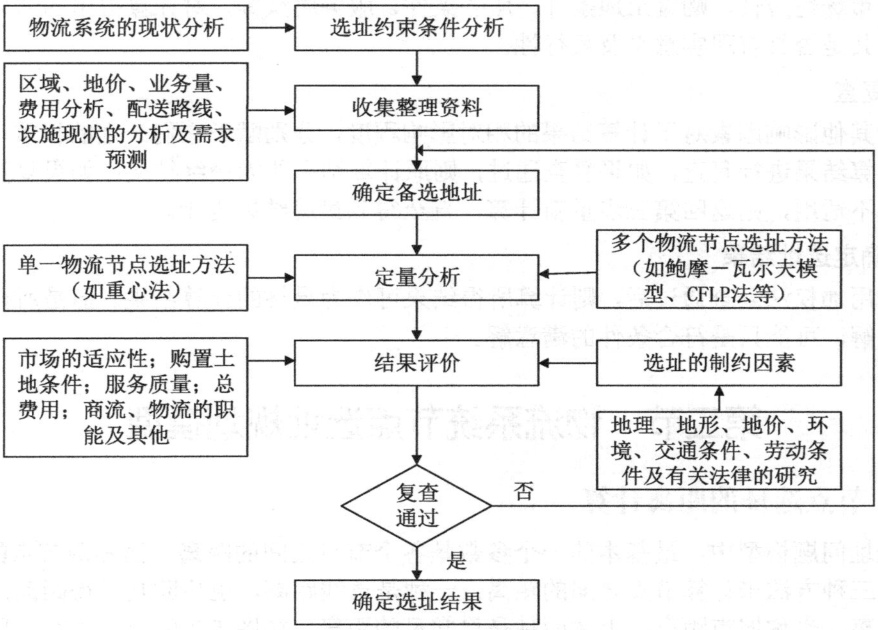

图 5.1　物流系统节点选址规划的步骤

2．收集整理资料

确定物流系统节点的选址方案需要对各种相关因素进行定性和定量的分析，这就需要收集整理大量的数据资料。收集整理的资料包括客户分布、客户经营状况、产品特征、物流量、交通状况、运输批量和频率、物流系统节点建设成本、客户对时效性的要求等。概括起来主要包括两个方面：一是业务量，包括节点之间的运输量和物流设施的存储量；二是费用，包括节点之间的运输费及与设施、土地有关的费用和人工费等。

3．确定备选地址

在对所取得的资料进行充分的整理和分析，考虑各种因素的影响并对需求进行预测后，就可以初步确定选址范围，即确定初始候选地点。在确定备选地址时首先要确定地区范围，如在世界范围内选择，首先确定某个国家；在某一个国家范围内选择，首先确定某个省份，然后是进一步将位置确定在某个城市或商业地区。

备选地址的选择是否恰当，将直接影响后续对最优方案的确定。备选地址过多，后续优化方案的工作量将过大，成本也会过高。备选方案过少，可能导致最后的方案远离最优方案，选址效果差。所以合适的备选地址的确定是物流系统节点选址非常关键的一步。

4．定量分析

随着数学和计算机的发展，数学方法广泛应用于解决节点选址问题。在具体物流系统节点选址时，需要根据对现有已知条件的掌握、选址要求等，针对不同情况选用一个或多个具体模型进行定量分析，如重心法、奎汉-哈姆勃兹（Kuehn-Hamburger）模型、鲍摩-瓦尔夫（Baumol-Wolfe）模型、CFLP（Capacitated Facility Location Problem）模型等。

5．结果评价

结合市场适应性、购置土地条件、服务条件、服务质量等，对计算得出的结果进行评价，判断其是否具有现实意义及可行性。

6．复查

分析其他影响因素对于计算结果的相对影响程度，分别赋予它们一定的权重，采用加权法对计算结果进行复查，如果复查通过，则原计算结果即为最终结果；如果复查发现原计算结果不适用，则返回第三步重新计算，直至得到最终结果为止。

7．确定选址结果

在运用加权法复查通过后，则计算所得结果可作为最终的计算结果。但是所得解不一定为最优解，可能只是符合条件的满意解。

第二节 物流系统节点选址规划模型

一、节点选址的距离计算

在选址问题模型中，最基本的一个参数是各个节点之间的距离。已知两节点的坐标，一般采用三种方法来计算节点之间的距离：一种是直线距离，也称欧几里得距离；另一种是折线距离，也称城市距离。上述两种是最常见的距离，如图 5.2 所示。还有一种是大圆距离，利用球面三角学计算。

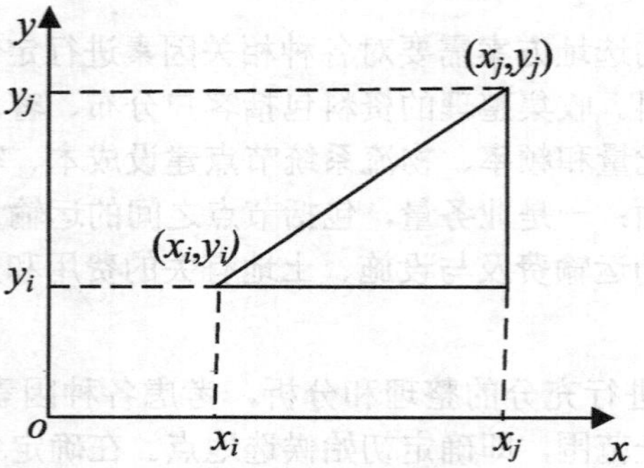

图 5.2 直线距离与折线距离

1．直线距离

当选址区域的范围较大时，节点间的距离常可用直线距离近似代替，或者用直线距离乘以一个适当的系数 ω 来近似代替实际距离，如城市间的运输距离、大型物流园区间的间隔距离等都可用直线距离来近似计算。

区域内两点（x_i,y_i）和（x_j,y_j）间的直线距离 d_{ij} 的计算公式

$$d_{ij}=\omega_{ij}\sqrt{(x_i-x_j)^2+(y_i-y_j)^2} \tag{5.1}$$

式中，ω_{ij} 称为迂回系数，$\omega_{ij}\geqslant 1$，一般可取定一个常数，当 ω_{ij} 取 1 时，d_{ij} 为平面上的几何直线距离。ω_{ij} 取值的大小要视区域内的交通情况：在交通发达地区，ω_{ij} 取的值较小；

反之，ω_{ij} 的取值较大。例如，在美国，ω_{ij} 取 1.2；而在南美洲，ω_{ij} 取 1.26。

2．折线距离

折线距离也称为城市距离，当选址区域的范围较小而且区域内道路较规则时，可用折线距离代替两点间的距离。如城市间的配送问题，具有直线通道的配送中心、工厂及仓库内的布置、物料搬运设备的顺序移动等问题。折线距离的计算公式如下：

$$d_{ij}=\omega_{ij}\left(\left|x_i-x_j\right|+\left|y_i-y_j\right|\right) \tag{5.2}$$

3．大圆距离

各种地图制图技术都是将球体映射到平面上，这必然会引起变形。用平面坐标来计算距离可能产生计算误差，误差的大小取决于地图映射方法及在地图的什么位置计算距离。更好的方法是利用经纬度坐标和大圆距离公式，大圆距离公式不仅能避免平面地图的偏差，而且考虑了地球表面的曲率大小。大圆距离的计算公式如下：

$$d_{AB}=3\,959\left\{\arccos\left[\sin(\mathrm{LAT}_A)\times\sin(\mathrm{LAT}_B)+\cos(\mathrm{LAT}_A)\times\cos(\mathrm{LAT}_B)\times\cos\left(\left|\mathrm{LONG}_A-\mathrm{LONG}_B\right|\right)\right]\right\} \tag{5.3}$$

式中，d_{AB} 为点 A 与点 B 之间的大圆距离（单位：英里；1 英里=1.609 2 公里）；LAT_A 为点 A 的纬度（弧度，即角度乘以 π/180）；LONG_A 为点 A 的经度（弧度）；LAT_B 为点 B 的纬度（弧度）；LONG_B 为点 B 的经度（弧度）。

二、单一物流系统节点选址模型

1．单一物流系统节点选址的基本说明

在展开讨论选址决策模型之前，通过介绍一个较为简单的实例来理解物流系统节点的选址问题。例如，在一条直线上（街道）选择一个有效位置（商店），即一种设施选址。为了能让这条街道的所有顾客到达商店的平均距离最短，在不考虑其他因素的情况下，这条街道的中点就是最为合理的位置。更现实的情况是，街道各个位置上可能出现顾客的概率是不一样的。如果需要考虑到这个因素，那就需要给整条街道的不同位置加一个权重 w_i，然后进行分析。在权重等外部条件都确定的情况下，这个中值问题可以用如下目标函数来表示：

$$\min z=\sum_{i=0}^{s}w_i(s-x_i)+\sum_{i=s}^{n}w_i(x_i-s) \tag{5.4}$$

$$\text{或}\min z=\int_{x=0}^{s}w(x)(s-x)\mathrm{d}x+\int_{x=s}^{L}w(x)(x-s)\mathrm{d}x \tag{5.5}$$

其中，w_i 为街道上第 i 个位置出现顾客的概率；x_i 为街道上第 i 个位置；s 为选址的位置。式（5.4）适用于离散模型，而式（5.5）适用于连续模型。

上述模型求解是无约束的极值问题，因此在求解时，需先对等式两边求微分，然后再令其微分值为零，结果如下：

$$\frac{\mathrm{d}z}{\mathrm{d}s}=\sum_{i=0}^{s}w_i-\sum_{i=s}^{n}w_i=0$$

$$\text{或}\frac{dz}{ds}=\int_{x=0}^{s}w(x)dx-\int_{x=s}^{L}w(x)dx=0 \tag{5.6}$$

计算结果说明：在求解该中值问题时，所开设的商店需要设置在权重的中点，即设置点的左右两边的权重和都占50%。

例如，假设在一条直线上，在位置0、6、8和10上有4个点，为每个点服务的成本与这些点到新设施间的距离成比例，并且权重相同。对于中值问题，新设施的最优位置是这些点的中值点，$X^*=7$，即在新址的左边和右边有同样多的点。实际上，在点6与点8间的线段上包括了无数多个其他中值位置，即选址区域是一条直线。如果最左边点定在–500，而不是在0，则最优中值位置不会改变。因此，对于中值问题，固定位置的顺序比它们的实际位置更加重要。

而对于中心问题（min-max问题），最优位置是这些点的中心点，$X^*=5$，即新址位置到最左边点和到最右边点的距离是相等的。如果在点6与点8间再增加500个点，最优中心点选址的位置同样不会改变。中心问题的选址是由那些极端位置决定的，而其他内部的位置对它不起作用。

对于反中心问题（max-min问题），在一定区域内（0点与10点之内）的最优位置是这些点的反中心点，$X^*=3$。即新址位置是相邻点间距离最大的两点的中心。反中心问题的选址是由相邻点间距离最大的两点位置决定的，而其他内部的位置对它不起作用。

如图5.3是中值点、中心点和反中心点示意图。

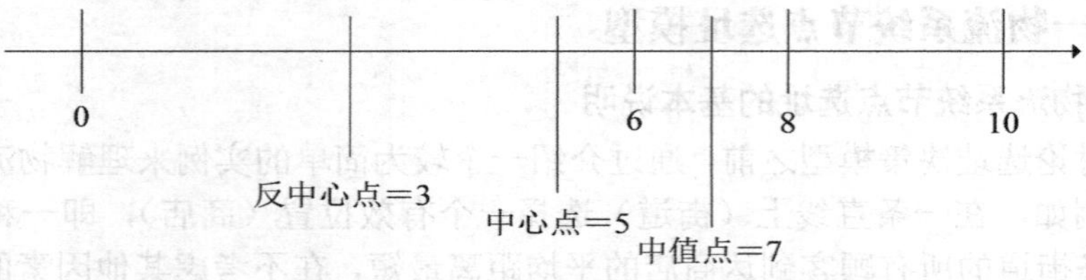

图5.3　中值点、中心点和反中心点示意图

2. 交叉中值模型

交叉中值模型是利用城市距离来进行距离计算，用来解决连续点选址决策的一种有效的模型。所谓连续点选址，是指在一条路径或一个平面区域里面任何一个位置都可以作为选址问题的候选解。

单一物流系统节点选址的交叉中值模型是对一个平面上加权的城市距离和进行最小化。其相应的目标函数为：

$$\min H=\sum_{i=1}^{n}w_i(|x_i-x_0|+|y_i-y_0|) \tag{5.7}$$

其中，w_i为与第i个需求点对应的权重（如需求量、客户人数或重要性等）；（x_i, y_i）为第i个需求点的坐标；（x_0, y_0）为服务设施点的坐标；n为需求点的总数目。

需要特别注意的是，由于是城市距离，这个目标函数可以用两个相互独立的部分来表示：

$$H=\sum_{i=1}^{n} w_i\left|x_i-x_0\right|+\sum_{i=1}^{n} w_i\left|y_i-y_0\right|=H_x+H_y \tag{5.8}$$

其中

$$H_x=\sum_{i=1}^{n} w_i\left|x_i-x_0\right| \tag{5.9}$$

$$H_y=\sum_{i=1}^{n} w_i\left|y_i-y_0\right| \tag{5.10}$$

也就是说，这个选址问题可以分解成 x 轴上的选址决策与 y 轴上的选址决策。求式（5.7）的最优解等价于求式（5.9）和式（5.10）的最小值，跟上面介绍的商店在一条街道上选址的问题一样，选择的是所有可能需要服务的对象到目标点的绝对距离总和最小的点，即中值点。这样，这个选址问题分为求 x 轴上的中值点与 y 轴上的中值点，其最优位置为由如下坐标组成的点：x_0 是在 x 方向的所有的权重 w_i 的中值点；y_0 是 y 方向的所有的权重 w_i 的中值点。考虑到 x_0、y_0 可能是唯一值或某一范围的值，最优的位置相应的也可能是一个点、一条线，或是一个区域。

【例 5.1】某连锁超市准备在某地区开设一个新的连锁门店。该门店主要的服务对象是附近五个住宅小区的居民。为了方便计算，把每个住宅小区的中心点抽象成这个小区的需求点，在笛卡尔坐标系中的位置如图 5.4 所示。

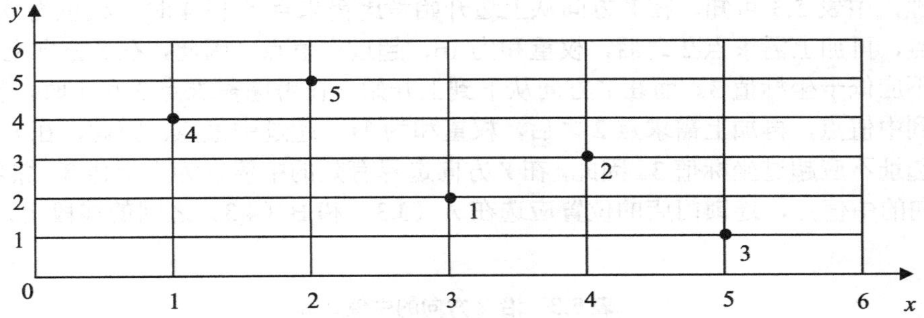

图 5.4　五个需求点的坐标位置

每个需求点对应的权重表示该需求点潜在的顾客需求总量，可以用每个小区中的总的居民数量来近似表示。五个需求点的位置及权重，如表 5.1 所示。超市希望通过这些信息来确定一个合适的连锁门店的位置，要求顾客到这个门店的总的距离最小。

表 5.1　五个需求点的位置及权重

需 求 点	坐标（x_i,y_i）	权重 w_i
1	（3,2）	1
2	（4,3）	7
3	（5,1）	3
4	（1,4）	3
5	（2,5）	6

解：可考虑用交叉中值选址方法解决。首先确定这些需求点的中值：

$$\overline{W}=\frac{1}{2}\sum_{i=1}w_i=(1+7+3+3+6)/2=10$$

在图 5.4 的坐标系中，各需求点在 X 方向上从左到右的排序为 4、5、1、2、3。为了找到 X 方向的中值点，在 X 方向从左到右逐一叠加各个需求点的权重 w_i 直到中值点。如表 5.2 所示。

表 5.2　沿 X 方向的中值计算

需求点	X 坐标	$\sum_i w_i$	需求点	X 坐标	$\sum_i w_i$
	从左到右			从右到左	
4	1	3	3	5	3
5	2	3+6=9	2	4	3+7=10
1	3	9+1=10	1	3	
2	4		5	2	
3	5		4	1	

由表 5.2 可知，在 X 方向上，从左边开始在需求点 1 正好达到中值点 10，而从右边开始在需求点 2 正好达到中值点 10。因此，在 X 方向上中值点在需求点 1 和 2 之间，即在坐标值点 3 和 4 之间选址是一样的。

同理，由表 5.3 可知，在 Y 方向从上边开始考虑需求点 5 和 4 时，权重为 9，没有达到中值点，再加上需求点 2 之后，权重和为 16，超过中值点。因此，在 Y 方向上，从上到下选址不应低于坐标值 3。而在 Y 方向从下到上开始，在考虑需求点 3 和 1 时，权重为 4，没有达到中值点，再加上需求点 2 之后，权重和为 11，超过中值点。因此，在 Y 方向，从下到上选址不应超过坐标值 3。因此，在 Y 方向选择有效的中值点为坐标值 3。综合考虑 X 和 Y 方向的中值点，连锁门店的位置应选在 A（3,3）和 B（4,3）之间的线段上，如图 5.5 所示。

表 5.3　沿 Y 方向的中值计算

需 求 点	Y 坐标	$\sum_i w_i$	需 求 点	Y 坐标	$\sum_i w_i$
	从上到下			从下到上	
5	5	6	3	1	3
5	4	6+3=9	1	2	3+1=4
2	3	9+7=16	2	3	4+7=11
1	2		4	4	
3	1		5	5	

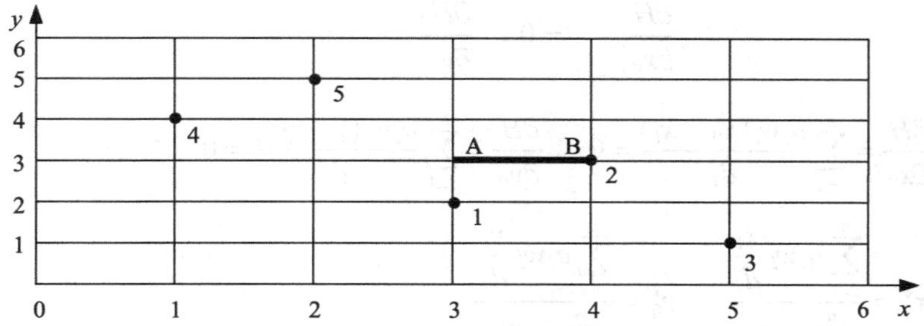

图 5.5 连锁门店选址的坐标位置

3．重心法

重心法是将物流系统中的需求点和资源点看成分布在某一平面范围内的物体系统，各点的需求量和资源量分别看成物体的重量，物体系统的重心作为物流节点的最佳设置点，利用求物体系统重心的方法来确定物流节点的位置。重心法是一种布置单个设施的方法，这种模型要考虑的选址因素包括现有设施之间的距离、运输费率和该点的货运量。它经常用于中间节点的选择。数学上，该模型被归为静态连续选址模型。

（1）重心法模型的基本假设。主要有以下四个方面的内容。

① 需求量集中于某一点上。实际上需求来自分散于区域内的多个需求点，市场的重心通常被当作需求的聚集地，而这会导致某些计算误差，因为计算出的运输成本是到需求聚集地，而不是到每个实际的需求点。在实际计算时，需要对需求点进行有效的聚类，以减少计算误差。

② 选址区域不同地点物流节点的建设费用、运营费用相同。模型没有区分在不同地点建设物流节点所需要的投资成本（土地成本等）、经营成本（劳动力成本、库存持有成本、公共事业费等）之间的差别。

③ 运输费用随运输距离成正比增加，呈线性关系。实际上，多数运价是由不随运距变化的固定费用（起步价）和随运距变化的分段可变费率组成的，起步运费和运价分段扭曲了运价的线性特征。

④ 运输线路为空间直线。实际上这样的情况很少，因为运输总是在一定的公路网络、铁路系统、城市道路网络中进行的。因此，可以在模型中引入迂回系数把直线距离转化为近似的公路、铁路或其他运输网络里程。

（2）问题描述及模型的建立。设有 n 个客户（如零售便利店）$P_1,P_2,\cdots,P_n$ 分布在平面上，其坐标分别为（x_i,y_i），各客户的需求量为 w_i，准备设置一个设施（如配送中心）为这些客户服务，现假设设施 P_0 位置在（x_0,y_0）处，希望确定设施的位置，使总运输费用最小。

记 a_i 为设施到客户 P_i 每单位运量、单位距离所需运输费；w_i 为客户 P_i 的需求量；d_i 为设施 P_0 到客户 P_i 的直线距离。

则总运输费 H 为：

$$H=\sum_{i=1}^{n}a_iw_id_i=\sum_{i=1}^{n}a_iw_i[(x_0-x_i)^2+(y_0-y_i)^2]^{1/2} \tag{5.11}$$

求 H 的极小值点（x_0^*,y_0^*）。由于式（5.11）为凸函数，最优解的必要条件为：

$$\left.\frac{\partial H}{\partial x_0}\right|_{x=x^*}=0\,,\quad \left.\frac{\partial H}{\partial y_0}\right|_{y=y^*}=0 \tag{5.12}$$

令 $$\frac{\partial H}{\partial x_0}=\sum_{i=1}^{n}\frac{a_i w_i(x_0-x_i)}{d_i}=0\,,\quad \frac{\partial H}{\partial y_0}=\sum_{i=1}^{n}\frac{a_i w_i(y_0-y_i)}{d_i}=0$$

得 $$x_0^*=\frac{\sum_{i=1}^{n}a_i w_i\frac{x_i}{d_i}}{\sum_{i=1}^{n}a_i\frac{w_i}{d_i}}\,,\quad y_0^*=\frac{\sum_{i=1}^{n}a_i w_i\frac{y_i}{d_i}}{\sum_{i=1}^{n}a_i\frac{w_i}{d_i}}$$

上式右端 d_i 中仍含未知数 x_0、y_0，故不能一次求得显式解，但可以导出关于 x 和 y 的迭代公式：

$$x^{(q+1)}=\frac{\dfrac{\sum_{i\in I}a_i w_i x_i}{[(x^{(q)}-x_i)^2+(y^{(q)}-y_i)^2]^{1/2}}}{\dfrac{\sum_{i\in I}a_i w_i}{[(x^{(q)}-x_i)^2+(y^{(q)}-y_i)^2]^{1/2}}} \tag{5.13}$$

$$y^{(q+1)}=\frac{\dfrac{\sum_{i\in I}a_i w_i y_i}{[(x^{(q)}-x_i)^2+(y^{(q)}-y_i)^2]^{1/2}}}{\dfrac{\sum_{i\in I}a_i w_i}{[(x^{(q)}-x_i)^2+(y^{(q)}-y_i)^2]^{1/2}}} \tag{5.14}$$

应用迭代式（5.13）和式（5.14），可采用逐步逼近算法求得最优解，该算法称为不动点算法。

（3）求解过程。

① 确定已有设施地点的坐标值（x_i, y_i），同时确定各点的需求量 w_i 和运输费率 a_i。

② 不考虑距离因素 d_i，用重心公式估算初始选址点：

$$x_0^0=\frac{\sum_{i=1}^{n}a_i w_i x_i}{\sum_{i=1}^{n}a_i w_i}\,,\quad y_0^0=\frac{\sum_{i=1}^{n}a_i w_i y_i}{\sum_{i=1}^{n}a_i w_i} \tag{5.15}$$

③ 根据直线距离公式和费用公式，用步骤②得到的（x_0^0, y_0^0）计算 d_i 和费用 H^0。

④ 将 d_i 代入重心公式：

$$x_0^1=\frac{\sum_{i=1}^{n}a_i w_i\frac{x_i}{d_i}}{\sum_{i=1}^{n}a_i\frac{w_i}{d_i}}\,,\quad y_0^1=\frac{\sum_{i=1}^{n}a_i w_i\frac{y_i}{d_i}}{\sum_{i=1}^{n}a_i\frac{w_i}{d_i}} \tag{5.16}$$

解出修正的（x_0^1, y_0^1）的坐标值。

⑤ 根据修正的（x_0^1, y_0^1）的坐标值，再重新计算 d_i。

⑥ 重复步骤④和步骤⑤，直到（x_0^0, y_0^0）的坐标值在连续迭代过程中都不再变化或变化很小，或者 $H^0 \leqslant H^1$，运费已无法减小，输出最优解（x_0^0, y_0^0）和 H^0。

【例 5.2】某连锁超市在某地区有五个零售点，其坐标、运输量及运输费率如表 5.4 所示。现准备新建一个配送中心负责这五个零售店的商品供应，试用重心法确定运输成本最小的配送中心位置。

表 5.4　五个零售点的相关数据

零售点 i	运输量 w_i/吨	运输费率 a_i（元/吨·公里）	坐标（x_i,y_i）
1	2	0.5	（3,8）
2	3	0.5	（8,2）
3	2.5	0.75	（2,5）
4	1	0.75	（6,4）
5	1.5	0.75	（8,8）

解：（1）根据式（5.15）计算初始选址点：

$$x_0^0=\frac{\sum_{i=1}^{n}a_iw_ix_i}{\sum_{i=1}^{n}a_iw_i}$$

$$=\frac{2\times0.5\times3+3\times0.5\times8+2.5\times0.75\times2+1\times0.75\times6+1.5\times0.75\times8}{2\times0.5+3\times0.5+2.5\times0.75+1\times0.75+1.5\times0.75}$$

$$=5.160$$

同理，$y_0^0=\dfrac{\sum_{i=1}^{n}a_iw_iy_i}{\sum_{i=1}^{n}a_iw_i}=5.180$

（2）由步骤（1）得初始选址点为（5.16,5.18），根据直线距离公式计算 d_i：

$$d_1=[(x_1-x_0^0)^2+(y_1-y_0^0)^2]^{1/2}=[(3-5.16)^2+(8-5.18)^2]^{1/2}=3.552$$

同理，得 $d_2=4.264$，$d_3=3.165$，$d_4=1.448$，$d_5=4.002$

（3）根据式（5.16）修正（x_0^0, y_0^0）的坐标值。

$$x_0^1=\frac{\sum_{i=1}^{n}a_iw_i\dfrac{x_i}{d_i}}{\sum_{i=1}^{n}a_i\dfrac{w_i}{d_i}}$$

$$=\frac{\dfrac{2\times0.5\times3}{3.552}+\dfrac{3\times0.5\times8}{4.264}+\dfrac{2.5\times0.75\times2}{3.165}+\dfrac{1\times0.75\times6}{1.448}+\dfrac{1.5\times0.75\times8}{4.002}}{\dfrac{2\times0.5}{3.552}+\dfrac{3\times0.5}{4.264}+\dfrac{2.5\times0.75}{3.165}+\dfrac{1\times0.75}{1.448}+\dfrac{1.5\times0.75}{4.002}}$$

$$=5.038$$

同理，$y_0^1=\dfrac{\sum\limits_{i=1}^{n}a_i w_i \dfrac{y_i}{d_i}}{\sum\limits_{i=1}^{n}a_i \dfrac{w_i}{d_i}}=5.057$

（4）重复步骤（2）和步骤（3），得到地址迭代过程，如表 5.5 所示。

表 5.5 选址迭代过程

迭代次数	*x*	*y*
0	5.160	5.180
1	5.038	5.057
2	4.990	5.031
3	4.966	5.032
4	4.951	5.037
…	…	…

当（x_0^0, y_0^0）的坐标值在连续迭代过程中都不再变化，或变化很小时，迭代结束。

三、多物流系统节点选址模型

大多数物流系统规划与设计工作面临的问题，往往是在规划区域范围内需要同时确定两个或更多个节点的选址，由于不能将这些节点看成经济活动上相互独立的，而且可能存在相当多的选址布局方式，寻求最优解往往比较困难，因此问题也更加复杂。虽然问题更加复杂，但更加接近实际情况，多物流系统节点选址问题在实际规划与设计工作中更为普遍。

多物流系统节点选址决策问题一般可归纳成以下三个相互联系的基本方面：①如何组织货流？各个物流节点的关系如何？运输线路与各物流节点的关系怎样？②网络中应该设几个物流节点？处于什么位置？③物流节点服务于哪些顾客或市场区域？规模多大？具有哪些功能？

1. 多重心法

对于前面讲到的重心法模型，如果用一个物流节点数量不能满足规划区域内全部服务对象的服务需求时，则需要设立多个物流节点。多重心法通过分组后再运用精确重心法来确定多个物流节点的位置与服务分派方案。多重心法的计算分为以下四步。

（1）初步分组。确定分组原则，将需求点按照一定原则分成若干个群组，使分群组数等于拟设立的物流节点数量。每个群组由一个物流节点负责，确立初步分配方案。这样，形成多个单一物流节点选址问题。

（2）选址计算。针对每个群组的单一物流节点选址问题，运用精确重心法确定该群组新的物流节点的位置。

（3）调整分组。对每个需求点分别计算到所有物流节点的运输费用，并将计算结果列表，将每个需求点调整到运输费用最低的那个物流节点负责服务，这样就形成新的分配方案。

（4）重复步骤（2），直到群组成员无变化为止。此时的物流节点分配方案为最佳分配方案，物流节点的位置是最佳地址。

如果存在能够评估所有分组群落的方法，那么该选址方法是最好的。尽管如此，就实际问题的规模（数量过多）而言，在计算上是较难实现的。即便预先将大量客户点分配给很少的几个物流节点，也是一项极其庞杂的工作。因此，还需要使用其他选址方法。

【例 5.3】某公司计划建立 2 个药品配送点向 10 个药品连锁店送货，各药品连锁店的地址坐标和药品每日需求量如表 5.6 所示，运价均为 1，试确定这 2 个药品配送点的地址，使送货运输费用最低。

表 5.6　各药品连锁店地址坐标和药品每日需求量

连锁店号 j	1	2	3	4	5	6	7	8	9	10
x_j	70	95	80	20	40	10	40	75	10	90
y_j	70	50	20	60	10	50	60	90	30	40
需求量	8	10	6	5	7	8	12	5	11	9

解：① 将 10 家药品连锁店分成 2 组。初步分为{1,2,3,4,5}和{6,7,8,9,10}2 组，每组由 1 个配送点负责送货。

② 按精确重心法进行迭代计算，求出 2 个配送点的地址坐标为：(P_1, Q_1) = (74.342,46.147)，(P_2, Q_2) = (40,60)。

③ 计算各药品连锁店到这 2 个配送点的送货运输费用，计算结果如表 5.7 所示。考察表 5.7，按运输费用最低的节点送货原则重新分组，调整后的分组情况为：{1,2,3,5,8,10}和{4,6,7,9}。

表 5.7　第一次迭代的选址分配方案及运输费用

连锁店号 j	x_j	y_j	需求量	到（P_1,Q_1）的运输费用	到（P_2,Q_2）的运输费用
1	70	70	8	193.9598	252.9822
2	95	50	10	210.1425	559.017
3	80	20	6	160.513	339.4113
4	20	60	5	280.3997	100
5	40	10	7	349.0171	350
6	10	50	8	515.6581	252.9822
7	40	60	12	444.3693	0
8	75	90	5	219.2897	230.4886
9	10	30	11	729.7087	466.6905
10	90	40	9	151.3924	484.6648

④ 按第一次迭代后的分配方案进行重新选址，还是应用精确重心法进行迭代计算，求出 2 个配送点新的地址坐标为：(P_1, Q_1)=(87.144,44.292)，(P_2, Q_2)=(17.676,49.679)。

⑤ 再次计算各药品连锁店到这两个配送点的送货运输费用。计算结果如表 5.8 所示。考察表 5.8，重新调整后的分组情况为：{1,2,3,8,10}和{4,5,6,7,9}。

表 5.8　第二次迭代的选址分配方案及运输费用

连锁店号 j	x_j	y_j	需求量	到（P_1,Q_1）的运输费用	到（P_2,Q_2）的运输费用
1	70	70	8	247.201	449.0519
2	95	50	10	97.10716	773.2467
3	80	20	6	151.9242	414.1793
4	20	60	5	344.7846	52.89707
5	40	10	7	408.0765	318.6949
6	10	50	8	618.8391	61.46167
7	40	60	12	596.3044	295.1327
8	75	90	5	236.4687	350.422
9	10	30	11	863.024	232.3538
10	90	40	9	46.39847	656.7191

⑥ 按第二次迭代后的分配方案进行重新选址，经过迭代计算后，求出 2 个配送点的地址坐标为：（P_1,Q_1）=（90.063,47.843），（P_2,Q_2）=（19.906,45.474）。

⑦ 计算各药品连锁店到这两个配送点的送货运输费用，计算结果如表 5.9 所示。考察表 5.9，发现分组情况不变，仍然为{1,2,3,8,10}和{4,5,6,7,9}，因此，这一物流服务分配方案为最佳方案。

表 5.9　第三次迭代的选址分配方案及运输费用

连锁店号 j	x_j	y_j	需求量	到（P_1,Q_1）的运输费用	到（P_2,Q_2）的运输费用
1	70	70	8	239.126	446.2059
2	95	50	10	53.87636	752.3027
3	80	20	6	177.6301	391.6219
4	20	60	5	355.5495	72.63152
5	40	10	7	439.2965	285.3883
6	10	50	8	640.7364	87.12786
7	40	60	12	618.2151	297.5355
8	75	90	5	223.8362	354.1862
9	10	30	11	902.2989	202.1049
10	90	40	9	70.58928	632.7668

在此方案下，总的最低送货运输费用为 1709.85，第一个配送点的地址坐标为（P_1,Q_1）=（90.063,47.843），主要对 1,2,3,8,10 号药品连锁店提供服务；第二个配送点的地址坐标为（P_2,Q_2）=（19.906，45.474），主要对 4,5,6,7,9 号药品连锁店提供服务。

2. 覆盖模型

覆盖模型是一类离散点选址模型，是指对于需求已知的一些需求点，如何确定一组物流节点来满足这些需求点的需求。在这个模型中，需要确定物流节点的最小数量和合理位置。该模型适用于商业物流系统如零售点选址、加油站选址，公用事业系统如急救中心、消防中心等，以及计算机与通信系统，如有线电视网的基站、无线通信网络基站、计算机网络中的集线器设置等。

根据解决问题的方法不同，覆盖模型有两种主要模型：集合覆盖模型，即用最小数量的物流节点去覆盖所有的需求点；最大覆盖模型，即在给定数量的节点下，覆盖尽可能多的需求点。这两类模型的区别是，集合覆盖模型要满足所有需求点的需求，而最大覆盖模型只覆盖有限的需求点，两种模型的应用情况取决于服务设施的资源充足与否。

（1）集合覆盖模型。集合覆盖模型的目标是用尽可能少的设施去覆盖所有的需求点，相应的目标函数为：

$$\min \sum_{j \in N} x_j \tag{5.17}$$

约束条件为：

$$\sum_{j \in B(i)} y_{ij} = 1, i \in N \tag{5.18}$$

$$\sum_{i \in A(j)} d_i y_{ij} \leqslant C_j x_j, j \in N \tag{5.19}$$

$$y_{ij} \geqslant 0\text{，}\ i, j \in N \tag{5.20}$$

$$x_j \in \{0,1\} \tag{5.21}$$

其中，N 为 n 个需求点的集合；d_i 为第 i 个需求点的需求量；C_j 为设施节点 j 的容量；$A(j)$ 为设施节点 j 所覆盖的需求点的集合；$B(i)$ 为可以覆盖需求点 i 的设施集合；y_{ij} 为节点 i 需求中被分配给设施节点 j 服务的部分，$y_{ij} \leqslant 1$；x_j 为节点 j 是否被选中成为设施，如选中则为 1，未被选中则为 0。

式（5.17）是目标函数，使被选为设施的节点数最小化；式（5.18）保证每个需求点的需求都得到完全满足；式（5.19）是对每个设施的服务能力的限制；式（5.20）表明允许一个设施为某个需求点提供部分需求；式（5.21）节点可能被选中为设施，也有可能不被选中。

在模型中，x_j 和 y_{ij} 是决策变量，表明哪些备选节点被选为设施，以及如何确定被选为设施的节点为各个需求点提供服务的分配方案。这是一个混合 0–1 整数规划问题。对于此类问题，有两类方法可以进行求解：一是分支定界法，能够找到小规模问题的最优解，但只适用于小规模问题的求解；二是启发式方法，得到的结果不能保证是最优解，但是可以得到较为满意的可行解，对于大问题的分析与求解，应用启发式算法可以显著减少运算量。

【例 5.4】有一个配送企业，拟为 7 个生产企业 A1,A2，A3,A4,A5,A6 和 A7 提供即时配送。生产企业要求配送企业在接到订单后 6 小时内将所需物品送至其生产线上，配送企业为满足生产企业的配送要求，准备在每个生产企业周围 30 公里范围内至少设置一个配送中心，配送中心的服务能力不受限制。除生产企业 A6 处受城市规划用地限制不能作为配送中心候选地外，其余 6 个企业所在地均可作为配送中心候选地，试对该配送企业至少建设几个配送中心和相应的位置进行决策。企业所在地分布情况，如图 5.6 所示。

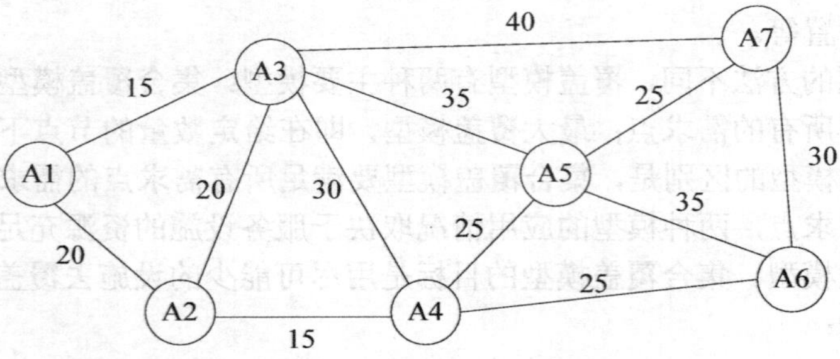

图 5.6 企业所在地分布情况

解：①根据约束条件服务距离≤30 公里要求，求出每个候选地（生产企业所在地）所服务企业集合 *A*（*j*）和可以为每个企业服务的候选地集合 *B*（*i*）。如在 A1 处建配送中心，其能服务的企业集合 *A*（1）为（A1,A2,A3)，同样，如果在 A1 处建配送中心能够服务 A1，在 A2,A3 处建配送中心也能够服务 A1，而在其他地方建配送中心不能服务 A1，因此能为 A1 提供服务的候选地集合 *B*（1）是（A1,A2,A3)。候选地的服务范围，如表 5.10 所示。

表 5.10 候选地的服务范围

生产企业所在地	*A*（*j*）	*B*（*i*）
A1	A1,A2,A3	A1,A2,A3
A2	A1,A2,A3,A4	A1,A2,A3,A4
A3	A1,A2,A3,A4	A1,A2,A3,A4
A4	A2,A3,A4,A5,A6	A2,A3,A4,A5
A5	A4,A5,A7	A4,A5,A7
A6		A4,A7
A7	A5,A6,A7	A5,A7

一般情况下两个集合相同，但若有其他条件限制，则可能会出现差异（本例由于企业所在地 A6 不能作为配送中心候选地，就会出现差异）。

② 根据表 5.10，将 *A*（*j*）中可以作为为其他生产企业服务的候选地集合的子集删除，以简化问题。

A2 可以为 A1,A2,A3,A4 提供服务，A1 可以为 A1、A2、A3 提供服务，所以 A1 是 A2 的子集，不考虑在 A1 建设配送中心，同理将 A3 排除。（A2,A4,A5,A7）是候选地的集合。

③ 确定合适解。（A2,A4,A5,A7）本身就是一组可行解，但为了满足经济性要求，尽可能将配送中心的数量降到最少，需要进一步提出可以合并的候选地。在候选地 A4,A5,A7 中，A7 可以覆盖 A2 所不能覆盖的 A5,A6,A7 三个企业，从而（A2,A7）是可以覆盖所有生产企业且数量最少的组合解。因此，应在（A2,A7）建设两个配送中心。

（2）最大覆盖模型。最大覆盖模型的目标是对有限个服务设施进行选址，并为尽可能多的需求点提供服务，但可能不能满足所有需求点的需求。最大覆盖模型的数学模型表述如下：

$$\max \sum_{j\in N} \sum_{i\in A(j)} d_i y_{ij} \qquad (5.22)$$

$$\text{s.t.} \quad \sum_{j \in B(i)} y_{ij} \leqslant 1, i \in N \tag{5.23}$$

$$\sum_{i \in A(j)} d_i y_{ij} \leqslant C_j x_j, j \in N \tag{5.24}$$

$$\sum_{j \in N} x_j = p \tag{5.25}$$

$$y_{ij} \geqslant 0, i, j \in N \tag{5.26}$$

$$x_j \in \{0,1\} \tag{5.27}$$

其中，N 为 n 个需求点的集合；d_i 为第 i 个需求点的需求量；C_j 为设施节点 j 的容量；$A(j)$ 为设施节点 j 所覆盖的需求点的集合；$B(i)$ 为可以覆盖需求点 i 的设施集合；p 为允许投建的设施数；y_{ij} 为节点 i 需求中被分配给设施节点 j 服务的部分，$y_{ij} \leqslant 1$；x_j 为节点 j 是否被选中成为设施，如选中则为 1，未被选中则为 0。

式（5.22）是目标函数，尽可能多地为需求点提供服务，满足它们的需求；式（5.23）表明需求点的需求有可能得不到满足；式（5.24）是每个设施的服务能力的限制；式（5.25）是设施数的限制，表明设施只能建设有限多个；式（5.26）允许一个设施为某个需求点提供部分需求。x_j 和 y_{ij} 是决策变量，表明哪些节点选为设施节点，并且分配方案如何。这也是一个混合型的 0-1 整数规划问题。

同集合覆盖模型一样，最大覆盖模型可采用精确求解方法与启发式算法求解。启发式算法首先求出可以作为候选点的集合，并以一个空集作为原始解的集合，然后在候选点集合中选择一个具有最大满足能力的候选点进入原始解集合，作为二次解，以此往复，直到设施数目满足要求为止。

【例 5.5】仍以例 5.4 选址问题为例，假设最多建设配送中心的个数为 2 个，并为尽可能多的企业提供服务。

解：按启发式算法进行求解。

① 初始解为 S = 空集 φ；

② 比较 A1、A2、A3、A4、A5、A7 的服务能力，A4 的覆盖能力最大，为 5 个企业，因此将 A4 加入 S，S={A4}；

③ 重复②，除去 A4 服务的范围，将能覆盖剩下的待服务企业能力最大的候选地加入 S，形成新的解集。本例中除去 A4 服务的范围，剩下待服务企业为 A1、A7，候选地 A1、A2、A3 可以对 A1 提供服务，候选地 A5、A7 可以为 A7 提供服务，服务能力相同，因此 S={A4,A1}、S={A4,A2}、S={A4,A3}或 S={A4,A5}、S={A4,A7}可作为新的解集，两个候选地被选中建设配送中心，满足建设两个配送中心的要求。

显然该解不是最优解，这也是启发式算法的特点。

3．P-中值模型

P-中值模型是指在一个给定数量和位置的需求集合和一个候选设施位置集合下，分别为 p 个设施找到合适的位置，并指派每个需求点被一个特定的设施服务，以达到在各设施点和需求点之间的运输总费用最低。

基本的 P-中值模型的数学模型表述如下：

$$\min\sum_{i\in N}\sum_{j\in M}d_iC_{ij}y_{ij} \tag{5.28}$$

$$\text{s.t.}\ \sum_{j\in M}y_{ij}=1, i\in N \tag{5.29}$$

$$y_{ij}\leqslant x_j, i\in N, j\in M \tag{5.30}$$

$$\sum_{j\in M}x_j=p \tag{5.31}$$

$$x_j, y_{ij}\in\{0,1\},\quad i\in N, j\in M \tag{5.32}$$

其中，N为n个需求点的集合；d_i为第i个需求点的需求量；C_{ij}为从需求点i到设施j的单位运输费用；M为m个建设设施节点候选点集合；p为允许投建的设施总数（$p<m$）；y_{ij}为需求点i是否由设施j来提供服务，0-1决策变量；x_j为设施j是否被选中，0-1决策变量。

式(5.28)是目标函数，表明在达到各需求点到它服务设施的运输总费用最低；式(5.29)保证每个需求点只有一个服务设施来提供服务；式（5.30）有效地保证没有选中的设施候选点不能为需求点提供服务；式（5.31）限制了可以投建的设施总数为p个。x_j和y_{ij}是0-1决策变量。这是一个0-1整数规划问题。

求解P-中值模型需要解决两方面的问题：选择合适的设施位置，即模型中的x决策变量；指派需求点到相应的设施中去，即模型中的y决策变量。

一旦设施的位置确定之后，由于设施的服务能力在模型中没有限制，因此再确定指派每个需求点到不同的设施中，使总费用最小就十分简单了。如有能力限制，问题就更为复杂。选择设施位置如穷举的话，共有C_M^p种可能方案。

与覆盖模型一样，求解一个P-中值模型问题，主要有两大类方法：精确法和启发式算法。下面介绍一种启发式求解P-中值模型的算法——贪婪取走启发式算法。这种算法的基本步骤如下。

（1）初始化，令循环参数$k=m$，将所有的m个候选位置都选中，然后将每个客户指派给距离其最近的一个候选位置。

（2）选择并取走一个位置点，满足以下条件：假设将它取走，并将它的客户重新指派后，总费用增加量最小，然后$k=k-1$。

（3）重复（2），直到$k=p$。

【例 5.6】某医药公司有8个分销公司（A1~A8），公司拟新建2个配送仓库，用最低的运输成本来满足8个分销公司的需求。经过实地考察后，公司确定5个候选地（D1~D5），各分销公司的需求量及单位运输成本，如表5.11所示，各分销公司及候选仓库位置分布，如图5.7所示。试确定仓库的位置与分销公司分派情况，并计算出各仓库的运输成本。

表 5.11　各分销公司的需求量及单位运输成本

	D1	D2	D3	D4	D5	需求量
A1	30	45	48	10	35	10
A2	25	60	70	35	50	6

续表

	D1	D2	D3	D4	D5	需求量
A3	28	15	25	32	10	11
A4	45	30	20	24	12	25
A5	58	12	25	60	30	15
A6	65	30	15	57	33	13
A7	65	35	16	45	28	20
A8	22	30	35	20	16	8

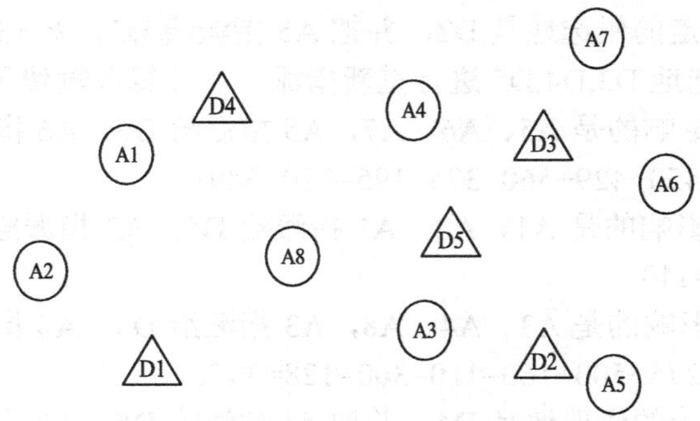

图 5.7 各分销公司及候选仓库位置分布

解：①对表 5.11 的单位运输成本进行比较，按距离最近进行分派，得到初始化指派结果为（A1,A2,A3,A4,A5,A6,A7,A8）:（D4,Dl,D5,D5,D2,D3,D3,D5），如图 5.8 所示，总费用=150+180+195+320+100+128+300+110=1483，$k=5$。

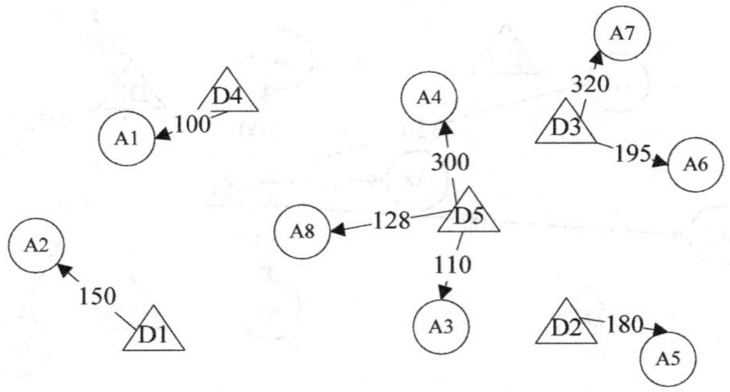

图 5.8 初始化指派结果

② 分别对移走候选地 Dl,D2,D3,D4,D5 进行分析，并计算运输费用增量。

当移走 D1 后，受影响的是 A2，A2 指派给 D4 后，运输费用增量=210−150=60；

当移走 D2 后，受影响的是 A5，A5 指派给 D3 后，运输费用增量=375−180=195；

当移走 D3 后，受影响的是 A6、A7，A6 指派给 D2，A7 指派给 D5 后，运输费用增量=390+560−320−195=435；

当移走 D4 后，受影响的是 A1，A1 指派给 D1 后，运输费用增量=300−100=200；

当移走 D5 后，受影响的是 A3、A4、A8，A3 指派给 D2，A4 指派给 D3，A8 指派给 D4 后，运输费用增量=165+500+160−110−300−128=287；

所以，第一个被移走的候选地是 D1 并把 A2 指派给 D4，$k=4$。

③ 分别对移走候选地 D2,D3,D4,D5 进行重新指派，并计算运输费用增量。

当移走 D2 后，受影响的是 A5，A5 指派给 D3 后，运输费用增量=375–180=195；

当移走 D3 后，受影响的是 A6、A7，A6 指派给 D2，A7 指派给 D5 后，运输费用增量=390+560–320–195=435；

当移走 D4 后，受影响的是 A1、A2，A1 指派给 D5，A2 指派给 D5 后，运输费用增量=350+300–100–210=340；

当移走 D5 后，受影响的是 A3、A4、A8，A3 指派给 D2， A4 指派给 D3，A8 指派给 D4 后，运输费用增量=165+500+160–110–300–128=287。

所以，第二个被移走的候选地是 D2，并把 A5 指派给 D3，$k=3$。

④ 分别对移走候选地 D3,D4,D5 进行重新指派，并计算运输费用增量。

当移走 D3 后，受影响的是 A5、A6、A7，A5 指派给 D5，A6 指派给 D5，A7 指派给 D5 后，运输费用增量=450+429+560–375–195–320=549；

当移走 D4 后，受影响的是 A1、A2，A1 指派给 D5，A2 指派给 D5 后，运输费用增量＝350+300–100–210=340；

当移走 D5 后，受影响的是 A3、A4、A8，A3 指派给 D3，A4 指派给 D3，A8 指派给 D4 后，运输费用增量=275+500+160–110–300–128=397。

所以，第三个被移走的候选地是 D4，并把 A1 指派给 D5，A2 指派给 D5，$k=2$，循环结束。结果在候选地 D3、D5 上投建新的仓库，指派结果为（A1,A2,A3,A4,A5,A6,A7,A8）：（D5,D5,D5,D5,D3,D3,D3,D5），总的运输成本为 2078，其中 D3 仓库的运输成本为 890，D5 仓库的运输成本为 1188。最后的指派结果，如图 5.9 所示。

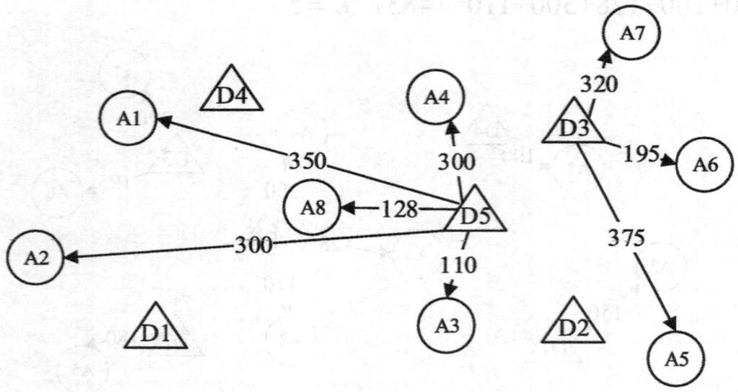

图 5.9 最后的指派结果

4．鲍摩–瓦尔夫（Baumol-Wolfe）模型

（1）问题描述。鲍摩–瓦尔夫模型又称为多节点单品种选址模型，即模型中只考虑一种产品。模型假设有 m 个资源点（如工厂）的单一品种产品，经从候选集选出的物流节点发运给 n 个地区的客户或者直送。问题是如何从 s 个候选的地点集合中选择若干个位置作为物流节点（如配送中心），使得从已知若干个资源点（如工厂），经过这几个选出的物流节点，向若干个客户运送同一种产品时总的物流成本（或运输成本）为最小。模型中也可能存在从工厂直接将产品送往某个客户点的情况。

（2）模型建立。假设 F 是多节点选址方案的总成本，根据中转节点布局的概念，应使总成本降到最低，于是有目标函数：

$$\min F=\sum_{i=1}^{m}\sum_{j=1}^{s}c_{ij}x_{ij}+\sum_{j=1}^{s}\sum_{k=1}^{n}d_{jk}y_{jk}+\sum_{i=1}^{m}\sum_{k=1}^{s}e_{ik}z_{ik}+\sum_{j=1}^{s}(v_jU_j+w_j\sum_{i=1}^{m}x_{ij}) \tag{5.33}$$

约束条件为：

$$\sum_{j=1}^{s}x_{ij}+\sum_{k=1}^{n}z_{ik}\leqslant S_i，\quad i=1,2,\cdots,m \tag{5.34}$$

$$\sum_{j=1}^{s}y_{jk}+\sum_{i=1}^{m}z_{ik}\geqslant D_k，\quad k=1,2,\cdots,n \tag{5.35}$$

$$\sum_{i=1}^{m}x_{ij}=\sum_{k=1}^{n}y_{jk}，\quad j=1,2,\cdots,s \tag{5.36}$$

$$\sum_{i=1}^{m}x_{ij}-MU_j\leqslant 0，\quad j=1,2,\cdots,s \tag{5.37}$$

$$U_j\in\{0,1\}，\quad j=1,2,\cdots,s \tag{5.38}$$

$$x_{ij},y_{jk},z_{ik}\geqslant 0，\quad i=1,2,\cdots,m，\quad k=1,2,\cdots,n，\quad j=1,2,\cdots,s \tag{5.39}$$

式中，S_i 为供应点 i 的物品供应量；D_k 为需求点 k 的物品需求量；x_{ij} 为备选中转节点 j 从供应点 i 进货的数量；y_{jk} 为需求点 k 从备选中转节点 j 中转进货的数量；z_{ik} 为需求点 k 从从供应点 i 直接进货的数量；U_j 为节点 j 是否被选中，如选中则为 1，未被选中则为 0；c_{ij} 为备选中转节点 j 从供应点 i 进货的单位物品的运输费；d_{jk} 为备选中转节点 j 向需求点 k 供货的单位物品的运输费；e_{ik} 为需求点 k 从供应点 i 直达进货的单位物品运输费；v_j 为备选中转节点 j 选中后的基建投资费用（固定费用，是与规模无关的费用）；w_j 为备选中转节点 j 中转单位物品的变动费用（如仓库管理或加工费等，与规模相关），即存储费用率。

式（5.33）为目标函数，前三项为运输费用之和，第四项为中转节点的固定费用和运输周转的仓库管理费用。在约束条件中，式（5.34）表明各个供应点调出的货物总量不大于该供应点的供应能力；式（5.35）表明各个需求点调运进来的货物总量不小于它的需求量；式（5.36）表明对于中转节点，由于它既不产生货物，也不消耗货物，因此每个节点调进的货物总量应等于调出的货物总量；中转节点的布局经过优化求解后的结果，可能有的备选节点被选中，即 $U_j=1$，而另外一些被淘汰，即 $U_j=0$；在式（5.37）中，M 是一个相当大的正数，当 $U_j=0$ 时 $x_{ij}=0$，不等式成立，当 $U_j=1$ 时，x_{ij} 为一个有限值，而 MU_j 足够大，不等式也成立。

在式（5.33）中，$w_j\sum_{i=1}^{m}x_{ij}$ 项是备选中转节点 j 的存储费用项，如果把存储费用看成中转节点吞吐量 $\sum_{i=1}^{m}x_{ij}$ 的线性函数，即存储费用率 w_j 与中转节点的规模大小无关，那么整个模型是一个混合型 0-1 整数规划的数学模型。而实际情况是存储费用率一般与中转节点规模（吞吐量）的大小有关。Baumol-Wolfe 模型用非线性函数来描述中转节点的存储费用函数，如图 5.10 所示。

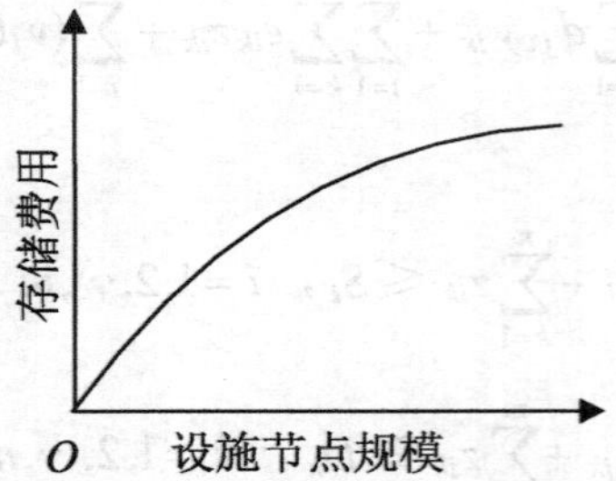

图 5.10　中转节点的存储费用函数

从图 5.10 的曲线可以看出，随着中转节点规模的增大，存储费用曲线变得平坦，即费率下降，这是符合实际情况的。但非线性函数的引入，使计算变得复杂。为使问题简化，Baumol-Wolfe 模型在迭代求解过程中对非线性函数采取分段线性化的办法，即在每一次迭代过程中用边际成本表示存储费率。边际成本表示在一定的节点规模下单位货物存储费用，因此可与单位运输费用直接相加。经过这样处理后，就可直接利用运输规划的方法计算求解。

通过对物流中转节点的存储成本与规模（吞吐量）的数据拟合，可以得到它们互相关系的数学表达式为：

$$H_j = \mu_j G_j^p \tag{5.40}$$

其中，H_j 为中转节点的存储费用；μ_j、p 为常数；G_j 为中转节点的运输量（吞吐量）。

设物流中转节点在某一规模时的边际成本为 w_j，则 $w_j = \partial H_j / \partial G_j = \mu_j p G_j^{p-1}$，当 p=0.5 时，$H_j = \mu_j \sqrt{G_j}$，$w_j = \mu_j / 2\sqrt{G_j}$，因此，如果已经确定了中转节点的规模，那么在此规模下的存储费率就可以按上述边际成本的计算得到。

（3）算法求解步骤。

①求初始方案。开始时，令各备选地址上设置中转节点的规模均为 0，即 $G_j = 0$，则 $w_j = 0$。对供应点与需求点间所有组合（i，k），求每单位运输成本最小值，即运输成本最低的路线，其运输成本为 $c_{ik}^0 = \min_j (c_{ij} + d_{jk})$，引入变量 G_{ik}，表示从供应点 i 经某一个备选中转节点 j 到需求点 k 的流通量。解下列线性规划的运输问题：

$$\min f = \sum_{i=1}^{m} \sum_{k=1}^{n} c_{ik}^0 G_{ik} \tag{5.41}$$

约束条件为：

$$\sum_{k=1}^{n} G_{ik} = S_i \text{，} \quad i = 1,2,\cdots,m \tag{5.42}$$

$$\sum_{i=1}^{m} G_{ik} = D_k \text{，} \quad k = 1,2,\cdots,n \tag{5.43}$$

求出 G_{ik}。

② 求二次解。设经过中转节点 j 的所有供货点 i（$i=1,2,\cdots,m$）和需求点 k（$k=1,2,\cdots,n$）的组合（i,k）组成的集合为 $G(j)$，则中转节点 j 的吞吐量为 $G_j=\sum_{(i,k)\in G(j)} G_{ik}$。以运输费率和变动存储费率的合计最小为标准，求最省路线：$c_{ik}^1=\min\limits_j(c_{ij}+d_{jk}+\mu_j pG_j^{p-1})$，用 c_{ik}^1 代替 c_{ik}^0，重新解上一步的运输问题。求出 G_{ik}，并计算 G_j。

③ 求最优解。重复上述计算过程，直到 G_j 不变，即获得满意解。

Baumol-Wolfe 模型的启发式算法的每次迭代使系统总成本单调下降的趋势是明显的，它总是在使系统总费用最小的前提下寻求新的更好的布局方案，但对于中转节点的固定费用，此算法在计算过程中没有考虑。

5．奎汉–哈姆勃兹（Kuehn-Hamburger）模型

（1）问题描述。Kuehn-Hamburger 模型是一个多节点、多品种选址模型，从表面上看，只需在单品种选址问题中增加多品种的因素，即可分解成多个单品种选址子问题。但从实际情况看，各个品种都要按照各自的优化方案选择物流节点中转，因此，同一客户可能会需要不同品种的货物，他们将分别从几个不同的物流节点进货，这势必出现运输某些需求量不多的货物的运输工具低效率而运输成本增大的现象。在这种情况下，无论是客户自己提货，还是货物供应部门组织配送，其效果都不是最经济的。为此，有必要将各客户所需的所有货物的供货地点做相对集中的处理，最好由一个物流节点供货。

由此，多节点、多品种选址问题可以描述为：有 m 个供应点（工厂）A_i（$i=1,2,\cdots,m$），提供（生产）p 种产品 P_h（$h=1,2,\cdots,p$），其中，这些供应点的各种产品的供应量已知；有 n 个需求点 B_k（$k=1,2,\cdots,n$），每个需求点对每种产品的需求量也已知。产品经由物流中转节点运往需求点，每个需求点的所有产品都由某一指定的物流节点唯一供货。给定 q 个物流中转节点的候选地 D_j（$j=1,2,\cdots,q$），且容量有限。在模型中考虑了运输费、仓库管理费、可变费用、延误损失费等多项费用，其目标是从候选地中选择若干个作为物流中转节点进行产品中转，以达到总费用最小。

（2）模型建立。多节点、多品种选址问题模型的目标函数为：

$$\min F=\sum_{h=1}^{p}\sum_{i=1}^{m}\sum_{j=1}^{q}\sum_{k=1}^{n} f_{hijk}x_{hijk}+\sum_{j=1}^{q}F_jZ_j+\sum_{h=1}^{p}\sum_{j=1}^{q}S_{hj}\left(\sum_{i=1}^{m}\sum_{k=1}^{n}x_{hijk}\right)+\sum_{h=1}^{p}\sum_{k=1}^{n}D_{hk}T_{hk} \tag{5.44}$$

约束条件为：

$$\sum_{i=1}^{m}\sum_{j=1}^{q}x_{hijk}\leqslant Q_{hk}V_{jk}，\quad k=1,2,\cdots,n;h=1,2,\cdots,p \tag{5.45}$$

$$\sum_{j=1}^{q}\sum_{k=1}^{n}x_{hijk}\leqslant Y_{hi}，\quad i=1,2,\cdots,m;h=1,2,\cdots,p \tag{5.46}$$

$$\sum_{h=1}^{p}\sum_{i=1}^{m}\sum_{k=1}^{n}x_{hijk}\leqslant W_j，\quad j=1,2,\cdots,q \tag{5.47}$$

$$\sum_{j=1}^{q}V_{jk}=1，\quad k=1,2,\cdots,n \tag{5.48}$$

$$V_{jk} \in \{0,1\} \tag{5.49}$$

$$x_{hijk} \geqslant 0 \tag{5.50}$$

其中，c_{hij} 为从供应点 i 到物流中转节点 j 运输产品 h 每单位运量的运输费；d_{hjk} 为物流中转节点 j 向需求点 k 运输产品 h 每单位运量的运输费；f_{hijk} 为从供应点 i 经过物流中转节点 j 向需求点 k 运输产品 h 每单位运量的运输费，则 $f_{hijk}=c_{hij}+d_{hjk}$；x_{hijk} 为从供应点 i 经过物流中转节点 j 向需求点 k 运输产品 h 每单位运量的数量；Y_{hi} 为供应点 i 对产品 h 的供应能力；Q_{hk} 为需求点 k 对产品 h 的需求量；W_j 为物流中转节点 j 的吞吐能力；F_j 为物流中转节点 j 的固定费用；S_{hj} 为物流中转节点 j 为保管产品 h 而产生的单位可变费用；D_{hk} 为由于缺货导致需求点 k 对产品 h 的缺货量，则 $D_{hk}=Q_{hk}-\sum_{i=1}^{m}\sum_{j=1}^{q}x_{hijk}$；$T_{hk}$ 为由于需求点 k 对产品 h 的缺货而造成的单位产品损失费；Z_j 为表示当物流中转节点 j 有吞吐量时为 1，否则为 0；V_{jk} 为表示物流中转节点 j 为需求点 k 供货时取 1，否则为 0。

式（5.44）是目标函数，第一项为运输费用，第二项为被选中的物流节点的固定费用，第三项为物流节点的变动成本，第四项为由于缺货延误向需求点供货产生的损失；式(5.45)是产品需求约束；式（5.46）是供应点的供应能力限制；式（5.47）是物流中转节点的吞吐能力限制；式（5.48）表明同一需求地的所有产品必须由同一中转节点供货。

这是一个混合整数规划问题，对于此模型的小规模问题的求解可用分支定界法求解，可选用现成的优化软件；对于大规模问题可用现代优化技术，如模拟退火算法、禁忌搜索算法、遗传算法、蚁群算法等进行求解。

Kuehn-Hamburger 模型以供应点的个数及可供应量、备选物流中转节点的个数及最大容量、需求点个数及其需求量为已知参数，考虑多个结构化因素影响：供应点到物流中转节点的运输费、物流中转节点到需求点的运输费用、物流中转节点的可变费用和固定费用、各物流中转节点的容量限制，更加贴近实际。但其不足之处是没有考虑建设费用等固定资产所产生的固定费用。另外在供应点、物流中转节点备选点、需求点数量较多的情况下，其计算量非常庞大，不易求解。

6．CFLP 模型

（1）问题描述。CFLP（Capacitated Facilities Location Problem）模型是带容量限制的多节点选址问题。其问题描述如下：物流系统中有 n 个需求点，每个需求点的需求量已知，经考察确认物流节点备选地点有 m 个，每个候选地都有容量限制，并且有固定成本（如建造成本或租赁成本），问题是如何从 m 个候选地点中选择 k 个地点修建物流节点，使物流成本最小。

模型中没有考虑物流节点的进货成本。这里有一个假设，即货物的各供应地距离规划区域都足够远。这是因为当供应地距离规划区域较远时，各物流节点从供应处进货的进货成本之差异相对于进货成本本身来说，可忽略不计。这样各物流节点候选地的进货成本均相等，所以在此模型布局时可不考虑。当然，如果供应地并不是远离规划区域，那就必须考虑进货成本。这样的话，此问题就接近于 Baumol-Wolfe 模型。

（2）模型建立。CFLP 模型的目标函数为：

$$\min F=\sum_{i=1}^{m}\sum_{j=1}^{n}C_{ij}X_{ij}+\sum_{i=1}^{m}F_iY_i \tag{5.51}$$

约束条件为：

$$\sum_{i=1}^{m}X_{ij}=b_j\,,\quad j=1,2,\cdots,n \tag{5.52}$$

$$\sum_{j=1}^{n}X_{ij}\leqslant W_iY_i\,,\quad i=1,2,\cdots,m \tag{5.53}$$

$$\sum_{i=1}^{m}Y_i\leqslant k \tag{5.54}$$

$$Y_i\in\{0,1\} \tag{5.55}$$

$$X_{ij}\geqslant 0 \tag{5.56}$$

其中，i 为物流节点的备选节点，$i=1,2,\cdots,m$；j 为需求点，$j=1,2,\cdots,n$；k 为拟建的物流节点数量；b_j 为需求点 j 的需求量；W_i 为物流节点备选节点 i 的供应能力；C_{ij} 为物流节点备选节点 i 到需求点 j 的单位运输费用；X_{ij} 为物流节点备选节点 i 到需求点 j 的运输量；F_i 为物流节点备选节点 i 的固定成本；Y_i 表示备选节点 i 被选中为 1，否则为 0。

式（5.51）是目标函数，第一项为运输费用，第二项为物流节点的固定成本；式（5.52）表示所有需求点的需求得到满足；式（5.53）表示被选中的物流节点其实际吞吐量不能超过其容量限制；式（5.54）表示拟建的物流节点的个数不能超过 k 个。

这是一个混合整数规划问题。该模型只考虑了物流节点建造费用和运输费用，忽视了节点选址中库存的影响。

（3）模型求解。关于 CFLP 模型的求解，只要从 m 个候选地中确定了 k 个物流节点，整个问题就变为运输规划问题。因此，如果穷举的话，要解 C_m^k 个运输规划问题。对于小规模问题的求解可用分支定界法，可选用一些现成的优化软件；对于大规模问题也可用现代优化技术，如模拟退火算法、禁忌搜索算法、遗传算法、蚁群算法等。当然，针对这个模型的特点，也可用启发式算法来求解。

7．多枢纽站单一分派轴辐式网络选址模型

（1）问题描述。多枢纽站单一分派轴辐式网络选址模型是研究双向物流的网络节点选址问题。它的问题描述如下：在一个有 n 个节点的物流系统网络中，每个节点都可能是货物的起始点或终至点，货物从起始地（Origin）经若干个节点到达目的地（Destination）的流通量称为 OD 量，经过的节点链称为 OD 流。多枢纽站单一分派轴辐式网络选址模型要求每条 OD 流汇聚于一个或两个枢纽站后到达目的地，由于枢纽站之间的运输是干线运输，具有规模效益，从而节约了整个系统的物流成本。问题是如何从 n 个节点中选择 p 个节点作为枢纽点，以使整个网络的物流成本最小。这个问题又称为 p-hub 选址问题。多枢纽站单一分派轴辐式网络，如图 5.11 所示。

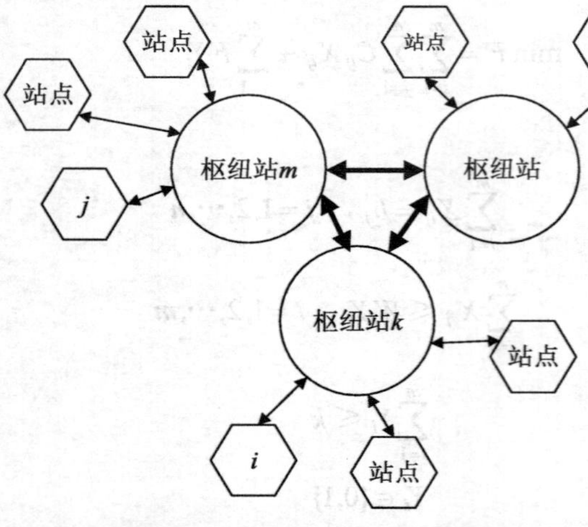

图 5.11　多枢纽站单一分派轴辐式网络

（2）模型建立。由于采用干线运输，因此 OD 流（i,j）间经过路径（i,k,m,j）的货物运输总成本由这三部分组成：节点 i 到 hub 点运输成本、hub 点间有折扣的干线运输成本和 hub 点到节点 j 的运输成本，即 $F_{ijkm}=W_{ij}(C_{ik}+\alpha C_{km}+C_{mj})$。当节点 i 和节点 j 其中一个或两个被选为 hub 点时，货物运输总成本的公式也成立，因为 $C_{kk}=0$，$C_{mm}=0$。多枢纽站单一分派轴辐式网络选址问题的数学模型的目标函数为：

$$\min\sum_{i}\sum_{j\neq i}\sum_{k}\sum_{m}F_{ijkm}X_{ijkm} \tag{5.57}$$

约束条件为：

$$\sum_{k}Z_{ik}=1，\quad\forall i \tag{5.58}$$

$$Z_{ik}\leqslant Z_{kk}，\quad\forall i,k \tag{5.59}$$

$$\sum_{k}Z_{kk}=p \tag{5.60}$$

$$\sum_{m}X_{ijkm}=Z_{ik}，\quad\forall k,i,j\neq i \tag{5.61}$$

$$\sum_{k}X_{ijkm}=Z_{jm}，\quad\forall m,i,j\neq i \tag{5.62}$$

$$X_{ijkm},Z_{ik}\in\{0,1\}，\quad\forall i,j\neq i,k,m \tag{5.63}$$

$$i,j,k,m\in N \tag{5.64}$$

其中，N 为网络中所有节点的集合；H 为网络所有潜在 hub 点集合，$H\subseteq N$；i,j 为起始地与目的地，$i,j\in N$；k,m 为候选的 hub 点，$k,m\in H$；p 为设置为 hub 点的数目；W_{ij} 为节点 $i\in N$ 到节点 $j\in N$ 的 OD 量；C_{ij} 为节点 $i\in N$ 到节点 $j\in N$ 的单位运输成本；α 为 hub 点间干线运输的折扣率；F_{ijkm} 为 OD 流（i,j）经过路径（i,k,m,j）的货物运输总成本；X_{ijkm} 为 0-1 决策变量，当值为 1 时，路径（i,k,m,j）被选为 OD 流（i,j）的路径，表示货物

从节点 i 经过 hub 点 k 和 m 到达节点 j，当值为 0 时，表示此路径没被选中；Z_{ik} 为 0–1 决策变量，当值为 1 时表示节点 $i \in N$ 与 hub 点 $k \in H$ 相连；Z_{kk} 为 0–1 决策变量，当值为 1 时表示节点 $k \in N$ 为一个 hub 点。

式（5.57）为目标函数，表示使所有 OD 流按选中的路径进行运输的运输总成本最低；式（5.58）保证了每个非 hub 节点只能跟一个 hub 节点连接，即单一分派性质；式（5.59）表示如果某个节点没有被选为 hub 节点，则非 hub 节点就不能与它相连，也就是当 Z_{kk} 为零时，Z_{ik} 只能为零；式（5.60）表示被选为 hub 节点的总数为 p 个；式（5.61）和式（5.62）表示任意覆盖了 hub 节点对（k,m）的 OD 流，它的起始地与目的地必须分别与 hub 点 k,m 相连，也就是说，如果起始地 i 没有跟某个 hub 点 k 相连的话，OD 流（i,j）中任何覆盖 hub 点 k 的路径都没被选中，对目的地 j 也一样。

这是一个整数规划模型。对于此模型的小规模问题的求解可用穷举法或分支定界法求解，可选用一些现成的优化软件，如 LINGO 软件；对于大规模问题求解非常困难，可用近年来出现的优化技术和一些针对特殊问题特征的启发式算法。从已有研究来看，已用精确法计算 80 个节点的优化问题，已用启发式算法计算出大约 200 节点中选择少量节点为 hub 点的方案。

8．多枢纽站多分派轴辐式网络选址模型

（1）问题描述。多枢纽站多分派轴辐式网络选址问题也是双向物流的网络节点选址问题。它是在多枢纽站单一分派轴辐式网络选址问题基础上，允许收发货站点与多个枢纽站相连（多分派原则），收发货站点可以根据实际情况（如枢纽站拥挤情况、客户的交货期要求等）选择与其连接的枢纽站，从而提高整个网络的转运效率，缩短运输时间，降低物流成本。它的问题描述如下：在一个有 n 个节点的物流系统网络中，按照多分派原则，如何从 n 个节点中选择 p 个节点作为枢纽点，以使整个网络的物流成本最小。

（2）建立模型。根据相关文献（Campbell，1994；O'kelly，1996；Skorin-kapov et al.，1997），多枢纽站多分派轴辐式网络选址的数学模型的目标函数为：

$$\min \sum_{i}\sum_{j \neq i}\sum_{k}\sum_{m} F_{ijkm} X_{ijkm} \tag{5.65}$$

约束条件为：

$$\sum_{k}\sum_{m} X_{ijkm} = 1, \quad \forall i,j \tag{5.66}$$

$$\sum_{k} Z_k = p \tag{5.67}$$

$$\sum_{m} X_{ijkm} - Z_k \leqslant 0, \quad \forall k,i,j \tag{5.68}$$

$$\sum_{k} X_{ijkm} - Z_m \leqslant 0, \quad \forall m,i,j \tag{5.69}$$

$$Z_k \in \{0,1\}, \quad \forall k \tag{5.70}$$

$$i,j,m,k \in N \tag{5.71}$$

其中，N 为网络中所有节点的集合；H 为网络所有潜在 hub 点集合，$H \subseteq N$；i,j 为起始地与目的地，$i,j \in N$；k,m 为候选的 hub 点，$k,m \in H$；p 为设置为 hub 点的数目；W_{ij} 为

节点$i \in N$到节点$j \in N$的OD量；C_{ij}为节点$i \in N$到节点$j \in N$的单位运输成本；α为hub点间干线运输的折扣率；F_{ijkm}为OD流（i,j）经过路径（i,k,m,j）的货物运输总成本，$F_{ijkm}=W_{ij}(C_{ik}+\alpha C_{km}+C_{mj})$；$X_{ijkm}$为0-1决策变量，当值为1时路径（$i,k,m,j$）被选为OD流（$i,j$）的路径，表示货物从节点$i$经过hub点$k$和$m$到达节点$j$，当值为0时，表示此路径没被选中；$Z_k$为0-1决策变量，当值为1时表示节点$k \in N$为一个hub点。

式(5.65)为目标函数，优化目标是所有设置为OD流路径的运输总成本最低；式(5.66)表示每条OD流只有一条路径，由于非hub节点可以与多个hub节点相连，每条OD流可能有多条路径，这里做了一个限制；式（5.67）表示设置的hub节点数为p个；式（5.68）和式（5.69）表示如果某节点没有选为hub节点，则覆盖此节点的路径都不能选为OD流的路径。

第三节　物流系统节点平面布局规划

一、物流系统节点平面布局规划的主要内容

1．物流作业区域的布局

以物流作业为主，仅考虑物流相关作业区域的布局形式。由于物流节点内的基本作业形态大部分为流程式作业，不同订单具有相同的作业程序，因此适合以生产线式的布局方法进行布局规划。若是订单种类、物品特性或拣取方法有很大的差别，则可以考虑将物流作业区域分为多个不同形态的作业线，以区分处理订单内容，再经由集货作业予以合并，如此可有效地处理不同性质的物流作业，这有些类似于传统制造工厂中的成组布局。

2．辅助作业区域的布局

除了物流作业以外，物流节点还包括一些行政管理、信息服务等内容的辅助作业区域，这些区域与物流作业区域之间无直接流程性的关系，因此适合以关系型的布局模式作为区域布局的规划方法。这种布局模式有两种参考方法。

（1）可视物流作业区域为一个整体性的活动区域，分析各辅助作业区域与物流作业区域之间的相关活动的紧密关系，来决定各区域之间相邻与否的问题。

（2）将各物流作业区域分别独立出来，与各辅助作业区域一起综合分析其活动的相关性，来决定各区域的布局。

采用第一种方法较为普遍，也较为简便，可以减少相关分析阶段各区域间的复杂度，但也会增加布局空间的限制。因此在规划时，要配合规划人员的一些经验判断，做适当的人工调整。

3．建筑外围区域的布局

除了各作业区域的布局规划外，还需对建筑外围的相关区域进行布局，如内部通道、对外出入大门及外围道路形式等。在进行建筑外围区域布局时，特别需要注意未来可能的扩充方向及经营规模变动等因素，以保留适当的变动弹性。

在一般情况下，整个区域布局规划是按上述顺序进行的，如果在实际道路形式、大门位置等条件已有初步方案或已确定的情况下，则需要先规划建筑外围区域的布局形式，再进行物流作业区域与辅助作业区域的规划，这样可以减少不必要的修正调整工作，以适应

实际的地理空间限制。

二、物流系统节点平面布局规划的目标和原则

1. 规划的目标

在进行物流系统节点平面布局规划与设计时，合理地布局各个功能区的相对位置非常重要。物流系统节点平面布局规划与设计要达到的目标有：有效地利用空间、设备、人员和能源；最大限度地减少物品搬运；简化作业流程；缩短作业周期；力求投资最低；为员工提供方便、舒适、安全和卫生的工作环境。

2. 规划的原则

（1）运用系统的观点。运用系统分析的方法，求得整体化，同时也要把定性分析与定量分析结合起来。

（2）以物流的效率作为区域布局的出发点，并贯穿于整个设计过程。

（3）先从整体到局部进行设计，再从局部到整体实现。布局设计总是先进行总体布局，再进行详细设计；而详细设计的方案要回到总体布局方案中去评价，并加以改进。

（4）减少和消除不必要的作业流程，这是提高物流效率和减少消耗的最有效的方法之一。

（5）重视人的因素，坚持以人为本。努力为员工提供一个良好、舒适的工作环境。

（6）对土地使用进行合理规划，注重保护环境和经营安全。土地的使用要根据明确的功能加以划分，物品存储区域应按照无污染、轻度污染和重度污染分开。要根据实际需要和货物吞吐能力，合理地规划与设计各功能区的占地情况，同时要考虑防洪排泄、防火因素对规划与设计的指标要求。

三、物流系统节点平面布局规划的主要方法——SLP 法概述

系统布局设计（Systematic Layout Planning，SLP）法，是理查德·缪瑟（Richard Muther）在 1961 年提出的，是最具代表性的布局方法。该方法是一种条理性很强、物流分析与作业单位关系密切程度分析相结合求得合理布局的方法。特别是在工厂设计领域，该方法提出了作业单位相互关系的密级表示法，使工厂布局设计从定性阶段发展到了定量阶段，是当前布局设计的主流方法。

1. SLP 法的基本要素

在 SLP 法中，理查德·缪瑟最初是以工厂布局问题为依据和出发点的，故把产品 P、数量 Q、生产路线 R、辅助部门 S 及时间安排 T 作为五项基本要素。这五项基本要素是布局规划不可缺少的基础资料。而在物流系统节点平面布局规划中，可以把这些要素的概念适当修正为：物流对象 P、物流量 Q、物流作业路线 R、辅助部门 S 和作业时间安排 T。其中，物流对象 P、物流量 Q 和物流作业路线 R 是重点分析的要素。

（1）物流对象 P。P 影响着物流系统的组成及其各作业单位间的相互关系、作业设备类型、物品装卸搬运方式、存储条件等，从而在一定程度上影响着物流系统的平面布局与设计。

（2）物流量 Q。Q 既在一定程度上影响着各种物流系统节点的规模、设备数量、运输量和建筑物面积大小，又直接决定着装卸、搬运、存储等物流成本。

（3）物流作业路线 R。R 是指物流对象在各物流作业单元之间的流动路线，直接反映了作业流程和各物流作业单元之间的联系，影响着各物流作业单元间的关系、物品搬运路线、仓库及堆放地的位置等，它对 SLP 的实施有决定性的作用。物流作业路线一般受到管理模式、业务手续、物流运作模式等因素的影响。

（4）辅助部门 S。S 是指除物流作业单元以外的其他作业单元，主要包括职能管理部门、辅助作业部门、生活服务部门等。这些作业单元在一定程度上影响着物流运作的效率。

（5）作业时间安排 T。T 包括各作业的运作时间、更换订单的次数等，在其他要素确定的情况下，它决定着物流成本、作业效率、设备数量、占地面积大小以及操作人员数量等。

2. SLP 法的应用程序

在 SLP 法中，P、Q、R、S 和 T 作为布局设计工作的基本出发点，平面布局设计按照以下六个步骤进行。

（1）准备原始资料。在平面布局设计开始时，要充分准备好五项基本要素——P、Q、R、S 和 T 的原始资料，明确划分作业单位，得到最佳的作业单位划分情况。

（2）物流分析与作业单位相互关系分析。针对系统内物流与非物流主次关系的特点，在进行布局设计时，需要有所侧重地进行系统物流分析与作业单位相互关系分析。物流分析的结果，可以用物流强度等级和物流相关表来表示。非物流作业单位的相互关系，可以用量化的关系密级及相互关系来表示。

（3）编制作业单位位置相关图。根据物流相关表及作业单位间的相互关系表，考虑两作业单位相互关系等级，决定两作业单位相对位置，得出各作业单位之间的相对位置关系，也称拓扑关系。由于此时并未考虑各作业单位具体的占地面积，得到的仅是作业单位的相对位置，称为位置相关图。

（4）作业单位占地面积的计算。各作业单位所需的占地面积，与设备、人员、通道及辅助装置有关，计算出的面积应与可用面积相适应。

（5）编制作业单位面积相关图。把各作业单位占地面积附加到作业单位位置相关图上，就形成了作业单位面积相关图。

（6）修正。作业单位面积相关图只是一个原始布局图，还需根据各种因素，如物品搬运方式、操作方式、储存周期、成本限制、安全约束等对其进行调整与修正，进而得出多个可行的平面布局方案。

四、物流系统节点作业区域关联度分析

1. 作业区域关联度分析的内容

作业区域之间的关联度分析，即分析作业区域之间的物流关系、流程关系、安全关系、作业相关程度等影响物流过程的因素，确定作业区域之间的关联度，主要包括以下两个方面的内容。

（1）物流分析。物流分析包括确定物品在物流过程中每个必要的作业间移动的最有效顺序，以及这些移动的强度或数量值。当物品移动是作业过程的主要部分时，物流分析就是布局设计的核心问题了，尤其在物品大而笨重、数量多时，或当运输、搬运费用比加工、储存、检验费用高时更为重要。进行物流分析的目的主要是在考虑作业流程的同时，尽量

使移动距离、往返次数、交叉运输、储存费用、物流费用最小。

（2）非物流因素分析。物流系统节点各作业区域间的布局设计除了受物流因素的影响，还要受到组织关系、环境关系等非物流因素的制约。对于布局设计，物品流程并不是决定物品移动主要路线的唯一依据。由于物流系统作业区域布局要考虑的非物流因素非常多，为了全面系统地进行分析，可以将非物流因素分为以下五类。

① 管理关系。管理关系有两层含义：一是组织管理，指建立在各部门之间的管理、监督关系；二是作业管理，指由于操作管理、业务联系及交流需要存在的关系。

② 流程关系。流程关系是考虑物流系统在生产、作业流程上的顺序及作业区域间的信息流关系。

③ 作业相关程度。由区域之间功能、作业的需要而形成的关系，如物品搬运次数、作业性质相似性、共用设备与否、是否可以共用作业空间等。

④ 环境关系。考虑操作环境和安全需要而保持的关系，包括两类：一是人员安全，包括作业安全、工作环境改善等；二是物品安全，包括防火、防潮、防盗等因素。

⑤ 其他特殊关系。针对某些特殊需要使区域靠近或远离，如某些客户的特殊要求。

2．作业区域关联度分析的方法

物流系统节点的不同区域之间在作业程序、组织结构、业务管理、环境影响等方面存在一定的依存关系，对这些关系进行关联度分析，对节点平面布局规划的区域布局、物品搬运系统设计是至关重要的。关联度分析主要包括定性关联图和定量从至表等方法。

（1）定性关联图。定性关联图主要是对节点内部的各种活动之间的相互关系进行定性分析，确定两两活动区域间的关联程度，以此为节点平面布局规划的区域布局提供设计上的基本依据。

假设某配送中心有 11 个功能区域，其定性关联图，如图 5.12 所示。

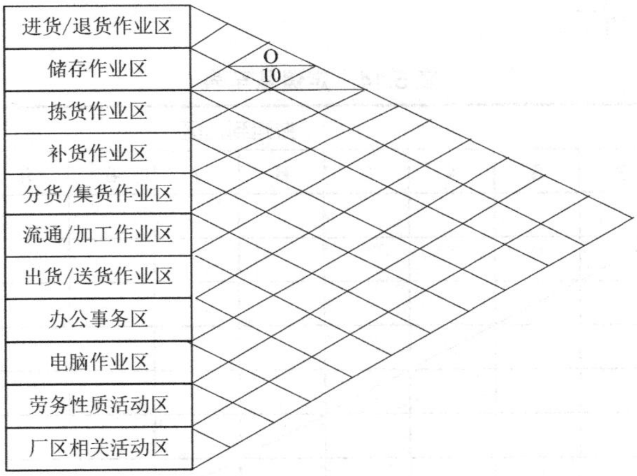

图 5.12　定性关联图

定性关联图左边的各个功能区域由实体功能模块组中的功能区域，以及支持实体作业的需求区域如办公事务区、电脑作业区域、劳务性质活动区、厂区相关活动区等共同组成。某些实体功能模块在活动区上可以进行空间上的整合以提高设施的利用率，如退货作业区域与进货作业区域的合并，送货作业区域与出货作业区域合并。在定性关联图中，任何两个区域之间都有将两个区域联系在一起的一对三角形，其中上三角记录两个区域关联程度等级的评值，下三角记录关联程度等级评价值的理由编号。

在图 5.12 中，由于进货/退货作业区域与拣货作业区域的关联程度等级为一般重要，其理由是为了提升工作效率，则在与两区域相联系的上三角标记“O”，下三角中标记“10”。

关联程度等级设计表，如表 5.12 所示。关联程度等级理由表，如表 5.13 所示。

表 5.12　关联程度等级设计表

相关程度等级	相关程度说明	相关程度等级	相关程度说明
A	绝对重要	O	一般重要
E	特别重要	U	不重要
I	重要	X	不可接近

表 5.13　关联程度等级理由表

编　号	两区域需要接近的理由	编　号	两区域需要接近的理由
1	人员接触程度	7	进行相似的活动
2	共用相同的人员	8	物料搬运次数的考虑
3	文件往返程度	9	作业安全的考虑
4	使用共同的记录	10	提升工作效率的考虑
5	共用设备	11	改善工作环境的考虑
6	共用相同的空间区域		

（2）定量从至表。定量从至表是一种表达各作业区域间物流量的图表，可以直观地分析各作业区域间的物品流动规模大小，使设计者在进行区域布局时，避免流量大的作业区域间的搬运距离太长，以减少人力、物力的浪费，并为设计各区域的空间规模提供依据。定量从至表如表 5.14 所示。

表 5.14　定量从至表

物流作业区域		搬运到达区											
		1	2	3	4	5	6	7	8	9	10	11	合计
搬运起始区	1												
	2												
	3												
	4												
	5												
	6												
	7												
	8												
	9												
	10												
	11												
	合计												

定量从至表的制定过程如下。

① 依据主要作业流程，将所有作业区域分别以搬运起始区与搬运到达区按同一顺序列表（为方便起见可使用作业编号）。

② 为了正确地表现各流量之间的关系，需要统一各区域的搬运单位，以方便计算流量的总和。

③ 根据作业流程将物品搬运流量测量值逐项填入从至表内。

④ 以从至区域间的搬运流量作为后续区域布局的参考，流量大的两个作业流程将具有较高的优先顺序，并被放置于相邻近的位置。

在分析定量从至表时，上三角矩阵中的物流量是由正向物流产生的，下三角矩阵中的物流量由逆向物流产生，两个区域之间的物流总量为正向物流量与逆向物流量的总和，以物流矩阵计算。由于逆向物流是我们要尽量改善的，在计算的时候可以将逆向物流加倍后再计入总量。在布局的时候我们应使物流总量大的区域尽量靠近，选择物流量大的区域作为布局的最优先区域。

五、物流系统节点平面区域布局方法

1．关联线图法

以定性因素为基础，通过评价影响作业区域之间关联度的因素，以关联图为分析工具，分别采用 A、E、I、O、U、X 表示物流系统节点各个区域与其他区域之间的重要性大小，进而通过构建关联线图底稿表、关联线图，来确定物流系统节点作业区域布局的方法。其基本步骤如下。

（1）根据已知资料制作定性关联图。首先，在收集资料的基础上，筛选影响作业区域关联度的因素；其次，评价各作业区域之间关联度的等级，做出定性关联图。

（2）制作关联线图底稿表。关联线图底稿表的第一行为作业区域的名称，第一列为关联程度等级 A、E、I、O、U、X。基于定性关联图，制作关联线图底稿表。

（3）制作关联线图。选择第一个进入布局的作业区域（与其他作业区域联系最密切的作业区域）；选择第二个进入布局的作业区域（既与第一个作业区域联系最为密切，又与其他作业区域联系最密切）。依次选择剩余作业区域进入布局。

（4）对作业区域进行布局。在关联线图的基础上，发展关联线图，完成作业区域布局。

【例 5.7】已知某物流中心有 6 个作业区域，试用关联线图法，做出该物流中心的区域布局规划。

第一步：根据已知资料绘制物流中心作业区域关联图，如图 5.13 所示。

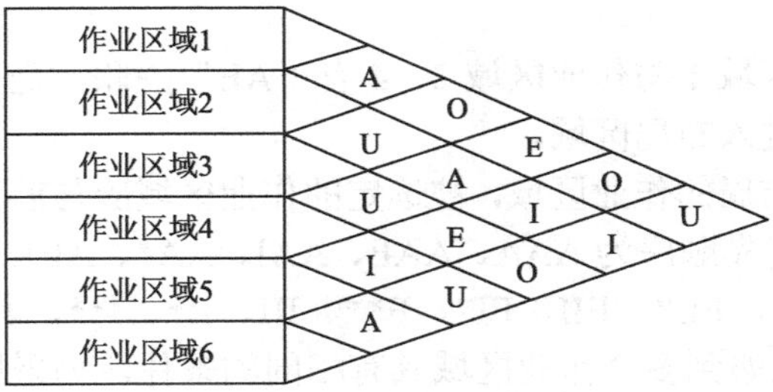

图 5.13　物流中心作业区域关联图

第二步：根据关联图绘制关联线图底稿。按照从 A 到 X 的关联性，把作业区域之间的关联程度列表表示，也就是转化为关联线图底稿，如表 5.15 所示，表中数字表示作业区域的编号。

表 5.15　关联线图底稿表

作业区域 关联等级	1	2	3	4	5	6
A	2	1,4		2	6	5
E	4		5	1	3	
I		5,6		5	2,4	2
O	3,5		1,6		1	3
U	6	3	2,4	3,6		1,4,
X						

第三步：根据关联线图底稿表构建关联线图。关联线图的构建是一个对作业区域重复选择和摆放的过程。

首先选择具有最多“A”关联的作业区域第一个进入布局区域。若有多个作业区域同时符合条件，则以下列顺序加以选定：最多“E”关联，最多“I”关联，最少“X”关联。如果最后还是无法选定，可在这些条件完全相同的作业区域中任意选择一个作业区域作为第一个进入布局的作业区域。

在本例中，因为作业区域 2 分别与作业区域 1 和 4 具有最高的“A”关联，而其他作业区域最多只与一个作业区域具有“A”关联，所以选择作业区域 2 首先进入布局区域。

选择第二个进入布局区域的作业区域，选择标准是与第一个进入布局区域的作业区域具有最多“A”关联，又与剩余作业区域的关系最密切，如果有多个作业区域完全符合相同条件，选择原则与选择第一个作业区域的原则相同。

在本例中，作业区域 1、4 与 2 都有最高关联“A”，剩余作业区域中 4 与作业区域 1 互为“E”关系，并与作业区域 5 有“I”关联，与剩下的作业区域关系等级最高，所以选择作业区域 4 进入布局区域，并与作业区域 2 相邻。

选择第三个进入布局区域的作业区域，选择标准与选择第二个作业区域的逻辑相同，应该与被选定的前两个作业区域具有最高的关联性。与前两个作业区域关系组合的优先顺序依次为 AA、AE、AI、A*、EA、EE、EI、E*、II、I*，其中符号“*”代表“O”或“U”的关联。如果遇到多个作业区域具有完全相同的条件，仍采用第一个作业区域的选择原则来处理。

在本例中，作业区域 1 与作业区域 2、4 有“AE”关联，是关系最密切的作业区域，所以选择作业区域 1 进入布局区域。

选定第四个进入布局的作业区域，被选定的作业区域应与前三个作业区域具有最高的接近组合关系。组合优先顺序为 AAA、AAE、AAI、AA*、AEA、AEE、AEI、AE*、AII、AI*、A**、EEE、EEI、EE*、EII、EI*、E**、III、II*、I**，其中符号“*”代表“O”或“U”的关联。如果遇到多个作业区域具有相同的条件，仍采用第一个作业区域的选择原则来处理。

在本例中，作业区域 5 与已被选定的作业区域 2、4、1 具有最高的“IIO”关系等级，所以选定的第四个进入布局的区域为作业区域 5。

同理，由于作业区域 6 与已被选定的作业区域有最高的“AIUU”关系等级，所以第五个进入布局的区域为作业区域 6。最后进入布局图的区域是作业区域 3。

作业区域布局过程和排列位置，如图 5.14 所示。

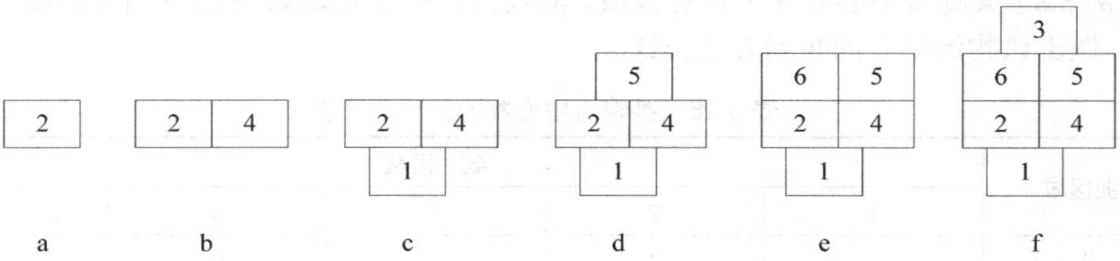

图 5.14 作业区域布局过程和排列位置

第四步：给布置好的作业区域配置相应的面积，进行调整，形成物流中心的最终布局图，如图 5.15 所示。

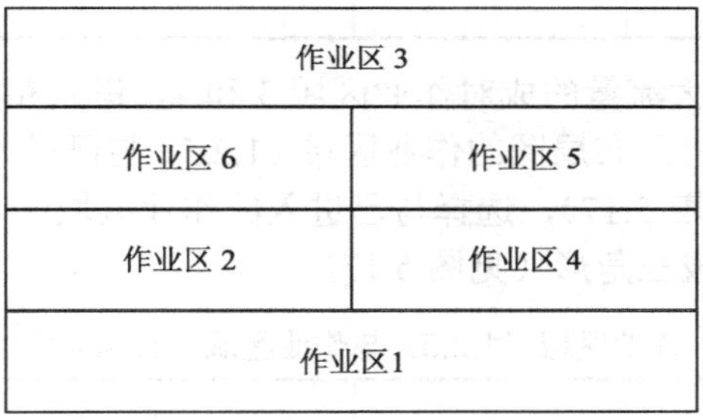

图 5.15 物流中心的最终布局图

根据各作业区域的具体尺寸，矩形的邻接图要进行适当的位置调整及形状变化，最终的布局图不完全相同。

2．图形构建法

图形构建法是利用在共平面上发展最大权数的邻接图以完成区域布局的方法，即以不同作业区域间的权数总和（定量测量）作为挑选作业区域的法则。

共平面也称为可平面，是平面上没有任何边相交叉的一种图形。一个最大共平面是除非在三维空间加画，否则平面内没有一条不与其他边相交叉的边可以加上去。权数是指作业区域间的关联强度量化值，可以是定量从至表的物流量，也可以是定性关联的量化或者是综合关系量化。

图形构建法的构建算法有多种，主要有节点插入法、最大关联数法。这里主要介绍节点插入法，其步骤如下。

第一步：选择具有最大权数的作业区域对进入布局图。

第二步：选择与已进入的作业区域间具有最大的总权数的作业区域进入布局图，并与前作业区域对构成三角（一种最大共平面）。

第三步：对未选定的作业区域，建立总权数表，选择最大总权数的作业区域插入三角形内。

第四步：再次选择剩余作业区域中具有最大总权数的作业区域，插入与已有三角平面中具有最大总权数的三角形内部。

第五步：重复步骤四，直至最后一个作业区域插入完毕。

第六步：构建完成一个邻接图之后，还要依据邻接图来重建区块布局。在实际应用中，根据各作业区域的面积和形状要求进行调整布局。

【例 5.8】某物流中心有 5 个作业区域，其物流分析从至表如表 5.16 所示，试用图形构建法，做出该物流中心的布局方案设计。

表 5.16　某物流中心物流分析从至表

作业区域		到达区域				
		1	2	3	4	5
起始出发区域	1		9	8	10	0
	2			12	13	7
	3				20	0
	4					2
	5					

第一步：选定具有最大流量的成对作业区域 3 和 4，进入布局图（见图 5.16）。

第二步：分别计算未进入布局图的作业区域（1,2,5）与已进入布局图的作业区域（3,4）间的流量和（总权数，见表 5.17），选择与已进入的作业区域 3 和 4 间流量和最大的作业区域 2，进入布局图，构成三角形（见图 5.17）。

表 5.17　作业区域（1,2,5）与作业区域（3，4）间的流量和

作业区域	3	4	合计
1	8	10	18
2	12	13	25
5	0	2	2

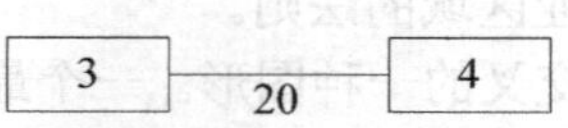

图 5.16　第一步布局图

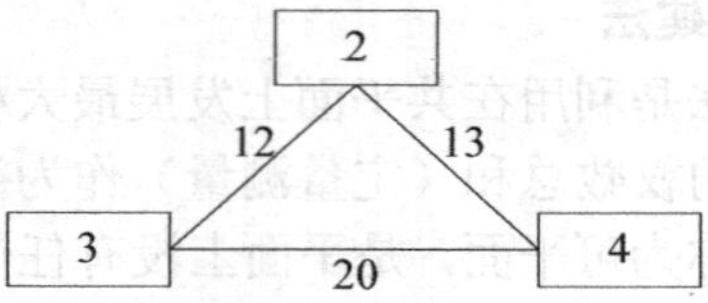

图 5.17　第二步布局图

第三步：分别计算未进入布局图的作业区域（1,5）与已进入布局图的作业区域（2,3,4）间的流量和（见表 5.18），选择与已进入的作业区域 2,3,4 间流量和最大的作业区域 1 进入布局图，插入三角形内部，形成四个三角形（见图 5.18）。

表 5.18　作业区域（1,5）与作业区域（2,3,4）间的流量和

作业区域	3	4	2	合计
1	8	10	9	27
5	0	2	7	9

第四步：仿照第三步，分别计算剩余作业区域与已构成的若干三角形的三个节点的流量和（见表 5.19），选择插入具有最大流量和的三角形（1,2,4）或（3,4,2）内部（见图 5.19）。本例将作业区域 5 加入（1,2,4）内部。

表 5.19　剩余作业区域 5 与已构成的若干三角形的流量和

作业区域	3,4,2	1,3,4	1,2,4	1,2,3
5	9	2	9	7

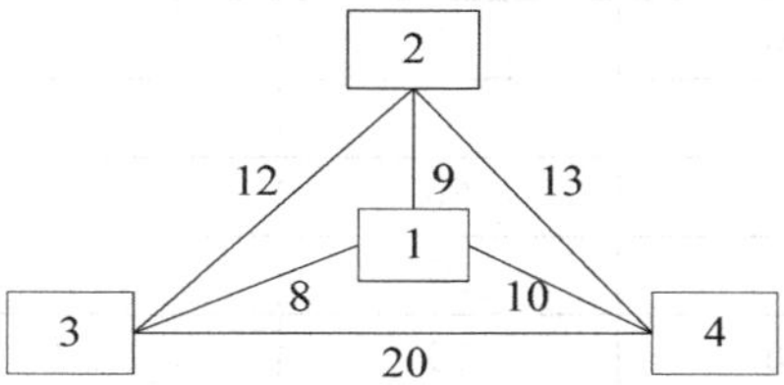

图 5.18　第三步布局图

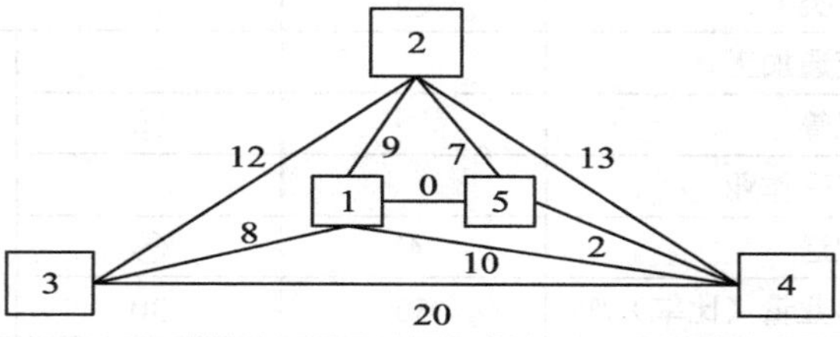

图 5.19　第四步布局图

第五步：依据邻接图，根据各作业区域的实际尺寸，构建物流中心作业区域布局图，如图 5.20 所示。

图 5.20　物流中心作业区域布局图

3．作业流程计划表法

作业流程基本计划表是表示不同类型物品在物流系统中的作业顺序的一种表格。在计划表中，第一列表示作业类别，第一行用来表示物品类型，表格中其他空格则按照物品实际的作业顺序进行标注。

作业流程计划表法的应用具体包括以下四个步骤。

第一步：根据已知资料编制物流系统作业流程的基本计划。对物品的类别，按照物品出入库的顺序进行整理，同时按照类似的物品加以分组；然后确定不同种类物品的作业量，以作业量的大小为顺序，从左到右，填写不同种类物品的物流流程，制作作业流程计划表。

第二步：作业区域间邻接性分析。根据作业流程计划表，计算物流流程的比率，比率越大，作业区域间的邻接性越强。

第三步：根据作业区域间的邻接性，制作作业区域的邻接图。

第四步：根据邻接图，构建作业区域布局图。

【例 5.9】某物流中心有 A、B、C、D 四种产品，作业量分别为 50%、30%、10%、10%，该物流中心的作业流程有入库、验收、分类、流通加工、保管、特殊作业、配送，根据作业设置收货场、验货场、分类场、流通加工场、保管场、特殊物品存放场和送货场等区域。试用作业流程计划表法做出该物流中心的布局方案设计。

第一步：根据已知资料，编制物流中心作业流程基本计划表，如表 5.20 所示。

表 5.20　物流中心作业流程基本计划表

作业类别 \ 产品类别	A	B	C	D	…
入库	①	①	①	①	…
验收	②	②	②	②	…
分类	③	④	④		…
流通加工			③		…
保管		③			…
特殊作业				③	…
配送	④	⑤	⑤	④	…
作业量（比率）/%	50	30	10	10	…

第二步：作业区域间邻接性分析，如图 5.21 所示。

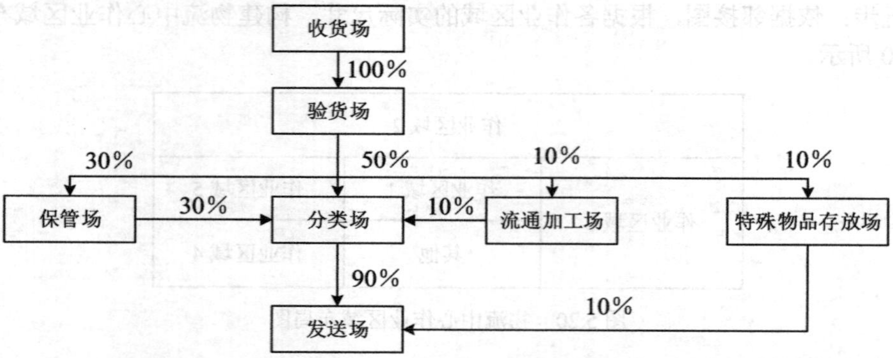

图 5.21　作业区域间邻接性分析

第三步：根据作业区域间的邻接性，制作作业区域的邻接图，如图 5.22 所示。

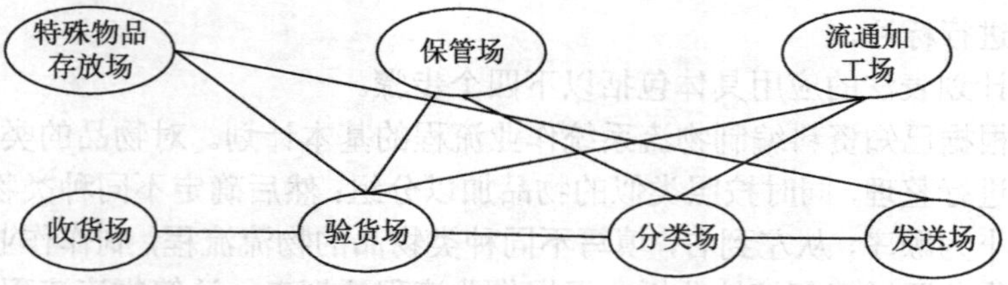

图 5.22　作业区域的邻接图

第四步：根据邻接图，考虑管理中心后构建物流中心作业区域布局图，如图 5.23 所示。

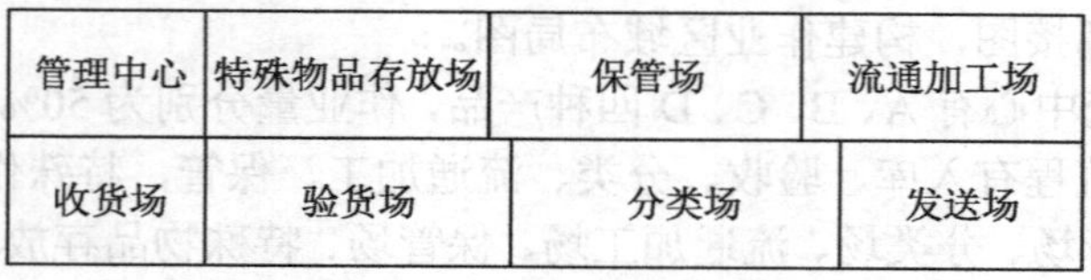

图 5.23　物流中心作业区域布局图

4．动线布局法

物流动线是作业流程与物理场所相结合形成的空间关系。动线布局法的布局思路是在流程分析的基础上，首先确定作业系统的主要动线方向，再依据作业流程及关联性进行功能区布局。

（1）物流动线的基本类型。物流动线类型及适用范围，如表 5.21 所示。

表 5.21　物流动线类型及适用范围

项目	物流动线类型	图　示	适用范围
1	直线型	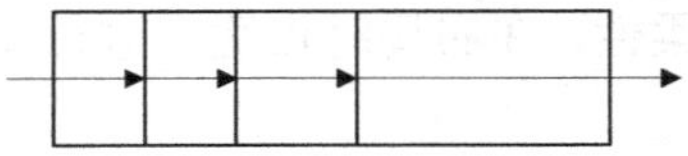	适用于出入口在作业区域两侧、作业流程简单、流量较小的物流作业，无论订单大小与配货品种多少，均需通过作业区域全程
2	双直线型	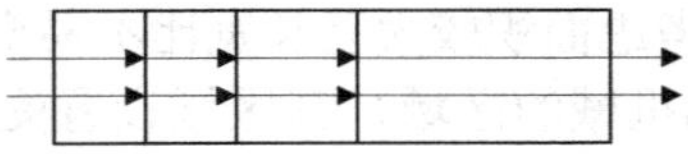	适用于出入口在作业区域两侧、作业流程相似，但是有两种不同进出货形态或作业需求的物流作业
3	锯齿型或 S 型	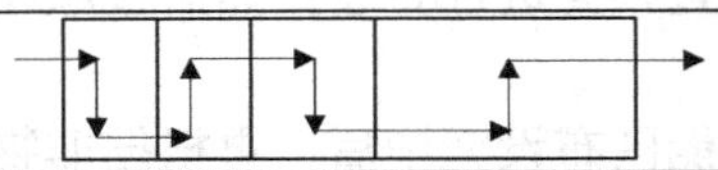	适用于布设多排并列的仓储货架区的物流节点
4	U 型	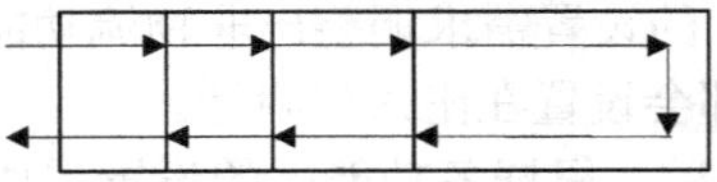	适用于出入口在作业区域的同侧的作业，可依出入货频率大小安排接近进出口端的储区，以缩短拣货搬运路线
5	分流型	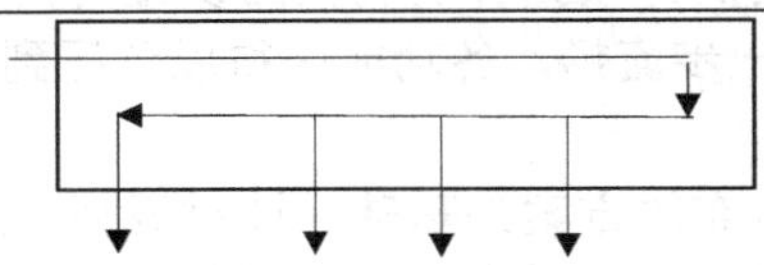	适用于批量拣取后进行分流配送的作业
6	集中型	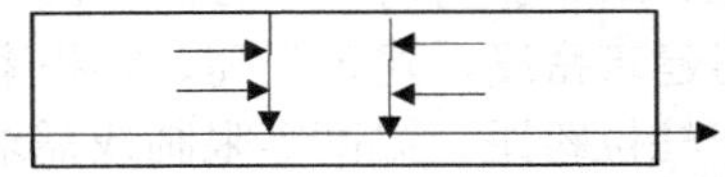	适用于因储存区特点将订单分割在不同区域拣取后进行集货的作业

在六种物流动线中，直线型、锯齿型和 U 型动线由于较简洁，是进行平面布置时首选的动线类型，而双直线型、分流型和集中型等则是根据不同条件对基本型进行变形获得的，在规划设计时可根据实际情况采取混合式的动线规划。

（2）物流动线的选择。物流动线的选择必须结合物流系统节点周边环境、自身条件和各种物流动线的特性综合考虑，具体应考虑的主要因素有以下三个方面。

① 与物流系统节点相连的外部道路：与外部道路的衔接形式决定物流系统节点的出入口位置和车流组织条件，同时也影响动线的起点。一般来说，物流系统节点以直接连通外部道路的一侧作为主要出入口。

② 规划地块的实际情况：规划地块本身的大小和形状也是决定物流动线的重要因素。狭长的地块由于进深较小应尽量考虑直线型和 U 型等简洁的布局形式，以充分利用空间；而长宽比较接近的地块则可考虑混合型的布局形式，以使有流程关系的功能区都能尽量直接相邻。此外，由于一些功能区本身对其长宽比和大小有一定要求，在实际地块条件下可行的动线形式将因此受到限制。

③ 货种、订单分布及拣选形式：物流系统节点内部运作的实际情况对物流动线的选

择也有较大影响，如同时服务于普通货物和冷藏货物的配送中心，这两类货物在进入配送中心后的流程和对搬运仓储环境的要求都不相同，需要选用具有两条平行物流动线的动线类型。

（3）功能区的布局。确定了物流动线类型后，即可在此基础上将预先根据作业流程设置的各个功能区在既有的地块条件下进行空间布局。此时，必须将地块条件进一步细化为厂房的空间范围，包括其具体的大小、长宽比例等，同时出入口也已初步设定。进行功能区布局的主要步骤如下。

① 设定功能区模板：将各功能区依其所估计的面积大小与长宽比例制作成模板，在设定模板时应明确哪些功能区具有较大柔性，在布局时可适当进行调整以满足厂房的实际条件约束。

② 物流功能区布设：物流功能区的布设以物流活动的流程为依据，大体上依作业流程顺序对功能区位置进行设定。首先应考虑面积较大且长宽比不易变动的功能区（如自动仓库、分类输送区等需应用大型自动化机械的区域，其区域设置受到机械设备占地的约束），参考其在动线和流程中的相对位置预先进行布设；然后按顺序插入面积较小、长宽比限制较小的功能区。

③ 非物流功能区布设：在物流功能区布设完毕后，再根据非物流功能区（主要是行政办公和一些配套的修理间、机房等）的设置需求调整出非物流功能区模板的用地。考虑到工作人员的进出方便，一般办公区都会设置在出入口附近。

④ 整体布局调整：完成初步布局后，根据各功能区的设置需要进行微调，充分利用厂房空间，并使各功能区间的动线进一步流畅，各功能区得以分配到合理的位置和面积，形成功能区的初步布局方案。

⑤ 布局方案修正：以既得的初步布局方案为基础，针对规划应遵守的相关规划守则和规范，对布局方案进行进一步的修正，最终获得若干可行的平面布局方案。具体修正因素包括：厂房与土地面积比例——厂房建筑密度、建筑限高、容积率、绿化率等因素；厂房建筑的特性——建筑造型、长宽比、柱位跨距、梁高等限制或需求；法规限制——土地建筑法规、环保卫生安全相关法规、劳动法等因素；交通出入限制——交通出入口及所在区域的特殊限制等因素；其他——如经费预算限制 、政策配合因素等。

【例 5.10】某配送中心在改扩建工程中拟引进自动化立体仓库、分类输送机等机械设备，对原有的传统运作管理方式进行提升，以提高配送中心的整体作业效率。同时，对原有仓储区等各功能区也将根据新的设施条件和作业流程需要进行优化布设。经过对配送中心作业流程的设计和分析，改造后的配送中心需设定如下功能区：进出货月台、进出货暂存区、集货区、仓储区（包括托盘货架区、自动仓库、流动货架）、流通加工区、分类输送区、贵重物品保管区，以及出/入货办公室。各功能区模板的设定情况，如图 5.24 所示。

该配送中心规划的厂房长 70 米、宽 45 米，长宽比对动线的限制较小，可采用直线型、U 型、锯齿型等多种动线形式。下面以 U 型动线进行该配送中心的布局。

采用 U 型动线的特点是进出货月台设置在厂房同侧，配送中心内的物流动线以进出货月台为起讫点呈 U 型布置，如图 5.25 所示。

自动仓库和分类输送区不仅面积较大，也是配送中心内尺寸相对固定的功能区，因此首先将其模板填入厂房地块内，结合物流动线及作业流程，得到 U 型动线布局方案设计过程（1），如图 5.26 所示。

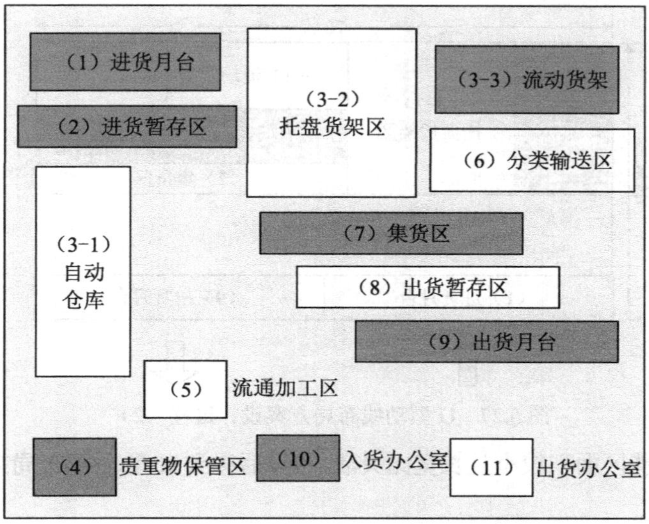

图 5.24 某配送中心各功能区模板设定情况

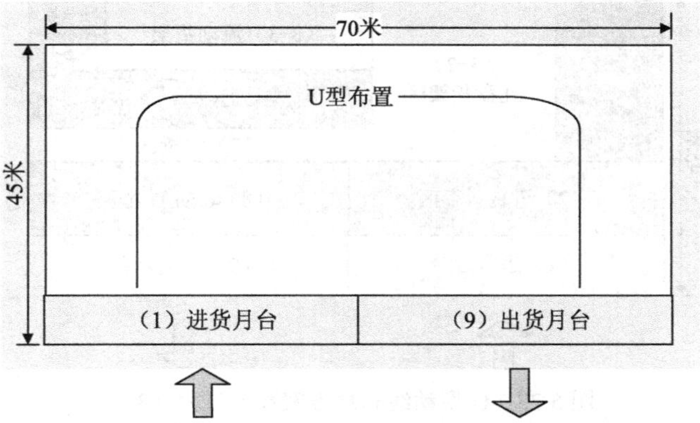

图 5.25 U 型动线布局方案初始设置

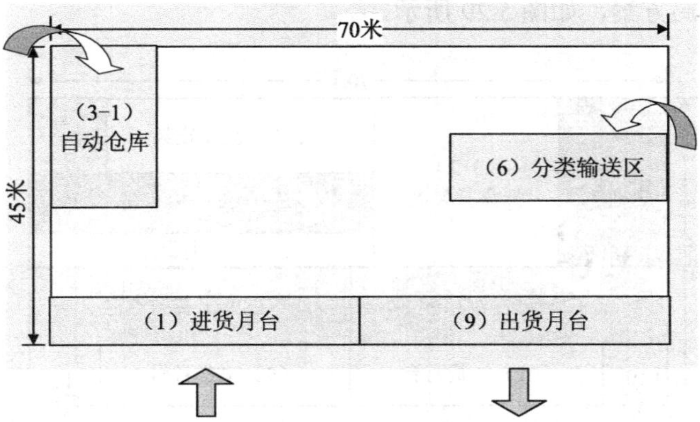

图 5.26 U 型动线布局方案设计过程（1）

面积相对较大的还有托盘货架区和流动货架区两大仓储区，以及集货区，将其模板填入地块，完成该次布设后布局结果，得到 U 型动线布局方案设计过程（2），如图 5.27 所示。

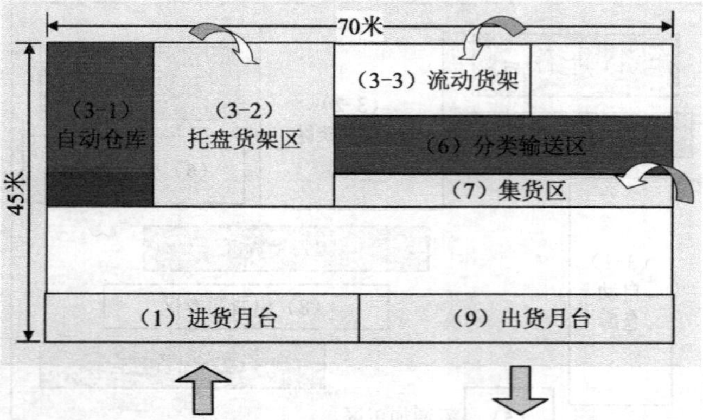

图 5.27　U 型动线布局方案设计过程（2）

剩余的物流功能区面积较小且长宽比灵活，布设后得到 U 型动线布局方案设计过程（3），如图 5.28 所示。

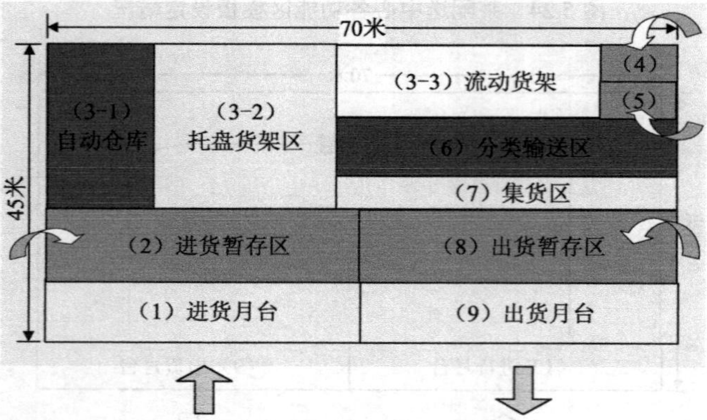

图 5.28　U 型动线布局方案设计过程（3）

最后将出入货办公室这两个非物流功能区放入地块中合适的位置，完成配送中心采用 U 型动线的初步布局方案，如图 5.29 所示。

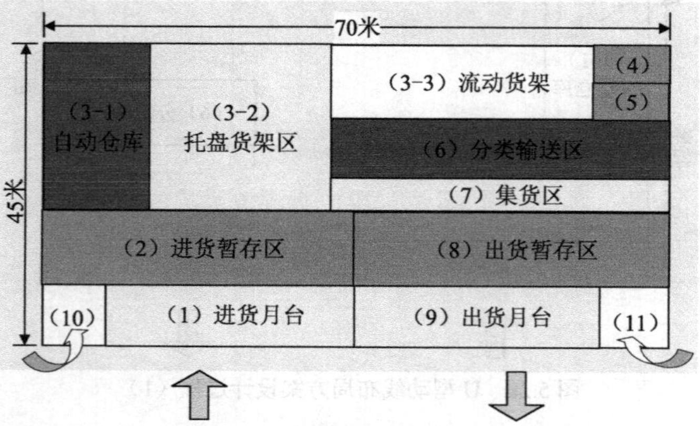

图 5.29　采用 U 型动线的初步布局方案

思考练习题

一、单项选择题

1.（　　）是物流系统节点决策最常用的目标。

A. 成本最小化　　B. 流量最大化

C. 服务质量最优化　　D. 发展潜力最大化

2. 在工厂和仓库选址时，最重要的因素通常是（　　）。

A．经济因素　　B. 到达的容易程度

C．顾客的消费偏爱　　D. 土地条件

3. 若在一条直线上，在位置 0、6、10、14 上有四个点，为每个点服务的成本与这些点到新设施间的距离成正比，并且权重相同。那么，该直线上的反中心点是（　　）。

A．3　　B．3.5　　C．8　　D．12

二、多项选择题

1. 按设施数量划分，物流系统节点选址可分为（　　）问题。

A. 连续选址　　B. 单一设施选址　　C. 多设施选址

D. 离散选址　　E. 单纯选址

2. 以下物流节点选址模型中，（　　）属于连续选址模型。

A. 重心法　　B. 多重心法　　C. P–中值模型

D. CFLP 模型　　E. 交叉中值模型

3. SLP 法的基本要素包括（　　）。

A. 物流作业路线　　B. 物流对象　　C. 物流量

D. 物流时间　　E. 辅助服务部门

三、简答题

1. 简述物流系统节点选址规划的步骤。
2. 简述物流系统节点平面布局规划的目标和原则。
3. 物流动线有哪些类型？物流动线的选择具体应考虑的主要因素有哪些？
4. 如何采用动线布局法得到功能区的布局方案？

四、计算题

1. 一个冷冻食品公司想在某地区开设一个新的冷食提货点，其主要的服务对象是附近 5 个住宅小区的居民，各个需求点的位置及对应的权重，如表 5.22 所示。公司经理希望通过这些信息来确定一个合适的冷食提货点的位置，要求每个月顾客到冷食提货点所行走的距离总和最小。

表 5.22　五个需求点的位置及权重

需 求 点	坐标（X_i，Y_i）	权重 ω_i
1	(3,2)	3
2	(4,3)	1

续表

需求点	坐标（X_i, Y_i）	权重 ω_i
3	(5,1)	8
4	(1,4)	3
5	(2,5)	7

2. 某配送企业准备为 8 个生产企业提供即时配送服务。生产企业要求该配送企业在接到订单后 4 小时内将所需物品送至其生产线上，配送企业为满足生产企业的要求，准备在每个生产企业周围 20 公里范围内至少设置一个配送中心，配送中心的服务能力不受限制。8 个生产企业所在地均可作为配送中心候选地。生产企业分布情况和相对距离，如图 5.30 所示。

（1）确定该配送企业至少应建设几个配送中心及相应的位置。

（2）假设配送企业只能建立两个配送中心，并为尽可能多的生产企业提供服务，试确定该配送企业建设两个配送中心的位置。

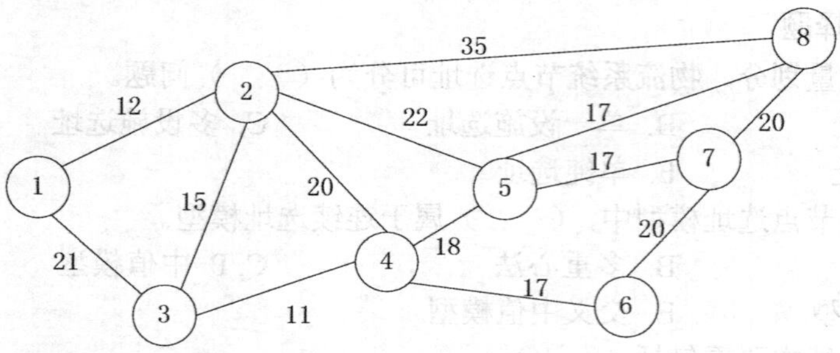

图 5.30　生产企业分布情况和相对距离

3. 某公司在某地区有 8 个零售商客户（A1~A8），公司准备在该地区新建 2 个物流中心，用最低的运输成本来满足 8 个零售商客户的需求。经过实地考察后，公司确定 4 个候选地（D1~D4），从物流中心候选地到客户区的单位运输成本及各客户的需求已确定，如表 5.23 所示。试确定物流中心的位置与客户分派情况并计算总的运输费用。

表 5.23　从物流中心候选地到客户区的单位运输成本及各客户的需求

	D1	D2	D3	D4	需求量
A1	4	12	20	6	100
A2	2	10	25	10	50
A3	3	4	16	14	120
A4	6	5	9	2	80
A5	18	12	7	3	200
A6	14	2	4	9	70
A7	20	30	2	11	60
A8	24	12	6	22	100

4. 已知某配送中心有 6 个作业区域，作业区域 1 与作业区域 2～6 的关联等级分别为

E、A、O、O、U，作业区域2与作业区域3～6的关联度分别为E、I、O、I，作业区域3与作业区域4～6的关联等级分别为A、E、O，作业区域4与作业区域5和6的关联度为I、U，作业区域5与作业区域6的关联度为O，试画出该配送中心的作业区域关联图，并以此为依据做出该配送中心的区域布局规划。

5. 已知某物流中心有6个作业区域，物流中心的作业区域关联图，如图5.31所示，做出该物流中心的区域布局规划。

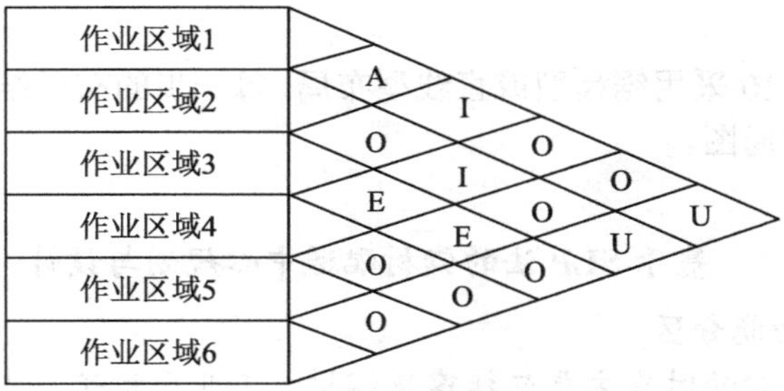

图5.31　物流中心的作业区域关联图

6. 某物流中心有5个作业区域，作业区域间物流分析从至表如表5.24所示。做出该物流中心的布局方案设计。

表5.24　某物流中心作业区域间物流分析从至表

作业区域		到达区域				
		1	2	3	4	5
起始出发区域	1		5	10	2	3
	2			8	9	7
	3				12	17
	4					6
	5					

7. 某配送中心有A、B、C、D四种产品，作业量分别为40%、30%、20%、10%，该配送中心的作业流程有入库、验收、分类、流通加工、保管、特殊作业、配送。根据作业流程设置收货场、验货场、分类场、流通加工场、保管场、特殊物品存放场和送货场等区域。根据已知资料，编制的配送中心作业流程基本计划表，如表5.25所示。据此做出该配送中心布局设计。

表5.25　物流企业作业流程基本计划

产品类别 作业类别	A	B	C	D	…
入库	①	①	①	①	…
验收	②	②	②	②	…
分类		③		③	…
流通加工	③		③	④	…
保管			④		…

续表

产品类别 作业类别	A	B	C	D	…
特殊作业					…
配送	④	④	⑤	⑤	…
作业量（比率）/%	40	30	20	10	…

五、技能题

本章第三节例 5.10 采用锯齿型或直线型布局，每一步的布局结果分别是什么？仿照案例给出每一步骤的布局图。

六、案例分析

基于 SLP 法的钢材配送中心规划与设计

1. 设计规模及功能分区

进出钢材配送中心的对象主要包括建筑钢材、工业用材等。建筑钢材包括线材、螺纹钢等，工业用材包括薄板、中厚板、型材、棒材等。建筑钢材主要在钢材堆场储存，工业用材主要在钢材库区和钢材堆场储存。

拟建的钢材配送中心总吞吐量为 200 万吨/年，流动量为 100 万吨/年，钢材配送中心设计能力，如表 5.26 所示。

表 5.26 钢材配送中心设计能力

类 别	钢 种	储存区域	流动量（万吨）
建筑钢材	线材	钢材堆场	49
	螺纹钢		14
	其他		7
	总计		70
工业用材	薄板	钢材库区	18
	中厚板	钢材堆场	1.5
	型材		7.5
	棒材		1.5
	其他		1.5
	总计		30
总量			100

根据客户需求和配送中心作业流程，该配送中心主要功能分区包括接货区、检验区、钢材库区、露天堆场、钢材加工区、发货区、管理交易区等。

2. 作业过程图和物流关系从至表

钢材出入中心流动量均为 100 万吨/年，按工作天数为 300 天计算，日出入库量为 3 333 吨/天。根据作业流程，得到钢材配送中心物流作业过程，如图 5.32 所示，进而可得物流从至表，如表 5.27 所示。

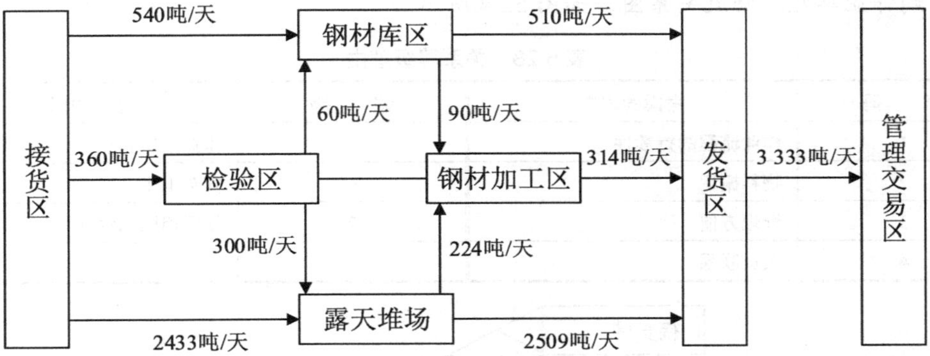

图 5.32　钢材配送中心物流作业过程

表 5.27　物流从至表

区　域	接货区	检验区	钢材库区	露天堆场	钢材加工区	发货区	管理交易区
接货区		360	540	2433			
检验区			60	300			
钢材库区					90	510	
露天堆场						2509	
钢材加工区						314	
发货区							3 333
管理交易区							

根据物流从至表的分析统计结果，对各作业单元之间的物流强度进行等级划分，划分的结果如下：（1）A 级：露天堆场—发货区；（2）E 级：接货区—露天堆场；（3）I 级：接货区—钢材库区；（4）O 级：钢材库区—发货区；（5）U 级：检验区—钢材库区，检验区—露天堆场，钢材库区—钢材加工区，钢材加工区—发货区，发货区—管理交易区。得到作业单元物流关系图，如图 5.33 所示。

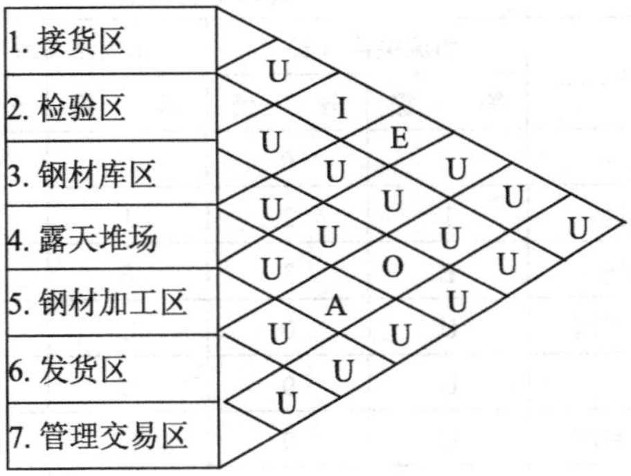

图 5.33　作业单元物流关系图

3. 非物流关系分析

设施布置规划还需要考虑作业单元之间的非物流关系，关系等级理由，如表 5.28 所示。根据钢材配送中心的特点，作业单元之间关系密切程度的评定可以考虑多方面的影响因素，得到作业单元非物流关系图，如图 5.34 所示。

表 5.28　关系等级理由

编　码	考虑的理由	编　码	考虑的理由
1	作业流程的持续性	5	作业性质相似
2	物料搬运	6	安全卫生
3	管理方便	7	使用相同的设施
4	人员联系		

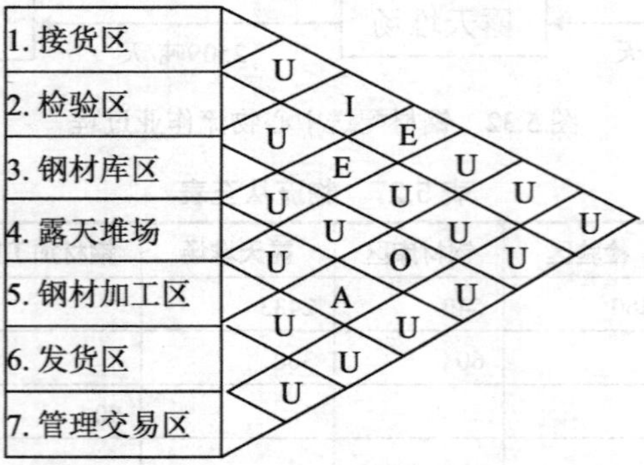

图 5.34　作业单元非物流关系图

4. 综合关系分析

综上，同时考虑物流与非物流对整个配送中心的影响力大小，以一定的加权来确定该配送中心的综合关系。考虑到在配送中心内，物流关系将会占据越来越重要的地位，因此加权选定为作业单元物流相互关系：非物流关系=3：1，令 A=4，E=3，I=2，O=1，U=0，得到作业单元综合关系计算表，如表 5.29 所示，综合关系等级及所占比例，如表 5.30 所示。

表 5.29　作业单元综合关系计算表

序　号	作业单元		关系密切程度				综合关系	
	作业单元 1	作业单元 2	物流关系（3）		非物流关系（1）			
			等　级	分　值	等　级	分　值	分　值	等　级
1	接货区	检验区	U	0	U	0	0	U
2	接货区	钢材库区	I	2	I	2	8	I
3	接货区	露天堆场	E	3	E	3	12	E
4	接货区	钢材加工区	U	0	U	0	0	U
5	接货区	发货区	U	0	U	0	0	U
6	接货区	管理交易区	U	0	U	0	0	U
7	检验区	钢材库区	U	0	U	0	0	U
8	检验区	露天堆场	U	0	E	3	3	O
9	检验区	钢材加工区	U	0	U	0	0	U
10	检验区	发货区	U	0	U	0	0	U

续表

序　　号	作业单元		关系密切程度				综合关系	
	作业单元 1	作业单元 2	物流关系（3）		非物流关系（1）			
			等　级	分　值	等　级	分　值	分　值	等　级
11	检验区	管理交易区	U	0	U	0	0	U
12	钢材库区	露天堆场	U	0	U	0	0	U
13	钢材库区	钢材加工区	U	0	U	0	0	U
14	钢材库区	发货区	O	1	O	1	4	O
15	钢材库区	管理交易区	U	0	U	0	0	U
16	露天堆场	钢材加工区	U	0	U	0	0	U
17	露天堆场	发货区	A	4	A	4	16	A
18	露天堆场	管理交易区	U	0	U	0	0	U
19	钢材加工区	发货区	U	0	U	0	0	U
20	钢材加工区	管理交易区	U	0	U	0	0	U
21	发货区	管理交易区	U	0	U	0	0	U

表 5.30　综合关系等级及所占比例

符　　号	含　　义	所占比例（%）
A	绝对重要	2～5
E	特别重要	3～10
I	重要	5～15
O	一般	10～25
U	不重要	45～80
X	禁止	

5. 线型关系图

根据 SLP 思想，按照综合相互关系级别高低确定不同级别作业单元的位置，并用“试错法”生成线型图，如图 5.35 所示。

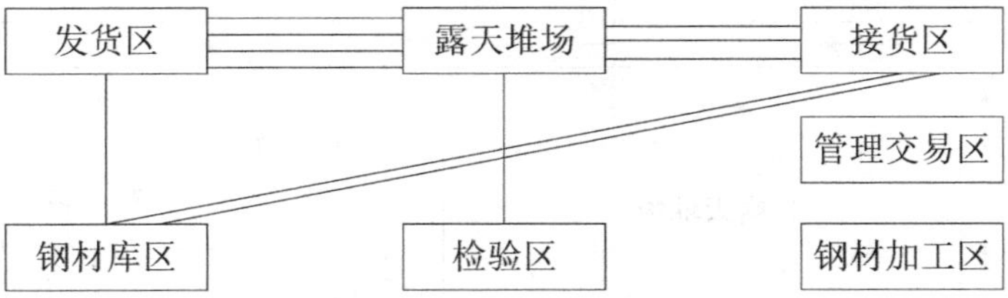

图 5.35　线型图

6. 钢材配送中心面积确定

按照加权的计算方式，均按照额定堆放量计算，可得露天堆场的平均额定堆放量为 3 吨/平方米。

钢材配送中心对堆场储放要求是 4.91 万吨，假定库场的不平衡系数是 1.4，则配送中心对堆场的要求面积是（4.91×1.4）÷（3×10 000）=22 913（平方米）。

钢材配送中心对钢材库区的储放要求是2.5吨。平均额定值5吨/平方米计算，假定库场不平衡系数是 1.4，则钢材库区要求的面积是（2.5×1.4）÷（5×10 000）=7 000（平方米）。

钢材加工区的加工量为 9.42 万吨/年，钢材加工区的主要功能是对钢材进行加工，各种钢材加工完毕后，有两种方式处理，一种是立即发货，另一种是把它放回钢材库区或露天堆场进行储存。故钢材加工区的面积在满足设备摆放及加工面积后，略有剩余即可，针对此配送中心，取1 000 平方米就可充分地满足加工要求。

钢材出入库的量均为100 万吨/年，按工作天数为300 天计算，日出入库量为3 333 吨/年，如果每天工作 8 小时，则出入量约为 420 吨/小时。假定出入库最高峰时的出库量为平均值的5倍，那么出入库的最高值为210 吨/小时；假定钢材平均额定堆放量为 3 吨/平方米，则接发货区均需700 平方米，取不平衡系数为1.4，那么可得接发货区面积为1 000 平方米。

对于钢材配送中心来说，只有少量的钢材要进行检验，验货区面积取接货区的10%即可，此处取验货区面积为100 平方米。

对于管理交易区，其占地面积大小与钢材配送中心内入驻客户成正比，此配送中心内入驻客户150户，按平均每户面积6×4（平方米）计算，管理交易区需要面积3 600 平方米。

综上，可得各功能区面积，如表5.31 所示。

表5.31　各功能区面积

功 能 区	面积（平方米）	功 能 区	面积（平方米）
露天堆场	22 913	接货区	1 000
钢材库区	7 000	检验区	100
钢材加工区	1 000	管理交易区	3 600
发货区	1 000		

7. 钢材配送中心平面布置

结合配送中心占地面积、各功能区面积要求、物流对象业务特征和实际的建设情况等制约因素，得到钢材配送中心的初步平面布置，如图5.36 所示。

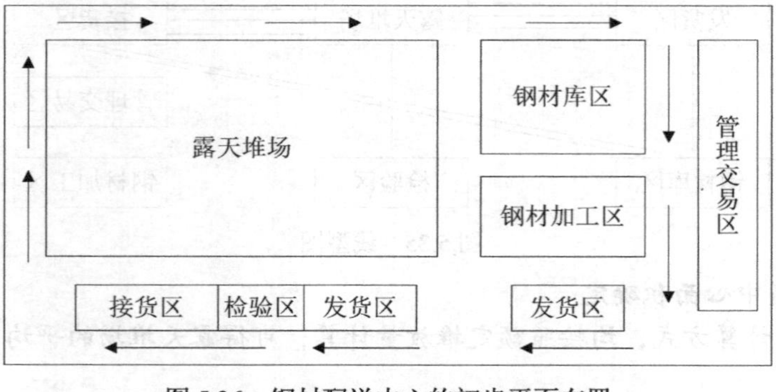

图5.36　钢材配送中心的初步平面布置

资料来源：杨扬. 物流系统规划与设计[M]. 北京：电子工业出版社，2013.

根据案例，分析以下问题。

（1）SLP 法的基本思想是什么？

（2）结合案例，说明 SLP 方法的实施步骤。你认为哪些是物流区域功能区域布局的关键步骤？

第六章

物流系统线路规划与设计

学习目标

1. 了解运输系统的功能及构成要素
2. 了解运输系统规划与设计的内容
3. 了解运输方式及其特点
4. 理解并掌握运输方式选择模型
5. 理解并掌握运输线路优化模型

引导案例

花王公司的组合运输体系

花王公司物流体系的建立是从20世纪70年代开始的，可以说整个20世纪70年代是花王公司现代物流管理得到确立的时期，从而为其真正确立先进的销售管理和物流管理奠定了基础，并最终推动了20世纪90年代以来供应链管理的发展。

花王公司复合运输的主要特征有自动仓库、特殊车辆、计划运输、组合运输等。花王公司的物流起点是工厂的自动化仓库，到20世纪70年代末，花王公司的所有工厂导入了自动立体化仓库，从而完全实现了自动机械化作业。商品从各工厂进入仓库时，所有商品用平托盘装载，然后自动进行库存作业。出货时根据在线供应系统的指令，自动备货分拣，并装载在货车上。

复合运输系统的终点是销售公司的仓库，为了提高销售公司仓库的效率，花王公司配备了三段式的平托盘和叉车，商品托盘运输比率为 100%，充分发挥了复合运输的优势。除此之外，自动化立体仓库也在花王公司得到大力推进，到 20 世纪 80 年代中期，近 29 万个销售公司的仓库都实现了立体自动化。

运输方式也是花王物流系统变革的重要一环。这方面的成就主要表现在特殊车辆的开发，这种特殊车辆就是能装载14.5吨的轻型货车，该货车可以装载20个TII型的平托盘，并用轻型铝在货车货台配置了起重装置。后来，花王公司又开发出了能装载 19 吨货物、平面 24 个平托盘的新型货车。与此同时，针对从销售公司到零售店的商品运输，花王公司开发了“特殊架装车”。特殊架装车是由面向量贩店的厢式车、对应不同托盘的托盘车及衣架展示运输车等8种特种车辆组成的，后来又开发和推动了集装箱运输车，后者成了对零售店配送的主力工具。

在花王公司的物流运输体系中，最著名的是其计划运输系统。所谓计划运输系统就是为了避免交通阻塞，提高物流作业效率，选择最佳的运输路线和最佳的运输时间，以在最短的时间内将商品运抵客户的计划系统。例如，面向日本静冈花王公司的货车一般在凌晨两点从东京出发，走东名高速公路，于早上七点抵达静冈花王，从而使货车能避开交通高峰，顺利通畅地实现商品配送。以此类推，花王公司针对每个销售公司的地理环境、交通道路状况和经营特点，安排了不同的运输时间和运输路线，而且所有计划都是用图表的形式表示，真正确保商品的及时配送，最终实现了全公司商品输送的高效率。

花王公司计划运输体系是与花王公司的另一个系统——商品组合运输系统相联系的，商品组合运输系统解决的问题是防止货车往返途中的空载。显然，要真正防止货物空载，就必须搜寻运输的商品。开始时，花王公司主要与花王的原材料供应商进行组合运输，即花王公司将商品从工厂或总公司运抵销售公司后，与当地的花王公司供应商联系，将生产所需的原材料装车运回工厂，这样就不会出现空载。后来，商品运输组合的对象逐渐扩大，不再限于与花王公司经营相关联的企业，所有其他企业都可以利用花王公司的车辆运载商品。例如，前面说的静冈花王每天早 8 点钟卸完货物后，就装载拉面或电机零部件运到客户位于东京的批发店。目前，参与花王公司组合运输的企业达 100 多家，花王公司与销售公司间近 80%的商品运输都实行了组合运输。应当注意的是，花王公司的组合运输之所以能实现和大力发展，其中一个最大的原因是其计划运输系统确保了商品运输的定时和及时运输。换句话说，正是因为花王公司的运输系统能确保及时、合理的运输，所以，越来越多的企业愿意加入组合商品运输，如果没有前者的效率，是不可能真正实现组合运输的。

资料来源：傅莉萍. 物流系统规划与设计[M]. 北京：清华大学出版社，2018.

第一节　运输系统及其规划设计

一、运输的含义

运输是连接生产、仓储和消费的桥梁，它可以克服空间障碍，使物品增加价值，是物流系统中最直观的功能要素之一，也是最基本的功能之一。

我国国家标准《物流术语》（GB/T 18354—2006）对运输的概念做了界定：“用专用运输设备将物品从一个地点向另一地点运送。其中包括集货、分配、搬运、中转、装入、卸下、分散等一系列操作。”这里的运输专指“物”的载运与输送，它是在不同地域范围内，以改变“物”的空间位置为目的的活动，对“物”进行空间位移。

运输主要实现货物的转移，从而创造其空间和时间价值，其功能包括货物移动、短期储存等。运输的发展影响着社会生产、流通、分配和消费的各个环节，是保证国民经济正常运作的重要基础之一。

二、运输系统的功能

1．物品的转移功能

无论物品处于哪种形式，是原材料、零部件、装配件、在制品，还是制成品，也无论是在制造过程中将被转移到下一阶段，还是转移到最终客户，运输都是必不可少的。运输的主要功能就是帮助物品在价值链中来回移动。既然运输利用的是时间资源、财务资源和环境资源，那么，只有当它确实有提高物品价值时，该物品的移动才是有意义的。

运输之所以要利用时间资源，是因为被运输物品在运输过程中是难以存取的。被运输物品即转移中的货物和产品，通过运输时间的占用，减少生产线上和物流节点的存货。

运输之所以要使用财务资源，是因为会发生驾驶员劳动报酬、运输工具的运行费用，以及一般杂费和行政管理费用的分摊，此外，要考虑因物品灭失损坏而必须弥补的费用。

运输直接和间接地使用环境资源。在直接使用环境资源方面，运输是能源的主要消费者之一；在间接使用环境资源方面，运输会造成拥挤、空气污染和噪声污染。

运输的主要目的就是要以最低的时间、财力和环境成本，将物品从原产地转移到指定地点。此外，物品灭失损坏的费用也必须是最低的；同时，物品转移所采用的方式必须满足客户有关交付履行和装运信息的可行性等方面的要求。

2．物品的储存功能

对物品进行临时储存是一个不太寻常的运输功能，也就是将运输车辆临时作为储存节点。然而，如果转移中的物品需要储存，但在短时间内（如几天后）又将重新转移的话，该物品在物流节点卸下来和再装上去的成本也许会超过在运输工具中每天支付的费用。

在物流节点容量有限的情况下，利用运输工具储存也不失为一种可行的选择。可以采取的一种方法是将物品装到运输车辆上，然后采用迂回线路或间接线路运往目的地。对于迂回线路来说，转移时间大于比较直接的线路。当起始地和目的地物流节点的储存能力受到限制时，这样做是合情合理的。在这种情况下，运输车辆被用作一种临时储存节点，但它是移动的、满载的，而不是闲置的、静止的。

概括地说，用运输工具储存物品可能是昂贵的，但当需要考虑装卸成本、储存能力限制、延长前置时间的能力时，从物流总成本或完成任务的角度来看或许是合适的。

3．物流节点的衔接功能

在物流系统中，如果没有一个很好的衔接，不同物流节点就像一座座“孤岛”，只有把各个“孤岛”通过运输衔接起来，才能成为一个物流系统。在传统物流系统中，运输不仅承担实物转移功能，而且承担信息沟通与传递功能，或者说此时运输在物流系统衔接中发挥着核心作用。在现代物流系统中，运输与信息网络并行实现物流系统的衔接，前者侧重于实物衔接，后者侧重于信息衔接。

事实上，如果把物流系统比作人体的生理系统，那么物流节点就像人体的器官，而运输与信息网络则是沟通各个器官的血液和神经系统。没有运输系统参与工作，整个物流系统就会像人体缺乏血液供应一样，最终将导致整个系统衰亡、坏死。运输效率不高，也会对整个物流系统产生致命性的危害。

三、运输系统的构成要素

运输系统是由基础设施、运输设备和运输参与者组成的庞大复杂的动态系统。

1．基础设施

（1）运输线路。运输线路是供运输工具定向移动的通道，也是运输赖以运行的基础设施之一，是构成运输系统最重要的要素。在现代运输系统中，主要的运输线路有公路、铁路、水运航线、航空航线和管道。

（2）运输节点。运输节点是以连接不同运输方式为主要职能，处于运输线路上的承担货物集散、运输业务办理、运输工具保养和维修的基地与场所。运输节点是物流节点中的一种类型，属于转运型节点。

2．运输设备

运输设备即运输工具，是指在运输线路上用于载重货物并使其发生位移的各种设备和装置，它们是运输能够进行的基础设备，也是运输得以完成的主要手段。运输设备根据从事运送活动的独立程度可以分为以下三类。

（1）仅提供动力，不具有装载货物容器的运输工具，如铁路机车、牵引车、拖船等。

（2）没有动力，但具有装载货物容器的从动运输工具，如车皮、挂车、驳船、集装箱等。

（3）既提供动力，又具有装载货物容器的独立运输工具，如轮船、汽车、飞机等。

管道运输是一种相对独特的运输方式，它的动力设备与载货容器的组合较为特殊，载货容器为干管，动力装置设备为泵（热）站，因此设备总是固定在特定的空间内，不像其他运输工具那样可以凭借自身的移动带动货物移动，故可将泵（热）站视为运输设备，甚至可以连同干管都视为运输设备。

3．运输参与者

运输活动的主体是运输参与者，运输活动作用的对象（运输活动的客体）是货物。货物的所有者是物主或货主。运输必须由货主和运输参与者共同参与才能进行。

（1）货主。货主包括委托人（或托运人）和收货人，有时托运人与收货人是同一主体，有时不是同一主体。

（2）承运人。承运人是指运输活动的承担者，可能是铁路货运公司、航运的公司、民航货运公司、储运公司、物流公司或个体运输业者。承运人是受托运人或收货人的委托，按委托人的意愿以最低的成本完成委托人委托的运输任务，同时获得运输收入的组织或个人。

（3）货运代理人。货运代理人是根据用户的指示，为获得代理费用而招揽货物、组织运输的人员，其本人不是承运人。他们负责把来自各用户的小批量货物合理组织起来，以大批量装载，然后交由承运人进行运输，待货物到达目的地后，货运代理人再把该大批量装载拆分成原先较小的装运量，送往收货人。货运代理人的主要优势在于大批量装载可以实现较低的费率，并从中获取利润。

（4）运输经纪人。运输经纪人是替托运人、收货人和承运人协调运输安排的中间商，其协调的内容包括装运装载、费率谈判、结账和跟踪管理等。经纪人也属于非作业中间商。

四、运输系统规划与设计的内容

运输系统规划与设计是指为了完成确定的目标，在一定区域范围内对运输系统进行总体战略部署，即根据社会经济发展的要求，从当地具体的自然条件和经济条件出发，通过综合平衡和多方案比较，确定交通运输发展方向和地域空间分布等。

1．社会运输系统规划与设计的内容

对于宏观的社会物流系统，运输系统规划与设计的主体内容一般包括：运输系统现状调查；运输系统存在的问题诊断；运输需求量发展预测；运输系统规划方案设计与优化；运输系统规划方案综合评价；运输系统规划方案的分期实施计划等。

物流通道与枢纽规划、综合运输网络规划等是社会运输系统规划与设计的重要组成内容。

2．企业运输系统规划与设计的内容

对于微观企业物流系统，运输系统规划与设计主要包括以下七个方面。

（1）运输业务模式的选择。企业根据运输费用、服务质量、风险等因素分析，确定采用自营运输模式或外包运输模式。

（2）运输方式的选择。根据各运输方式的优势和特点，选择公路、铁路、水路、航空、管道五种运输方式中的一种或几种联合运输方式。

（3）运输批量和运输时间的确定。运输批量和运输时间对运输质量和运输费用会产生重大影响。大批量运输成本低，但大批量运输又与运输方式相关。另外，运输期限必须保证交货时间，不同运输方式所需的时间和成本均不同。

（4）运输线路的规划与选择。不同的运输线路各有优缺点，企业在选择运输线路时必须结合自己的经营特点和要求、产品性能、市场需求和缓急程度等，并综合考虑各种运输方式的特点之后合理选择。运输线路的规划与选择一般可分为两点之间运输问题、多点之间运输问题及回路运输问题等。

（5）运输流量的分析。对于线路上的车辆流量大小进行分析和规划。

（6）车辆的配载与调度问题。在对运输车辆的配载与调度进行分析时，需要考虑各种货物装卸的先后次序、货物品种的相容性及如何能够尽可能利用运输车辆的最大运力等问题。

（7）运输过程控制。运输目标的实现依赖于有效的过程控制。由于运输过程的空间变动性，对运输过程控制的难度远远高于对固定节点的控制，因此在进行运输系统规划时如何实现对运输系统的有效控制，特别是过程控制，既是运输系统规划的难点又是重点。传统物流对运输过程的可控性差，但是随着信息技术的发展、信息化水平的提高，对运输过程的控制越来越依赖于信息技术，如 GPS、GIS 等。在信息技术的支持下，对运输过程的控制越来越有效，而且对提高运输效率的作用也越来越突出。

本章主要讨论企业物流运输方式的选择及运输线路规划与设计。

第二节　运输方式的选择

一、运输方式概述

按照运输工具及运输设备的不同，运输包括铁路运输、公路运输、水路运输、航空运输和管道运输五种主要方式，各种运输方式有其自身的特点，并且分别适合于运输不同距离、不同形式、不同运费负担能力和不同时间需求的物品，因此要根据实际情况选择合适的运输方式。

1．铁路运输

铁路运输最大的特点是适合长距离的大宗货物的集中运输，以集中整列为最佳，整车运输次之。其优点是运载量较大、速度快、连续性强、远距离运输费用低，一般不受气候因素影响，准时性较强，安全系数较大，能耗小，污染程度小，是最可靠的运输方式。铁路运输的主要缺点是营运缺乏弹性、货损较高、近距离运输费用较高。

根据上述特点，铁路运输主要适用于以下作业：大宗低值货物的中、长距离运输；散装货物、罐装货物；大量货物一次高效率运输；运费负担能力小、货物批量大、运输距离长的货物运输。

2．公路运输

公路运输是影响面最广的运输方式。其优点有机动灵活、适应性强、可实现直达运输，运送速度较快、始建投资少，其可为铁路、水路、航空等运输方式集散或疏运客货，掌握车辆驾驶操作技术较易等。其缺点是单位运输成本较高、运行持续性较差、安全性较低。根据上述特点，公路运输最适于承担短距离、小批量的货运。

3．水路运输

水路运输有沿海运输、近海运输、远洋运输、内河运输等形式。水路运输的优点有运输能力大、能源消耗低、航道投资省、节约土地资源，能以最低的单位运输成本提供最大的运量。水路运输缺点有运输速度慢、港口的装卸搬运费用较高、不适合短距离运输、航运和装卸作业受气候条件影响较大、波动性较大、安全性和准确性难以得到保障。水路运输最适于承担运量大、运距长、对时间要求不太紧、运货负担能力相对较低的货运任务。

4．航空运输

航空运输的优点有速度快、机动性大、舒适安全、对运输货物包装的要求较低。其缺点是运输成本和运价较高、受气候条件限制、可达性差、载运量小。航空运输最适于承担运输量较少、运距大、对时间要求紧、运费负担能力较高的货运任务。

5．管道运输

管道运输的优点是运量大、占地少、受各种恶劣气候条件影响小、安全性较好、劳动生产率高、运输耗能低、成本低、效益好、沿途无噪声、漏失污染少。其缺点是灵活性差、承运的货物比较单一、运输量较小时运输成本显著增大。管道运输适用于单向、定点、量大的货物运输。我国的管道运输目前多用于运输石油和天然气。

各类运输方式的技术经济特征，如表 6.1 所示。

表 6.1　各类运输方式的技术经济特征

运输方式	技术经济特点	运输对象
铁路运输	初始投资大，运输量大，成本低，占用土地多，可靠性好，不易受天气因素影响	适于大型货物、大件杂货等的中长途运输
公路运输	各种条件下的灵活性好，适应性强，短途运输速度快，能耗大，成本低，占用土地少，受自然条件影响大	适于短途、零担运输，门到门运输
水路运输	运量大，成本低，速度慢，连续性强，基础建设投资少，能耗小，成本低，占用土地多，空气污染严重	适于中长途大型货物运输、海运、国际货运
航空运输	速度快，成本高，机动性强，初始投资低，空气和噪声污染严重	适于中长途及贵重货物运输、保鲜货物运输
管道运输	运量大，占用土地少，成本低廉，不受气候因素影响，连续性强	适于稳定的液体、气体及浆化固体物的运输

6．多式联运

货物从起运地到最终目的地的完整运输过程一般不是一种运输方式就能完成的，多数情况下需要两种或者两种以上的运输方式。在传统的货物分段运输组织形式下，运输组织的大部分工作都是由货主及其货运代理人安排和完成的，这种组织形式会造成货主需要付出大量人力、时间、费用及运输时间过长和运输费用增大等问题。为解决这一运输组织存在的问题，一种货物全程运输组织形式——联合运输被提了出来。联合运输组织方式由一个机构或一个运输经营人对货物运输全程负责，处理运输衔接和运输服务业务。货主只要与这个机构或经营人订立一份全程运输合同，一次交付费用，办理一次保险，就可以实现货物的全程运输。

具体来说，多式联运是联运经营人根据单一的联运合同，使用两种或两种以上的运输方式，负责将货物从指定发送地点运抵交付地点的运输。一般来讲，多式联运需要具备以下主要条件：必须具有一份多式联运合同；必须使用一份全程的多式联运单据；必须使用全程单一费率；必须至少使用两种不同的运输方式，而且是两种以上运输方式的连续运输；必须有一个多式联运经营人对货物的运输全程负责；国际多式联运经营人接收货物的地点与交付货物的地点必须分属于两个国家。

二、运输方式选择的影响因素

如何选择适当的运输方式是物流合理化的重要问题。一般来讲，应根据物流系统要求的服务水平和可以接受的物流成本来决定，可以选择一种运输方式，也可以选择使用联运的方式。具体来说，选择适当的运输方式应对货物特性、运输速度和运距、运输容量、运输成本、运输质量及环境保护等进行认真研究考虑。

1．货物特性

不同货物对运输的要求不同。一般来说，粮食、煤炭等大宗散货适宜选择水路运输，日用品、小批量近程运输货物适宜选择公路运输，海产品、鲜花等鲜活货品及宝石等贵重物品适宜选择航空运输，石油、天然气等液货适宜选用管道运输。

2．运输速度和运距

运输速度的快慢、运输距离的远近决定了货物运输时间的长短。在途运输货物会形成资金占用。运输时间的长短对能否及时满足销售需要、减少资金占用有重要影响。因此，运输速度和运距是选择运输方式时应考虑的一个重要因素。一般来说，批量大、价值低、运距中长的货物适宜选择水路或铁路运输；批量小、价值高、运距长的货物适宜选择航空运输；批量小、距离近的货物适宜选择公路运输。运距对运输方式选择的影响，一般情况下可以依照以下原则选择：300 公里以内用公路运输；300~500 公里用铁路运输；500 公里以上，用水路运输。

3．运输容量

运输容量，即运输能力，以能够应付某一时期的最大业务量为标准。运输能力的大小对企业分销影响很大，特别是一些季节性商品，旺季会使运输达到高峰状态。若运输能力小，不能合理、高效率地安排运输，就会造成货物积压，商品不能及时运往销地，使企业错失销售机会。运量与运输密度也有关，运输密度对于商品能否及时运送，使其在客户需要的时间内到达客户手中，对争取客户、及时满足客户需要和扩大销售至关重要。

4．运输成本

运输成本包括运输过程需要支出的财力、物力和人力费用。企业在进行运输决策时，要受到经济实力及运输费用的制约。如果企业经济实力弱，就不能使用运输费用高的运输方式，如航空运输。

5．运输质量

运输质量包括可到达性、运输时间的可靠性、运输安全性、货差货损及客户服务水平等方面，用户根据运输质量要求选择相应的运输方式。

6．环境保护

运输业动力装置排出的废气是主要的空气污染源。比较各种运输方式对环境的影响，就单位货物运输的废气排放量而言，航空最多，其次是公路，较低的是铁路，水运对空气的污染极小，而管道运输几乎不会对空气产生污染。公路和铁路线路建设会占用大量土地，从而对生态平衡产生影响，使得人类的生存环境恶化。水路运输基本上是在自然河道和广阔的海域中进行，不会占用土地，但是油船运输的溢油事故会给海洋带来严重污染。在运输方式选择上，应综合各个因素，尽量选择污染较小的运输方式。

三、运输方式选择模型

1．单一运输方式的选择

企业根据货物特性、运输速度、运输容量、运输成本、运输质量和环境保护等因素，综合考虑选择单一种类的运输方式。常用的运输方式选择模型包括因素分析法、加权因素分析法和层次分析法等。

（1）因素分析法。因素分析法首先确定在选择运输方式时应该考虑的一些重要因素和标准，然后对所有因素按照 1~10 进行评分，最后对各种运输方式合并所有评价因素，选取综合评分最好的运输方式作为最终选择。

因素评价法评分公式如下：

$$v(j)=\sum_{i=1}^{n}s(i,j) \tag{6.1}$$

其中，$v(j)$ 是运输方式 j 的综合得分；$s(i,j)$ 是第 i 个因素上运输方式 j 的得分；n 是因素个数。

【例 6.1】某公司对货物 A 的运输有公路、铁路、航空三种运输方式可以选择，根据货物特性、数量、运距和到达要求等对各运输方式的评分表，如表 6.2 所示，求取应该选择的运输方式。

表 6.2　运输方式的评分表

评价因素 / 运输方式（编号）	运输速度	运输成本	可达性	安全性	特殊要求的满意度
公路运输（1）	6	7	8	8	8
铁路运输（2）	7	8	7	7	7
航空运输（3）	8	6	6	8	6

解：用因素评价法评分，得到

$v(1)=6+7+8+8+8=37$

$v(2)=7+8+7+7+7=36$

$v(3)=8+6+6+8+6=34$

因此，按照评分结果选择公路运输方式。

（2）加权因素分析法。加权因素分析法是因素分析法的扩展。根据各个评价标准的重要程度，给予其不同的权重值，以便得到更准确的评价结果。加权因素评价法评分公式如下：

$$v(j)=\sum_{i=1}^{n} w(i)s(i,j) \tag{6.2}$$

其中，$v(j)$是运输方式j的综合得分；$s(i,j)$是第i个因素上运输方式j的得分；$w(i)$是第i个因素的权重；n是因素个数。

（3）层次分析法。层次分析法（AHP 法）通过分析复杂系统所包含的要素及其相互关系，并将要素归并为不同的层次，从而构成一个多层次的分析结构模型。具体步骤为在每一层次按某一规定的准则，对该层要素进行逐对比较，写成矩阵形式，构成并建立判断矩阵；通过判断矩阵的最大特征根及其相对应的特征向量计算，得出该层次要素对于该准则的权重；计算出各层次要素对于总体目标的组合权重，从而得出不同设想方案的权重。显然，用此方法可以确定各评价准则的权重，从而为选择最优方案提供依据。

2．多式联运运输方式的选择

在选择多式联运运输方式时，除了货物类型、运输费用、运量等因素外，还需要考虑中转时间、中转费用、服务水平等因素。

在多式联运建模中，可以根据总时间、总费用等目标函数建模。下面以总费用最小为目标函数，一对运输节点间只能选择一种运输方式为例，说明多式联运运输方式的选择问题。

目标函数：$$\min Z=\sum_i\sum_j X_{i,i+1}^j C_{i,i+1}^j+\sum_i\sum_j\sum_l r_i^{jl}t_i^{jl} \tag{6.3}$$

约束条件：$$\sum_j X_{i,i+1}^j=1 \tag{6.4}$$

$$\sum_j\sum_l r_i^{jl}=1 \tag{6.5}$$

$$X_{i-1,i}^j+X_{i,i+1}^l \geqslant 2r_i^{jl} \tag{6.6}$$

$$X_{i,i+1}^j, r_i^{jl} \in \{0,1\} \tag{6.7}$$

其中，$C_{i,i+1}^j$为从节点i到节点$i+1$选择第j种运输方式的费用；t_i^{jl}为在节点i从第j种运输方式转换为第l种运输方式的换装费用；$X_{i,i+1}^j$为 1 时，表示在节点i和节点$i+1$之间选择了第j种运输方式，没有选择时则为 0；r_i^{jl}为 1 时，表示在节点i从第j种运输方式转换为第l种运输方式，否则为 0。

其中，式（6.3）为目标函数，以各种运输方式的运输总成本与换装总成本之和的最小化为目标，这是一个整数规划模型。式（6.4）表示在节点i到节点$i+1$之间只能选择一种运输方式。式（6.5）表示节点i只发生一次换装。式（6.6）是确保运输的连续性。式（6.7）表示决策变量取值（0,1）变量。

模型求解可以选用动态规划思想，每个节点相当于动态规划的一个阶段，利用动态规划的逆序方法依次求取节点间的最佳运输方式。其中节点对之间的运输费用可表示如下：

$$P_{i-1}(j,l) = t_{i-1}^{jl} + QC_{i-1,i}^{l} \tag{6.8}$$

其中，$P_{i-1}(j,l)$为运输总费用；t_{i-1}^{jl}为中转费用；Q为运量；$C_{i-1,i}^{l}$为选用第l种运输方式的单位运价。

【例 6.2】假设一个运输线路上有 4 个节点，每个节点对之间有 3 种运输方式可以选择，节点间的运输费用和批量中转费用如表 6.3 和表 6.4 所示。假设运量 Q 为 25 个单位，试用动态规划方法求解最佳的运输方式组合。

表 6.3　节点间的运输费用

节点	1—2	2—3	3—4
公路	3	4	2
铁路	2	5	3
航空	4	3	3

表 6.4　批量中转费用

运输方式转换	从公路到			从铁路到			从航空到		
	公路	铁路	航空	公路	铁路	航空	公路	铁路	航空
中转费用	0	2	1	2	0	2	1	2	0

解：

① 对于第三个节点。若第三个节点以公路的运输方式到达，则第三个节点与第四个节点之间选取各种运输方式的费用如下：

$$P_3(公,公) = t_3^{公,公} + QC_{3,4}^{公} = 0+25\times 2 = 50$$

$$P_3(公,铁) = t_3^{公,铁} + QC_{3,4}^{铁} = 2+25\times 3 = 77$$

$$P_3(公,航) = t_3^{公,航} + QC_{3,4}^{航} = 1+25\times 3 = 76$$

由计算可得，若第三个节点以公路方式到达，则第三个节点与第四个节点之间选取公路运输最佳。最小运输费用为：$P_3(公,公) = 50$。

同理可得，若第三个节点以铁路或航空运输方式到达，第三个节点与第四个节点之间均应选取公路运输最佳。最小运输费用分别为：$P_3(铁,公) = 52$；$P_3(航,公) = 51$。

② 对于第二个节点。若第二个节点以公路运输方式到达，则第二个节点与第三个节点之间选取各种运输方式的总费用如下：

$$P_2(公,公) = t_2^{公,公} + QC_{2,3}^{公} + P_3(公,公) = 0+25\times 4+50=150$$

$$P_2(公,铁) = t_2^{公,铁} + QC_{2,3}^{铁} + P_3(铁,公) = 2+25\times 5+52=179$$

$$P_2(公,航)=t_2^{公,航}+QC_{2,3}^{航}+P_3(航,公)=1+25\times3+51=127$$

计算可得最小运输费用为$P_2(公,航)=127$。同理可得，以其他运输方式到达时均应选取航空运输方式。最小费用分别为：$P_2(铁,航)=128$；$P_2(航,航)=126$。

③ 对于第一个节点。第一个节点选取不同运输方式，其与第二个节点间的运输费用如下：

$$P_1(公)=QC_{1,2}^{公}+P_2(公,航)=25\times3+127=202$$

$$P_1(铁)=QC_{1,2}^{铁}+P_2(铁,航)=25\times2+128=178$$

$$P_1(航)=QC_{1,2}^{航}+P_2(航,航)=25\times4+126=226$$

计算可得，第一个节点应选用铁路运输方式，最小运输费用为$P_1(铁)=178$。

因此，各节点之间最佳组合运输方式为1—2 间铁路，2—3 间航空，3—4 间公路，最小运输总费用为 178。

第三节　运输线路的选择

一、运输线路选择的目标及约束条件

1．运输线路选择的目标

运输线路选择的目标实际上是多元的，运输线路选择的目标准则应根据运输的具体要求、企业的实力及客观条件来确定，但制订方案所选择的目标值应当是容易计算的。因此，一般要尽可能选择单一化的目标值，以便于求解和增加其实用性。常见目标有以下三类。

（1）效益最高或成本最低。当有关项目数据容易得到且易于计算时，可以用利润最大化或成本最低作为目标值。

（2）路程最短。如果运输成本与运输里程相关性较强，而和其他因素相关性较弱时，运输路程最短的实质就是运输成本最低。此时考虑用运输里程最短作为目标值，可以大大简化运输线路选择和运输工具调度方法。值得注意的是，当运输成本不能通过里程来反映时，比如道路收费、道路运行条件严重影响成本，单以最短里程作为目标就不适宜。

（3）其他指标。比如以吨公里最小、服务水准最优、劳动消耗最低等作为目标的选择。

2．运输线路选择的约束条件

线路选择目标的实现过程受很多条件的限制，因而必须在约束条件下寻求成本最低或线路最短等目标。常见的约束条件有以下五项。

（1）满足所有收货人对货物品种、规格、数量的要求。

（2）满足收货人对货物发到时间范围的要求。

（3）在允许通行的时间内进行运送。

（4）各运送线路的货物量不得超过运输工具容积和载重量的限制。

（5）在企业现有运力允许的范围内。

与一般的运输线路选择相比，运输调度下的运输线路选择还将考虑更多的约束因素，

如服务时间的限制、运力的大小、某类运输工具可行的运输线路、途经城市应装载或交付的货运量、基于安全考虑的驾乘人员的工作与休息时间等。

二、运输线路优化模型

运输线路优化主要是选择起点到终点的最短路，最短路的度量单位可能是时间最短、距离最短或费用最小等。运输线路选择是运输方式选择之后的又一重要运输决策，可分为点点间运输问题、多点间运输问题及回路运输问题等。

1．点点间运输线路的优化模型

（1）最短路径法。对于分离的、单个起点和终点的点点间运输线路选择问题，最简单和最直观的方法是最短路径法。最短路径法是线路优化模型理论中最为基础的方法之一，也是解决其他一些线路优化问题的有效工具。

最短路径问题是求两个顶点间长度最短的路径。其中，路径长度不是指路径上边数的总和，而是指路径上各边的权值总和。路径长度的具体含义取决于边上权值所代表的意义，如费用、时间、距离等都可以。对最短路径问题的描述为：假设有一个n个节点和m条弧的连通图$G(V_n, E_m)$，图中的每条弧(i, j)都有一个长度l_{ij}（费用l_{ij}），则最短路径问题为：在连通图$G(V_n, E_m)$中找到一条从节点1到节点n距离最短（费用最低）的路径。

在考虑使用最短路径法求解时，为了能够得到合理正确的解，一般需要满足一定的假设条件：两点之间的弧线距离为整数；在连通图中，从任何一个端点v_i到其他所有的端点都有直接路径，如果存在不直接相连的端点对，则可以在它们之间加上一个极大的距离，如无穷大；连通图的所有距离为非负；连通图是有方向性的。

对工程实际的研究和抽象，在最短路径问题中有四种基本原型，分别为：连通图$G(V_n, E_m)$中，从指定起始点到指定目标点之间的最短路径；连通图$G(V_n, E_m)$中，从指定起始点到所有节点之间的最短路径；连通图$G(V_n, E_m)$中，所有任意两点之间的最短路径；连通图$G(V_n, E_m)$中，经过k个节点最短路径。

（2）Dijkstra 算法。求此类最短路径问题主要有 Dijkstra 算法、逐次逼近算法、Floyd 算法等，这里主要介绍 Dijkstra 算法。

Dijkstra 在 1959 年提出了按照路径长度的递增次序，逐步产生最短路径的 Dijkstra 算法。该算法可以用于求解任意指定两点之间的最短路径，也可以用于求解指定点到其余所有节点之间的最短路径。

该算法的基本思路是：在一个连通图$G(V_n, E_m)$中求解从v_0到v_n的最短路径时，首先求出从v_0出发的一条最短路径，再参照它求出一条次短路径，以此类推，直到从顶点v_0到顶点v_n的最短路径求出为止。

Dijkstra 算法可采用标号法求解，标号是用来标记各个节点属性的一套符号。一般来说，根据用来标记确定节点的标号属性和标记过程的不同，有两种不同的 Dijkstra 算法：一种是标号设定算法，另一种是标号修正算法。

这两种算法都是迭代算法，它们都是在每一步迭代中用试探性标号标记所有的试探点，通过一系列的试探寻找该步中的最短距离。标号设定算法和标号修正算法的不同在于：标号设定算法是在每一次迭代中将得到的满意的试探标号设置为永久标号；而标号修正算法则是每一次迭代中将满意的试探性标号改为临时标号，直到最后一次迭代完成之后，才将所有的临时标号都转变为永久标号。这两种算法的适用范围也不完全相同，标号设定算法只适用于求解非负网络中的最短路径问题；而标号修正算法则可以解决一部分含有负路径的一般网络问题，但是，它同样不能解决路径总和为负值的问题。以下求解以标号设定算法为例。

标号设定算法中，可用两种标号：T 标号和 P 标号，T 标号为试探性标号，P 标号为永久性标号，给 v_i 点一个 P 标号时，表示从 v_0 到 v_i 点的最短路权，v_i 点的标号不再改变。给 v_i 点一个 T 标号时，表示 v_0 到 v_i 点的估计最短路权的上界，是一种临时标号，凡是没有得到 P 标号的点都有 T 标号。算法是每一步都把某一点的 T 标号改为 P 标号，当终点得到 P 标号时，则全部计算结束。对于 n 个顶点的图，最多 $n-1$ 步就可以得到从始点到终点的最短路径。标号设定算法的具体步骤如下。

① 给 v_0 以 P 标号，$P(v_0)=0$，其余各点均给 T 标号，$T(v_i)=+\infty$。

② 若 v_i 点为刚得到的 P 标号的点，考虑这样的点 v_j：(v_i,v_j) 属于 E_m 且 v_j 为 T 标号。对 v_j 的 T 标号进行如下的修改：$T(v_j)=\min[T(v_j),P(v_i)+l_{ij}]$。

③ 比较所有具有 T 标号的点，把最小者改为 P 标号，当存在两个以上的最小者时，可同时改为 P 标号。若全部点均为 P 标号则停止，否则用 v_j 替代 v_i 转回②。

【例 6.3】如图 6.1 所示为单行线交通网络，用 Dijkstra 算法求 v_1 到 v_6 点的最短路径。

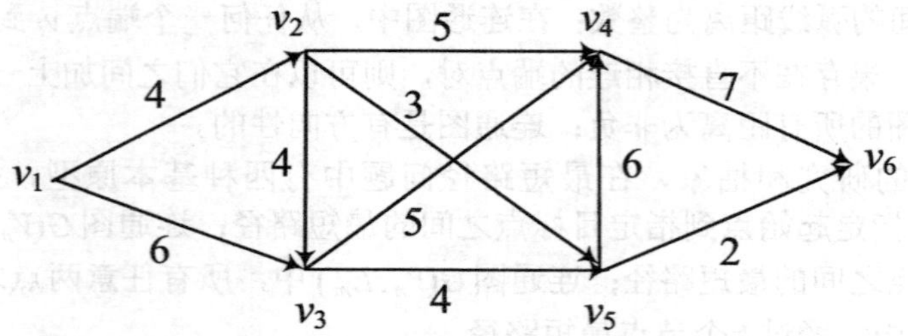

图 6.1　单行线交通网络

解：①首先给 v_1 标上 P 标号，$P(v_1)=0$，给其余各点均为 T 标号，$T(v_i)=+\infty$，（$j=2,\cdots,6$）。

② 由于 (v_1,v_2)，(v_1,v_3) 边属于 E，v_2、v_3 均为 T 标号，所以修改这两个点的标号：

$$T(v_2)=\min[T(v_2),P(v_1)+l_{12}]=\min[+\infty,0+4]=4$$

$$T(v_3)=\min[T(v_3),P(v_1)+l_{13}]=\min[+\infty,0+6]=6$$

比较所有 T 标号，$T(v_2)$ 最小，所以令 $P(v_2)=4$，记录路径 (v_1,v_2)。

③ v_2 为得到的 P 标号点，下面考察 (v_2,v_3)，(v_2,v_4)，(v_2,v_5) 的端点 v_3、v_4、v_5。

$$T(v_3)=\min[T(v_3),P(v_2)+l_{23}]=\min[6,4+4]=6$$

$$T(v_4)=\min[T(v_4),P(v_2)+l_{24}]=\min[+\infty,4+5]=9$$

$$T(v_5)=\min[T(v_5),P(v_2)+l_{25}]=\min[+\infty,4+3]=7$$

比较所有 T 标号，$T(v_3)$ 最小，所以令 $P(v_3)=6$，记录路径 (v_1,v_3)。

④ v_3 为得到的 P 标号点，下面考察 (v_3,v_4)，(v_3,v_5) 的端点 v_4 和 v_5。

$$T(v_4)=\min[T(v_4),P(v_3)+l_{34}]=\min[9,6+5]=9$$

$$T(v_5)=\min[T(v_5),P(v_3)+l_{35}]=\min[7,6+4]=7$$

比较所有 T 标号，$T(v_5)$ 最小，所以令 $P(v_5)=7$，记录路径 (v_2,v_5)。

⑤ v_5 为得到的 P 标号点，下面考察 (v_5,v_4)，(v_5,v_6) 的端点 v_4 和 v_6。

$$T(v_4)=\min[T(v_4),P(v_5)+l_{54}]=\min[9,7+6]=9$$

$$T(v_6)=\min[T(v_6),P(v_5)+l_{56}]=\min[+\infty,7+2]=9$$

比较所有 T 标号，$T(v_4)=T(v_6)=9$，令 $P(v_4)=P(v_6)=9$，记录路径 (v_5,v_6)。

标号计算结果，如图 6.2 所示，v_1 到 v_6 的最短路径为 $v_1\to v_2\to v_5\to v_6$，路长 $P(v_6)=9$，同时可以得到 v_1 到其余各点的最短路径。

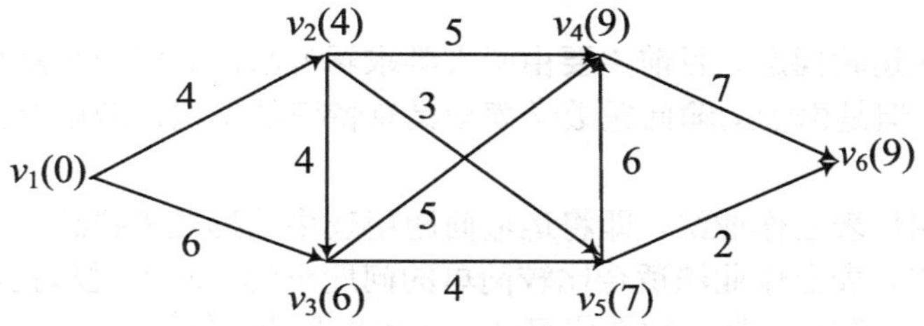

图 6.2　标号计算结果

一般交通网络均为双向通行网络，即为无向连通图，图中每条边可看成两条方向相反的权值相同的弧，其求解方法同理。

对于含有负距离的连通图的最短路径问题，当满足一些特定条件时，可以用标号修正 Dijkstra 算法、逐次逼近算法或 Floyd 算法等进行求解。

2．多点间运输线路的优化模型

多点间运输是指起始点或目的点不唯一的运输调配问题。相对来说，多点间的运输调配问题更为复杂。

（1）产销平衡运输问题。多点间运输问题中最为常见的是产销平衡运输问题，它们设计的总供应能力和总需求是一样的，但由不同的路径进行运输时，会导致最终的总运输成本不一样，此类问题的目标就是寻找最低的总运输成本。在这类问题中，一般有 m 个已知的供应点，同时还有 n 个已知的需求点，它们之间由一系列代表距离或成本的权重值连接起来。

产销平衡运输问题的数学模型可表示如下：

$$\min z=\sum_{i=1}^{m}\sum_{j=1}^{n}c_{ij}x_{ij} \tag{6.9}$$

$$\text{s.t.}\quad \sum_{j=1}^{n}x_{ij}=a_i, i=1,2,\cdots,m \tag{6.10}$$

$$\sum_{i=1}^{m}x_{ij}=b_j, j=1,2,\cdots,n \tag{6.11}$$

$$\sum_{i=1}^{m} a_i = \sum_{j=1}^{n} b_j \tag{6.12}$$

$$x_{ij} \geqslant 0, i = 1,2,\cdots,m; j = 1,2,\cdots,n \tag{6.13}$$

在模型中，式（6.9）是目标函数，表示运输总费用最小；式（6.10）的意义是由某一产地运往各个销地的物品数量之和等于该产地的产量；式（6.11）是指由各产地运往某一销地的物品数量之和等于该产地的销量；式（6.12）表示总产量和总销量平衡；式（6.13）为决策变量非负条件。

产销平衡的运输问题有如下特点：约束条件系数矩阵的元素等于 0 或 1；约束条件系数矩阵的每一列有两个非零元素，这对应于每个变量在前 m 个约束方程中出现一次，在后 n 个约束方程中也出现一次；所有结构约束条件都是等式约束；各产地产量之和等于各销地销量之和。

解决多点间的运输问题，目前主要由两大类求解方法，其中一个是相对比较精确的求法——单纯形法。但是由于运输问题数学模型具有特殊的结构，应用单纯形法时有许多冗余的计算。

另一种方法叫作表上作业法，即将运输问题用表格的形式来描述，并通过在表格上面的操作来完成求解。表上作业法适合比较简单的问题求解，求解过程直观，计算量不大，可以手工完成。表上作业法是一种迭代算法，迭代步骤为：第一步，求一个初始基可行解，即确定初始调运方案；第二步，计算检验数并判断是否得到最优解，常见的求检验数的方法有闭回路法和位势法，求出检验数后可根据最优性条件来判定这个初始基可行解是不是最优的，若是则迭代停止，否则转下一步；第三步，换基迭代，即调整运量，选一个变量出基，对原运输方案进行调整得到新的调运方案，改进当前方案，返回第二步，直至求出最优解为止。

（2）可中转情况下的运输优化问题。前面讨论的运输问题都假定任意产地和销地之间都有直达路线，可直接运输货物，并且产地只输出货物，销地只输入货物，但实际情况可能更复杂一些。

例如，可考虑以下更一般的情况：产地与销地之间没有直达路线，货物由产地到销地必须通过某中间站（如物流中心）转运；某些产地既输出货物，也吸收一部分货物；某销地既吸收货物，又输出一部分货物，即产地或销地也可以起中转站的作用，或者既是产地又是销地；产地与销地之间虽然有直达路线，但直达运输的费用或运输距离分别比经过某些中转站还要高或远。存在以上情况的运输问题统称为转运问题。

解决中转运输问题的思路是先把它化为无转运的平衡运输问题。为此，做如下假设：首先根据具体问题求出最大可能中转量 Q（Q 是小于总产量 $\sum_{i=1}^{m} a_i$ 的一个数）；纯中转站可视为输出量和输入量均为 Q 的一个产地和销地；兼中转站的产地 A_i 可视为一个输入量为 Q 的销地及一个产量为 $a_i + Q$ 的产地；兼中转站的销地 B_j 可视为一个输出量为 Q 的产地及一个销量为 $b_j + Q$ 的销地。

在此假设的基础上，列出各产地的输出量、各销地的输入量及各产销地之间的运价表，最后用表上作业法求解。

下面设有 m 个产地 $A_i(i=1,2,\cdots,m)$，其供应量分别为 $a_i(i=1,2,\cdots,m)$，有 n 个销地 $B_j(j=1,2,\cdots,n)$，其需求量为 $b_j(j=1,2,\cdots,n)$，且 $\sum_{i=1}^{m}a_i=\sum_{j=1}^{n}b_j$，有 p 个纯中转站 $T_k(k=1,2,\cdots,p)$，单位物资的运价为 $C_{xy}(x=1,2,\cdots,m+p+n;y=1,2,\cdots,m+p+n)$。

中转站的产地 A_i 可视为输出量为 $\sum a_i+a_j$ 的产地；中转站的销地 B_j 可视为一个输出量为 $\sum b_j$ 的产地，一个销量为 $\sum b_j+b_j$ 的销地；纯中转站可视为输入、输出量均为 $\sum a_i$ 的一个产地和一个销地。于是，可建立下列数学模型：

$$\min z=\sum_{x=1}^{m+n+p}\sum_{y=1}^{m+n+p}C_{xy}X_{xy} \tag{6.14}$$

$$\text{s.t.}\quad \sum_{y=1}^{m+n+p}X_{xy}=\sum a_i+a_i, x=1,2,\cdots,m \tag{6.15}$$

$$\sum_{y=1}^{m+n+p}X_{xy}=\sum a_i, x=m+1,\cdots,m+p+n \tag{6.16}$$

$$\sum_{x=1}^{m+n+p}X_{xy}=\sum b_j+b_j, y=m+p+1,\cdots,m+p+n \tag{6.17}$$

$$\sum_{x=1}^{m+n+p}X_{xy}=\sum b_j, y=1,2,\cdots,m+p \tag{6.18}$$

$$X_{xy}\geqslant 0 \tag{6.19}$$

3．单回路运输线路的优化模型

单回路运输问题是指在运输线路优化时，在一个节点集合中选择一条合适的路径遍历所有的节点，并且要求闭合。单回路运输模型在运输决策中主要用于单一车辆的路径安排，目标是在该车辆遍历所有用户的同时，达到所行驶距离最短。这类问题有两个显著特点：单一性，只有一个回路；遍历性，经过所有用户，不可遗漏。

（1）TSP 模型。旅行商问题（Traveling Salesman ProbLem，TSP）是单回路运输问题中最为典型的一个问题。它指的是：一个旅行商从某一城市出发，到 n 个城市去售货，要求访问每个城市各一次且仅一次，然后回到原城市，问这个旅行商应该走怎样的路线才能使走过的总里程最短（或旅行费用最低）。

TSP 模型可以描述为：在给出一个有 n 个顶点的连通图中（有向或无向），寻求一条包含所有 n 个顶点的具有最小总权（可以是距离、费用、时间等）的回路。

TSP 模型的数学模型如下：

$$\min z=\sum_{i=1}^{m}\sum_{j=1}^{n}c_{ij}x_{ij} \tag{6.20}$$

$$\text{s.t.}\quad \sum_{j=1}^{n}x_{ij}=1,i=1,2,\cdots,n \tag{6.21}$$

$$\sum_{i=1}^{n} x_{ij} = 1, j = 1,2,\cdots,n \tag{6.22}$$

$$\{(i,j): i,j = 2,\cdots,n; x_{ij} = 1\}\text{不包含子回路} \tag{6.23}$$

$$x_{ij} \in \{0,1\}, i = 1,2,\cdots,n; j = 1,2,\cdots,n \tag{6.24}$$

其中，决策变量 $x_{ij}=0$ 表示不连接 i 到 j 的边；$x_{ij}=1$ 表示连接 i 到 j 的边。c_{ij} 是 i 到 j 边上的权数。式（6.21）表示每个顶点只有一条边出去；式（6.22）表示每个顶点只有一条边进入；如果只有式（6.21）与式（6.22）两个约束条件，可能会出现子回路现象，即出现多条回路，因此需要加上式（6.23）这一约束，即除了起点边与终点边以外，其他选中的边不构成回路。

这个模型是0-1整数规划问题，对于此模型的小规模问题的求解可用分支定界法求解，可选用一些现成的优化软件；对于大规模问题可用现代优化技术，如模拟退火算法、禁忌搜索、遗传算法、蚁群优化算法等启发式算法。当然，对于不同规模的问题可选用其他简便可行的启发式算法来求解，如节约算法等，下面介绍两种较简单的启发式算法。

（2）最近邻点法。最近邻点法算法十分简单，但是得到的解并不十分理想，有很大的改善空间。由于该算法计算快捷，但精度低，可以作为进一步优化的初始解。

最近邻点法可以由四步完成：第一步，从零点开始，作为整个回路的起点；第二步，找到离刚刚加入回路的上一顶点最近的一个顶点，并将其加入回路中；第三步，重复第二步，直到所有顶点都加入回路中；第四步，将最后一个加入的顶点和起点连接起来。这样就构成一个TSP问题的解。

【例6.4】某食品公司（位置在 v_1 处）每天用一辆车给固定区域内的5家超市（v_2 到 v_6）送货，要求货车到每个超市只能去一次，送完货后返回公司。这些超市间的距离矩阵，如表6.5所示，距离具有对称性，它们的相对位置，如图6.3所示，设计一条派送货物的行驶距离最短的路径。

表6.5　超市间的距离矩阵

元　素	v_1	v_2	v_3	v_4	v_5	v_6
v_1	—	9	8	6	7	12
v_2		—	6	15	18	16
v_3			—	14	8	7
v_4				—	4	10
v_5					—	6
v_6						—

解：先将节点1加入回路中，$T=\{v_1\}$。从节点 v_1 出发，比较其到节点2、3、4、5、6的距离，选择最小值，加入回路中。从距离矩阵中可知，从 v_1 节点到 v_4 的距离最小，为6。因此，将节点 v_4 加入回路中，$T=\{v_1,v_4\}$。然后从 v_4 出发，观察离 v_4 最近的节点（除了回路中已经有的节点），与节点 v_5 的距离为4，为最短，将 v_5 节点加入回路中，$T=\{v_1,v_4,v_5\}$。从节点 v_5 出发，剩余节点中 v_6 与其最短，为6，将 v_6 节点加入回路中，$T=\{v_1,v_4,v_5,v_6\}$。从节点 v_6 出发，剩余节点中 v_3 与其最短，为7，将 v_3 节点加入回路中，$T=\{v_1,v_4,v_5,v_6,v_3\}$。

最后将节点 v_2 加入回路中，得到最后的解为 $T=\{v_1,v_4,v_5,v_6,v_3,v_2,v_1\}$，如图 6.4 所示。

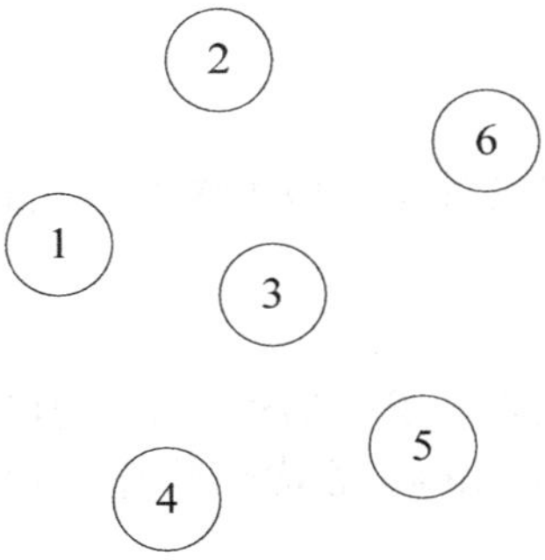

图 6.3　超市的相对位置

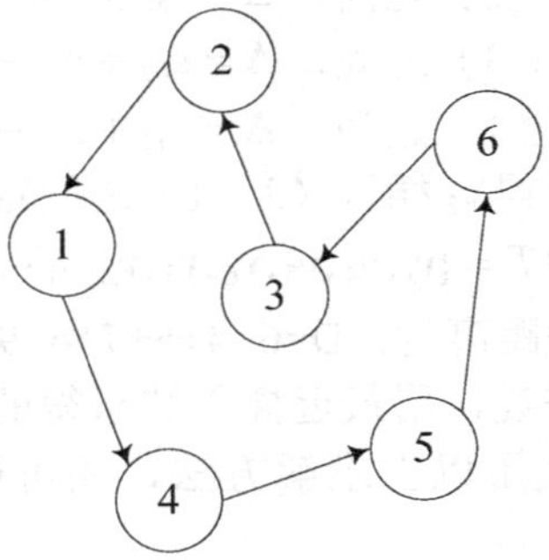

图 6.4　最邻近点法求解结果

总的行驶距离为：D=6+4+6+7+6+9=38。

（3）最近插入法。最近插入法比最近邻点法复杂，但是可以得到相对比较满意的解。

最近插入法也是由四个步骤完成：第一步，找到距离 c_{1k} 最小的节点，形成一个子回路 (v_1,v_k)；第二步，在剩下的节点中寻找一个距离子回路中某一个节点最近的节点；第三步，在子回路中找到一条弧 (i,j)，使得 $c_{ik}+c_{kj}-c_{ij}$ 最小，然后将节点 v_k 加入子回路中。插入节点 v_i 和 v_j 之间，用两条新弧 (i,k)，(k,j) 代替原来的弧 (i,j)；第四步，重复第二、三步，直到所有的节点都加入子回路中。

【例 6.5】用最近插入法对**【例 6.4】**求解。

解：比较表中从 v_1 出发的所有路径的大小，得出 $c_{14}=6$，则由节点 v_1 和 v_4 构成一个子回路，$T=\{v_1,v_4,v_1\}$。

然后考虑剩下的节点 v_2、v_3、v_5、v_6 到子回路 $T=\{v_1,v_4,v_1\}$ 某一节点的最小距离，求得 v_5 点，$c_{45}=4$，将节点 v_5 插入 v_1 和 v_4 之间，构成新的回路 $T=\{v_1,v_4,v_5,v_1\}$。

同理，接着找到 v_6，$c_{56}=6$。但是 v_6 应该插入的具体位置需要进一步计算分析：

插入｛1,4｝之间，$\Delta=c_{16}+c_{46}-c_{14}=16$；

插入｛4,5｝之间，$\Delta=c_{46}+c_{56}-c_{45}=12$；

插入｛5,1｝之间，$\Delta=c_{56}+c_{61}-c_{51}=11$。

分析可得 v_6 插入（5,1）之间距离增量最小，所以 v_6 节点应该插入 v_5 和 v_1 之间，结果为 $T=\{v_1,v_4,v_5,v_6,v_1\}$。

同理，接着找到 v_3，$c_{36}=7$。

插入｛1,4｝之间，$\Delta=c_{13}+c_{34}-c_{14}=16$；

插入｛4,5｝之间，$\Delta=c_{43}+c_{35}-c_{45}=18$；

插入｛5,6｝之间，$\Delta=c_{53}+c_{36}-c_{56}=9$；

插入｛6,1｝之间，$\Delta=c_{63}+c_{31}-c_{61}=3$。

分析可得 v_3 插入（6，1）之间距离增量最小，所以节点 v_3 应该插入 v_6 和 v_1 之间，结果为 $T=\{v_1,v_4,v_5,v_6,v_3,v_1\}$。

最后为 v_2 点。

插入｛1,4｝之间，$\Delta=c_{12}+c_{24}-c_{14}=18$；

插入｛4,5｝之间，$\Delta = c_{42} + c_{25} - c_{45} = 29$；

插入｛5,6｝之间，$\Delta = c_{52} + c_{26} - c_{56} = 28$；

插入｛6,3｝之间，$\Delta = c_{62} + c_{23} - c_{63} = 15$；

插入｛3,1｝之间，$\Delta = c_{32} + c_{21} - c_{31} = 7$。

分析可得v_2插入（3，1）之间距离增量最小，所以节点v_2应该插入v_3和v_1之间，可得最终解为$T = \{v_1, v_4, v_5, v_6, v_3, v_2, v_1\}$。

总行驶距离为：D=6+4+6+7+6+9=38。

一般来说，用最近插入法求得的解比用最近邻近点法求得的解更优，但其计算量较大。除了采用以上求解方法，还可以采用 Matlab 或 Lingo 等优化软件进行 TSP 模型的求解。

4．多回路运输线路的优化模型

（1）VRP 模型。车辆路径问题（Vehicle Routing Problem，VRP）在现实中普遍存在，特别是对于有大量服务对象的实体，如拥有上千个客户的公司，当用车辆运输服务时，由于条件的限制，不能用一条回路来完成任务，需要有多条回路来运输。解决此类调配问题的核心问题是如何对车辆进行调度。

所谓 VRP，一般是指对一系列发货点和收货点组织调用一定的车辆，安排适当的行车路线，使车辆有序地通过，在满足指定的约束条件下（货物的需求量与发货量、交货发货时间、车辆可载量限制、行驶里程限制、行驶时间限制等），力争实现一定的目标（如车辆空驶总里程最短、运输总费用最低、车辆按一定时间到达、使用的车辆数量最少等）。

车辆路径问题的分类法很多，例如，根据车辆是否满载可分为满载问题与非满载问题；根据任务特征可分为纯装、纯卸或装卸混合问题；根据使用的车场数目可分为单车场问题与多车场问题；根据可用车辆的车型数可分为单车型问题与多车型问题等。

在运用 VRP 模型对实际问题进行研究时，需要考虑以下七个方面的问题：仓库，即仓库级数，每级仓库的数量、地点与规模；车辆，即车辆型号和数量、容积和运作费用、出发时间和返回时间、司机休息时间、最大的行驶里程和时间限制；时间窗，即各处的工作时间不同，需要各地协调；顾客，即顾客需求、软硬时间窗、装载或卸载、所处位置、优先级；道路信息，即车辆密度、道路交通费用、距离或时间属性；货物信息，即货物种类、兼容性和保鲜要求；运输规章，即工人每天工作时间规定，车辆的周期维护。

一个典型的 VRP 模型可以用如下模型表述。

① 基本条件。现有m辆相同的车辆停靠在一个共同的源点v_0，需要给n个顾客提供货物，顾客为$v_1, v_2, \cdots, v_n$。

② 模型目标。确定所需要的车辆的数目N，并指派这些车辆到一个回路中，同时包括回路内的路径安排和调度，使运输总费用C最小。

③ 限制条件或约束条件：$N \leqslant m$；每个订单都要完成；每辆车完成任务之后都要回到源点；车辆的容量限制不能超过，特殊问题还需要考虑时间窗的限制；运输规章的限制。

情况和假设条件不同，车辆路径问题的模型及构造都有很大差别。为简化车辆路径问题的求解，常常应用一些技术使问题分解或转化为一个或几个已经研究过的基本问题，再用相应比较成熟的基本理论和方法，以得到原问题的最优解或满意解。VRP 常见的基本问题有旅行商问题、分派问题、运输问题、背包问题、最短路径问题、最小费用流问题和中国邮递员问题等。

（2）扫描算法。扫描算法分四个步骤完成。第一步，以起始点作为极坐标系的原点，并以连通图中的任意一顾客点和原点的连线定义为角度零，建立极坐标系。然后对所有的顾客所在的位置，进行坐标系的变换，全部转换为极坐标系。

第二步，分组。从最小角度的顾客开始，建立一个组，按逆时针方向，将顾客逐个加入组中，直到顾客的需求总量超出了负载限制。然后建立一个新的组，继续按照逆时针方向，全部转换为极坐标系。

第三步，重复第二步的过程，直到所有的顾客都被分类为止。

第四步，路径优化。各个分组内的顾客点，就是一个个单独的 TSP 模型的线路优化问题，可以用前面介绍的 TSP 模型的方法对结果进行优化，选择一个合理的路线。

（3）节约里程法。节约里程法又称 C-W 节约算法，是由 Clark 和 Wright 于 1964 年首次提出的。

① 节约里程法的核心思想。将运输问题中存在的两个回路 $(0,...,i,0)$ 和 $(0,j,...,0)$ 合并成为一个回路 $(0,\cdots,i,j,\cdots,0)$，在上述合并操作中，整个运输的总距离将会发生变化，如果变化后总的运输距离下降，则节约了运输距离。此节约距离为节约值 $s(i,j)$，其计算公式为：

$$s(i,j)=\Delta c_{ij}=c_{i0}+c_{0j}-c_{ij} \tag{6.25}$$

节约里程法如图 6.5 所示。

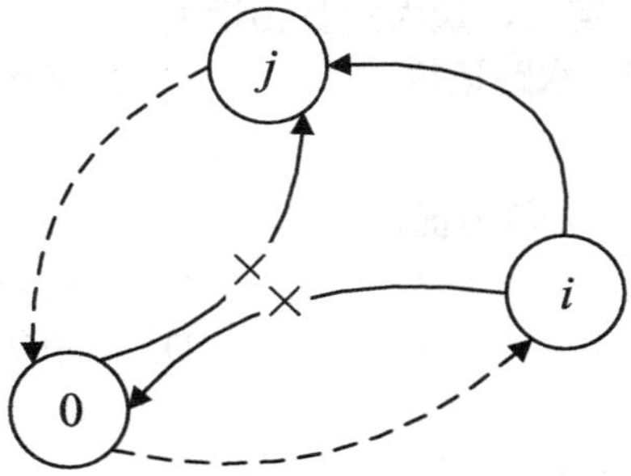

图 6.5　节约里程法示意图

② 求解步骤如下。

第一步：计算各点到源点 0 的距离，以及各点间的距离；同时计算 i 点和点 j 连接后的费用节约值 $s(i,j)$。节约法的初始解是将各送货点与源点相连，构成一条仅含一个送货点的送货线路。

第二步：若 $s(i,j)$ 的值均为 0 或空时，则终止。否则，在 $s(i,j)$ 中求出值为最大的那一项。进入下一步。

第三步：考察对应的 (i,j)，若满足下述条件之一，则转第五步，否则转下步：点 i 和点 j 均不在线路上；点 i 不在线路上，点 j 为线路的起点或终点；点 i 为一线路的终点，而点 j 为另一线路的起点。

第四步：判断点 i 和点 j 是否交换过。若没有，交换后转第三步；否则转第七步。

第五步：约束条件计算。计算连接点 i 和点 j 后线路的总货运量 Q，若 $Q \leqslant q$，并满足其他约束条件，则转下步，否则转第七步。

第六步：连接点 i 和点 j，将该 $s(i, j)$ 的值赋为 0 或空，并将已成为回路中间的点所涉及的 $s(i, j)$ 值也赋为 0 或空，转第二步。

第七步：将该 $s(i, j)$ 的值赋为 0 或空，转第二步。

对于 VRP 问题的求解，还有不少其他启发式算法，如蚁群算法、遗传算法等，在解决实际问题时，可同时使用几种算法，从中选取最优的结果。

思考练习题

一、单项选择题

1.（　　）是构成运输系统最重要的要素。

A. 运输节点　B. 运输线路　C. 运输设备　D. 承运人

2.（　　）是既提供动力又具有装载货物容器的独立运输工具。

A. 铁路机车　B. 拖船　C. 驳船　D. 汽车

3.（　　）是运输活动的承担者。

A. 货主　B. 货运代理人　C. 承运人　D. 运输经纪人

4. 一般情况下，300 公里以内可用（　　）。

A. 公路运输　B. 铁路运输　C. 水路运输　D. 航空运输

5.（　　）适用于单向、定点、量大的货物运输。

A. 铁路运输　B. 水路运输　C. 公路运输　D. 管道运输

二、多项选择题

1. 运输质量可包括（　　）等方面。

A. 运输时间的可靠性　B. 运输安全性

C. 客户服务水平　D. 货差货损

E. 可到达性

2. 运输线路选择的目标有（　　）。

A. 路程最短　B. 服务水准最优　C. 效益最高

D. 成本最低　E. 劳动消耗最低

三、简答题

1. 运输系统有哪些功能？

2. 简述运输系统的组成。

3. 简述企业运输系统规划与设计的内容。

4. 概括各种运输方式的优缺点，并说明其适用情况。

5. 多式联运的特点及适用条件是什么？

6. 选择运输方式时应该考虑哪些因素？

四、计算题

1. 某企业的一批货物在其运输路线上要经过距离较远的 5 个转运节点，每对节点间有 3 种运输方式，节点间的运输费用和批量中转费用如表 6.6 和表 6.7 所示。假设运量为 32

个单位，试用动态规划方法求解最佳的运输方式组合，并求出最小运输总费用。

表 6.6 节点间的运输费用

节点	1—2	2—3	3—4	4—5
公路	3	5	3	2
铁路	2	3	4	3
航空	4	4	2	4

表 6.7 批量中转费用

运输方式转换	从公路到			从铁路到			从航空到		
	公路	铁路	航空	公路	铁路	航空	公路	铁路	航空
中转费用	0	2	3	1	0	2	2	3	0

2. 如图 6.6 所示的城市连通图，节点代表城市，连线代表城市间的公路运输线，线上数字代表公路里程，试用 Dijkstra 求解从城市 1 到城市 7 的最短路程。

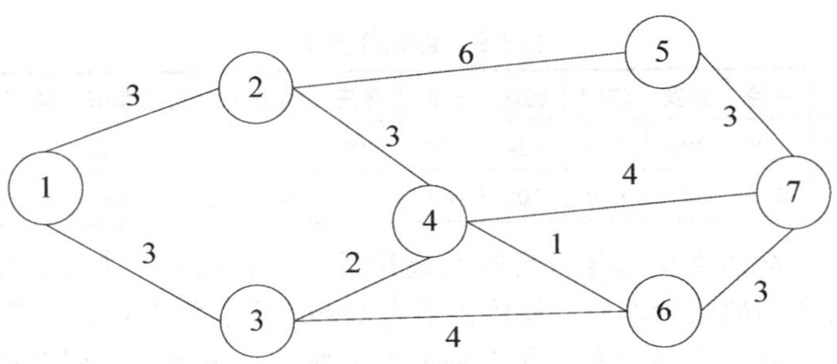

图 6.6 城市连通图

3. 现有一医药公司，位于 1 处，每天用一辆车给某一区域内的 4 家连锁药店送货，要求货车到每个连锁药店只能去一次，送完货返回公司。这些连锁药店间的距离矩阵，如表 6.8 所示，距离具有对称性。根据以上资料，用最近插入法设计一条派送药品的总行驶距离最短的路径并求出最短总行驶距离。

表 6.8 连锁药店间的距离矩阵

元　素	1	2	3	4	5
1	—	9	8	6	7
2		—	6	15	18
3			—	14	8
4				—	4
5					—

五、案例分析

张裕集团葡萄酒配送路线优化

1. 张裕集团产品配送模式分析

张裕集团的葡萄酒畅销海内外，市场需求量逐年上升。这一方面给张裕集团带来了良好的发展机遇；另一方面使张裕集团面临严峻的挑战。随着市场销售量的增加，集团需要投入大量资金扩大生产力，增加产量，同时也为集团销售部门带来了压力。在扩大市场占有量的同时，如何改善集团的物流模式，及时将葡萄酒送达用户，满足顾客需求，成为集团亟待解决的问题。

张裕集团生产的葡萄酒采用的是定时定量配送模式，即按固定的时间和客户订单的数量进行送货，对于一些需求量较小的客户也要单独组织车辆进行送货。以山东省的客户需求为例，张裕集团仅在烟台市设有仓库，客户分散在全省的各个县区市，并且需求量大小差别很大，此配送模式经常造成过高的运输成本。分析其原因可归纳为以下三个方面：配送模式不适应集团发展要求，特别是对于即时性需求，不能及时响应；配送路线的选择不合理，没有得到优化；车辆调度不合理，没有充分利用车辆配载容积。

2. 节约算法优化配送路线

以山东省 14 个地级市张裕集团葡萄酒客户配送为例，利用节约法来优化配送路线、制订配送计划。根据各市的葡萄酒需求量和配送距离得到运输任务表，如表 6.9 所示。其中，年货运量最多的是济南、淄博、青岛；距离最远的是菏泽。

表 6.9　运输任务表

客　户	青岛	东营	泰安	济宁	潍坊	日照	枣庄	聊城	济南	淄博	德州	临沂	滨州	菏泽
货运量（吨/年）	1 146	388	396	478	924	294	390	386	2 436	1 282	226	480	220	286
配送距离（公里）	245	430	544	670	300	395	615	640	513	398	621	475	431	753

张裕集团的配送车辆主要以招标的形式选择第三方物流公司来为其运送产品，这样一方面集团可以不设自己的运输车队，节约大量资金和人员，集中精力于葡萄酒加工、酿制、新产品开发等核心业务；另一方面充分发挥第三方物流公司运输规模优势，按时、按量准时送货，实现双赢。为了保证配送车辆的数量、装载量满足配送需求，集团在招标过程中往往选择几家物流公司共同为其配送产品，因此，在配送车辆的选择上留有余地，为降低运输成本创造了条件。各物流公司的车型有 10 吨、8 吨、6 吨、4 吨、2 吨、1 吨不等，数量足以满足配送要求。

车辆调度采用以下方案：根据各城市的不同年需求量，制订月度配送计划，按需求量的多少选配车辆。例如，青岛市年需求量为 1 146 吨，月平均 95.5 吨，先选用最大车型进行直送（90 吨利用 9 辆 10 吨汽车运送），剩余货运量（5.5 吨）利用节约法原理进行配送，其他城市的货运量均按此方式进行整理，得调整后的运输任务表，如表 6.10 所示。

表 6.10　调整后的运输任务表

客　户	青岛	东营	泰安	济宁	潍坊	日照	枣庄	聊城	济南	淄博	德州	临沂	滨州	菏泽
剩余货运量（吨/年）	5.5	4.3	3	0	7	4.5	2.5	2.2	3	6.8	8.8	0	8.3	3.8
配送距离（公里）	245	430	544	670	300	395	615	640	513	398	621	475	431	753

在表 6.10 中，对有剩余货运量的 12 个城市采用节约法进行配送线路的优化，步骤如下。

（1）确定各城市间的最短距离。因为距离对称，所以有 $C_{ij}=C_{ji}$，各城市间的最短距离，如表 6.11 所示。

表 6.11　各城市间的最短距离表

城市	烟台 0	青岛 1	东营 2	泰安 3	潍坊 4	日照 5	枣庄 6	聊城 7	济南 8	淄博 9	德州 10	滨州 11	菏泽 12
0 烟台	0	245	430	544	300	395	615	640	513	398	621	431	753
1 青岛		0	350	352	181	147	355	473	372	278	456	315	537
2 东营			0	248	140	302	370	329	220	101	261	65	453
3 泰安				0	240	295	204	157	62	154	211	218	243
4 潍坊					0	201	312	349	243	70	325	168	446
5 日照						0	245	419	335	265	446	325	456
6 枣庄							0	298	265	278	382	349	262
7 聊城								0	144	251	164	268	191
8 济南									0	140	154	167	272
9 淄博										0	228	104	359
10 德州											0	218	322
11 滨州												0	402
12 菏泽													0

（2）求节约里程。计算各点对间连接的距离节约值：$\Delta C_{ij}=c_{i0}+c_{0j}-c_{ij}$，如连接点 2 与点 3 时，有 $\Delta C_{23}=c_{20}+c_{03}-c_{23}=430+544-248=726$，同理，可得到连接其他各点对间的距离节约值。将大于零的 ΔC_{ij} 按从大到小的顺序排列得到点对间连接的距离节约值，如表 6.12 所示。

表 6.12　点对间连接的距离节约值

连接点	节约里程	连接点	节约里程	连接点	节约里程	连接点	节约里程	连接点	节约里程
7—12	1 202	6—10	854	2—7	741	3—4	604	1—3	437
6—12	1 106	10—11	834	6—9	735	4—6	603	4—11	428
7—10	1 097	7—11	803	2—12	730	4—10	596	1—7	412
3—12	1 054	2—11	796	2—9	727	4—7	591	1—10	410
10—12	1 052	9—12	792	2—3	726	2—4	590	1—6	405
3—7	1 027	9—10	791	9—11	725	5—8	573	1—8	386
7—8	1 009	2—10	790	2—8	723	5—10	570	1—9	365
3—8	995	3—9	788	6—11	697	4—8	570	1—4	364
8—12	994	7—9	787	5—12	692	5—9	528	1—11	361
8—10	980	11—12	782	2—6	675	2—5	523	1—2	325
6—7	957	8—11	777	3—5	644	5—11	501		
3—6	955	8—9	771	4—9	628	4—5	494		
3—10	954	5—6	765	5—7	616	1—5	493		
6—8	863	3—11	757	4—12	607	1—12	461		

（3）求初始解。令 $I_i=\{i\}$，$i=1,2,\cdots,12$，形成 12 个回路，各回路的最短路长 $l_i=2c_{0i}$，各回路载重量为 r_i，$i=1,2,\cdots,12$。

（4）按节约里程从大到小合并路径。首先考虑节约值最大的节点 7 聊城和节点 12 菏泽进行合并，该点对节约里程值 $\Delta C_{712}=c_{70}+c_{012}-c_{712}=1\,202$，载重量合计 $t_7+t_{12}=6.0<10$，可以进行线路合并。令 $I_1^*=I_7\bigcup I_{12}=\{I_7,I_{12}\}$，$l_1^*=1\,594$，$t_1^*=6$。接下来考虑合并节点 6 和节点 12，得到新的回路 $I_1^*=\{I_6,I_7,I_{12}\}$，$l_1^*=1\,718$，$t_1^*=8.5$ 同理继续合并下去，在满足载重条件的情况下，优先安排节约里程多的线路合并，得最终优化配送路径 8 条：

$I_1^*=\{I_6,I_7,I_{12}\}$，即 $p_0\to p_6\to p_7\to p_{12}\to p_0$，$l_1^*=1\,718$，$t_1^*=8.5$；

$I_2^*=\{I_3,I_8\}$，即 $p_0\to p_3\to p_8\to p_0$，$l_2^*=1\,119$，$t_2^*=6$；

$I_3^*=\{I_2,I_5\}$，即 $p_0\to p_2\to p_5\to p_0$，$l_3^*=1\,127$，$t_3^*=8.8$；

$I_4^*=\{I_1\}$，即 $p_0\to p_1\to p_0$，$l_4^*=490$，$t_4^*=5.5$；

$I_5^*=\{I_4\}$，即 $p_0\to p_4\to p_0$，$l_5^*=600$，$t_5^*=7$；

$I_6^*=\{I_9\}$，即 $p_0\to p_9\to p_0$，$l_6^*=796$，$t_6^*=6.8$；

$I_7^*=\{I_{10}\}$，即 $p_0\to p_{10}\to p_0$，$l_7^*=1\,242$，$t_7^*=8.8$；

$I_8^*=\{I_{11}\}$，即 $p_0\to p_{11}\to p_0$，$l_8^*=862$，$t_8^*=8.3$。

利用节约法对 12 个城市剩余运量优化配送路线后，共需 8 辆车，其中 4 辆 10 吨车，2 辆 8 吨车，2 辆 6 吨车，总运输距离为 7 954 公里；优化前共需 12 辆车，总运输距离为 11 770 公里。优化结果，如表 6.13 所示。

表 6.13　优化结果

项　目	优 化 前	优 化 后	节 约 值
车辆数（辆）	12	8	4
运输距离（公里）	11 770	7 954	3 816

3. 小结

通过利用节约法对山东省 14 个地级市葡萄酒配送路线的优化分析，可以看出，张裕集团通过合理的车辆调度与线路优化，可以减少车辆数量，缩短运输距离，从而降低运输成本。如果能在全国各地的配送中心采用这种方法，那么集团可在很大程度上降低物流成本，增加销售利润，在激烈的市场竞争中保持优势。

资料来源：刘利军.张裕集团葡萄酒配送路线优化研究[J].山东工商学院学报,2006(1):97-100，116.

根据案例，分析以下问题。

（1）张裕葡萄酒配送采用的什么模式？该模式造成了什么问题？原因是什么？

（2）案例对张裕葡萄酒配送路线采用节约算法进行优化？这种算法有什么特点？它的步骤是什么？

（3）针对张裕葡萄酒配送路线，试用其他方法对其优化，并与节约算法的结果有什么不同？

第七章

物流运营管理系统规划与设计

学习目标

1. 了解物流运营的特点
2. 掌握物流运营管理系统框架
3. 掌握物流运营模式、影响因素和选择方法
4. 理解并掌握物流运营组织结构的形式及管理层次
5. 掌握物流运营组织设计的内容、因素和程序
6. 掌握物流营销、人力资源及绩效评价系统规划要点

引导案例

XYZ 公司物流系统分权式组织结构的设计

基于公司为大客户提供一体化物流服务且每个客户的物流运营相对独立的特点，XYZ 公司对每个大客户实行事业部管理体制，即以每个大客户成立一个事业部，实行相对独立的经营管理和独立核算。由于大客户遍布国内各个省市，公司开发一个大客户，就可以根据客户的地域或物流服务的需要在当地建立一个相对独立的分公司。每个分公司都是独立的利润中心，这是一种典型的按照客户设计的事业部制管理模式。每个分公司执行客户的物流运营业务，而总公司则负责信息服务、客户开发和财务控制，不参与具体的执行业务。公司组织结构，如图 7.1 所示。

总公司主要负责大客户物流市场的开发和签约，提供物流信息技术支持、财务核算和财务管理，以及各区域公司之间的物流运营协调管理等。具体来讲，总公司对各部门职责进行了如下分工。

（1）市场开发中心。负责物流市场的开发，根据市场定位，在电子、医药、汽车零配件等领域，在经济业务发达的地区开展物流业务开发。

（2）信息中心。负责物流管理信息系统的建立和维护，负责系统管理软件的开发，负责向客户提供信息技术支持，实现与客户的有效信息对接。

（3）财务中心。负责总公司的财务核算、公司内部核算和客户之间的费用结算等，并对公司实行投资、筹资、利润分配等财务管理。

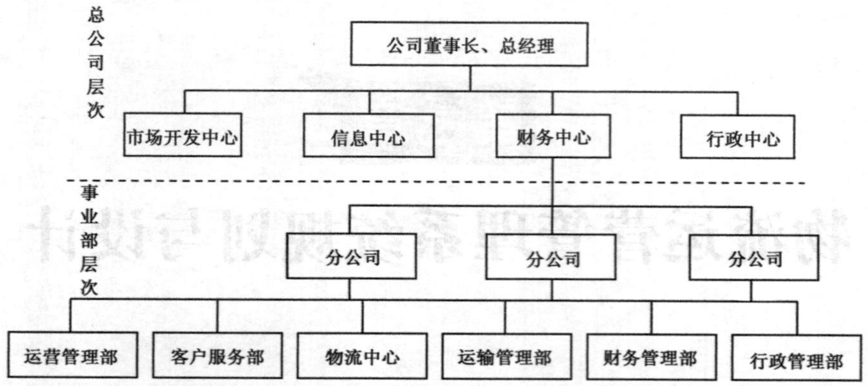

图 7.1　公司组织结构

（4）行政中心。负责人力资源的管理和开发，并制定人力资源管理政策。

各个分公司一般设在客户集中地区，作为公司提供业务服务的执行部门，主要职责也包括物流运作和管理监控、物流作业的协调、客户的日常管理、物流伙伴的选择和管理等。下设六个部门：①运营管理部，负责定期接收客户发货计划，合理调配物流资源，根据客户要求制定物流作业流程，对物流服务质量进行控制等。②客户服务部，负责联络客户、异常处理、客户查询服务并接受客户投诉。③物流中心（仓储部），负责客户货物的接收或储存、分拣包装、发货、配送等。④运输管理部，负责运输业务，按照客户要求将货物运送到指定地点。⑤财务管理部，负责本事业部内的财务核算和财务管理。⑥行政管理部，负责对内对外的事务管理、工资福利待遇管理及后勤管理等。

资料来源：耿会君，董维中. 物流系统规划与设计[M]. 3 版. 北京：电子工业出版社，2017.

第一节　物流运营管理系统概述

一、物流运营的特点

尽管物流的含义随着企业生产管理和营销组织方式的变化在不断丰富和扩展，但是，物流系统的运营始终是一个“计划、执行和控制的过程”。不管物流的定义如何变化，作为社会经济生活中的一项重要活动，物流运营都具有以下三个方面的重要特点。

1. 物流运营是跨边界的活动

从企业内部来看，销售部门与财务部门在存货水平控制方面的部门目标是有冲突的，而市场营销部门在仓库选址和存货配置方面的要求和企业储运部门的管理目标也会有冲突。如果不能进行统筹协调，则在各部门追求各自的部门目标的同时，很有可能使得企业整体的利益受到损害。而物流的运营就是要兼顾企业内部不同部门之间的利益关系，从企业全局的角度出发，获得效益的最大化。

从企业外部来看，如果制造企业的生产组织方式，如 JIT 方式、供应商管理存货方式、供应链管理方式和经营由分销改为直销方式，那么供应商的供货方式或物流企业的服务必须与之相协调，物流企业的职能就可能要增加包括更快捷的多批次、小批量的发货组织，更多的售前装配（或配货装箱）和售后安装（或维修和技术咨询），更多的物流单证的管理，以及反向物流管理等增值服务。当客户的市场边界已经扩大到全球范围的时候，物流的运营服务就必须转向国际化。

2．物流运营的目标是降低物流总成本

在客户服务水平确定以后，物流的运营管理就会围绕如何降低客户的物流总成本这个中心来展开。物流作为企业的第三利润源泉，主要是通过提高物流管理水平，降低物流成本的方式来给企业创造利润的。实际上，整个物流的发展过程，就是不断降低物流成本、提高物流效率的过程。因此，物流运营管理就是要在保证一定的服务水平的情况下尽可能地降低物流成本。而在物流运营过程中，存在着许多“效益背反”问题，某项物流作业的成本降低了，可能另一项物流作业的成本却提高了。物流的运营管理往往需要在这些问题上进行权衡，以获得整体的最优，如运输成本与存货成本的权衡，采购批量与存货成本的权衡，减少承运人的数量与分散货运风险的权衡，实际集中存货管理与货运成本和脱销成本的权衡，增值服务成本与客户服务水平的权衡，物流自营与物流外包以及保持企业对物流运作控制权的权衡等。

3．物流运营管理是优化资源配置的过程

纵观物流运营的全过程，从产品的包装，到托盘的堆载，再到装箱的技巧；从单点仓库的选址和库内空间的分配，到仓库网络的设计和存货的分布；从运输工具的配载，到承运人的管理，到多式联运的组织，再到货运路线的安排；从物流技术装备的应用，到物流IT系统的上线；从具体物流运作环节的安排，到总体物流管理解决方案的设计，都是在进行资源配置的优化。

要谋求物流总成本的最低，就必须对跨边界的物流运作进行资源统筹。不同的客户对服务的需求会提出不同的资源整合的要求，如货物的紧急发运就可能要求选择空运服务资源；产品的全球营销可能要求在全球范围内整合仓库网络资源；物流系统改造可能要求选择咨询服务资源，等等。所以，物流运营管理过程实际上就是优化资源配置的过程。

二、物流运营管理系统的组成

物流的定义从不同的角度出发是不同的，如有些专家学者从企业资产运营的角度将物流定义为：对供应链中各种形态的存货进行有效协调、管理和控制的过程。在供应链中，参与物流运营的主体是产品的制造商和批发商或零售商，但它们进行物流自营的成本太高、效率太低，这就需要发挥第三方物流的优势，提供专业化的物流服务。从而我们可以得出物流运营管理的主体主要包括产品制造商、批发商或零售商和第三方物流公司三个部分。

（1）产品制造商。产品制造商是物流需求的源泉。正是因为有了产品的制造，才产生了大量的物流需求；正是因为有了制造商对物流的组织运作，才促进了物流的发展。

（2）批发商或零售商。它们是连接制造商与消费者的纽带，它们在对消费者销售的过程中，产生了大量的物流需求。

（3）第三方物流公司。制造商、零售商或批发商是物流服务需求的主体，同时可以自营物流。但自营物流有时候会变成企业的负担，不能发挥其核心优势，所以就要将企业的物流活动外包给第三方物流公司，发挥其在物流运营上的专业优势，这样既提高了物流运作的效率，又降低了物流运作的成本。

三、物流运营管理系统框架

从上面的分析可以认识到，物流运营的主体是制造企业、流通企业和第三方物流公司，而物流运营系统管理的对象实际上就是维持制造企业和流通企业正常经营活动的物流保障。

物流公司是一个纯粹的、专一的后勤支撑和服务部门，在物流的运作过程中，要涉及多方面的合作。物流系统组织总体框架包括决策层、运营管理系统、运营基础系统及外部资源系统，每个层次都包括许多相关因素，只有这些因素共同协作，才能够有效地发挥物流系统运作的效率和效益，如图 7.2 所示。

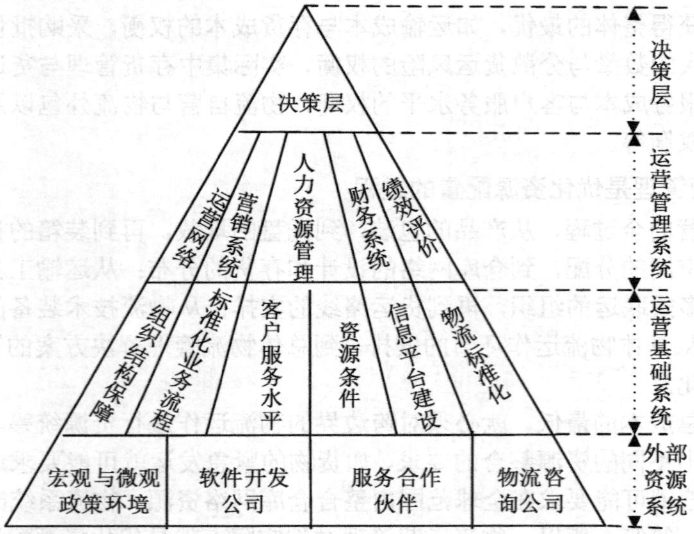

图 7.2　物流运营管理系统框架

1．决策层

对于物流系统而言，可由董事长及高层管理人员组成物流运营的决策层，制定总体发展战略。对于生产制造企业的物流职能部门来说，可以由公司总经理、物流主管副总经理、物流部门经理及生产、销售、财务等部门负责人组成物流系统的决策层，主要负责制定生产制造企业物流发展总体规划、物流市场定位决策、物流系统网络的布局决策、节点设备的投资决策、物流企业资本运作决策等工作。

2．运营管理系统

无论是物流企业还是物流服务部门，为了保证物流系统的管理质量和运作效益，需要参与物流运营的各个机构和人员能够相互配合，最大限度地发挥物流系统内部各种可利用资源的潜力，保证物流系统的高效运作和运转通畅。

在物流运营决策层的指导下，运营管理体系需要充分突出客户服务在整个物流系统中的核心地位，以客户服务、满足客户运作需求、提升客户服务水平为最终目标，同时尽可能地降低运营成本。

一个完整的物流运营管理系统主要由营销系统、运营网络、财务系统、人力资源管理和绩效评价系统等组成。通过各系统之间的协调工作，来保证物流系统的效益，保证满足客户的物流需求，如图 7.3 所示。

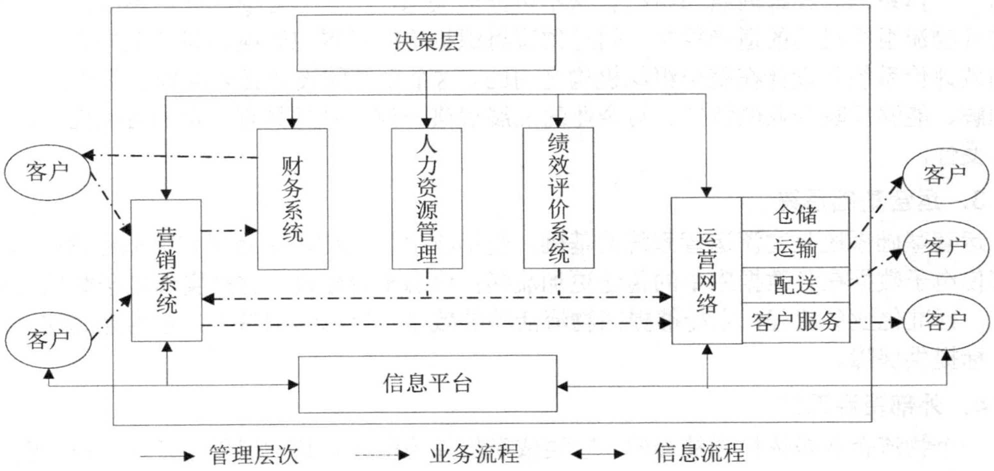

图 7.3　物流运营管理系统

（1）营销系统。物流营销系统是物流企业根据决策层的市场定位及经营管理决策，结合市场特点和自身资源特点，以及物流运作的要求而设计的，其主要职能是根据市场定位来负责物流市场及客户的开发。

（2）运营网络。物流运营网络是物流运营的实体作业及其管理部分，是物流服务的具体作业层面，直接承担着物流业务的运作。由物流运营网络接收营销系统传来的订单任务，通过各个物流环节的协调作业，完成整个体系的资源调度、指挥、协调及业务总体运作，直接控制物流过程。

物流运营网络一般由相应的仓储、运输、配送、客户服务等环节组成。物流企业及货主企业的物流部门应根据自身的资源状况及客户物流服务需求，规划设计出完整的物流运营网络，并设置相应的运营指挥调度体系，保证向客户提供完美的服务。

（3）人力资源管理。物流企业及货主企业物流部门的一个重要工作就是建设一支核心专业技术和管理团队，并有效地解决好员工队伍建设问题，这是关系物流运营及物流系统运营成败的关键。作为物流运营过程来说，核心管理和技术团队是至关重要的。他们代表了物流企业和货主企业物流部门的专业水平，而具体物流系统的效率和效益却是通过每一个实际操作人员的能力和水平来体现的。因此，物流系统的人力资源管理应立足于核心团队和具体从事物流业务操作的员工队伍两个层面，并以核心团队的建设、协调和稳定运行为主来开展。而对于操作层面的员工规划管理，应制定相应的人力资源管理政策和制度，实施有效的员工招聘、绩效考核、工资薪酬和培训制度，为物流系统运营创造良好的人力资源环境。

（4）绩效评价系统。在物流运作过程中，应随时根据质量控制标准负责对物流服务质量进行控制，确保每个作业环节的高效、合理运行。对物流的运营过程及总体情况做出最终的考核评价，进行相应的惩罚和改进，使整个物流系统越来越流畅、规范。

一个设计良好的物流绩效评价系统可以使高层管理者判断现有经营活动的获利性，及时发现尚未控制的领域，有效地配置企业资源，评价管理者的业绩。具体来说，物流绩效评价可以是对每个物流作业环节的考核，也可以是对整个物流服务部门的综合财务评价。任何一个体系的设计都同组织结构有密不可分的关系，物流运营绩效评价系统的设计有助于进行物流组织机构的适当控制，同时物流组织机构的设置也影响信息的流向和流量。物流绩效评价系统是设计在整个组织机构之内的。这个系统的设计必须准确、及时、可接受、可理解、能够反映企业的特性、与企业的发展战略一致，并且具有一定的可控性、激励性和应变性。

3．运营基础系统

运营基础系统是物流运营系统的基础，包括物流标准化，它是现代物流运营的基础，能够使电子数据在各数据库中的传送更加流畅；信息平台建设，它是实现电子数据交换的基础；标准化业务流程，它能够提高物流活动的效率；组织结构保障，它为完成物流运营的目标提供保障。

4．外部资源系统

一个物流企业是依托于社会的，它要依靠外部的资源为其发展创造条件。外部资源包括微观与宏观政策环境、软件、合作伙伴、咨询服务等。

第二节　物流运营模式及选择

一、物流运营模式

随着经济全球化进程的加快和经济的不断增长，企业越来越重视物流管理，把物流看成企业新的利润源泉。在企业物流管理中，选择什么样的物流运营模式是企业发展决策不可回避的问题之一。企业物流运营模式可分为自营物流、第三方物流和第四方物流三种。

1．自营物流

自营物流主要源于生产经营的纵向一体化。生产企业自备仓库、车队等物流设施，内部设立综合管理部门统一企业物流运作。在自我物流服务需求满足的情况下，生产企业会把闲置的物流资源提供给其他生产企业或者消费者服务机构。对生产企业来说物流活动完全是一种附属产物，不能带来产品的增值。

2．第三方物流

第三方物流（Third Party Logistics，TPL）是指生产经营企业为集中精力搞好主业，把原来属于自己处理的物流活动，以合同的形式委托给专业物流服务公司并保持密切联系，以达到对物流全程的管理和合同制物流。从发达国家物流业的状况看，第三方物流在发展中已逐渐形成鲜明特征，主要表现在以下五个方面。

（1）关系合同化。首先，第三方物流是通过合同形式来规范物流经营者与物流消费者之间关系的。物流经营者根据合同规定的要求，提供多功能甚至全方位一体化的物流服务，并以合同来管理所有提供的物流服务活动及其过程。其次，第三方物流发展物流联盟也是通过合同的形式来明确各物流联盟参加者之间权、责、利相互关系的。

（2）服务个性化。首先，不同的物流消费者存在不同的物流服务要求，第三方物流需要根据不同物流消费者在企业形象、业务流程、产品特征、顾客需求特征、竞争需要等方面的不同要求，提供针对性强的个性化物流服务和增值服务。其次，从事第三方物流的物流经营者也因为市场竞争、物流资源、物流能力的影响需要形成核心业务，不断强化所提供物流服务的个性化和特色化，以增强物流市场竞争能力。

（3）功能专业化。第三方物流所提供的是专业的物流服务。从物流设计、物流操作过程、物流技术工具、物流设施到物流管理必须体现专门化和专业水平，这既是物流消费者的需要，也是第三方物流自身发展的基本要求。

（4）管理系统化。第三方物流应具有系统的物流功能，是第三方物流产生和发展的基本要求，第三方物流需要建立现代管理系统才能满足运行和发展的基本要求。

（5）信息网络化。信息技术是第三方物流发展的基础。在物流服务过程中，信息技术发展实现了信息实时共享，促进了物流管理的科学化，极大地提高了物流效率和物流效益。

3．第四方物流

第四方物流（Fourth Party Logistics，FPL）是1998年由美国埃森哲咨询公司率先提出的，专门为第一方、第二方和第三方提供物流规划、咨询、物流信息系统、供应链管理等服务。第四方物流并不实际承担具体的物流运作活动。第四方物流是一个供应链的集成商，一般情况下政府为促进地区物流产业发展领头搭建第四方物流平台提供共享及发布信息服务，是供需双方及第三方物流的领导力量。它不是物流的利益方，而是通过拥有的信息技术、整合能力及其他资源提供一套完整的供应链解决方案，以此获取一定的利润。它帮助企业实现降低成本和有效整合资源，并且依靠优秀的第三方物流供应商、技术供应商、管理咨询及其他增值服务商，为客户提供独特和广泛的供应链解决方案。

二、物流运营模式选择的影响因素

企业在选择物流运营模式时，应从企业的物流战略出发，在考虑企业物流能力的基础上，根据自己的需要和资源条件，综合考虑以下六个方面的主要因素，慎重选择物流模式，以提高企业的市场竞争力。

1．企业物流子系统的重要性

如果第三方物流公司不能完成企业的某项物流功能，那么企业就应该保持和发展这项物流功能。否则企业应该根据自己的发展战略，考虑将物流自营或者承包给第三方物流公司。

2．企业对物流控制力的要求

对于竞争激烈的产业，企业应该强化对供应商和分销渠道的控制，这时企业就应该采取自营物流的模式。

3．企业自身产品的物流特点

企业生产的产品不同，对物流的要求也不同，企业应根据产品自身的物流特点，选择相适应的物流运营模式。

4．企业规模和实力

企业建立自己的物流系统，要占用大量的资金，所以对于那些实力雄厚的企业，为了保证物流服务的质量，可以建立自己的物流系统；而对于那些规模较小的企业来说，一般情况下应该把主要精力用在发展其核心业务上，采用第三方物流公司。

5．物流系统成本

在满足顾客服务水平的前提下，企业应综合考虑总运输成本、批量成本、固定仓储费用、变动成本费用、订单处理费用和顾客服务费用，选择成本低的运营方式。

6．第三方物流公司服务能力

只有在第三方物流公司能够满足用户的需求时，才考虑第三方物流公司来代替自营物流模式，否则企业只考虑自营物流的模式。

三、物流运营模式选择模型

目前对物流运营模式的选择模型主要有期望值法和量本利模型。

1．期望值法

期望值法是各因素赋予一定的权值后的加权平均法，其步骤如下。

（1）根据上述六个影响因素对公司的重要性和专家的意见，分别赋予权重 $a_1, a_2, a_3, a_4, a_5, a_6$，且 $\sum_{i=1}^{6} a_i = 1$。

（2）将每个因素的得分值表示为 $b_1, b_2, b_3, b_4, b_5, b_6$，其中 $-1 < b_i < 1$，取值越小，则越趋向于外包；取值越大，则越趋向于自营。

（3）根据公式 $y = \sum_{i=1}^{6} a_i b_i$，计算结果。

若结果为正，则企业可考虑选择自营模式；若结果为负，则企业可考虑选择将物流交给第三方物流公司。

该模型运用起来比较简单，计算过程也很简单，但受主观因素影响较大。

2．量本利模型

此方法是用规模经济的理论，借鉴量本利分析的模型来计算企业是采用自营物流还是将物流承包给第三方物流公司，其模型如下：

$$P = R - (V_c Q + F) = KQ - (V_c Q + F) = (K - V_c)Q - F$$

其中，P 表示自营物流与外包物流的成本差；V_c 表示自营物流的单位变动成本；F 表示自营物流固定成本总额；K 表示外包物流单位物流量的价格；Q 表示物流量；R 表示外包物流成本。

当企业的物流量达到一定值时，可以求出自营物流与外包物流的临界值，此时 P 为 0，得出：

$$Q_0 = \frac{F}{K - V_c}$$

当物流量小于 Q_0 时，外包物流成本小于自营物流成本，则适用第三方物流；反之，则适用自营物流。

第三节　物流运营组织规划与设计

一、物流运营组织结构的部门划分

物流企业内部的组织结构，从横向看可划分为若干不同部门。组织结构应服从企业经营管理活动的需要，根据合作经营分工的专业、经营对象的技术复杂程度、经营操作的技术装备先进程度、经营的规模等具体因素加以权衡，从经营管理的角度加以确定。

一般来说，从物流企业担负物流职能的共性出发，物流企业内部的组织结构基本上可划分为业务经营部门、职能管理部门和行政事务部门，而各部门的进一步划分则因企业的具体情况不同而不同。

1．业务经营部门

业务经营部门是指直接参加和负责组织商品流通经营业务活动的部门。它们的主要任务、职责、权限是直接从事物流活动的经营，对外建立经济联系，并负责处理经营业务纠纷等，其部门的规模和分工程度直接影响着企业内部其他部门的组织结构设计。

2．职能管理部门

职能管理部门是指专为经营业务活动服务的管理工作部门。它直接担负计划、指导、监督和调节功能，包括计划与统计、劳动工资、价格、信息等管理，以及在专业技术上给予帮助，按经理的委托向经营业务部门布置工作，负责收集、整理经营业务的信息等任务，是各级领导的参谋部门，不直接从事企业的经营活动。物流企业的职能管理部门是依据管理职能及管理工作的复杂性及其分工的需要而设计的。一般地，物流企业都要设置计划与统计、财务与会计、劳动与工资、定价与市场等专门职能管理部门。

3．行政事务部门

行政事务部门是指间接地服务于经营业务和职能管理部门活动的行政事务部门，包括秘书、总务、教育、保卫等部门。其主要任务和职责权限是为经营和管理工作提供事务性服务、人事管理、安全保卫和法律咨询等。

以上只是物流企业组织结构设计的一般模式。它并不是始终不变的，应当随着企业自身条件特别是经济条件的变动加以必要的调整和充实，保证企业目标的顺利实现。

二、物流运营组织结构的基本形式

组织结构要体现组织各部分之间的关系，这是由组织的目标和任务及环境因素所决定的。合理的组织结构是实现组织目标、提高组织效率的保证。经过长期的实践和发展，组织结构已经形成了多种形式。结合物流运营的特点，物流运营组织结构设计主要有以下三种基本形式。

1．直线职能式组织形式

直线职能式组织形式的主要特点是设计两套系统，一套是直接参与和负责组织物流经营的业务执行部门，它包括从事物流活动的各个业务经营部门，担负着整个物流活动过程的作业实现。例如，直接从事物资购销、仓储、运输、整理加工、品质检验、配送等部门。另一套是按专业管理的职责和权限设计的职能管理部门，它是专门为物流经营业务活动服务的管理工作部门，直接担负着物流活动的计划、指导、信息服务、监督调节及其他配套管理服务，如计划统计、财务会计、劳动工资、信息支持、市场开发、行政管理、客户关系维护等部门。

物流运营的业务执行部门是物流组织结构的主体，它们的主要任务、职责和权限是直接从事物流的运营作业，其部门的规模和分工程度直接影响着其他部门的设计及职能的划分。物流运营的职能管理部门不直接参与物流作业，而是作为物流运营的参谋和保障部门。典型的直线职能式物流组织结构模式，如图 7.4 所示。

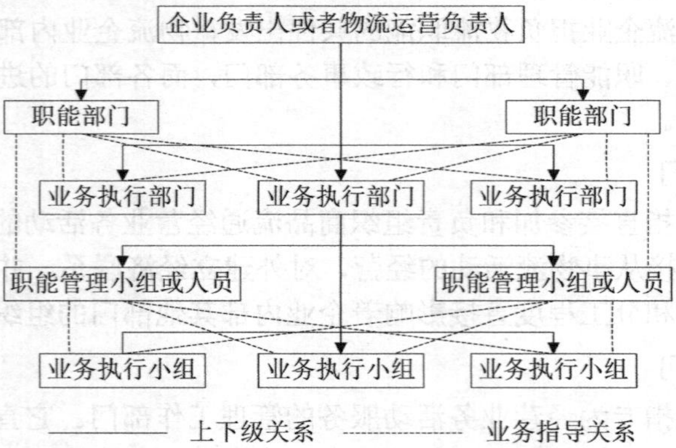

图 7.4　直线职能式物流组织结构模式

直线职能式组织结构设计既能保证集中统一指挥管理，又能充分发挥专业人员的才能、智慧和积极性，比较适应现代企业生产经营管理的特点和要求，所以，国内外许多企业都采用这种类型的组织结构形式。基于物流运营的特点和物流管理发展的现状，我国大中型物流企业的运营组织结构的设计也主要采用这种形式。

直线职能式组织结构模式的缺点是过于正规化，权力集中于高层，结构不够灵活，横向协调性较差，特别是物流运营的业务执行部门缺乏自主性，很难有效地调动业务执行部门的主观能动性。因此，这种形式在企业规模相对不大、物流服务业务范围相对稳定及市场不确定性相对较小的情况下是可以采用的。随着企业规模的扩大，市场环境的变化日趋复杂，市场不确定性的增加，这种组织形式有时是不能完全适应的。目前，有些企业，其中也包括一些物流企业，为了充分发挥职能部门的作用及业务执行部门的主观能动性，已经适当地进行一定的集权和分权模式的调整，特别是对独立经营、调度、质量检查等权力进行了一定的分权。但是，直线职能式组织结构仍然是我国企业（包括物流企业）的主要组织结构形式。

2. 事业部制组织形式

事业部制组织结构又称为分权制或者部门化结构。其特点是“集中政策，分散经营”。一般是按产品类别、地区或者经营部门分别成立若干个事业部。这些事业部具有相对独立的市场、相对独立的利益和相对独立的自主权。各事业部在公司的统一领导下实行独立经营、单独核算、自负盈亏。各事业部门具有相对独立的充分的自主权，高层管理部门则实行有限控制，以摆脱行政管理事务，集中力量研究和制定企业的经营方针，并通过贯彻实施经营方针，控制绩效和统一调度资金，对各事业部进行协调管理。

事业部式组织结构是国内外许多大型企业采用的组织模式。国内一些大型的分销企业和物流企业也采用这种组织形式。其主要特点是：在公司内部按地域或者产品类别（对于物流企业来说，就是指物流服务类别）设立相对独立的事业部（分公司），各事业部（分公司）拥有相对较大的自主权，这样有利于事业部（分公司）及时根据市场变化和业务环境做出相应的变化和调整。事业部式物流组织结构的模式，如图 7.5 所示。

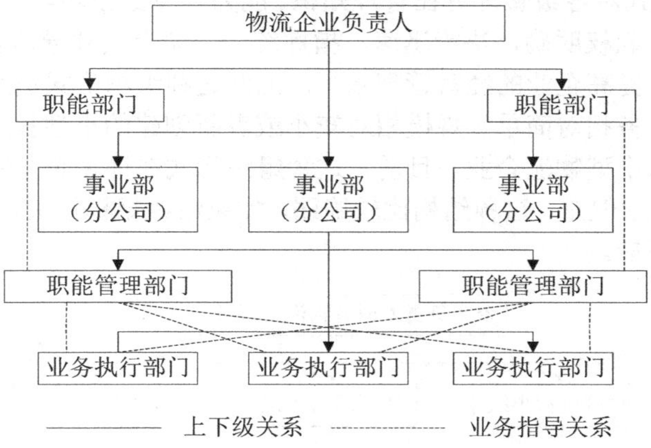

图 7.5　事业部式物流组织结构的模式

事业部式组织结构的设计是直线职能式组织结构中分权趋势的一种体现。实际上，随着企业规模的扩大，直线职能式组织结构过分集权的劣势就会显现出来。事业部式组织结构显然可以弥补这种缺陷，同时又有利于提高各个事业部门（分公司）的主观能动性。因此，事业部式组织结构模式正被越来越多的大中型企业所采用。更进一步看，事业部式组织模式与直线职能式组织模式并不是矛盾的。实际上，事业部式物流组织模式是对直线职能式组织模式中适当分权要求的具体体现，而这种要求也是随着企业运营规模的扩大必然要产生的。从图 7.5 可以看到，事业部式组织结构的每一个事业部中，往往实施的也是直线职能式的组织管理模式。

事业部式组织结构模式的主要优点是：各事业部（分公司）职权分明，拥有相当的自主权，有权及时应付市场或内部环境的变化，积极灵活地开展物流经营管理业务。而公司总部也可以摆脱事务性的行政管理，专心致力于公司重大的经营方针和重大决策的制定。但是，这种方式也存在一定的缺点，主要是当各个事业部（分公司）是一个利益中心时，往往只考虑自己的利益而影响相互协作，同时，由于各事业部（分公司）权力的加大，如果经理不适当地运用权力，有可能导致整个公司职能部门的作用有所削弱，不利于公司的统一决策和领导。在物流企业实行事业部式物流运营模式时，还有许多的基础工作需要完成，包括内部结算、业务交接、货损货差责任等。也就是说，对于需要一体化物流运作的物流企业或者分销企业而言，由于产品的特殊性，事业部的设立也具有一定的自身特点，只有在明确各事业部之间的业务合作和业务结算、业务责任等的前提下，才能很好地贯彻实施事业部管理模式。

3．其他组织形式

除了直线职能式和事业部式组织形式，企业的组织结构设计模式还有很多种。这些模式在物流企业的运营管理中，也可以借鉴使用，如直线式组织形式、矩阵式组织形式和物流子公司。

（1）直线式组织形式。直线式组织形式又称单线制或军队式结构，这是一种早期的物流组织结构形式，如图 7.6 所示。这种组织结构的特点是组织的各级行政单位，是从上到下进行垂直领导的，各级领导者直接行使对下级的统一指挥与管理职能，对所属单位的一切问题负责，一般由一人承担或者配备若干职能管理人员协助工作，不另设单独的职能管理部门。这种组织形式对各级管理者在管理知识、能力及专业技巧等方面都有较高的要求，其优点是简单灵活，职权明确，决策迅速，指挥统一；缺点是领导需要处理的事情太多，精力受牵制，不利于提高企业的经营管理水平。因此这种组织形式适用于企业物流经营管理部门，也适用于业务相对简单、规模相对较小或者新创建的小型货运代理企业、货运企业、仓储服务企业和小型物流企业。目前，这种组织形式在许多企业物流管理部门及小型物流企业中普遍存在。但是，这种结构比较脆弱，如果组织规模很大，管理任务繁重复杂，这种模式显然不能适应。

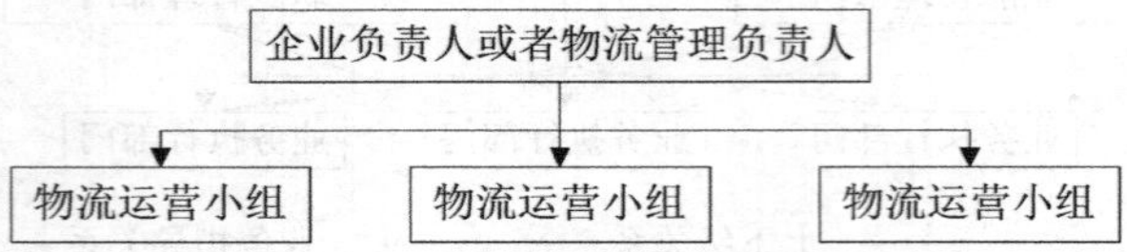

图 7.6　直线式物流组织结构

（2）矩阵式组织形式。矩阵式结构又称为规划目标结构，是在纵向职能系统的基础上增加一种横向的目标系统，构成管理网络，如图 7.7 所示。

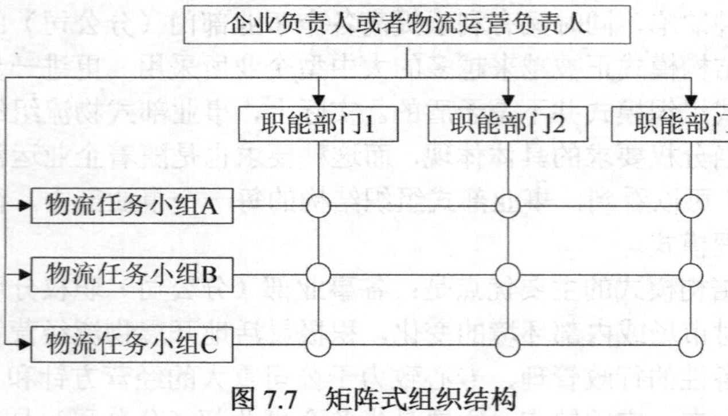

图 7.7　矩阵式组织结构

这种结构一般是为了达成一定的目标或完成一个项目，在已有的直线式职能结构中，从各个职能部门抽调专业人员，组成临时的或者长期的专设部门，这种专设部门的领导者有权指挥部门内的成员，并同有关部门进行横向联系和协调。专设部门的成员同自己原来的部门保持隶属关系，即各部门既与垂直的指挥系统保持联系，又与按产品或服务项目划分的小组保持横向联系，形成一个矩阵形式，称为矩阵式组织形式。这种结构的优点是可以把不同部门、不同专业的人员会集在一起，密切协作，互相配合，有利于解决问题；缺点是如果纵横向关系处理不当，就会产生意见分歧，如果工作上出现问题也难以分清责任，且人员工作不断流动使得管理上出现困难。

在物流运营中，这种组织结构形式往往适用于货代企业承接大宗货代服务业务，物流企业承接临时性重要物流业务，以及工商企业物流部门组织临时性的重大采购供应或销售物流业务。如果物流企业的业务受市场变化的影响变得很不确定，也可以采用这种结构的物流组织形式。

（3）物流子公司——物流管理组织结构的新形式

20 世纪 60 年代后期，出现了一种新的物流管理组织的形式——物流子公司。这种管理组织形式是把公司或企业的物流管理的一部分或全部分离出来，由一个具有法人资格的独立的企业实行社会化、专业化的经营。有人认为，物流子公司是物流发展道路上的商业企业，可称为物流管理公司。

日本早稻田大学教授中西先生对建立物流子公司的基本目的有过如下表述：“物流子公司是根据商业与物流分离的体制建立起来的，是站在整个企业的基础上的，是以物流管理效率化和降低费用作为第一目标的。”物流子公司作为代表企业专门负责物流管理业务的部门，作为物流管理组织的一种形式，与上述几种非独立化的从属于企业内部的物流管理组织相比，具有以下三个方面的特点。

① 物流子公司的优点。它使物流费用明确化，从而改变了人们对物流的看法，提高了对物流成本核算的认识，有利于加强物流管理。

物流子公司作为独立于企业之外的物流管理组织，具有法人资格，能够进行以利润为中心的管理，有利于物流效率的提高。

采取物流子公司的组织形式，不仅能摆脱企业内轻视物流工作的陈腐观念，而且大大地改变了物流业务的地位，从而有利于调动物流从业人员的积极性。同时，物流业务的专门化和统一指挥，也便于加强对物流从业人员的劳务管理。

建立物流子公司，能开拓物流业务新领域，如上所述，从属于一个公司或企业的物流管理部门，它的活动领域只限于本公司内部。而物流子公司是独立的物流企业，不受这种限制，它面向社会经营，可以承担许多企业、公司的物流业务，其业务领域是无限制的。而这一点是公司内部物流部门所不具备的。

② 物流子公司的缺点。在物流管理业务独立化之后，子公司与原来所从属的企业成为交易关系，两者之间的抗衡、竞争和矛盾会使企业不愿接受子公司提出的物流合理化建议，从而不利于企业物流合理化的推进。

如果物流子公司不和原来所从属的企业彻底脱钩，也会因企业转嫁损失、物流不合理及对企业的依赖而无法自主经营，以致影响物流管理组织的有效性。

③ 物流子公司发挥作用的要求。要发挥物流子公司的优势，使之有效地开展活动，最重要的是解决确保自主经营和扩大业务的问题。因此，物流子公司必须做到以下两点。

第一，作为物流子公司，必须实行独立核算、自负盈亏。如果物流子公司只是为了支持总公司的生产、作为销售部门中的物流职能子系统而存在，而没有企业的独立核算性质，就失去了子公司的意义。若建立子公司是总公司物流合理化的需要，目的在于加强物流管理，降低物流费用，就应该在子公司为总公司提供廉价而优质服务的同时获得适当的利润。子公司只有获利才能成为企业，而要有利润就必须拥有自主经营的权利。

第二，物流子公司作为独立的物流企业要成长和发展，一方面要满足总公司的需要；另一方面必须实行社会化经营，面向社会开拓新的业务，谋求打进物流企业的现有市场，实现与其他企业物流共同化。相应地，必须注重物流管理技术的开发研究及改进物流管理技术，同时应发展横向联合，实现共同繁荣。

以上介绍的几种物流运营组织结构的形式是在实践中逐步形成和发展起来的，也是比较典型的。实际应用中它们常常是相互交叉的。如在一个物流系统中，可能同时存在事业部制和职能制，或职能制与矩阵制等。各种组织结构形式各有优缺点，不存在适应一切环境条件的最佳组织模式。为了适应复杂多变的企业内外部环境，企业应根据自身的需要，组织适当的物流运营组织体系，也可以在这些基本模式的基础上，创造出更好的适合自身需要的组织形式。当然，物流组织的形式在确定后，也不是一成不变的。随着市场环境的变化及内部运营的发展，需要对已有的组织结构进行适时的调整，这对于物流的运营管理来说，也是非常重要的。从国外物流管理组织的实践来看，把物流管理组织作为专业分权部门，作为独立核算的事业部门制度，实行以利润为中心的经济责任制，是物流结构的理想目标，发展物流子公司是物流管理组织的方向。

三、物流运营组织结构的管理层次

不管是直线职能式还是事业部式的组织形式，或者其他的组织形式，物流运营的组织结构从纵向上看，都要划分一定的管理层次。所谓管理层次，就是指从物流运营的最高层领导到基层作业人员之间体现隶属关系的管理环节和管理级次。物流组织结构管理层次的多少，与物流业务的复杂程度、管理人员的管理范围及所选择的组织结构形式有关。一般来说，业务的复杂程度越高，管理的层次相对就越多。管理人员管理范围的大小，是由管理者的管理能力、管理职能的复杂性和相似性、被管理人员之间相互协作的需要程度，以及下属对指挥的要求程度所决定的。减少管理层次，可以加快管理指令的传递速度，提高管理工作的效率，降低管理费用。

物流运营的管理层次，一般可以由决策和高级管理层、职能管理层、物流执行管理层和物流作业管理层四个层次组成，如图 7.8 所示。

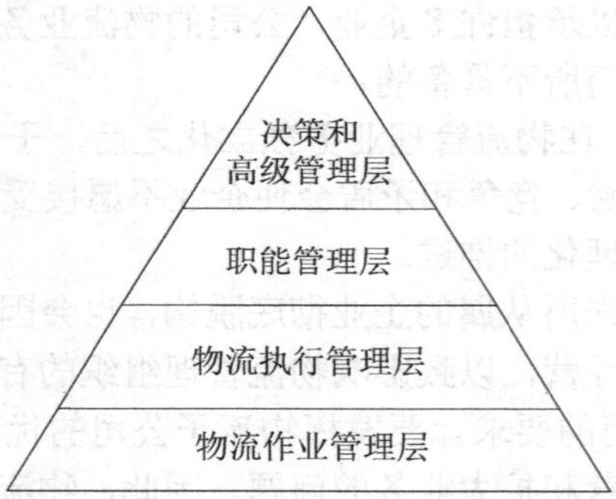

图 7.8　物流运营的管理层次

（1）决策和高级管理层是指以物流企业负责人或者物流运营负责人为首的物流运营领导班子。其主要任务是制定物流运营的目标、方针及决策，修订重要的物流管理规章制度，并且统一指挥和协调整个物流组织内的工作，确定每个执行部门和人员的职责权限。

（2）职能管理层是物流运营过程中一个承上启下的管理层次，其主要任务有两个方面，一是协助高级管理层完成物流运营目标，保证生产经营活动正常进行及向决策者提出建议；二是做好包括物流运营计划的制订、物流运营的信息支持、财务服务、人事和绩效管理及行政后勤支持等管理工作。

（3）物流执行管理层是直接参与物流运作的执行管理部门。它要按照高级管理层和职能管理层下达的目标，制订相应的执行计划，优化组织实施的具体方案，并进行细化和分解，分解给下属的各个具体作业部门及其人员，保证本部门物流运营目标的快速高效实现，并且要向上级高级管理层和职能管理层报告工作完成情况或提出建议。

（4）物流作业管理层是物流运营最基层的管理层次，是物流运营各个环节的最终完成者。它要按照执行管理层分解细化后的作业目标，按时按质地完成每一项作业。具体来说，它包括物流运营过程中各个作业环节的管理，如入库管理作业、质量检验作业、仓储管理作业、配货作业、配载作业、配送作业等。

当然，对于不同的物流运营管理来说，其管理层次的设计也是有多有少的。不管有多少个管理层次，只要结构设计合理，职责划分清楚，并且每个管理层次上的管理人员都能够按照相应的职责和权限范围认真完成自身的管理任务，就能够提高物流运营的效率，取得良好的运营效果。

四、物流运营组织设计

1．物流运营组织设计的基本原则

确定企业管理组织结构的基本思路是精简、统一、自主、高效。结合物流系统和物流运营的特点，物流运营组织设计应该遵循以下六个基本原则。

（1）有利于实现组织目标的原则。组织设计的目的是实现预期的目标。物流运营的组织设计是为了更加有效地完成物流服务。因此，必须根据物流系统的总目标、总任务来设计各项组织结构，使其有利于快速、高质量地达到预期目标，提高经济效益和社会效益。

（2）加速物流运转和降低成本的原则。物流运营的完成需要经过仓储、运输等一系列增值服务等过程，这个过程中物流运营的速度、成本和质量是影响物流运营目标实现的最直接因素。物流组织设计应该能够加快这一过程，降低成本费用，提高物流服务质量。

（3）有利于发挥人的积极性和体现责、权、利一致的原则。物流运营管理的目标必须由人来完成，只有人的积极性得到充分发挥，人的素质不断提高，这一目标才能完成好，物流运营的经济效益才能有保证。因此，物流组织设计要特别注意人的因素，如人员合理地组合，特别是要保证组织内部各部门和各成员的权、责、利合理地结合。组织中某个人担任某个职务或某个部门负责某项职能，就应该赋予相应的权力。只有责、权、利相一致，才能保证任务的完成。

（4）等级划分和适当集权分权的原则。组织结构的设置过程中，必然要将组织的职权和职责按照上下级关系进行划分，组成一个垂直等级结构，以利于集权和统一指挥，但同时要考虑各部门和各执行人员的权限和主观能动性，进行适当的放权，使整个物流系统的运营更加高效迅速，这一原则是统一领导与分级管理、原则性与灵活性相结合的需求。

（5）组织结构精简高效的原则。一个组织要高效运转，组织结构就必须设计精简。物流企业在设计运营结构时，应该考虑与物流运营规模和经营任务相适应，精简管理层次，压缩管理人员的编制。因此，企业要在服从物流运营需要的前提下，因事设部门、设职，因职用人，尽量减少不必要的部门和人员，力求精兵简政，以达到组织设计的合理化，提高工作效率。

（6）统一指挥原则。现代物流的管理和组织要在信息技术和信息系统的支持下，开展一体化管理和通盘运作，这样才能发挥物流的集约化和规模化效益，降低物流成本。

2．物流运营组织设计的内容

物流运营组织设计是在组织理论的指导下，结合物流运营的特殊规律，以组织结构的合理构造和有效运行为主要内容的企业组织系统的整体设计工作。因而，其设计工作是一项系统性、操作性和应用性都很强的工作。因此，物流运营组织设计不仅要构造合理的物流运营组织结构，还应对其组织职权、业务流程和制度进行设计，只有这几个内容的相互协调，才能保证物流运营组织的有效运行。

（1）物流运营组织职能及流程设计。依据物流运营组织的目标与具体任务，根据专业分工的要求，对组织的职能进行划分，明确各职能单位的职责。当职能设计好后，就要根据所设计的职能部门，确定其运营流程。通过运营流程的设计，操作人员能够看出流程经历哪些环节、各个步骤由哪个职能部门来执行及信息在各个职能部门的传递等。

（2）物流运营组织结构设计。运营组织结构是组织设计的重要内容之一，它决定了物流运营组织的整体形态。通过组织结构设计，应当为物流运营组织提供一张详细而完整的组织结构图，通过它来说明组织中的部门构成及其相互关系和作用原理。

（3）物流运营的制度设计。以规章制度和条文的形式把组织设计的结果用文字确定下来，为组织成员提供规范和准则。它保证了各个层级、部门和岗位的权责。在这个制度中包括物流运营的绩效评估制度和奖励制度。设计绩效评估制度的目的是评价物流运营的绩效，而设立奖励制度的目的是通过奖励来调动物流员工的积极性和主动性。

3．物流运营组织设计的因素

物流运营组织设计是物流组织的建立过程或改善过程。它不仅包括进行社会物流高层次决策组织体系、生产物流组织体系、专业物流职能管理组织体系的设计，还要根据设定的物流组织体系的目标和企业物流业务分工，规定物流部门的职位、职权和职责，规定它与其他部门的关系、协调原则和方法，建立责任制度及指令和反馈信息的渠道和程序。对物流系统组织结构进行设计，除了按照一般组织设计的逻辑和规范，还必须结合企业的实际情况考虑以下四个方面的因素。

（1）企业类型。物流运营组织所体现的特点因企业的类型不同而有所侧重。对制造企业来说，物流组织的管理一般侧重生产物流和运输，因此，必须建立正式的物流组织和流程来与之呼应。而对于销售企业，其业务主要集中在营销活动和销售物流活动上，因此，可以采用更为灵活的管理组织与之呼应。

（2）企业的经营战略。在组织设计时应充分关注影响服务水平和物流成本的经营活动，通过集中管理采购、生产、库存、运输和订单处理等活动来进行统一管理。

（3）企业规模。大规模的企业具有较为复杂的管理组织结构和相对较多的管理层次，物流运营组织体系也应体现更高程度的专业化及横向、纵向的管理分化；小企业由于不具备专业化的物流管理机构，而倾向于采取定向不明确的集中组织管理机构。

（4）企业环境的动态变化。企业在对物流系统组织体系进行设计的过程中，还应充分考虑到环境的变化趋势。市场环境的变化直接影响企业未来的生产战略、市场战略、联盟战略等。

总之，在设计物流运营组织中，必须从实际情况出发，综合考虑企业规模、技术、信息手段等因素。

4. 物流运营组织设计的程序

物流运营组织设计的程序一般可以做如下描述。

（1）确定运营组织设计的基本方针。实际上就是结合物流运营组织的战略目标及组织的外部环境和内部条件，确定组织设计的基本思路、主要原则和参数，它是物流运营组织设计的基本依据。

（2）职能的分析与设计。这一过程是为了完成组织的目标和任务需要设置职能部门，特别是其中的关键职能部门。在这一过程中，根据物流运营企业的优势，确定其核心部门，如配送企业的关键部门就是其配送中心。这一过程直接影响着下一环节的工作，在组织设计中有关键的影响作用。

（3）各职能部门的人员配备。在职能分析之后，还要对其做职能分解，将职能进一步细化，变成可执行、可落实的具体业务活动。逐步分解组织的不同职能，把确定的职能分解为具体的工作岗位，给这些岗位配备人员。人员配备就是在了解人员综合素质的情况下，根据职能分解的结果配备适当的人员，做到人尽其才。

（4）制定规范性文件。主要是通过组织图、组织文件、工作标准等书面形式确立组织设计结果。这些规范文件是组织成员工作的规范和标准。

第四节　物流营销、人力资源及绩效评价系统规划

一、物流营销系统规划

物流营销系统规划可以分为物流营销组织规划和物流营销策略规划，下面分别进行介绍。

1. 物流营销组织规划

物流营销组织是指物流企业内部涉及物流营销活动的各个职位及其结构的组织。合理的物流营销组织有利于营销活动的开展和物流营销人员的协调和合作，因此物流营销组织的规划是物流企业规划和设计的重要任务之一。

物流营销组织规划主要包括营销组织模式的选择、协调机制的建立和营销管理制度的设计三个方面的问题。

（1）营销组织模式的选择。

① 物流营销组织模式。为了适应职能的、地区的、产品的、市场的四种市场营销活动，形成了职能式、地区式、产品式和市场式四种基本的物流营销组织。

职能式营销组织是最常见的营销组织，它是根据不同的营销职能，划分出若干个具有不同专业职能的部门，如销售、方案设计、广告与促销、市场调研和客户服务等部门。

如果一个企业的市场营销活动面向全国，那么它会按照地理区域设置其市场营销机构。该机构设置包括一名负责全国销售业务的销售经理、区域销售经理、广告和促销人员和市场调研人员。

现在的物流企业一般为客户提供的是综合的物流服务，这样物流产品就相对较多。许多物流企业根据不同的物流产品设置了产品式营销组织，该机构设置包括市场营销经理、各产品的销售经理、广告和促销人员、客户服务人员和市场调研人员。

物流企业服务的用户从事的行业不同，物流企业为了适应各个行业的不同需求，可按

照目标市场的不同设置市场式营销组织。

② 物流营销组织选择的影响因素。第一，企业内部因素。企业的经营战略、经营规模、技术条件、产品的复杂程度都会影响企业的物流营销模式的选择。不同的企业营销战略要求不同的营销组织模式与其相适应。

第二，用户状况。用户从事的行业、地理位置都会影响企业可能采取的物流营销组织。

第三，竞争对手。竞争对手的产品状况、营销手段、营销重点及竞争对手采用的营销组织模式都直接影响着企业营销组织模式的选择。

第四，地理位置。地理位置直接影响着企业的市场布局。同时，距离远、运费高、与用户相互沟通不便、运输受限制等因素，也影响着企业营销组织模式的选择。

物流企业在选择营销模式时，应该考虑多方面的因素，选择一种营销模式或多种营销模式的综合，形成一种适合企业自己的营销模式。

（2）协调机制的建立。在进行物流营销组织规划时，不仅要规划各种营销模式，还要建立协调机制，充分发挥物流企业营销的整体功能。一般协调方式有两种，一种是结构技术型协调方式；另一种是制度型协调方式。结构技术型协调方式就是通过计算机局域网建立营销公司各职能部门之间信息沟通，加强组织横向协调和调整，实现高效率管理。制度性协调方式即通过制定某种管理制度、规章来进行协调的方式。可采取两种制度，一是沟通制，就是通过定期开会，使各个职能部门之间可以相互交流情况，提出协作要求和意见，协商解决遇到的矛盾。具体分为两个层次：即时沟通制和阶段沟通制。二是业务流程服从制，就是在基层管理中，根据各部门在业务流程中的地位和作用，实行相关业务横向的指挥和服从，即一般部门服从于核心部门，并为核心部门服务；辅助部门服从主体部门并为主体部门服务。

（3）营销管理制度的设计。营销管理制度的设计是营销组织规划的核心内容。因此，营销管理制度的设计必须以坚持公平、合理、提高营销人员绩效为主导，将物质奖励与精神奖励结合起来。把提供晋升机会、个别突出表现的奖励、公布营销员业绩、营销竞赛、提供培训机会及对营销员的不当行为的批评和惩罚等一系列的激励方法系统化、理论化，并作为一套有效的管理制度进行研究和设计。

2. 物流营销策略规划

物流营销策略规划是指物流企业为了实现战略目标，运用其可以控制的各种营销因素，将它们组合成一个系统化的整体策略，从而使企业获得最佳的经济效益和社会效益。在物流服务市场竞争越来越激烈的情况下，如何以客户为中心，采用有力的物流营销组合策略，提高物流企业的竞争力已成为物流企业面临的问题。

（1）物流营销的 4P 组合策略规划。企业可控制的市场营销因素主要归纳为 4 大类，即 4P，分别是产品（Product）策略、价格（Price）策略、渠道（Place）策略和促销（Promotion）策略。对市场营销策略的组合基本上就是对这 4 个 P 的组合，这充分体现了现代营销中的整体营销思想。企业在营销活动中，要通过合理的方式来实现这 4 个 P 的合理组合，从而使整体的营销合力大于 4 个策略单个运用的效力之和。企业营销效益的优劣，主要取决于市场营销组合策略的整体优势。

① 产品策略规划。物流业是服务性行业，物流企业提供的产品是无形的服务，具体包括运输、仓储、装卸搬运、包装、流通加工、配送等。物流企业对其产品策略规划是指

企业首先应确定自身所提供的产品，包括服务定位、服务质量、服务品牌、服务内容等要素的确定。

② 价格策略规划。对于物流企业而言，制定合理的物流服务价格策略对企业的发展有重要的作用，在对价格策略进行规划时，主要规划基本价格、价格折扣和支付期限等问题。

③ 促销策略规划。由于很多企业还是自营物流的模式，所以企业应加强促销宣传，努力争取顾客。企业的促销方式一般有人员推广、营业推广、广告和公共关系等方式。各种促销方式都有其不同的优点和适用条件，所以企业在进行推销时，根据自身的实际情况，对促销方式进行选择和组合，从而制定整体效果最佳的促销组合策略。

④ 渠道策略规划。渠道策略规划是研究如何将产品迅速、有效地由生产领域转移到消费领域所经过的路线、环节和方式，分析企业对营销机构的设置和管理，并对其运行情况进行评估，从而提高企业的市场占有率，实现企业经营目标。物流企业在进行渠道策略规划时，重点应建立两大网络——物流组织网络和物流信息网络。

（2）物流营销的 4R 组合策略。为了使物流企业与用户之间建立起一种互动和双赢的关系，使企业在竞争中生存和发展，美国学者舒尔茨提出了以竞争为导向的 4R 营销新理论。此理论阐述了四个全新的营销要素：关联（Relevance）、反应（Respond）、关系（Relation）和回报（Return）。其内涵是企业通过实施供应链管理的营销模式，运用某些有效方式与客户建立关联，及时、快速、有效地对客户的希望、渴望和需求做出反应，促使企业与客户建立长期而稳固的关系，而作为回报——为客户创造了价值，为企业带来了短期或长期的收入和利润，实现了企业营销的个性化和优势化，使企业在竞争中求发展。4R 组合理论着眼于企业与客户的互动与双赢。

① 与客户建立关联。4R 营销策略的基础——认识客户，建立关联。现代物流市场的发展，要求企业以客户为导向，不再是企业有什么服务就为客户提供什么服务，而是用户需要什么样的服务就为客户提供什么样的服务，也就是必须满足客户的实际需求，与客户建立起一种互动、互求和互需的关联，实现成本节约和服务效率的最佳组合，最大限度地为用户服务。

② 提高市场反应速度。目前客户对物流的需求越来越高，不断要求个性化的物流服务，这就要求物流企业站在客户的角度去想问题，对客户的要求做出快速的答复和反应；去满足客户的需求。这就要求物流企业提高快速反应能力，因为其关系到物流企业能否及时有效地满足客户的服务需求。只有做到快速反应，才能抓住顾客。

③ 运用关系营销。关系营销是 4R 策略组合的核心部分，它要求物流企业与客户运用供应链模式，建立一种战略伙伴合作关系，而不是之前那种简单的买卖关系，从而实现双方的共同发展。

④ 注重回报。根据舒尔茨的观点，对企业来说，市场营销的真正价值在于其为企业带来短期或长期的收入和利润。一方面，追求回报是营销发展的动力；另一方面，回报是维持市场关系的必要条件。企业要满足客户的需求，为客户提供价值，但不能做“仆人”。因此，营销目标必须注重产出，注重企业在营销活动中的回报。

二、物流运营人力资源规划

物流企业及货主企业物流部门的一个重要工作就是建设一支核心专业技术和管理团

队，并有效地解决好员工队伍建设问题，这是关系物流运营及物流系统运营成败的关键。

1．物流运营人力资源规划的定义和作用

人力资源规划，也称为人才资源规划，是组织的人力资源供给和需求的平衡过程。人力资源规划实质上是在预测未来的组织任务和环境对组织要求的基础上，为完成这些任务和满足这些要求而提供人力资源的管理过程。

在人力资源管理职能中，人力资源规划最具有战略性和积极的应变性。组织发展战略及目标、任务、计划的制定与人力资源战略紧密相连。所以人力资源规划对物流运营有非常重要的作用，具体表现在四个方面：①确保企业在生存发展过程中对人力的需求；②作为企业组织管理的重要依据；③可以合理利用人力资源；④有助于调动员工的积极性。

2．物流人才的招聘

物流人才的招聘是指企业采取一系列科学的方法吸引、招募、选拔聘用具备一定条件的个人到物流部门来任职的过程，它包括征召、筛选和聘用三个阶段，其基本程序和方法如下。

（1）确定物流员工招聘的原则。包括公开公正、公平竞争、择优录取、效率优先和双向选择原则。

（2）制订员工招聘计划。通常包括招聘人数、标准、对象、时间和预算等内容。

（3）制定招聘策略。具体包括招聘地点、时间、宣传策略等。

（4）招募和筛选。招募就是吸引更多的人来参加应聘，使企业有更大的选择范围，筛选的目的是保证招聘人才的质量，淘汰那些不符合要求的应聘者。

（5）知识考试。通过理论考试可以了解应聘者的知识广度和深度，因为物流工作的接触面很广，这就要求应聘者了解多方面的知识，而具体的物流工作又要求应聘者具备物流专业知识。

（6）面试与测试。通过结构化面试等多种方式，在与应聘者的交谈中观察应聘者的特点、态度和潜能，从而为应聘者确定适合其特点的物流岗位，发挥其最大潜能。

（7）聘用和试用。对符合上述要求的应聘者，应做出决策，对于合格者予以正式录用。

3．物流员工的培训与开发

物流员工的培训与开发是指企业为提高员工的知识技能，以适应他们现在或未来的工作岗位的要求而进行的有计划、有组织的培养和训练活动，这是物流运营人力资源管理的重要组成部分。

加强对物流员工进行培训和开发，对物流企业的运营活动起着非常重要的作用。通过对员工的有组织的培训，达到以下目的：增强员工适应变化的能力；调动员工的工作积极性；提高企业物流运营的经济效益；改善工作方法和服务质量。

在明确了培训目的之后，就要对员工的培训工作进行组织实施，从而保证培训质量，具体包括四个方面的工作：拟订物流员工的培训计划；确定物流员工培训的原则；选择培训方式和方法；对培训效果的评价。

4．物流员工的考评

对物流员工进行考评的目的是，通过考评对员工在一段时间内的工作进行检验和评价。考评对调动员工的工作积极性十分重要，通过此项工作的开展，可以使员工更加勤奋地工作，进而提高物流运作的效率。

在物流员工的考评中，一般来说，考核的内容包括物流工作能力、从事物流工作的态度和所担当物流工作的效果。

（1）物流工作能力。这主要考核的是其理论知识，因为只有拥有丰富的理论知识，才能在实际工作中遇到突发情况时做到随机应变，进而避免意外情况的发生。

（2）从事物流工作的态度。态度决定一切，物流员工对顾客的工作态度会影响到物流交易结果。

（3）所担当物流工作的效果。这一考核是最重要的，因为在物流运营中，最重要的是看其运营成果，同样在对物流员工的考评中，也是看其工作成绩。

在对员工进行考核时，要根据考核目的和考核内容的不同，因地制宜地采取合适的考核方法。在实际的生活中，常用的考核方法主要有：主管决定法、工作标准法、比较法和功能测评法等。

三、物流营运绩效评价系统规划

物流绩效评价就是在一定时期内，企业根据自身的物流战略规划和发展目标，运用数理统计和运筹学方法，采用特定的指标体系，对照统一的评价标准，按照一定的程序，采用定量、定性对比分析，对企业一定经营期间的经营效益和经营者业绩做出客观、公平、准确的综合评判，即通过反映物流企业历史的、当前的和未来的发展状况的有关指标进行综合分析，对物流企业经营水平和发展状况进行全面系统评价。物流绩效评价是对物流业绩和效率的一种事后的评估与度量及事前的控制与指导。

现代物流企业绩效评价是通过全方位、多指标反映出来的，仅仅考察某一个指标不可能得出对企业绩效状况的正确评价，必须采用定量、定性或二者相结合的方法，进行全面的综合分析。考虑到评价方法既要科学，又要便于物流企业和管理部门操作，对不同物流企业，可区分具体情况，选用灰色综合评估法、模糊综合评价法及平衡计分法等进行绩效评价。

思考练习题

一、单项选择题

1.（　　）的主要职能是根据市场定位来负责物流市场及客户的开发。

A. 运营网络　　B. 人力资源管理　　C. 营销系统　　D. 绩效评价系统

2.（　　）专门为第一方、第二方和第三方提供物流规划、咨询、物流信息系统、供应链管理等服务。

A. 自营物流　　B. 第三方物流　　C. 合作物流　　D. 第四方物流

3.（　　）是专为经营业务活动服务的管理工作部门。

A. 业务经营部门　　B. 职能管理部门

C. 行政事务部门　　D. 以上都不是

4.（　　）是物流运营最基层的管理层次，是物流运营各个环节的最终完成者。

A. 物流作业管理层　　B. 物流执行管理层

C. 职能管理层　　　　　　　　　　D. 决策和高级管理层

5.（　）营销组织是最常见的营销组织，它根据不同的营销职能，划出若干个具有不同专业职能的部门。

A. 市场式　　B. 产品式　　C. 地区式　　D. 职能式

二、多项选择题

1. 物流运营管理的主体主要包括（　）。

A. 产品制造商　　B. 批发商　　C. 第三方物流公司

D. 客户　　E. 零售商

2. 物流系统组织总体框架包括（　）等层次。

A. 决策层　　B. 外部资源　　C. 作业层

D. 运营基础体系　E. 运营管理体系

三、简答题

1. 物流运营的特点是什么？
2. 影响物流运营模式选择的因素有哪些？
3. 物流运营组织结构的基本形式有哪些？每种形式的优缺点是什么？
4. 如何进行物流运营组织的设计？
5. 影响物流营销组织选择的因素有哪些？
6. 简述物流人才招聘的程序。

四、案例分析

长桥物流药品直供配送服务模式

将药品配送直供至病房？这或许是一件不可思议的事情，因为国内医药配送能够做到这样末端环节的案例仍然较为罕见。然而，长桥物流与药业、医院合作，实现了将医药配送从“到医院”到“进病房”的梦想，成为医药配送行业的佼佼者。

上海长桥物流有限公司同世界五百强企业——美资 BT 药业自 2006 年起进行战略合作，在长桥物流基地建立该企业华东地区配送中心。2008 年 4 月，长桥物流在为 BT 药业提供药品全过程仓储物流服务的基础上，根据客户需要，把药品配送服务延伸到医院内部，为上海某三甲医院提供医院内的输液药品仓库管理和配送服务，将输液药品从医院仓库配送至各个医疗病区、医院输液配置中心，以及将相关药品从医院输液配置中心配送至各个医疗病区的全天候配送服务。这种创新的物流服务模式，降低了医药供应链的物流成本，确保了医院药品送达的安全、及时、准确，延伸了长桥物流的供应链物流服务，获得医疗用品企业、医院、物流企业三赢。

1. 公司背景

BT 药业是一家全球性多样化经营的医疗用品公司，致力于开发、生产和销售治疗血友病、免疫系统疾病、传染病、癌症、肾科疾病，以及深度创伤等复杂重症的产品。20 世纪 80 年代，该企业进入中国，是最早进入中国医疗市场的大型跨国公司之一。上海为该公司在中国的总部，该公司在北京、广州、杭州、南京、天津等 9 个城市设有办事处，还在上海、苏州、广州、天津建立了 5 家大规模的合资及独资工厂。2006 年初，BT 药业亚太地区总部迁至上海，并宣布将在中国逐步投资 6 000 万美元，扩大中国四家工厂的产能，以满足中国市场对药物输注、肾科、肠外营养等方面产品的需求。为此，该公司原有的物流供应商已不能满足业务发展的需要。

2006 年 3 月，BT 药业确定要重新选择一家地区配送中心级别（RDC）的仓储物流服务供应商，以合理控制物流成本，改善和提高当时上海地区配送中心的管理质量与运作效率，提高最终市场客户的产品可得率和及时率。于是，他们决定采取招投标方式来确定上海地区配送中心仓储服务项目的实施。长桥物流得知这个信息后，决定参与这个项目的竞标。当时，长桥物流的主要竞争对手是世界知名物流企业——DHL。长桥物流在前期充分地研究了 BT 物流的招标文件和相关背景资料及该企业药品仓储业务的详尽需求，设计了一套与 BT 物流品牌相适应的具备国际化标准和国际化水平、同时适应本地化运作的物流管理方案。长桥物流向该公司承诺：将其华东地区配送中心仓储服务项目作为公司的重点项目，以使客户能够更好地控制物流管理成本，并持续支持客户业务不断扩张的供应商管理的需要。在激烈的竞争中，最终长桥物流脱颖而出，赢得了 BT 物流的信任。

2. 长桥物流医药配送的传统模式

BT 药业要求长桥物流作为其华东地区的 RDC，提供自月台收货始至月台发货止的全过程仓储物流服务。项目涉及货物入库、上架、库存管理、贴标、再包装、盖隐形章、打包、拣货、配货、发货等过程。

（1）所有货物入库后的状态均为“待检”，且必须放在“待检区”，待接收到该批货物的《检验报告》及《放行通知单》后，必须将货物转移到专门的“成品合格区”，凭《检验报告》严格地按批号管理货物。

（2）约 50%的进口货物必须进行拆箱贴标，且标签数量严格控制，如贴标完成后标签多余或短缺，都必须返工。

（3）部分发往特定客户的货物必须遵循严格的程序进行换包打包。

（4）每种产品都有 9 种状态，分别代表置留、包装受损、待检、贴标、退货、过可发期、销毁品、过期品等，必须根据不同情况随时进行更改。

（5）必须遵守药品管理 GMP 规范，如严格的温湿度控制、虫害控制、批号控制、成品检验、状态控制、运作区域的物理划分等。

长桥物流在对项目要求及特点充分调研的基础上，制定了详尽的 SOP，并向客户做出了六个方面的关键绩效指标（Key Performance Indication，KPI）承诺。

（1）库存准确率达 100%。

（2）出入库及时率达 100%。

（3）出入库准确率达 100%。

（4）产品破损率小于 0.005%（产品破损率=当月破损产品箱数/当月入库箱数×100%）。

（5）托盘破损比率小于 0.005%（托盘破损比率=当月破损需维修或报废托盘数/当月入库托盘数×100%）。

（6）SOP 执行率 100%。

除了常规运作外，长桥物流在作业现场架设了无线 AP-RF-BARCODE 的作业环境，以无线射频终端 RF 指导仓管人员处理入库、上架、查询、盘点、移仓等作业；整理出严格的区域规划库位安排策略，由系统通过 RF 设备发出指令实时准确的完成入库、上架动作；梳理出库订单的数据规则，拟定波次（wave）拣货标准和原则，以拟定的策略原则指导出库；盘点根据有动必对原则，每天安排循环盘点，每月提交全面盘点报表，盘点以现场盲盘为唯一方法；及时准确地以电子或书面方式进行数据交换，完成相关单证的交接流程。同时，长桥物流在每月 10 日向 BT 药业提交 KPI 报告。总之，所有运作项目组都依照 SOP 严格执行，以确保项目在受控状态下进行。运作两年多来，最高月库存近 6 000 托（折合 25 万箱，共 699 万件单品）；每天吞吐量平均 2 万箱（共 60 万件单品），最高吞吐量峰值为 1 600 托（折合 6 万箱，共 170 万件单品），各项 KPI 指标均符合既定目标。

截至目前，长桥物流在每次考评周期中均获得该公司 KPI 专项奖励。随着与 BT 药业的合作过程中各项绩效考核的达标与进步，在 2006—2007 年、2007—2008 年、2008—2009 年、2009—2010 年四届 BT 大中国区供应商大会上，长桥物流公司连续四年获得合格供应商奖。

3. 长桥物流医药配送的模式创新

随着 BT 药业业务发展，该公司的葡萄糖、生理盐水等大输液产品在上海地区总体市场占有率接近 90%。其服务供应对象主要为上海市内各大医院，其中位于上海市东北角的部队所附属的某三级甲等医院，为 BT 药业最大的客户之一。BT 药业帮助该医院建立了国内第一个输液产品医院内的配置中心，并探索药品直供的商务模式。

药品直供的关键为医院内库存控制与信息传输，这就需要一个专业的第三方物流企业作为必要的支撑，以得到相应的运作操作质量与成本显性的控制。长桥物流经过近 1 年的时间对该医院进行了实地调研，与 BT 药业大客户经理和医院的相关领导三方多次沟通，拟订了该项目运作的具体方案。在做好充分准备后，长桥物流参加了 BT 药业的项目招标，并最终取得了该医院院内药品仓储配送 WIN-WIN 服务项目的管理运作权。

从 2008 年 4 月开始，由长桥物流为 BT 药业提供该医院内的输液药品仓库的辅助管理、输液药品自医院内仓库至各个医疗病区（含医院输液配置中心）的配送，以及自医院输液配置中心相关药品至各个医疗病区的配送工作。长桥物流医药直供配送模式的特征如下。

（1）创新的运营模式。由外部第三方承担医院内的物流管理职能相关作业流程及交接程序需要三方配合重新梳理；配送准确性及时限性要求非常高（该医院 50 多个病区分布在医院近 13 万平方米范围内，配送点分散，距离较远，而且配置中心发出的药品必须在 1 个小时内送达，仓库配送至病区的药品需要拆零处理等）；药品管理有特殊要求，如温湿度控制、清洁等；信息系统依据 BT 药业、医院、长桥物流三方所达成的共识，仓储与配送管理的信息系统由医院 HIS 支持完成，而相应的物流管理运作系统则需要长桥物流不断完善；人员配备和成本控制。根据现场调研的配送距离与时效，设定最合理的人员配备方案，以降低成本。

（2）运作实施流程。该项目在签订商务合同前，合作三方前期将项目的细化的标准作业流程 SOP 以书面签署形式固化下来，该 SOP 涉及每一个具体动作和每张单据的操作。

长桥物流运用信息化管理技术，将医院原来的手工做账改为预出库、预入库计算机化操作，加强了与医院科室之间的实时互动，保证了药品的快速、准确送达；库存管理由原来的 CS（箱数）管理，精确到 EA（最小单位件数）管理，库存控制更精细化；实施了隔天配货，改变了原来当天配货的运作方法，使第二天早上的送货时间提前一个小时，明显提高了工作效率，并能应对应急配送；实行药品配送的分类置放，方便清点交接，保证药品送达的安全、及时、准确，实现了配送零差错；配送效率及质量明显提高，得到了医院方的认可。

（3）应用效果。长桥物流与 BT 药业、医院的三方合作，创新了物流模式，优化了药品的物流配送，由原先的仓库“到医院”到现在的“进医院”，把供应链管理延伸到医院内部，由物流企业承担医院内部的医药用品管理和配送服务，突破了传统的经营管理模式。通过管理和服务的输出支持医院后勤保障体系的改革，是优化院内药品配送流程的一种新的尝试。结合医院输液配置中心的设置，该项目的运作模式在目前国内医疗系统尚属首例。目前，BT 药业将继续扩大在中国的经营规模，位于金山的工厂已增加了生产线，预计今后的运作量将大幅上升，长桥物流正在探索进一步拓展同 BT 药业的合作内容，延伸各种物流增值服务，加大合作面，争取与 BT 药业中国旗下全国各分公司开展全面合作。

长桥物流医疗用品供应链管理服务项目的运作，体现了增值服务与物流输出服务的延伸，项目的综合收益每年均有大幅的提高，年项目经济收入同比增幅在 20%以上。由于该项目的可复制性，为将来引进同类业务打好了坚实的基础。本案例值得第三方物流企业在开展物流服务创新，特别是配送服务创新中借鉴。

资料来源：刘鹰,张贫.药品直供配送解决方案[J].中国物流与采购,2011(13):44-45.

根据案例，分析以下问题。

（1）长桥物流与 BT 药业、医院的三方合作，采用的是什么类型的物流系统组织？

（2）长桥物流药品直供配送模式有什么特点和优势？

第八章

逆向物流系统规划与设计

学习目标

1. 理解逆向物流的内涵
2. 了解逆向物流的分类及驱动因素
3. 掌握逆向物流系统的主体要素和功能
4. 理解并掌握逆向物流系统网络结构
5. 掌握逆向物流系统网络规划设计的原则和影响因素
6. 了解逆向物流系统网络规划设计的内容及方法

引导案例

富士施乐的电子垃圾整合资源循环系统

富士施乐株式会社是富士胶片控股公司和施乐公司共同出资成立的合资企业，是全球领先的信息沟通技术领导者，开发、制造并销售世界一流的文件管理设备并提供领先的文件管理解决方案和服务。秉承着“CSR 即是经营管理”的理念，富士施乐在华长期力推贯穿价值链的 CSR 及环保举措。如今，富士施乐在华已形成从研发、采购、生产、销售到对使用过产品的回收和资源循环这一 360°的可持续发展的经营管理。其中，位于苏州的整合资源循环系统不仅获得了社会各界的认可和高度好评，还屡次获得政府和媒体颁发的荣誉，该系统不仅对中国的电子垃圾的彻底治理及资源循环有借鉴意义，更对促进中国循环经济的发展发挥了重要作用。

1. 发展背景

联合国环境规划署早在 2010 年发布的《回收再利用：电子废物转为可用资源》报告中指出，中国电子废弃物的产量已经超过 230 万吨，并以每年 3%~5%的速度增加。电子废弃物的处理已成为新的环境课题。中国政府也从 2005 年开始先后颁布了针对电子垃圾、资源循环及循环经济的宏观政策和法律法规。

为了应对资源枯竭，保护我们赖以生存的自然环境，努力实现社会的可持续发展，富士施乐“以无止境的‘零废弃’，推进资源的循环利用”为其资源循环方针，以 3R“减量化”“再利用”“再生利用”为原则，对产品生命周期进行管理，担负起社会责任，主动采取系列可降低环境负荷的举措。

2. 富士施乐再制造

早在1995年，富士施乐就提出了“使用过的设备不是垃圾，而是宝贵的资源”，同时在日本建立了整合资源循环系统工厂（其封闭式循环系统，见图8.1），以实现废旧产品及耗材的再资源化，更重要的是实现产品与耗材的再利用与再生利用，力求实现“零废弃、零污染、零非法丢弃”的环保目标。该工厂历经8年才实现收支平衡，并积累了资源循环方面的宝贵经验。与此同时，富士施乐逐步开始在业务运营的所有地区推进整合资源循环系统，致力于实现在所有业务运营地区业务增长的同时成为对当地社会负责任的企业，并助力实现全社会的可持续发展。

图8.1　富士施乐封闭式循环系统

尽管深知中国幅员辽阔，要在中国进行产品回收、推进资源循环异常艰难，也预计到在中国实现收支平衡会需要更长时间，但富士施乐于2006年底在苏州正式设立整合资源循环系统工厂——富士施乐爱科制造（苏州）有限公司。富士施乐苏州工厂是中国办公行业首家专门从事整合资源循环的工厂，也是唯一一家真正致力于治理电子垃圾的企业。本着3R（减量化、再利用、再生利用）的原则，以“零废弃、零污染和零非法丢弃”为目标，富士施乐苏州工厂专门负责对从中国市场回收来的打印机、数码多功能机及耗材等进行拆解、分类、再利用及再生利用。

回收是实现整合资源循环的第一步，也是非常重要的一环。在中国，废旧办公产品及耗材的回收工作由富士施乐（中国）有限公司及其经销商负责。为了推进使用后产品和耗材的回收工作，富士施乐（中国）采取一系列举措，如在13个大城市推行了物流公司上门“以旧换新”的回收模式；在客户换机时与客户沟通，争取将旧机器交由富士施乐回收；向客户发放回收宣传册介绍富士施乐整合资源循环系统；共同签署“环境保护沟通函”；在其机器上张贴“回收小举动，绿色大回报”宣传单等。同时，借助基于互联网的轻松保远程服务，富士施乐通过远程监控可预先评估设备性能与耗材使用情况，便于随时将更换的耗材及零部件回收，同时及时了解客户设备的使用状况及寿命，争取更多设备的回收机会。

回收来的废旧产品和耗材通过遍及全国的物流系统网络被运送到富士施乐苏州工厂，再由苏州工厂将这些废旧产品及耗材进行彻底分解、分类，并将鼓粉仓、废粉收集盒等适合再利用的零部件进行清洗和严格的性能检测后被投入再生产环节，含有再利用部件，且具有新品质量的产品将用于租赁服务，同时会在产品包装箱上注明使用了再利用零部件，以明示消费者。目前，该公司多个型号的再制造产品已通过工信部再制造认定。

对于不能再利用的零部件，富士施乐苏州工厂将其分解，并分类成铜、铁、铝、玻璃、塑料、线路板等 56 类，交由拥有高端技术和可靠信誉的再资源化合作伙伴继续拆解或作为基础原材料进行再生利用。在这一过程中，富士施乐苏州工厂通过三联单单据管理、数据监控系统、影像记录等规范作业，并对整个回收、拆解、分类流程进行数据记录和监控，实现了整合资源循环系统的信息化和可视化追溯管理。回收来的产品在进厂、拆解、分类的每个环节都会被反复称重，让废旧设备在拆解前与最后被分解的零部件重量保持一致，以确保“零废弃”。

为了防止因不规范的电子废弃物分解处理造成资源浪费或环境污染，富士施乐苏州工厂每年还会对再资源化合作伙伴的工作流程进行考察核实，确保整个处理过程中的垃圾“零废弃、零污染、零非法丢弃”。

借助富士施乐在日本和泰国成熟的资源循环技术和长期治理电子垃圾污染的经验，富士施乐苏州工厂自 2008 年初投产后仅用了 2 年多的时间即成功实现了在日本和泰国花费约 5 年时间实现的“垃圾零废弃填埋”“零废弃、零污染、零非法丢废弃”的环保目标。2010 年 6 月，该公司获得 DNV（挪威船级社）颁发的信息安全管理体系（ISMS）认证证书，在对客户信息安全保护方面得到认可。此外，该公司于 2009 年初同时通过了 ISO9001、ISO14001、OHSAS18001 的体系认证。截至 2016 年 3 月，该公司累计处理的从中国回收的富士施乐品牌的废旧打印机、多功能机和耗材约 6 200 吨，再资源化率达到 99.9%。

打印机和数码多功能机的拆解处理过程会遇到部分残留墨粉，需要将所有残留墨粉收集。富士施乐苏州工厂严格遵守国家关于粉尘的相关管理规定，建立了粉尘防爆系统，如在车间增设大型加湿设备、导电装置等。此外，工厂还建有专门用于集中收集废墨粉的中央收集系统，以确保所有墨粉都能通过专门的管道被集中运送到独立的采集室，并直接打包密封。

打印、复印过程中专门收集残留墨粉的废粉回收盒，当废粉盒内充满墨粉时就需要更换，通常这些零部件仅使用一次后就直接丢弃了，不仅会造成资源的浪费，还会因残留的墨粉污染环境。而将废粉回收盒经过、清洁、检测、再制造后还能以新品的质量重新投入使用，不仅可以节约生产新的废粉回收盒所需要的自然资源，还可有效避免非法丢弃对环境造成的污染。在日本总部的技术支持下，富士施乐苏州工厂引进了废粉回收盒内部自动清扫装置，实现了对废粉盒的无死角清洁。此外，还引进了自动化防爆设备，避免了由墨粉引起的潜在安全风险。而对于集中回收的废墨粉，最终交由有资质的再资源化合作伙伴进行妥善处理和资源的再利用。同时，富士施乐苏州工厂对所有的拆解处理设备进行接地，以便将产生的静电及时排放掉，并对空气的湿度进行调节，减少静电的产生。由于公司严格加强管理，自成立至今，从未发生过涉及生产安全、职业健康方面的事故。

为了推动中国循环经济的发展，号召更多的企业及公众参与回收利用工作，富士施乐苏州工厂还将再资源化方面的经验在行业内进行分享，并积极与政府、行业协会、研究机构、媒体和公众等方面沟通，促进中国在电子废弃物回收再利用领域的发展。

资料来源：中国循环经济协会. 富士施乐的电子垃圾整合资源循环系统[A/OL]. 中国循环经济协会网，http://www.chinacace.org/news/view?id=8013.

第一节　逆向物流系统概述

一、逆向物流概述

随着社会经济的发展，社会上各类消费品逐年增加，随之产生的废旧品也日益增多，虽然各种产品的性能在不断改善，使用期也在延长，但不论何种产品，最终都将被废弃而面临如何处理的问题。由此形成逆向物流，也使逆向物流的合理化成为亟待研究的问题。

1．逆向物流的内涵

“逆向物流”这个名词最早由 Stock 在 1992 年提交给美国物流管理协会的研究报告中指出：逆向物流是一种包含了产品退回、物料替代、物品再利用、废弃处理、再处理、维修与再制造等流程的物流活动。

在我国，由国家质量技术监督局发布自 2001 年 8 月 1 日起正式实施的《物流术语》（GB/T 18354—2001）标准中没有“逆向物流”这一术语，与之相关的两个定义是“回收物流”和“废弃物物流”，具体表述如下：回收物流（returned logistics）是指不合格物品的返修、退货及周转使用的包装容器从需方返回到供方所形成的物品实体流动。废弃物物流（waste material logistics）是指将经济活动中失去原有使用价值的物品，根据实际需要进行收集、分类、加工、包装、搬运、储存等，并分送到专门处理场所时形成的物品实体流动。《物流术语》（GB/T 18354—2006）删除了“回收物流”，同时增加了对“逆向物流”的解释：逆向物流（reverse logistics）是指从供应链下游向上游的运动所引发的物流活动。

正向物流和逆向物流是物流活动中不可分割的两个部分。正向物流中的物品由于损坏或消费，流入逆向物流渠道进行处理；逆向物流中的物品经过再制造、整修、维修等加工过程，会再次进入正向物流渠道进行再次配送。逆向物流作为企业价值链中特殊的一环，与正向物流相比，既有共同点，也有各自不同的特点。两者的共同点在于都具有包装、装卸、运输、储存、加工等物流功能。但是，逆向物流与正向物流相比又具有其鲜明的特殊性。

（1）不确定性。逆向物流中产品回收系统相关问题的难点主要是由其本身的不确定性引起的，这主要体现在：逆向物流终端的不确定性，逆向物流产生的地点、时间和数量难以预见，而正向物流则不然，按量、准时和指定发货点是其基本要求；回收产品数量的不确定性；回收产品损坏情况的不确定性；回收产品处理方法的不确定性；回收产品再利用需求的不确定性。

（2）缓慢性。在逆向物流产生的终端，逆向物流数量少、种类多，只有在不断汇集的情况下才能形成较大的流动规模。废旧物品的产生也往往不能立即满足人们的某些需要，它需要经过加工、改制等环节，甚至只能作为原料回收使用，这一系列过程的时间是较长的。同时，废旧物品的收集和整理也是一个较复杂的过程。这一切都决定了逆向物流的缓慢性这一特点。

（3）混杂性。废旧物品流在形成阶段是很难分产品的，因为各种废旧物品常常是混杂的。当然，在某些产品单一的部门，其废旧物品的产生可能是具有一定的单一性，但从整个社会角度来看，废旧物品物流则具有极大的混杂性。回收的产品进入逆向物流系统是随机的，往往难以进行精确地划分，因为不同种类、不同状况的废旧物品、退货和回收的包装材料常常是混杂的，导致管理的复杂性。另外，发生逆向物流的地点较为分散、无序，且不能集中一次向节点转移。当回收产品经过检查、分类后，逆向物流的混杂性可随着退回商品或回收品的产生而逐渐衰退。而正向物流中的物流由厂家发往配送中心，产品分类明确，不存在混杂性这种情况。

2．逆向物流的分类

（1）按逆向物流形成原因分类。按成因、途径和处置方式的不同，逆向物流可以被区分为商业退货、维修再制造、产品寿命终结、包装物回收及生产报废品和副产品处理五类。

① 商业退货逆向物流。供应链的下游成员，如批发商、零售商、最终客户等，由于产品质量问题或产品库存积压等原因，将使用时间不长的商品或未使用的商品退回到供应链的一个节点，由此产生的逆向物流就属于商业退货逆向物流。

② 维修再制造逆向物流。产品在销售出去并经过一段时间使用后发生故障，根据售后服务承诺条款的要求，允许退回制造商或其委托服务商，进行产品维修。它通常发生在产品生命周期的中期。典型的例子包括有缺陷的家用电器、零部件和手机。

③ 产品寿命终结逆向物流。在出售较长时间后，产品完成使用价值而被消费者丢弃或淘汰，这些被丢弃或淘汰的物品还具有一定的残余价值，可以经过回收、再处理后被重新使用，这就形成了产品寿命终结逆向物流，通常发生在产品出售之后较长时间。

④ 包装物回收逆向物流。包装在保护产品、提高物流效率、促进销售等方面起着十分重要的作用，是商品流通不可缺少的部分。不管是商业包装还是物流包装，都要消耗大量的自然资源，且大量的包装物废弃后对环境的污染十分严重。为缓解包装对资源的消耗和对环境的污染，包装物的回收再利用就成为一种重要选择。与包装物回收再利用相关的物流活动就形成了包装物回收逆向物流。

⑤ 生产报废品和副产品处理逆向物流。生产过程中出现的废品和副产品，出于经济和法规条例的原因，一般应在生产企业内部进行逆向流动。通过再循环、再生产，生产过程中的废品、次品和副产品可以重新进入制造环节，得到再利用。生产过程中的报废品和副产品在药品行业和钢铁业中普遍存在，通过生产组织内部的逆向物流，做到节约原料、降低生产成本，减少对自然环境的污染。

（2）按回收物品特征分类。按照逆向物流回流的物品特征和回流流程，可以将逆向物流分成以下三类。

① 低价值产品的物料逆向物流。例如，金属边角料或者副品，原材料回收等。这种逆向物流的显著特征是其回收市场和再使用市场通常是分离的，也就是说，这种物料回收并不一定进入原来的生产环节，而可以作为另一种产品的原材料投入另一个供应链环节中。

② 高价值产品的零部件逆向物流。例如，电子电路板、手机等。出于降低成本和获取利润等经济因素的考虑，这些价值增加空间较大的物品回收通常由制造商发起。此类逆

向物流与传统的正向物流结合得最为紧密，它可以利用原有的物流系统网络进行物品回收，并通过再加工过程，进入原来的产品制造环节。如果回收市场的进入壁垒较低，第三方物流组织也可以介入其中。

③ 可以直接再利用的产品逆向物流。最明显的例子是包装材料的回收，包括玻璃瓶、塑料包装、托盘等，它们通过检测和清洗处理环节就可以被重新利用。此类逆向物流由于包装材料的专用性属于闭环结构，供应时间是造成供应源质量不确定性的重要因素，因而管理的重点将放在供应物品的时点控制上。

3. 逆向物流的驱动因素

（1）法规强制。随着人们对物品消费要求的越来越高，产品的更新换代越来越快，被丢弃、淘汰的物品日益增多。大量消耗、大量生产和大量消费的结果，必然是资源和能源的大量消耗。出于资源紧缺、垃圾填埋场地的限制及消费者日益高涨的环境保护要求，各国纷纷制定废弃物处理法规及产品回收处理政策，责令生产商对产品的整个生命周期负责，要求他们回收处理所生产的产品或包装物品等。回收处理法规条例，直接促进了产品制造商和分销企业实施产品回收的逆向物流计划。

（2）经济效益。随着廉价资源的获取越来越困难，资源供求之间的矛盾也越来越突出，对使用过的产品及材料进行再生循环利用，逐渐成为企业满足市场需求、降低生产成本的可行之路。这促使企业对产品废弃后的回收、再加工、再利用引发的逆向物流活动越来越重视。企业通过废旧物品回收再利用，一方面可以减少生产成本、减少物料的消耗、挖掘废旧物品中残留的价值，直接增加经济效益；另一方面可以在激烈的竞争环境中提升企业的“环保”形象、改善企业与消费者的关系，间接地提高企业的经济效益。

（3）社会责任感。企业实施产品回收的第三个动力就是社会责任的驱使，或者说是共同的公民职责驱使。具有公民责任感的企业会主动以有利于社会发展的方式进行企业经营活动。例如，在废旧产品回收再利用方面，社会责任感会驱使一个企业积极主动地从事产品减量化设计、清洁生产，从事与废旧产品回收再利用相关的逆向物流活动，将节约资源、减少环境污染看作自己应尽的公民职责。

以上三种驱动因素在实际生产实践中往往是互相交织发挥作用的。也就是说，企业从事逆向物流活动可能是受多个因素的共同驱动，有时很难明确区分其边界。例如，很多国家规定，消费者有权向销售商退回所购商品，销售商给予了消费者退货的机会，一方面可以说是由于法规的作用而接收退货品；另一方面可以认为是企业为了吸引消费者、改善客户关系，并最终为企业带来利益。

二、逆向物流系统的主体要素

1. 制造企业

制造企业是产品的生产者，在逆向物流合理化中是一个关键环节，如果能解决好制造企业的问题，就能促使逆向物流的合理化。制造企业在逆向物流系统中的重要作用主要体现在三个方面。首先，制造企业是逆向物流的最主要的发起人。逆向物流是正向物流的延续和发展，在正向供应链中，制造企业由于实力雄厚，往往处于核心企业的地位，所以在逆向供应链中，制造企业也最容易成为其控制中心。其次，制造企业是废旧产品价值恢复处理的重要执行主体。旧产品的翻新或再制造需要了解产品原始设计信息和制造信息，贴牌生产或原始设备制造商（Original Equipment Manufacturer，OEM）一般会出于产品技术保密的原因，或利用自己拥有的技术优势，主动从事废旧产品的翻新、再制造和拆卸的处理活动。最后，制造企业的“资源缩减”行为直接决定了产品逆向物流目标的实现。制造企业的生产原料可采用原物料、再生物料，制造过程中可采用可再用的工具或器械，生产过程剩余的废弃品或物料可以进行适当的资源回收，并在生产时就要注意到产品的回收问题，尽量做到绿色生产。这些不仅有利于减少逆向物流量，而且能使产品的再循环处理更为方便。

2．消费者

消费者在一定程度上影响着制造企业在原料选择和制造方式中的取向，如果对消费者的购物意向能进行合理引导，推行绿色消费，也是逆向物流趋于合理化的有效途径。消费者对逆向物流系统的作用体现在两个方面：一是支持废旧产品回收，为逆向物流提供供应源。消费者是产品的最终使用者，是废旧产品的主要来源。如果没有消费者对企业回收行为的支持，尽管有很严格的法规或经济措施，企业的回收目标仍然是很难达到的。二是购买再循环产品，促进逆向物流市场价值的实现。没有消费市场对再循环制品的需求，企业的逆向物流活动就失去了动力。

3．回收企业和处理中心

回收企业担负着将废旧品进行处理的任务，它们对废旧品的处理方式，将直接影响到这些废旧品最终处理的合理程度，是逆向物流合理化的一个重要方面。处理中心在处理方式上，可根据被处理物品的状况，用回收或再生的方式恢复其经济价值或效益，对低价值的废弃物，采用无害化的掩埋、造肥或焚化产生能源的方式进行处理等。

4．资源恢复商

资源恢复商是指那些通过一定的技术，对回收的产品进行拆卸、维修、翻新、再制造、零部件再循环或原料再生循环的企业，它们是恢复产品价值最关键的实施者，一般要求具备某种生产加工能力。其具体包括：独立的或由 OEM 授权的专业拆卸厂商；修理、翻新及再制造企业；原料再生加工企业；OEM 和零部件生产商。

三、逆向物流系统的功能

逆向物流系统从收集废旧物品延伸到再生产品的市场需求，相关物流活动始于废旧物品的收集，终于再生产品的分销。尽管不同的逆向物流涉及的具体活动可能不一样，但一般都包括以下功能。

1．回收

回收是企业通过有偿或无偿的方式，将分散在各地的废旧物品收集起来，或收回顾客退回的产品、包装物，并进行物理移动，将其运往处理的地点，使得旧产品能够被利用，为逆向物流的流动提供根本性保障。例如，从顾客手中回收用过的复印机或计算机设备。这里的顾客可能是供应链下游的配送商、零售商，也可能是最终消费者。

2．检测和分类

对回收产品的质量进行检测，以确定合适的处理方案，并据此进行分类。该环节要确定回收产品是否具有再次使用的可能性及如何使用的作业过程，即根据产品特点及产品和各零部件的性能确定可行的处理方案，包括捐赠、直接再销售、重新制造、整修和报废处理等。然后，对各方案进行成本效益分析，确定最终处理方案。

3．再处理

对回收产品或其零部件进行处理，以重新获取价值。该步骤可能包括清洗、零部件替换和重新组装等环节。其中，再处理方式主要有再使用、再制造和再循环。再使用针对只需清洗或少量维修工作即可直接再使用的包装、产品或零部件，如玻璃瓶、塑料瓶、罐、箱、托盘等包装容器，复印机和打印机墨盒、一次性相机、二手家具、服装和书等；再制造是指保留废旧零部件的结构和功能特性，通过必要的拆卸、检修和替换，使其恢复得同新的一样，如飞机和汽车的发动机、计算机、复印机和打印机部件等；再循环是指循环利用废旧物品中的原材料，如废旧金属、纸、玻璃、塑料等。专业的再处理设备需要高昂的投资，因而在很大程度上决定着整个逆向物流系统的经济可行性。一般要求回收品数量较大且集中处理，以形成规模经济效应。

4．废弃处置

对那些出于经济或技术上的原因而无法再利用的废旧产品或零部件进行销毁。该步骤可能包括运输、填埋或焚毁等环节。

5．再分销

将处理后的再生产品运往市场进行销售。该步骤可能包括销售、运输和仓储等环节。该过程与正向分销物流类似，主要是在快速反应和运营成本之间进行权衡。

第二节　逆向物流系统网络结构

一、逆向物流系统网络的特征

在产品的逆向物流过程中，从废旧产品（或缺陷产品）的收集，到回收处理中心、产品拆解中心，经价值恢复处理，直到再分销市场，同样要经过一系列的节点和运输路线。由这些逆向物流的设施点及设施点间的线路构成的拓扑结构就是逆向物流系统网络。

逆向物流系统具体的网络结构类型很多，可以借用 Fleischmann 提出的五个指标，来刻画不同逆向物流系统网络结构的主要区别。

（1）网络集中程度。网络集中程度是指逆向物流系统网络中完成同样处理任务的场所数量，即涉及完成同种操作活动的地点数目。如果相同的逆向物流处理活动只在少数几个场所进行，则说明网络的集中程度高；如果同样的操作可能要在多个不同的地方同时进行，则说明网络是分散的。

（2）网络层数。网络层数是指逆向物流的物品顺次需要流经的设施数量，表示网络的纵向深度。在一个单层的逆向物流系统网络中，所有操作都在某一种设施中处理完成。而在一个多层的逆向物流系统网络中，不同的操作会分别在不同的地点完成。

（3）与其他网络的联系。与其他网络的联系主要是指产品回收网络与现有的前向物流系统网络之间的相关程度。产品回收网络可能单独建立，也可能在原有的前向物流系统网络的基础上扩建。如果产品回收物流过程与前向物流过程的关联性较强，就更有可能将两种网络进行集成。这种网络的相关程度反映了两种网络潜在的集成性。

（4）开放与闭合网络。开放还是闭合反映网络的进入和流出两个流向之间的关系。对于一个闭合网络，“源”和“汇”是一致的，即回流品的来源地和产品价值恢复后的市场是同样的市场，回收产品回到原制造商处经过加工后再回到市场，这样，前向物流系统网络与逆向物流系统网络构成的是闭循环的网络结构。而在开放网络中，回收品的来源地与价值恢复后的市场流向是不一致的，回收品从一端流进，从另一端流出，两种流向不能形成闭合结构，如金属、塑料、废纸等回收再循环，其再利用的市场一般与原来的市场不一致。

（5）合作程度。合作程度反映各部门对构建的逆向物流系统网络所负的责任，涉及网络建设中的各方。逆向物流的构建也许发起人是某一企业，但不可避免地会通过合同或联合的方式与其他企业合作，逐渐发展成为由不同行业企业联合的合作伙伴关系。企业利用第三方来开展物流业务就是一种合作方式。

二、根据回流品的来源和处理后的去向分类

根据回流品的来源和处理后的去向是否一致，逆向物流系统网络结构可以分为开环和闭环两种。

1．开环型逆向物流系统网络结构

开环型逆向物流系统网络结构主要是指回收的物品不回到初始的生产商而用于其他企业（第三方生产商）的情况。此时，由于逆向物流渠道与传统（前向）物流渠道不同，整合这两种渠道的可能性很小，故一般构建一个独立的回收系统。由于该系统具有独立性，若把回收物品当成传统供应链的原材料投入，则只要稍加修改传统的物流系统网络模型就可为逆向物流系统所用。再生系统通常为开环型网络结构。

2．闭环型逆向物流系统网络结构

闭环型逆向物流系统网络结构主要是指回收的产品或包装材料回到初始生产商的情况。此时，利用传统物流渠道中的现有企业成员，在原有网络上或通过专业物流服务商来构建逆向物流系统。尽管此时逆向物流系统与传统物流系统可能拥有相同的企业成员，但由于逆向物流中废旧物品的收集和运输需要不同的操作处理，从而会产生不同的生产运作程序，故将逆向物流系统和前向物流系统整合在一起仍比较困难。再制造、修理或直接再利用等系统常常构成闭环型网络。特别地，当产品或其核心部件涉及企业的保密技术时，为防止其他企业仿冒产品、保持企业自身的垄断地位，企业往往构建闭环型的网络系统来回收再利用废旧产品。

三、根据回收产品再处理方式分类

根据回收产品再处理方式的不同，将逆向物流系统网络结构划分成再利用逆向物流系统网络、再制造逆向物流系统网络、再循环逆向物流系统网络和商业退回逆向物流系统网络等。

1．再利用逆向物流系统网络

有些物品如各类包装物或包装容器，包括玻璃瓶、塑料瓶、筐、纸箱和托盘等，回收后可直接多次重复利用。这类物品的逆向物流过程是：包装物利用后回收—处理—再包装使用。对于一般包装容器来说（如饮料瓶、玻璃瓶），在再使用之前只需进行容器的清洗、

消毒或检测破损情况，再处理过程最简单。其逆向物流流程是：从原始客户处回收—清洗、检测—再使用。对于集装箱等工业包装，当集装箱闲置待用时，一般是存放在物流服务提供商的集装箱站场，一旦有用箱请求，则被送往发货方，用过的空集装箱从收货方收回后，再进行清洗、检测和维修，闲置备用，等待下一轮循环使用。

直接再利用逆向物流系统网络结构，如图 8.2 所示。

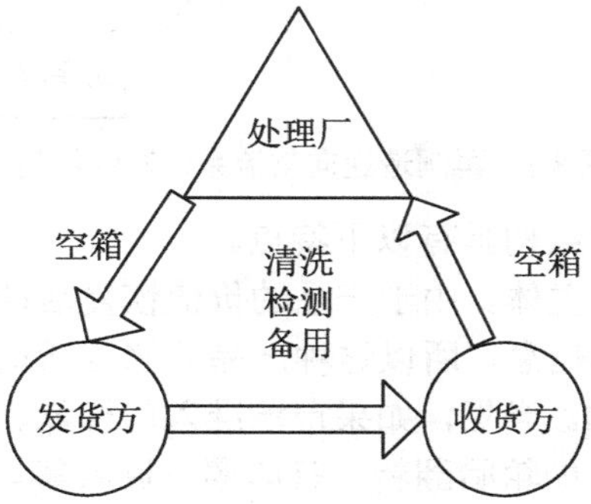

图 8.2　直接再利用逆向物流系统网络结构

直接再利用的逆向物流系统网络具有的特点：一是产品再使用客户与原始使用客户是一致的，因而可以构成闭循环网络结构；二是再利用的处理功能简单，不需要大规模固定投资，简单的操作使得物流系统网络更为顺畅，网络集中度低，属于分散的网络形式，可通过对现有网络的延伸而得到；三是逆向物流经历的环节少，网络功能简单，网络层次数少，属于扁平的、单层的、闭环式的网络结构。

2．再制造逆向物流系统网络

有些产品如复印机、电话机、计算机、印刷电路板、家用电器、汽车及其他机电设备等，都具有一个共同的特点，即这些产品是由不同的零部件装配而成的，可统称为装配产品。当这类产品达到寿命周期末端或因其他原因被废弃时，产品又可以拆卸成不同的零部件，通过维修或更换其中功能失效的零部件，可以恢复产品整体性能或拆卸出功能完好的零部件。总体而言，这些产品废弃回收后，可以通过再制造技术，以产品整体形式或零部件形式再利用，具有较高的经济价值。所以，产品再制造的价值增值是再制造逆向物流系统网络主要的经济动力。这类产品的逆向物流过程比较复杂，其逆向物流系统网络结构也是几种网络结构中最为复杂的。

从消费市场回收的旧产品首先送到检测中心进行产品质量检测，根据产品检测的状况，将回收产品分为可修复的和不可修复的两类。可修复的产品送到专业的再制造场所进行修复、翻新、替代等再制造处理；不可修复的废旧产品，送到产品拆卸处理中心，分解成不同的零部件，或提取其中有用的零部件，或对产品进行切割以进行材料级再循环。修复的产品或提取的零部件作为再生制品通过前向物流渠道重新进入消费市场。修复的产品或零部件必须能保证在规定的使用期限内具备可靠的质量，能够在同样的条件下与新的产品一样进行再销售。再制造逆向物流系统网络结构，如图 8.3 所示。

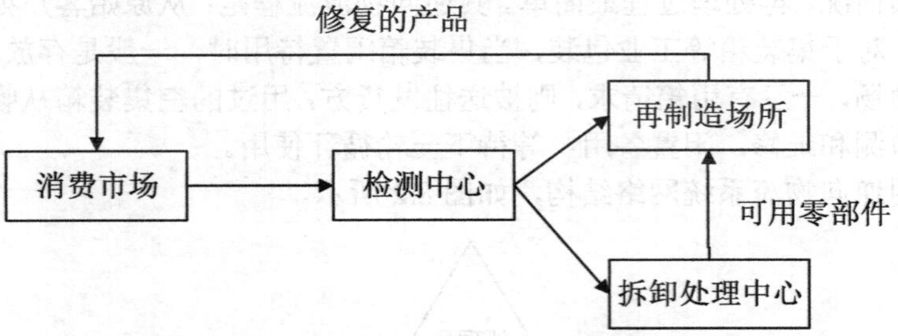

图 8.3 再制造逆向物流系统网络结构

再制造逆向物流系统网络结构具有以下特点。

（1）网络中存在多个行为主体。由于产品的价值恢复活动如维修、翻新等，都需要产品设计制造方面的技术知识和信息，所以这种产品的修复活动、再制造活动通常是由原始设备制造商（OEM）来完成的。当然，如果市场准入门槛低、障碍少，产品回收对专业化的第三方企业也具有吸引力，如轮胎翻新、打印墨盒回收等。OEM 也可以将逆向物流中部分业务外包给第三方逆向物流企业来完成，如废旧产品的收集、检测、储存、运输等活动多数情况下会由专业逆向物流企业完成。而修复后的产品再销售又可以与产品销售网络共享渠道。这就决定了再制造逆向物流系统网络中会有多个行为主体和参与者。

（2）集中度高、多层次的复杂网络结构。由于可装配产品的检测及拆解过程需要专用的设备和设施，固定投资大，操作技术要求高，一般是设立少数的、大规模的检测中心和拆解中心，这就说明再制造逆向物流系统网络具有较高的集中度。由于再制造过程的复杂性，废旧产品经不同渠道收集后，还需要经过暂存、运输到检测中心等环节；经过检测分类后的废旧产品，拆卸、分解成不同的零部件，或整体修复、再制造，通过再销售进入消费市场，经历的层次多、环节复杂。这说明再制造逆向物流系统网络结构具有多层次的特征。

（3）可以构成闭环型网络结构。由于新产品和修复后的产品消费市场可能是相同的，两种产品的销售渠道方向也可能是一致的，而对于可装配产品来说，再制造过程的“源”和主要的“汇”是一致的，因此，大多数的再制造逆向物流系统网络是闭环型结构形式。当然，必定会有部分零部件或材料经再生后进入其他的产品链或行业，使逆向物流系统网络形成开环型结构。

（4）与原产品物流系统网络具有密切的联系。由于新产品加工和旧产品修复之间的密切关系，并且新产品和修复产品的销售市场可能重合，如果逆向物流系统网络是由 OEM 来主导的，那么可以建立起回收物流系统网络与原来物流系统网络之间的联系，两种产品流的运输和搬运装卸处理可以结合起来考虑，因而可以将再制造物流网和传统生产分销物流网进行集成，综合考虑两者的设施公用和运输合并。所以，在逆向物流系统网络规划时，应该以现有网络为基础进行延伸。目前，再制造逆向物流系统网络大多是在已有正向物流系统网络的基础上进行扩展，作为再制造网络设计的起点。

在再制造的逆向物流系统网络中，供应的不确定性是影响网络规划的重要因素。在进行网络设计时，设施点（包括废旧产品收集点、检测中心、再制造工厂、拆卸处理中心等）的数目及位置的确定，都需要考虑废旧产品的回收量即逆向供应量的大小及其分布情况，同时还要考虑再制造产品的市场需求情况。另外，回收品在被检测之前，并不知道产品的新旧程度和零部件性能的完好程度。在拆卸的零部件中，有的性能较好，有的磨损严重或功能基本丧失，因此要求的修复步骤可能各不相同。这也是导致再制造处理步骤复杂、物流系统网络不确定性程度高的重要原因。

由于不同行业的产品构成及特性差异很大，可装配产品的再制造技术及过程本身有很大不同，但总体而言，再制造流程复杂，因而逆向物流系统网络结构一般是复杂的多层次结构，通常是闭循环的结构，且依赖外部现有的物流系统。

3．再循环逆向物流系统网络

物料循环利用由来已久，如废旧金属、纸、玻璃、塑料等。对于这些废旧物品，其再循环的一般流程是：收集—存储—再处理—再销售。一方面，由于这些废旧物品大多接近消费者市场，来源分散，因此网络中的收集点较多；另一方面，由于这些废旧物品的价值一般较低，但其再生处理却需要专业设备和技术投资，投资成本很高，为发挥设备的规模经济效应，一般要求回收处理设施比较集中，能够进行大批量处理，因而，适宜建立少数集中的、大规模的处理场所。同时，虽然原料再循环处理需要经过检测、分拣、预处理、再生处理等过程，但这些过程一般是在同一个设施点进行的。再循环逆向物流过程涉及的活动不多，网络结构较简单，其逆向物流系统网络结构，如图 8.4 所示。

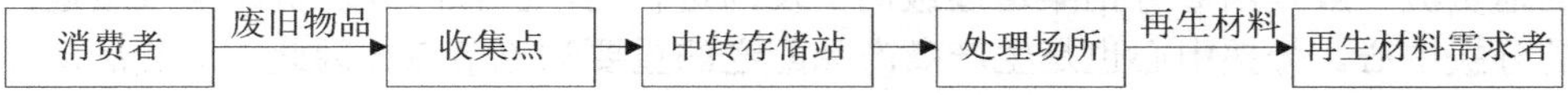

图 8.4　再循环逆向物流系统网络结构

再循环逆向物流系统网络结构具有以下特点。

（1）开环结构。由于废旧物品收集市场与再生原料的使用市场一般是不同的市场，即循环再生的原料不一定被应用到原来产品的生产过程中，因而网络结构一般不是闭环的。

（2）集中型、层次少的网络结构。废旧物品回收的单位价值一般较低，而与此同时，再生处理需要先进的技术设备和高额的固定投资。这就决定了需要通过巨大的处理量来降低处理成本，保证投资回报率。同时，虽然原料再循环处理需要经过检测、分拣、预处理、再生处理等过程，但这些过程一般是在同一个设施点进行的。这说明原料再循环网络是一种集中程度高、层次少的网络。

（3）网络的构建需要各行业的合作。首先，各行业之间的合作是避免重复投资、提高回收处理量的一个保证。其次，由于原料再循环是一个开环的结构形式，再生原料市场与原始产品市场在多数情况下是不一致的，而行业间的合作也为避免两个市场之间的冲突提供了保证。

4．商业退回逆向物流系统网络

商业退回主要源于商业回收或客户投诉退货，包括错发的商品、运输中的破损品、有缺陷的商品、零售商的积压存货等。一般来说，对于退回的商品有多种处理方法可以选择：质量完好的商品可以送回原商品库，进行再次销售；质量不好或积压存货之类的商品，可以作为处理品进行特殊的再销售；如果退回商品无法直接销售，可以运回原生产厂，通过修复、改制，恢复其性能后，作为修复品或再制品进行销售；如果上述选择都无法进行，则对贵重的或可循环的材料进行回收，再以最低的成本对其进行废弃处置。对于商业退货品而言，“检测”操作有时很简单，只需依靠肉眼进行表面检查；而有些电子产品或其他复杂类产品，可能还需要经过特殊仪器进行性能方面的测试，才能判断其质量。根据退货品质量检测的结果，确定退货品是直接进入再销售渠道、特殊转售渠道，还是运回产品制造厂做进一步处理。为了减少成本、降低库存和增加灵活性，可以在较大区域范围内设置一个分拨中心，集中处理来自不同地区的退回商品。商业退回逆向物流系统网络结构，如图 8.5 所示。

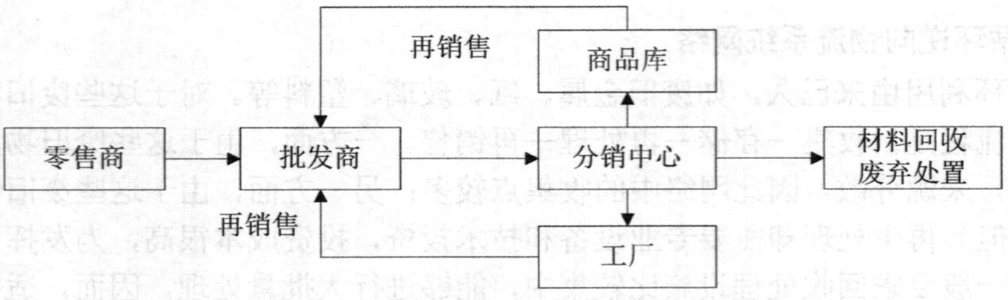

图 8.5　商业退回逆向物流系统网络结构

商业退回逆向物流系统网络具有以下特点。

（1）与商品前向销售渠道密切相关。商业退回是指商品处于分销阶段的反向回流，零售商的退货流一般是沿着分销渠道逐级向上反向进行的，也有部分退货品是直接返回生产企业的分拨中心。分拨中心也是生产商产品配送的重要物流节点。因此，退货品从零售商回流到分拨中心，与产品经分拨中心配送到零售商之间的物流渠道是基本一致的，两种物流渠道密切相关。

（2）具有较高的集中程度。在物流渠道中整合对退货品的处理作业，是企业物流系统规划应该重视的问题。解决这个问题可考虑两种方法：第一种是将所有的退回商品都集中运输到企业地区分拨中心，在分拨中心进行集中处理；第二种是在商品退回地进行就地处理，即在退货地对商品进行检测，并根据检测结果，做出进一步的处理，以决定退货品的出路。第一种方法属于集中处理网络，其处理过程类似于图 8.5 所示的模式，与产品配送网络结构是一致的。第二种方法属于分散处理模式，在退货地对退货品进行检测，根据品质状况检测结果做出不同处理，质量完好的产品直接进行再销售，完全没有再利用价值的退货产品就地填埋，只有可以经过维修、再制造恢复价值的产品才能运回生产企业所在地。

（3）退货逆向物流一般是闭环型网络结构。从图 8.5 所示的三种退货再处理方式来看，除了极少部分完全没有再利用价值的退货品被填埋处理外，一般来说，退货品经过不同途径的处理后，最终都会回到原产品销售市场，即退货品来源市场和最终去向市场是同样的市场，逆向物流系统网络结构是闭环型结构形式。

除了上述三方面的特点，商业退回逆向物流系统主要是由原始产品生产商构建和主导的，大型零售连锁店也会建立自己的退货逆向物流系统，一般不能由第三方企业主导。

四、根据逆向物流路径分类

根据逆向物流路径与正向物流的关系，逆向物流系统网络结构可以分为原路径回流网络、新路径处理网络和重复路径处理网络。这三种网络的网络形式和特性都有所不同。

1. 原路径回流逆向物流系统网络结构

在原路径回流逆向物流系统网络结构中，完全利用原有的物流系统实现逆向物流功能。逆向物流的设施、运输线路相对正向物流系统没有变化。下游企业把回流物流直接递送给上一级供应商。其回流过程基本是：用户—零售商—分销商—制造商。回流的物品有两类：一类是无任何处理或经过简单处理就可直接再利用的，如可循环利用的包装；另一类是大型制造商要回收再利用其废旧产品中的零部件。原路径回流逆向物流系统网络结构，如图 8.6 所示。

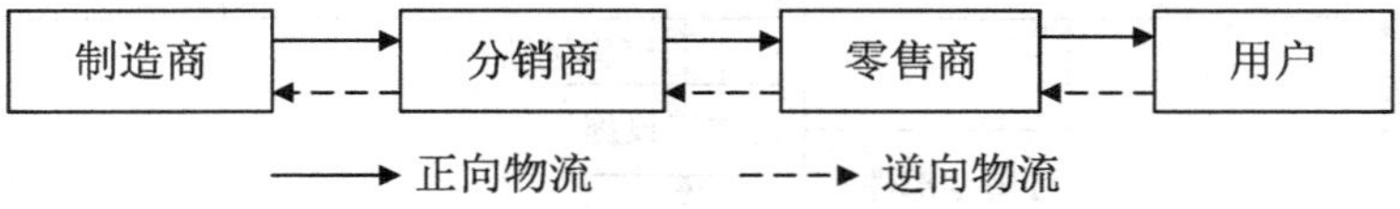

图 8.6　原路径回流逆向物流系统网络结构

原路径回流逆向物流系统网络结构的优点：首先，该系统完全依附于正向物流，完全使用原有的设施和组织，不需要新的投资。其次，下游企业几乎没有责任和风险，风险全部由制造商承担。因此，下游企业欢迎这种简单模式。最后，上下游企业间的业务关系明确，因为所收回的物品是同一个商家售出的，责任关系不需要重新协调。

原路径回流逆向物流系统网络结构的局限性主要有两个方面。

（1）反应时间长。首先，由于每个节点都要进行返回品的分类操作，所以，物品停留于每个节点时间较长。其次，由于逆向物流流量相对较小，所以经常存储于某个节点甚至达到经济装运单位才进行逆向装运。

（2）运营代价高。尽管原路径回流网络不需要大量固定投资，但是其日常运营成本较大。首先，如果逆向物流系统流量较大，则每层厂商在仓储和分类活动中都需要配备专门人员，人力成本较大。其次，在有些情况下，只有在制造商确认回流物品时，下游企业才可能获得相应的退还资金，而企业也只有退还物品累积到一定单位才装运，因此，资金成本也较高。

根据原路径回流逆向物流系统网络结构的优缺点，要求使用这种逆向物流系统网络结构的行业或厂商至少具有如下特点之一：回流物品比较小，企业对逆向物流没有专业化和战略性考虑；从产品特征来看，较适合再循环物品的回收利用，如包装物品的再利用；垂直一体化企业，其分销渠道属于内部结构，建立逆向系统的成本低廉，而且能够根据业务量较迅速地做出反应。

2．新路径处理逆向物流系统网络结构

从原路径回流逆向物流系统网络结构的优缺点可以看出，其适应范围较小。对于很多企业来说，逆向物流流量越来越大，必须构建较为复杂的物流系统，配备和使用专业化的设施、人员和技术才能适合企业发展的需要，这就是我们所说的新路径处理逆向物流系统网络结构。在新路径处理逆向物流系统网络结构中，不再简单使用原有的物流系统网络来实现逆向物流功能，而是建立专业化的逆向物流系统网络，专门设立逆向物流回收中心以处理回收物品，进行收集、分类和配送等。新路径处理逆向物流系统网络结构的输入物品和原路径回流逆向物流系统网络结构相同，但一般物品只有回收中心作为唯一的接收端，而不像原路径回流逆向物流系统网络结构中的每个正向物流设施都成为接收点，因此，使输入端得到简化。

新路径处理逆向物流系统网络结构起始端为用户，其废弃物被回收中心收集，并进行检测，判定产品是否能进行修理，若是，则进入再加工程序，加工后将零部件送到制造商，或将产品送达分销中心；若无法完成上一步，则判定是否能回收原材料，若是，则进入处置设施进行处理，然后送往供应商处；若以上两步都无法实现，则废弃物要进行填埋、焚烧等处理。具体如图 8.7 所示。

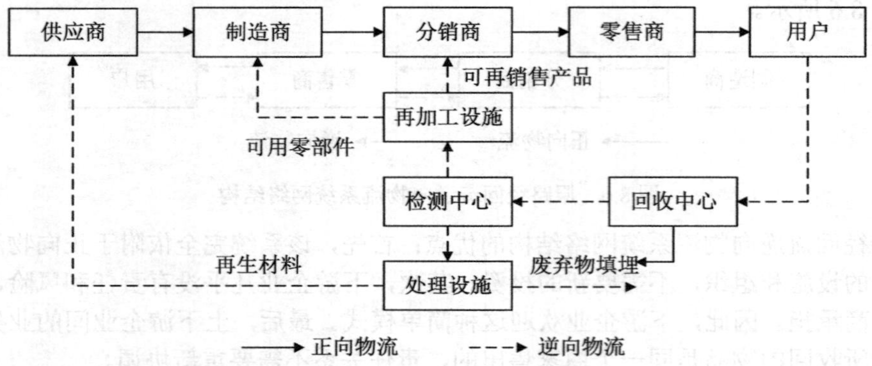

图 8.7 新路径处理逆向物流系统网络结构

新路径处理逆向物流系统网络所处理的材料大都是低值产品，如纸张、塑料、玻璃、钢铁等产品，却要求先进的处理技术和设备，故投资费用很高，这意味着需要大批量的处理，形成规模经济，才会使回收有意义、有价值。新路径处理逆向物流系统网络多是集中路径结构。此外，路径构建的各责任方之间的紧密合作也是大规模、批量处理的保证。

3. 重复路径处理逆向物流系统网络结构

重复路径处理逆向物流系统网络结构和原路径回收逆向物流系统网络的结构是一致的，都是从用户经过零售商、分销商、制造商到供应商。重复路径处理网络结构与原路径回流网络结构的主要区别在于以下两个方面。

（1）原路径回流网络只回收不处理，而重复路径处理网络既按原路径回收，又要处理。制造商可直接利用处理后的零部件。

（2）回收路径有所区别。原路径回流逆向物流系统网络只按原路径返回，用户就是终端顾客；重复路径处理逆向物流系统网络以原路径返回为主线，中间有其他分支加入，用户以分销商、零售商、终端顾客等多种形式出现。

重复路径处理逆向物流系统网络在企业中运用非常广。从产品特征看，运用重复路径处理逆向物流系统网络结构所涉及的产品价值较高，典型的例子有复印机、汽车引擎、旧计算机等的再制造加工，其结构如图 8.8 所示。其回收路径分为两条，一条是沿袭原路径，增加既回收又处理的功能；另一条是通过回收中心进行回收处理。

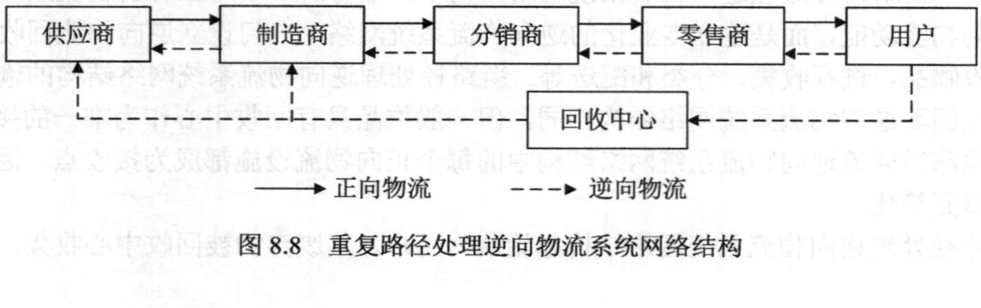

图 8.8 重复路径处理逆向物流系统网络结构

五、根据产品回收的驱动力分类

按照产品回收的驱动力进行分类，可将逆向物流系统网络划分为经济驱动型和法律驱动型两种。

1．经济驱动型逆向物流系统网络

企业由于受某些产品回收利用所带来的经济利益驱动而开展相应的逆向物流活动，这样构成的逆向物流系统网络属于经济驱动型逆向物流系统网络。对汽车、废金属、纸张等产品的回收再利用具有明显的经济价值，很多企业从事这些产品的回收逆向物流主要是受经济利益驱动。

2．法律驱动型逆向物流系统网络

很多企业是在环保法律法规的强制下开展产品的回收再利用的，这样的逆向物流系统网络属于法律驱动型逆向物流系统网络。例如，欧盟规定电子电器设备生产商或进口商要对处于寿命周期终点的电子电器产品负责回收处理。在这种情况下，废旧产品回收处理的经济回报可能并不高，企业主要关注回收物流成本的最小化。虽然企业对废旧产品回收处理负有法律责任，但逆向物流业务可以外包给第三方逆向物流企业完成。

六、根据产品再处理过程主导者分类

按照产品再处理过程主导者的不同进行划分，可将逆向物流系统网络划分为原始设备制造商（OEM）主导和第三方物流企业（3PL）主导两种。

1．OEM 主导的逆向物流系统网络

一般来说，由于产品再制造过程涉及原产品的设计信息和制造信息，且需要专业设备，为避免技术外泄，OEM 一般不愿意让第三方企业涉足本企业产品的回收和再制造，这时，就会由 OEM 主导产品再制造逆向物流过程。

2．3PL 主导的逆向物流系统网络

纸张、金属、塑料的回收再循环通常是由 3PL 主导的。

七、根据网络层数分类

按照逆向物流系统网络层数的不同，可以将逆向物流系统网络划分为单层次逆向物流系统网络和多层次逆向物流系统网络。

1．单层次逆向物流系统网络

单层次逆向物流系统网络是指整个网络中仅设置一级逆向物流设施，所有的逆向物流活动和操作都在这一层设施中完成并体现。

2．多层次逆向物流系统网络

多层次逆向物流系统网络是指多种逆向物流设施有层次地设置在网络中，逆向物流系统网络中的相关环节依次可以独立地成为网络的一层次，也可以与其他环节结合共同实现网络的功能。这种网络结构可以使逆向物流效率最大化。

八、根据逆向物流系统网络的集中程度分类

按照逆向物流系统网络的集中程度不同，可以将逆向物流系统网络划分为集中式逆向物流系统网络和分散式逆向物流系统网络。

1. 集中式逆向物流系统网络

集中式逆向物流系统网络是指每一个层次上的网络设施设置采取集中式。所有收集到的产品能够集中运输、集中处理，处理后的产品能够统一配送。统一将相同的逆向物流活动在同一个地方进行处理，从而能够发挥规模经济的作用。

2. 分散式逆向物流系统网络

分散式逆向物流系统网络是指每一个层次上的网络设施设置比较分散。例如，在回收功能的设置上选择分散的回收点，而不是集中的回收中心。

九、根据逆向物流系统网络中要素分类

按照逆向物流系统网络中要素是否确定，可以将逆向物流系统网络划分为确定型逆向物流系统网络和不确定型逆向物流系统网络。

1. 确定型逆向物流系统网络

确定型逆向物流系统网络主要表现为废旧产品回收的数量、质量和供给时间等因素，通过调查或者预测等方式可以事先确定。在这种情况下，逆向物流系统网络的分析和设计比较容易，且操作性强。

2. 不确定型逆向物流系统网络

不确定型逆向物流系统网络是指废旧产品回收在数量、质量和供给时间等方面是不确定的。这种网络在现实逆向物流中比较常见，由于构建此类逆向物流系统网络的随机性和风险性较大，需要全面地分析各种环境特征和物流流向分布后再来构建网络。

十、根据逆向物流回收产品分类

按照逆向物流回收产品品类的不同，可以将逆向物流系统网络划分为单品类逆向物流系统网络和多品类逆向物流系统网络。

1. 单品类逆向物流系统网络

单品类逆向物流系统网络是指逆向物流系统仅回收单一品种的废旧品。其后续物流处理比较简单。

2. 多品类逆向物流系统网络

多品类逆向物流系统网络是指逆向物流系统共同回收多种废旧品。此类网络由于产品的多样性，必须经过分类后处理。

以上划分标准并不是完全独立的，企业逆向物流一般会属于上面两种或两种以上的类型。例如，一家 OEM 企业或 3PL 企业受经济利益驱动，从事再制造逆向物流活动而构成的逆向物流系统网络。

第三节　逆向物流系统网络规划与设计

一、逆向物流系统网络规划与设计的原则

1. 经济性原则

利益驱动是企业构建逆向物流系统网络的重要原因。因此，在对逆向物流系统网络进

行设计时应该结合企业的实际背景，将逆向物流所耗费的成本作为考虑的目标，从费用最小和利润最大两个方面来定义费用最省。

2．网络设施集中程度的权衡

在逆向物流中，对于回流品的处理往往需要专用的设备和设施，这些设备和设施固定投资大，操作技术要求高，为获得规模效益，一般是设立少数的、大规模的回收中心。网络设施的集中度越高，就越容易获得规模经济效应，使投资成本降低，但增加了运输成本。另外，对回流品的分类检测是逆向物流系统网络与前向配送网络在功能上的主要区别。这一过程类似于产品生产环节的质量控制，它的规划设计对逆向网络的绩效影响很大。对靠近废旧产品来源地的分散废旧产品进行分类处理，可先将回收品中的无用物部分就地处置，降低了进一步处理的运输成本；同时，在产品退回的来源地进行产品分类检测，能够更早地发现产品退回的相关信息，揭示不同退回品的性能差异，以便及早做出不同的再处理选择，从而加速整个回收处理过程。如果说在传统供应链中，延迟产品的分化可以创造产品的选择价值，那么，在逆向供应链中，尽早地揭示产品的差异同样可以创造逆向物流的选择价值。由此可知，集中的网络与分散的网络相比，二者各有所长，因此，需要从设施投资成本、逆向物流运营成本、产品再处理价值创造等方面进行权衡。

随着信息技术和网络技术的发展，远程获取产品数据成为可能，这有助于减少对实体检测的需要，降低相应的设施投资成本。应用电子传感器技术及互联网技术，可以对产品的整个生命周期实施跟踪和监控，更准确地记录产品信息，用信息流取代部分的实体流。这样，不需要对实体产品进行详细的检测，就可以在回收品的来源地进行分类决策。在这种情况下，网络的分散性与集中性权衡的标准又会发生改变。

3．与前向物流设施的协调

一般认为，逆向物流系统网络与前向物流系统网络集成起来进行设计是理想的状况。但是，集成设计首先必须解决好两个不同物流处理过程之间的协调性和独立性的矛盾。

如果将两个物流系统网络进行集成，就需要同时考虑“前向的”和“逆向的”处理过程之间的协调关系。例如，产品配送过程与回流品收集过程如何协调、新产品制造过程与旧产品再制造过程的联合选址、仓库系统共享等。很显然，共享的网络设施和线路能使企业获得规模经济效应，降低固定投资成本。但是，在同一物流设施处，“前向”与“逆向”的两个流很容易引起混乱和冲突，这要求管理人员有明确的分工，设定优先权级别。一般是前向产品流优先于逆向产品流。而且，企业现有的信息管理系统如 ERP 系统是否能识别回收品或再制造品，也会影响整个系统的运营效果。此外，如果独立设计两个物流过程，两种物流都能得到针对性更强的网络结构，各自具有更强的处理能力和灵活的反应能力，也可以部分地进行业务外包。可见，逆向物流系统网络与前向物流系统网络是集成设计，还是独立设计，两种方法各有优势，需要进行权衡。

二、逆向物流系统网络规划与设计的影响因素

影响逆向物流系统网络结构设计的因素可以从产品、市场、资源三个方面来考虑。

1．产品

影响逆向物流系统网络布局的产品特征，主要包括回收品的物理特性和经济特性。回收产品的物理特性指的是产品重量、体积、脆性、毒性、腐蚀性、损坏程度等；经济特性

包括产品的经济价值、贬值速度等。每方面都会对相应的物流系统网络布局产生影响。首先，产品的上述特性会影响废旧产品价值恢复方式的选择：是直接再使用、再制造、零部件提取，还是原料再生。不同的选择决定了相应的逆向物流系统网络结构。例如，如果产品某些部件损坏严重，而产品整体经济价值高且贬值速度慢，则适合再制造，相应地，应该采用再制造逆向物流系统网络结构形式。其次，废旧产品价值恢复的方式将决定所需的设施、设备条件和相应的投资成本，进而会决定逆向物流系统网络的集中程度。有些产品的再制造或原料再生循环需要较高的设备投资，那么，增大再处理量就有助于实现规模经济效益，降低单位处理成本，因此，应该采取集中度高的网络形式。最后，不同特征的产品，采取不同的价值恢复方式，其再利用的市场也必然不同。这就决定了逆向物流系统网络是否能形成闭环结构。此外，产品的其他特性也会影响产品价值恢复选择的可行性。例如，是否违背法律法规的约束，是否可以得到产品的状态信息等。如果能实现对产品状态的连续监控，实时获取产品状态信息，就有可能在最佳的时刻进行零部件替换操作，缩短再制造处置时间。

2. 市场

市场特征主要是指产品回收过程中涉及的各种市场角色（行动者）及其相互关系。一般来说，原始设备生产商、供应商、服务提供商、专业回收机构、消费者甚至政府组织都有可能会对回收处理过程的决策产生作用和影响。不同组织之间的相互关系也会对供应链结构及其物流解决方案设计产生重要的影响。首先，每个市场成员都将依据其相关权力及经济动机来选择其在产品逆向物流过程中的责任。例如，专业回收机构一般会建立从处理品市场到再利用市场的物流系统网络。然而，也应该看到，市场状况是千变万化的。一方面，企业选择某种价值恢复活动要求有充足的处置品市场供应做保障；另一方面，企业也必须接受法规规定的产品，即使这种产品的回收并不具备明显的经济回报。这一点可以通过逆向物流的各种产生原因和驱动力分析并加以解释。其次，废旧品恢复处理企业在产品再利用市场中的地位有强弱之别。处于强势地位的恢复商更有能力使再制造产品进入原产品市场，从而使再利用市场与原产品市场保持一致，使逆向物流系统网络结构形成闭环结构。按照废旧产品“原料—零部件—产品”的再利用层次，处于产品层次的恢复商在再利用市场中具有更强的影响能力，更有可能形成闭环型逆向物流系统网络结构；而处于原料再利用层次的恢复商影响力较弱，一般构成开环型网络结构。最后，产品回收及其价值恢复过程是由 OEM 主导还是由其他企业主导，对逆向物流系统网络结构的设计也有重要影响。如果产品回收及恢复处理过程是由 OEM 主导的，就更有可能将产品逆向物流活动与前向物流活动集成，那么，在逆向物流系统网络设计时，就要考虑与前向物流系统之间的联系。另外，即使回收过程是由 OEM 操纵，也要看是否有业务活动外包给第三方企业。如果某企业的逆向物流活动和前向物流活动都是外包给同一家物流企业完成的，那么这两种物流系统网络也需要进行整合。

3. 资源

影响产品逆向物流系统网络设计的相关资源因素，主要包括回收处理设施的条件和运输资源、人力资源和高素质的管理人员。回收处理设施的条件主要是指对产品进行收集、检测、拆卸、再加工等一系列活动的场所的位置、容量、回收处理水平的状况。例如，对产品进行分类的检测仪器和设备，对机电产品进行拆卸需要的拆解线和切割设备，对产品进行维修、再制造或再循环所需要的各种技术设备、车间等。这些设施的位置、容量等条件决定着逆向物流系统网络的布局和集中程度，处理水平决定着整个网络的运作效率。如果产品的回收再处理需要有较高的设施设备投资，则应该通过规模经济效应降低运营成本，可通过集中度高的回收物流系统网络来实现。在逆向物流系统网络结构设计时，宜选择数量少的分类处理设施点或再制造设施点。还有设施处理容量的限制和设施的多功能特性，尤其是设施的多功能性，对不同物流过程集成的可能性和集成的方式具有重要影响。如果某设施的功能单一，就很难保证对不同物流活动的集成。人力资源和运输资源的充足与否制约着整个网络流量的配置，如果整个网络的人力资源和运输资源不足，很可能就会成为网络运行效率提高的瓶颈，此时可以考虑将逆向物流的部分业务活动外包。

三、逆向物流系统网络规划与设计的内容

逆向物流系统网络规划与设计和前向物流系统网络规划与设计具有相同的总目标，也就是以最低的成本或最大的效益实现废旧产品从回收过程到再市场化过程的转变。但逆向物流系统网络规划与设计的约束条件除了经济和成本方面以外，还要考虑客户满意度和环境法律法规方面的限制。逆向物流系统网络规划与设计主要解决以下四个方面的问题。

1. 逆向物流设施功能设计

进行逆向物流系统网络规划与设计，首先要明确整个逆向物流过程到底需要哪些设施，每一设施有何作用，以及在每个设施内具体将进行哪些逆向物流作业流程。通过这种分析，可以将不必要的设施从计划中去掉，或者将有些功能相似、流程相似的设施进行合并，以减少固定投资。

2. 逆向物流设施布局

要确定逆向物流设施（包括回收中心、中转站、再处理设施等）的数量及其平面地理位置，即网络设施选址问题。这些固定设施的平面布局决定了整个逆向物流系统（甚至整个供应链系统）的模式、结构和形状，对于回流产品的收运方式、储存模式及逆向物流作业过程控制都有影响。

3. 设施规模确定

确定每一设施应配置多大的容量。例如，回收中心的仓储规模、处理速度，拆解中心的最大拆解能力、最大再加工能力等。在一定的区域范围内，如果设施规模定得太高，会导致设施的实际利用效率低于设计容量，造成资源浪费；反之，如果容量配置过低，又会导致对需求的反应能力过低，不能满足实际需要，同样会导致逆向物流成本上升。

4. 市场和供给配置

每个设施应服务于哪些市场？每个设施的供货来源由谁负责？逆向物流设施的供应源和市场与前向物流设施的供应源和市场是相反的。产品消费市场的分散性，决定了废旧产品的来源也是分散的，即逆向物流设施供应源的分散性。市场配置和供应源的配置会影响回流品运输方式及运输成本。

逆向物流系统网络规划的上述问题，既涉及空间规划问题，也包括时间规划问题。物流设施的数量、规模及其位置布局规划都必须考虑客户的位置分布、运输成本、回流产品的处置周期等，更短的处置时间不仅会给客户更高的满意度，还有利于及时挽救回流产品的价值。因此，从时间角度考虑也会影响逆向物流系统网络的规划与设计。

四、逆向物流系统网络规划与设计的方法与模型

逆向物流系统网络规划与设计是指确定废旧物品从消费地到起始地的整个流通渠道的结构，包括各种逆向物流设施的类型、数量和位置，以及废旧物品在设施间的运输方式等。逆向物流系统网络规划与设计是否合理在根本上决定了逆向物流运作的效率和效益。

1. 定性分析

关于逆向物流系统网络的早期定性研究大多从成本的角度讨论网络特征和设计原则，没有从产品的生命周期来分析，忽视了可持续发展等问题。此后，随着环保意识的增强，人们对物流系统网络有了进一步的认识，许多学者从环保、绿色经营、绩效、物流渠道、企业战略等不同角度研究了逆向物流系统的结构特征和设计原则，为建立有效的逆向物流系统网络提供了正确的指导。目前，进行逆向物流系统网络研究的产品类型有日常生活用品、耐用品、电子产品、纺织品、工业副产品或废弃物、建筑废弃物等。

2. 仿真模型

由于逆向物流在时间、数量、质量上都具有高度的不确定性，从而建立的生产—回收模型中包括大量描述供应、分销、逆向物流动态变化的参数，模型往往难于用解析方法求解，而需要借助计算机进行仿真模拟。

Bernd E. Hirsch 等人讨论了仿真工具 LOCOMOTIVE（Logistic Chain Multidimensional Design Toolbox With Environmental Assessment）在设计具有生命周期特点产品的循环再生网络结构中的应用。利用仿真工具 LOCOMOTIVE 不但能确定最佳的物流系统网络结构，而且能计算物流运作对生态环境的影响。此外，由于操作的便利性，该仿真工具逐渐被用于中高层管理，以便让管理者从战略决策的层次寻求合适的物流方案。

Fleischmann 于 2002 年针对 IBM 公司产品的特点，从库存控制的角度设计了一个包括旧机器回收、拆卸、检测、新零件外购、次品零件修理等节点的网络系统结构仿真模型，该模型进行三种决策：拆卸得到的旧零件是否利用、旧零件检测数量的控制、新零件外购或次品零件修理数量的调整。通过各种成本参数的设置，利用该仿真模型确定了各个网络节点的最优库存量，为各种生产计划方案提供了一个评价基础。

3. 优化模型

一些学者通过简化、假设的手段，用建立优化模型的方法定量研究、分析了某些情形下回收系统网络结构的优化设计，模型研究的重点基本上都集中在网络系统组成成员的数量确定和选址定位上。

由于再生、再制造处理过程往往需要多种设施，所建立的模型通常是多级的混合整数线性规划（MILP）模型，目标函数大多是从产品运行周期的角度要求平均成本最小，约束条件则一般包括物流运输的平衡约束、生产处理能力约束、库存容量限制约束、设备数量约束及决策变量的非负约束或非负整数约束。

Fleischmann 于 2001 年从所考虑产品服务区域及区域平均成本的角度出发，在假设单位时间回收的物品数量服从一个与区域有关的连续分布的条件下，提出了一个连续的网络设计模型，通过该模型揭示了系统关键参数对成本的影响并为选择合适的物流结构提供了方向。

从产品需求和物品回收是确定性还是随机性的情形来划分，优化模型可相应地分为确

定型的选址定位模型和随机型的选址定位模型。

思考练习题

一、单项选择题

1.（　　）是指逆向物流系统网络中完成同样处理任务的场所数量，即涉及完成同种操作活动的地点数目。

A. 网络层数　　B. 网络集中程度

C. 合作程度　　D. 与其他网络的联系

2.（　　）逆向物流系统网络是指废旧产品回收在数量、质量和供给时间等方面是不确定的。

A. 集中式　　B. 单品类　　C. 确定型　　D. 不确定型

二、多项选择题

1. 逆向物流具有（　　）等特点。

A. 缓慢性　　B. 确定性

C. 及时性　　D. 不确定性

E. 混杂性

2. 按成因、途径和处置方式的不同，逆向物流可分为（　　）逆向物流。

A. 产品寿命终结　　B. 包装物回收

C. 生产报废品和副产品处理　　D. 商业退货

E. 维修再制造

3. 逆向物流系统主体要素包括（　　）。

A. 消费者　　B. 回收企业　　C. 资源恢复商

D. 处理中心　　E. 制造企业

4. 根据回收产品再处理方式的不同，逆向物流系统网络结构可划分（　　）逆向物流系统网络。

A. 再制造　　B. 再循环　　C. 再利用

D. 商业退回　　E. 新路径处理

三、简答题

1. 逆向物流的驱动力是什么？
2. 逆向物流的功能有哪些？
3. 逆向物流系统的网络特性有哪些？
4. 逆向物流系统网络规划与设计应遵循哪些原则？
5. 逆向物流系统网络规划与设计的影响因素有哪些？
6. 逆向物流系统网络规划与设计的内容有哪些？

四、案例分析

逆向物流的七个最佳实践案例

密歇根州立大学研究者调查了七个非竞争性组织的返品管理实践。其目标是识别跨行业和跨公司的最佳实践方式。调研者进行了深度访谈，以研究公司逆向物流活动的以下五个方面：返品处理、再制造、再营销、再循环和垃圾处理。

在所选择的每个组织中，所有的优秀管理者都特别注意提升逆向物流活动。主管人员强调“做好逆向物流”对公司战略和财务上的重要性，尽管在很多情况下，他们更为关注短期现象。在这些情况下，执行者不得不长时间地努力工作以证明积极的逆向物流管理的重要性。

现在，被调查的每个组织都利用公司的利润率和环境响应力等目标，来积极地追求和衡量公司的逆向物流能力。基于保密考虑，公司的名字都是化名。

1. 计算机专家行业

ComputerAtlantic 公司——一个做办公室计算机产品的公司，其许多产品都是供别人租赁的。由于专注于租赁终端资产，ComputerAtlantic 公司参与了逆向物流的五个方面。因为它所租赁的资产都是要回收的，所以公司很强调快速估计产品价值的重要性，并决定发掘整个产品再出售的潜力，这和个人模块、元素和原材料的潜在价值有着极大的不同。

由于这个行业的产品生命周期都非常短，所以 ComputerAtlantic 公司集中精力减少返品评估和重新配置的时间。那些能够重新利用和再制造的产品很快会被识别出来，并转化为可出售的产品。公司已经识别和建立了一系列的二手市场，所以再加工的产品就不会和公司新产品形成竞争。ComputerAtlantic 公司通过将再加工的产品尽快地投入二手市场，保持了低的存货率并最大化了公司收入——在意识到租赁产品所带来的巨大收入后。简而言之，ComputerAtlantic 公司已经充分认识到在收入、成本和资产利用上，返品在整个生命周期中对公司的价值。

对那些不能再利用的产品，ComputerAtlantic 公司首先将其进行分解，然后回收可再利用的元件和贵重金属，最后将塑料等垃圾扔进指定的再循环垃圾桶里。通过回收旧元件，公司发现他们所需购买的元件数量有大幅下降（在电子部门，许多用过的零部件的价值其实和新更换的零部件并无差别）。另外，ComputerAtlantic 公司的一些元件本来事前就被服务部门设计成可重用的，因为公司已为其产品服务多年了。原来的设备有了稳定的零部件供应后，公司就可以以最小的新零部件存货投资来满足顾客的需求。

最后，由于只有不到 2%的返品被送往垃圾站，所以 ComputerAtlantic 公司能够提高其环境响应能力。公司管理层相信，高效的返品管理极大地提高了公司的品牌价值。而且，还通过增加未来的收入产生了极大的远期利益。在这些日子里，ComputerAtlantic 公司的返品部门甚至变成了盈利部门。

2. 机车引擎再造行业

Motormaster 公司开发了一套很强的逆向物流能力，以重建机车引擎和设备的替代零部件。由于重型设备产品的生命周期可达数年甚至数十年，Motormaster 公司在销售了产品以后的很长时间里，还必须为顾客提供备品备件服务。为了做到这一点，公司与一家再制造商成立了合资企业，以管理其返品和再制造零部件和引擎。再制造元件相对于新获取的元件来说，公司的采购和存货成本削减了一大半。这种方法还可以通过多年的高水平顾客服务，来构筑坚实的顾客忠诚度。这样，Motormaster 公司就以盈利的方式管理了其返品。虽然机车引擎和元件再造在汽车、农用机械或者重型机械部门不是一个新事物，但是还是有很多经验教训可用于耐用消费品行业的。例如，随着电子耐用品的模块化，有越来越多的再加工和再销售机会——对高效物流的需求也越来越大。

3. 消费品商家

HouseholdSupremeCorp.(HSC)公司生存在一个截然不同的环境里。其打包零售的消费品在价值上远远低于 ComputerAtlantic 公司和 Motormaster 公司，因此其逆向物流的渠道也极为不同。HSC 的产品一般是消费品，因此在产品生命周期的尾部对产品回收的需求就很有限。然而，作为一家目录和订单邮购公司，当 HSC 的产品不能被顾客所接收时，它也面临着大量的返品回收问题。

HSC 开始意识到，并非所有的产品都需要回收。当顾客致电抱怨一种特定产品时，顾客服务代表就在详细的指导方针指导下，来决定哪些产品应该被回收，哪些不应该。接收某种返品的决策是基于详细的成本分析，也即比较产品回收、再处理的成本和重新制造的成本。满足预先确定的成本标准的产品是不会被回收的；消费者被告知可以保留这个产品，然后会得到公司的产品质量保证。这种前摄性政策在劳动和运输处理方面，为公司节省了大量成本。为了这个计划的成功实施，公司必须为返品回收创造较高的可见度。它已经建立了一个回收机制认证（RMA）的流程，因此顾客必须同公司联系才能拿到回收认证。顾客利益是对返品的即时信用的收据。

HSC 的顾客大部分是独立的生意人，他们发现这种方式极大地提高了自己的现金流量，因此很高兴地买进了 RMA 流程。虽然看起来有反直觉，但是 HSC 通过决定被回收的产品为公司的利润带来积极的影响，这是因为处理的劳动成本和返品的运输费用得到了极大的削减。由于很少有产品被回收，以及 RMA 创造的高可见度，所以被回收的产品能够得到及时的处理。返品处理的循环时间的缩短，可以让公司以更快的速度将产品投入前向供应链。另外，如今公司与顾客的关系更加亲密，这同时提升了关系的寿命和价值。

4. 地毯制造业

在地毯制造行业，再加工的地毯日益成为一种被接受的产品。实际上，WeaveCo 公司很强调回收地毯的重新利用。为了获得竞争优势，公司的销售人员为顾客提供了地毯生命周期结束时的管理。由于顾客再也不用担心旧地毯的处理，所以他们相当满意，其中的费用差异也可以附加到送给顾客的赠品中。反过来，WeaveCo 在技术上进行投资，以再加工的方式从顾客那里回收的旧地毯：公司在非竞争性的二手市场中，成功地重销售了加工后的地毯。

WeaveCo 积极参与环境整治——不是为了操纵商业规则以使管理当局在某些重大问题上做出让步，而是为所有的行业参与者构建一个统一的平台，并且保证美国各州立法方面的连续性。一个公司会帮助行业制定更多的法律制度吗？一个基本原则是：WeaveCo 的管理团队相信，如果操纵环境法以使其沦为不同法系的拼凑物，运作成本会变得无法控制。在长期内，WeaveCo 希望法律涉及逆向物流活动，并同立法者和非政府组织一起工作，以对公司的利润产生正面影响。同时，公司还积极参与环境现场讨论，有效利用其所获得的市场价值。

5. 办公家具（办公家具回收）分销业

Deskmax 公司采用一种与众不同的方法来处理返品。在安置新的家具时，他们同时参与旧家具的移除。但是 Deskmax 的工作不仅限于此，它还关心顾客的其他需求。当一个顾客重新装修办公室时，他也常常会升级地板和电子设备。因此公司开始扩展业务，还从事电子设备的拆除，并且许多顾客都愿意为此付钱。另外，Deskmax 还让顾客确认，其坏损的硬盘是捐献给非盈利机构，还是进行销毁。基本上可以说，公司已将返品管理看作一个可以利用的新商业机会。公司在这个行业的经验和其扩展业务成为公司强大的卖点。它通过电子设备的再营销、再循环或者处理，提高了 Deskmax 的收入，并创立了一项新的盈利业务。

6. 军事代理处

军事代理处 AU.S.运用信息技术有效地管理其返品处理流程和成本。这个代理处运用复杂的基于网络的清单，将所有可重用的项目（和地点）罗列出来。当一个政府的代理处不再需要某种产品时，它会将其提供给其他代理处使用。

因为买者和卖者距离遥远，所以代理处开发了一个产品分类系统，以使它们能基于网络进行再销售，并且有能力管理和跟踪存货。代理处将产品放在“合适”的位置，并将它添加进数据库，直到有“买者”索取时才移动它，而不是将产品运到某个中心地点后进行集中再销售（当产品被从一个代理处运送到另一个代理处时，事实上其“购买”是免费的）。买者仅仅需要支付产品运送到重用地点的运输费用。通过保留产品直到知道下个运输目的地，和利用基于网络的营销和交流技术，代理处极大地削减了管理返品的成本，同时提高了为其他代理处服务的水平。

7. 电器制造行业

一个家用电器商——Henderson 电器公司——最近开发了一套逆向物流系统，以管理其来自主要经销商的返品。尽管有一些产品是在顾客那里损坏的，但主要的损坏还是发生在运送途中。作为逆向物流领域的一个新丁，公司为此从头开始设计了一个高效信息系统。这个系统帮助 Henderson 公司将每个顾客的每个返品同初始订单、初始制造厂和制造商的数据联系起来。公司的产品和质量工程师利用这些数据评定制造上的缺陷，优化流程，甚至重新设计包装以杜绝以后低劣产品的出现。公司的最终目标是消除运送途中造成的返品，因为这类返品的比率极高。例如，当某种类型的损坏时常发生时，工程师就会重新设计产品包装以防止运输途中类似情况的再发生。这种改革极大地节约了成本，提高了公司过去两年的收入。

最有趣的是，新系统允许 Henderson 根据顾客所贡献的长期价值进行区别对待。管理层也意识到，一些顾客的服务成本明显高于其他顾客。Henderson 能根据返品历史来评估经销商，这也可以帮助 Henderson 评估其经销商对公司的贡献。滥用 Henderson 返品政策的经销商会发现，它们不得不另寻供应商了。通过更有效地管理每个经销商在返品上给公司造成的服务成本，Henderson 看到了明显的成本改进。

Henderson 还在其逆向物流系统里构筑了另一个复杂元素：极大化其返品利润的能力。收到损坏的返品后，产品工程师立即定位损坏处，计算零部件的成本和将产品修复到初始状态所需耗费的劳动。例如，当一个冰箱因为底板损坏而不能使用时，工程师马上计算要花费多少费用，才能更换掉底板并使它能够重新使用。基于以上修复成本，Henderson 制定了电器是需要修复还是在二手市场销售，或者是拆成备品备件的一般原则。通过这种方式，Henderson 能够使存货成本最小化，并保证返品能够给公司带来最大收入。

总体而言，对于收入和成本管理能给公司带来的正面影响，Henderson 有着充分的认识。而在不久以前，这家电器制造商还是简单地将其返品销毁掉。现在，修复处理和再营销已经成为公司的一项盈利业务了。

资料来源：逆向物流的 7 个最佳实践案例[A/OL]. 找法网，http://china.findlaw.cn/info/wuliu/wlal/ 20110308/223208.html.

根据案例，分析以下问题。

（1）案例中提到的七个成功逆向物流实践，它们的逆向物流的流程是什么？各自有什么特色？

（2）请你以身边的行业的逆向物流运作现状为基础，找出其存在的问题并按照案例逆向物流的成功模式对其提出改造和提升建议。

第九章

区域与城市物流系统规划与设计

学习目标

1. 了解区域物流系统规划与设计的目标、城市定位及内容
2. 掌握区域物流系统空间布局、通道的规划与设计
3. 了解区域物流系统信息平台、发展政策规划
4. 理解城市物流的含义及框架
5. 了解城市物流系统规划与设计的内容及步骤
6. 掌握城市物流系统空间布局、通道规划与设计

引导案例

长江三角洲地区快递发展“十大重点工程”规划

快递业是现代服务业的重要组成部分，是推动流通方式转型、促进消费升级的现代化先导性产业。“十三五”规则时期，我国进入全面建成小康社会决胜阶段，供给侧结构性改革深入推进，快递服务市场环境面临深刻变革，加快转变快递发展方式、创新服务机制、优化监管模式要求十分迫切。本规划立足长江三角洲（以下简称“长三角”，包括上海、江苏、浙江行政区划范围）地区快递业发展实际，科学确定长三角地区快递业发展的思路、目标、任务和工程，是指导长三角地区快递业适应经济发展新常态、把握发展新定位、开创发展新路径的纲领性文件，是贯彻落实《国务院关于促进快递业发展的若干意见》的具体部署，是“十三五”规则时期长三角地区快递业发展的行动指南。

1. 空间优化工程

积极对接长三角地区城市群发展，加快推进新时期长三角地区快递空间布局优化和服务能力提升，稳步推进快递专业类物流园区和航空快递枢纽建设。

完善快递物流园区体系。上海、南京、无锡、杭州、宁波、金华（义乌）为全国一级快递专业类物流园区布局城市。苏州、徐州、南通、连云港、淮安、温州、嘉兴、台州为全国二级快递专业类物流园区布局城市。统筹规划三级快递专业类物流园区布局城市。在浦东祝桥、南京禄口和无锡硕放等综合交通枢纽节点建设航空快递物流园区。发挥杭州萧山交通枢纽和空港作用，打造萧山长三角快递物流产业园。

推动航空快递枢纽建设。依托上海国际性综合交通枢纽，加快航空快递货运枢纽建设，提升国际快递处理能力。依托南京、杭州、宁波、温州、无锡、金华（义乌）、连云港和

徐州等全国性综合交通枢纽，以及南通、嘉兴等区域性综合交通枢纽，加强国内航空快递货运枢纽建设，提升长三角快递服务对全国的辐射能力。

2. 快递“三上”工程

依托长三角地区公路网、高铁网、机场群等交通网络优势，充分利用区域公路、铁路、航空、港口等交通资源，推进快递“上车、上船、上飞机”。大力发展多式联运，促进区域内航空、铁路、公路和水运的有效衔接。探索推进长三角高铁枢纽试点，努力打造全国高铁快件运输综合试验区。利用长江黄金水道，尝试在沿岸有条件的城市间开展快件水路运输试点。

3. 路由优化工程

鼓励快递企业充分利用长三角地区交通运输及综合枢纽资源，发挥快递物流园区的节点作用，积极推进长三角区域内快递网络与路由优化。提升快递网络直达线路比重，减少路由经转层级。区域内主要城市与全国省会及重点城市之间实现直达，区域内主要城市间基本实现直达。

4. 服务制造业工程

丰富区域快递服务产品，深入制造企业供应、生产、销售等环节，提供一体化解决方案和服务。创新服务模式，大力发展入厂物流、“仓配一体化”等新模式，将快递设施、系统、服务嵌入制造企业。根据长三角区域产业布局与特点，强化对义乌小商品、永康五金零配件、柯桥轻纺等特色产品和特定产业的精准性服务，进一步提升对电子、医药等先进制造业的服务能力，力争在服务纵深上有所突破。

5. 跨境寄递工程

加大与跨境电商的结合深度，鼓励快递企业利用上海自贸区资源与政策优势，优化仓储物流布局，向专业性、综合性、供应链一体化方向发展。鼓励快递企业开展跨境仓配一体化服务，充分发挥中国（杭州）跨境电子商务综合试验区和义乌、宁波国际邮件互换局兼交换站的作用，不断增强长三角区域服务跨境电商能力，打造全国跨境电商寄递业务的重点区域。加快制定与电商信息系统数据的接口标准，为长三角快递企业跨境仓储提供数据交换服务，推动与网络零售统计监测系统对接，逐步实现信息共享与交换。

6. 冷链快递工程

大力发展冷链快递服务，加大对现代农业发展的支撑力度。健全区域冷链物流标准和服务规范体系，完善冷链物流基础设施网络，重点解决薄弱环节冷链设施不足问题。鼓励快递企业利用长三角地区农特产品资源开展特色快递项目，实现“从田间到餐桌”的全链条服务。鼓励冷链物流企业创新发展，采用先进的冷链物流理念和技术，向国际低能耗标准看齐，推广节能环保的冷链设施设备。

7. 智慧快递工程

运用移动互联网、云计算、大数据、物联网等先进技术，提升快递企业信息化水平。加快推动长三角地区大型快递企业自动化分拣系统的应用，提高企业作业效率和服务能力。鼓励快递企业加大智能标签等先进技术的应用，基于对快件位置跟踪，提供智能、精准、实时、可视的快递服务。加强快递服务信息共享，探索建设长三角地区快递数据中心，实现基础信息、许可准入、质量安全、服务能级的互联互通。探索建立长三角地区快递服务行政执法数据库，规范信息采集、信息上报、信息查询、现场执法等执法行为，实现区域执法信息互联互通，提升区域行政执法信息化水平。

8. 末端服务工程

积极对接两省一市的相关规划，努力将快递末端建设工程打造成服务民生的重点工程，解决“最后一公里”难题。创新快递末端配送方式和商业模式，规范统一区域末端配送服务标准，打造智能化、标准化、公共化、平台化、集约化、便捷化的快递末端服务体系。构建区域末端创新联盟，研究快递末端服务运输车辆、综合服务站、自提点等相关的区域标准，促进区域内先进商业模式、实践经验和管理方式的交流与推广，共同探索快递区域共同配送的操作模式。

9. “绿盾”平安工程

坚持安全为基，健全安全监管机制，提升安全监管能力，扎实推进“绿盾”平安工程建设，确保快件来源可追溯、车辆运输可追踪和人员责任可倒查。继续抓紧落实收寄验视、实名收寄、过机安检三项制度，引导快递企业配备安检设施、更新终端设备、改造信息系统，确保快递信息可查询、可核对、可追溯。强化用户信息保护，严厉打击非法泄露和出卖个人数据行为。完善安全风险控制机制，建立寄递安全风险源评估评价制度，增强与税务、海关、检验检疫、交通运输等部门之间的信息共享。增强安全风险处理能力，提高突发事件应急管理能力。

10. 诚信体系工程

加强长三角区域快递业诚信体系建设，建立区域快递企业诚信联盟。依托专业信用评估机构，构建诚信评价指标体系，建立长三角区域快递企业信用数据库，对接公共信用信息服务平台。推进长三角省市监管部门信息互换、监管互认、执法互助。推进区域快递从业人员注册登记管理，建立快递从业人员诚信档案和“黑名单”制度，加大失信行为处罚力度。

资料来源：上海市邮政管理局，江苏省邮政管理局，浙江省邮政管理局. 长江三角洲地区快递服务发展“十三五”规划[A/OL]. 中商情报网，http://www.askci.com/news/chanye/20170406/10510895216.shtml.

第一节　区域物流系统规划与设计

一、区域物流系统规划与设计概述

1. 区域物流系统规划与设计的含义

区域物流系统规划与设计是在明确区域物流系统内、外部环境变化的基础上，通过对区域内各城市节点之间的交通便利程度、区域物流系统的基础设施，如港口、码头、铁路、公路、水运、航空站点等，以及区域中不同城市在区域经济发展中的定位、城市产业发展规划、城市物流系统的目标定位，确定区域物流系统的基础设施体系、信息平台、发展政策的过程。

2. 区域物流系统规划与设计的目标

区域物流系统规划与设计的目的在于协调、指导区域中的资源配置，对区域内社会资源，包括土地资源、资本资源、人力资源等围绕物流活动进行整合，使之与政府管理程序及相关规划之间实现顺利衔接，提供地区最便利、最高效的物流服务，以降低物流成本，改善投资环境，带动产业结构调整，增强区域内企业活力，促进区域经济发展。

3．区域物流系统的城市定位规划

区域物流是城市物流的转化和升级。区域物流不仅包括生产领域、流通领域，还包括消费领域；不仅涉及区域中的城市物流，更重要的是包括城市之间的物流。因此，确立区域物流系统规划，要以城市为依托组织区域统一的商品流通，调整供需关系，充分发挥城市对货物的集散和蓄水池作用，促进区城物流系统的合理化。

在区域物流系统规划与设计中，需要对区域中不同城市节点的物流功能做出定位，统筹区域物流系统的空间布局，最大限度地调动区域内部各城市的资源，实现优势互补和错位发展，避免城市间的恶性竞争和资源浪费，提高区域物流系统的服务水平。根据城市在区域经济中的作用、城市物流基础设施条件、辐射能力、交通网络结构等，采用 SWOT 分析方法、市场细分和定位理论等，明确城市的优势、劣势、机会和威胁，确定区域物流系统中的中心城市、次中心城市、市场服务范围、辐射圈层结构。

4．区域物流系统规划与设计的内容

（1）区域物流系统节点规划。区域物流系统节点连接两种及两种以上类型的区域运输通道，或一种运输通道类型的多条干、支线，主要作用是实现城市物流之间的转运，如公路分拨运输中心、公铁联运中心、海铁联运中心等。合理布局这些物流节点，确定其功能和规模，可以提高区域物流系统的发展水平。

（2）区域物流通道规划。合理的通道设计能够保证物流的畅通，增强区域的吸引力。应充分利用区域交通主干道、高速公路、国道等资源，根据实际资源情况，结合未来的发展规划，保证物流通道的可行性、合理性、畅通性。对物流通道的设计应该考虑以下因素：城市物流需求主体、供应主体的分布；区域对外物流节点的位置；区域内外的交通主干道、高速公路、国道、铁路干线的分布及其联系方向；主要物流方向；物流节点与各个港站的联系。

（3）区域物流系统信息平台规划。信息技术以其科技优势和广阔的发展前景对物流管理决策、组织结构、业务运作方式起到重大的改革和促进作用。在设计中应该涵盖以下内容：物流信息系统采用的关键技术、物流信息系统的主要功能、物流信息平台的结构、物流信息系统的发展模式。

（4）区域物流系统的发展政策规划。完善的政策保障系统将有利于为整个体系框架的实施创造良好的发展环境，主要包括以下内容：综合协调机制的建立、物流供需市场的培育、物流标准化的推进、物流专业人才的培养及物流政策法规的健全等方面。

二、区域物流系统空间布局规划

1．区域物流系统总体布局形态

由于不同区域的地理基础及经济发展特点的差异，区域物流系统在形成过程中具有不同的内在动力、形势及不同的等级和规模，在不同的社会经济发展阶段下，区域物流系统的空间结构呈现出不同的形态。根据东北师范大学陈才教授对区域经济地理学的研究，区域物流系统的空间结构大致可以分为放射状网络、放射环状网络、扇形网络、轴带网络、环状与“一”字形网络等形态，如图 9.1 所示，相应的结构形态分析，如表 9.1 所示。

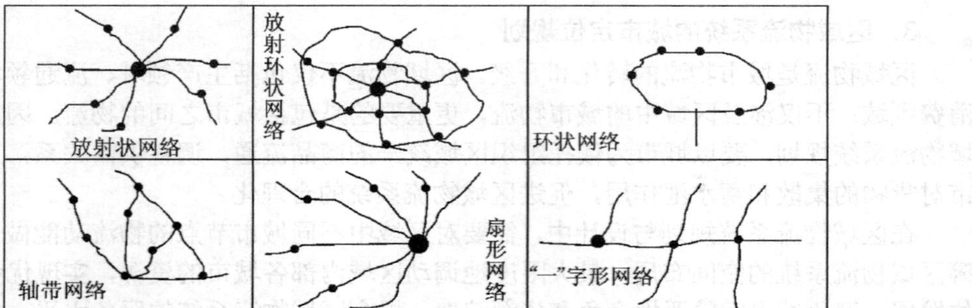

图 9.1　区域物流系统的空间结构

表 9.1　区域物流系统空间结构形态分析

结构形态	结构模式	结构特征
放射状	集聚点为重要枢纽，由此向外延伸多条交通线	放射状中心形成大都市 网络密度与大都市规模作用正相关 网络上形成中小城市
扇形	以港口为枢纽，由此向外	网络密度与大都市发展规模正相关 港口及辐射地区易形成城市群
轴带	以骨干交通线为主轴交织成网	扩展成轴和交线 易形成城市经济带或产业带
环状与"一"字形	主要交通干线呈环形和"一"字形	区域自然环境和区位条件制约网络的基础设施建设

2．区域物流系统节点等级划分

在区域物流系统中，根据物流节点的物流活动范围及其对区域内外物流经济贡献的大小，可将物流节点划分为核心节点、中心节点、重要节点和普通节点。由此四类节点构成了区域物流系统的空间等级体系。

（1）核心节点是指区域内主要铁路、公路、水路、航空等物流综合运输手段集成化的城市，具有良好的经济基础和广阔的物流腹地。

（2）中心节点是指区域内具有良好的经济基础和优越的交通区位条件，且物流发展水平较为成熟的地区或城市。

（3）重要节点是指一般具有较优越的物流发展条件和较高的物流发展水平的地区或城市。

（4）普通节点主要担负区域内的物流集散与中转。

3．区域物流系统节点的功能规划与设计

物流节点一般具备停车、配载、仓储保管、货物配送、城际货物运输、拼箱拆箱、信息服务、生产加工、分拣包装等基本服务功能，同时具有货物调剂、物流技术开发与系统设计咨询、物流咨询培训服务等延伸服务功能，以及车辆辅助服务、金融配套服务、生活配套服务、工商税务海关等配套服务功能。

上述物流服务功能既不能均分到各个物流节点，也不能汇总到某个物流节点，应将各种物流服务功能在空间实体上进行归并。物流服务功能在空间实体上归并的原则有：一是要充分整合现有物流基础资源；二是要充分发挥公共物流节点的规模效应；三是要充分发

挥各物流节点的优势；四是要有效地提供完整的物流服务；五是要减少物流环节，实现物流合理化。

三、区域物流通道的规划与设计

区域物流通道规划与设计是充分利用或改造、扩展已形成的交通运输网络，在一定的运输组织方式下，分析验证现有的交通运输网络、运输组织方式是否能够满足未来的物流系统需求，并根据物流发展需要，对现有网络、运输组织方式进行改造，满足物流服务需求的物流通道方案。

1．物流通道规划与设计的原则

（1）运输网络和运输组织相协调。物流通道的构成有两个基本点：一是发达的硬件设施，包括铁路、公路、水路、航空等交通网络；二是完善的组织管理，包括先进的运输组织、管理形式。因此，物流通道规划与设计是交通网络与运输组织方式的优化问题。

（2）与区域交通运输协调一致。综合考虑所在区域的铁路、公路、水路、航空、管道运输方式的优势与特点，根据区域货物品种、形态、尺寸、规模、流向及运输距离、运输成本等特征，构建优势互补、协调发展的区域综合物流运输网络。

（3）满足物流节点功能实现的需要。区域中不同的物流节点承担了不同的物流功能，但不论是哪一类物流节点，都具有货物运输或配送的功能，而这些功能的实现离不开物流通道。因此，应针对不同物流节点所承担的功能差异选择不同的运输通道，以满足物流节点功能实现的需要。

（4）必要性和可能性的结合。物流通道规划与设计，既要考虑社会经济发展对货运运输的需要，尽可能地建设与社会经济发展相协调的交通运输网络，又要充分考虑人力、物力、财力等建设条件的限制，实事求是地进行通道的规划、布局及实施安排。

2．物流通道规划与设计的思路

物流通道规划与设计是在一定的交通运输组织和管理制度下，对区域物流通道的改造或扩建进行规划的过程。首先，对规划区域范围内现有物流通道的能力、组织方式进行调查分析，按照一定的运输组织方式，计算现有交通运输网络的运输能力及利用情况；其次，利用交通规划模型（如四阶段模型）预测区域范围内各种交通运输方式的 OD 量（Origin 即起点，Destination 即终点，OD 量即起点到终点的流量）；最后，将未来 OD 量与现有运输网络的运输能力、利用情况进行比较，从而确定物流通道规划方案。具体过程如下。

（1）交通需求预测。预测各城市节点间各种运输方式的 OD 量。

（2）OD 量的分配。将各种运输方式的 OD 量分配在现有交通网络上，计算各交通网络的交通流量或运输量。

（3）确定交通网的运输组织方案。根据物流服务要求，确定若干基本的运输组织模式。在既定的运输组织模式下，计算现有交通网的运输能力。

（4）确定交通网配置方案。将计算出的交通网络的交通流量或运输量与计算出的运输能力进行比较，如果前者大于后者，说明在规划的运输组织方案下，现有的交通网配置不能满足未来物流发展需要，需做出若干交通网络配置调整方案。

（5）优化方案选择。对各交通运输组织方案、交通网络配置方案进行比较评价，选择优化方案作为物流通道规划设计方案。

四、区域物流系统信息平台的规划与设计

区域物流信息平台规划与设计的目的是利用网络化、信息化的优势，通过对整个物流系统资源的优化整合，为区域物流系统提供共享交互的信息载体，为企业提供高质量、高水平的增值服务，实现物流系统的优化运作。

区域物流系统信息平台建设主要包括企业物流信息平台、物流园区（中心）信息平台和公共物流信息平台三个层面，如图 9.2 所示。

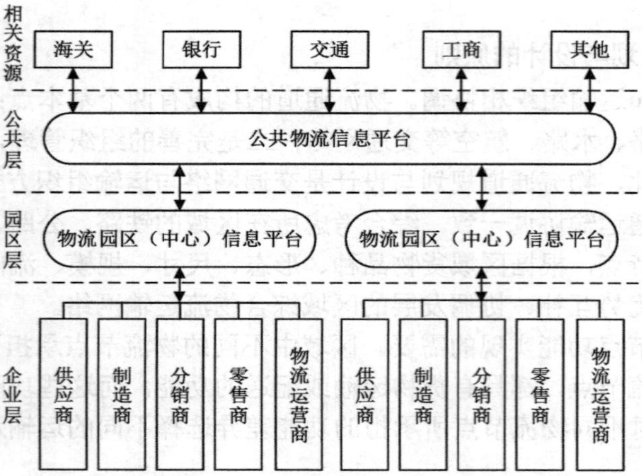

图 9.2 区域物流系统信息平台的组成

（1）企业物流信息平台。企业物流信息平台主要根据物流企业、生产企业、商业企业的内部物流信息一体化、网络化、高效化的需求，构建企业物流信息系统，并逐步在供应链上下游企业及合作伙伴之间实现信息共享。

（2）物流园区（中心）信息平台。物流园区（中心）信息平台是整合物流园区（中心）内企业的信息资源，为物流园区（中心）内企业提供信息共享和增值物流服务，实现物流园区（中心）内企业间的信息共享，促进物流园区（中心）内企业的信息化建设。

（3）公共物流系统信息平台。公共物流系统信息平台是通过整合区域物流资源和社会资源，为区域内各物流节点和企业提供信息服务，优化整个区域物流系统的信息平台。

五、区域物流系统发展政策规划

在进行区域物流系统规划时，应将物流发展政策规划作为不可忽视的规划内容，以期为物流业的健康、持续发展创造良好的体制和市场环境。一般而言，区域物流系统发展政策规划应着重考虑以下五个方面。

1. 综合协调机制的建立

当前，我国与物流业相关的交通、铁路、工商、税务、海关、商检等分属不同的政府部门，条块分割的客观存在已经成为现代物流业发展的严重阻碍。因此，区域物流系统发展政策规划要着力解决这个问题，采取有效措施建立起相关部门的综合协调机制，为现代物流业的发展铺平道路。

2．物流供需市场的培育

目前我国的第三方物流市场所占的比例依旧较小，许多工商企业的物流业务仍处于自营状态，这是造成我国物流成本居高不下的重要原因。形成这种情况的原因是，大多数工商企业不愿将其物流业务外包，造成物流需求市场严重不足，物流企业难以发展，从而形成一种恶性循环。因此，区域物流系统发展政策规划应提出切实可行的措施，大力培育物流业的供需方市场，促进现代物流业的良性发展。

3．物流标准化的推进

我国现阶段的物流系统有待改进的方面较多，如货物在途运输时间、搬运装卸时间、基础设施单位生产率等方面还有很大的提高和改善余地，造成这种情况的主要原因是我国物流标准化工作起步较晚，不同物流作业环节之间衔接不易。因此，区域物流系统发展政策规划应该针对性地提出推进物流标准化工作的重点与措施。

4．物流专业人才的培养

目前我国的物流专业人才还处于短缺状态，尤其是具有较强工程应用能力与管理能力的综合性物流人才，这已经成为制约现代物流业快速发展的主要制约因素。因此，物流发展政策规划应该针对区域与企业具体情况，提出相应的对策，以期为物流业的发展提供必要的人才保障。

5．物流政策法规的健全

物流产业的发展离不开良好的物流市场环境，而物流市场环境的建立离不开有关政策法规的扶持与引导。因此，区域物流系统发展政策规划要针对性地提出政府应给予物流产业的扶持政策、优惠政策及引导政策等。

此外，区域物流系统发展政策规划还应该包括注重树立全社会的现代物流意识、促进物流业与相关产业的协调发展及加强对现代物流运行客观规律的实证研究等内容。

第二节　城市物流系统规划与设计

一、城市物流系统概述

1．城市物流的概念

城市是物流活动最为活跃的空间场所，然而由于物流本身的发展变化、物流发展途径的差异及对物流研究角度的不同等原因，目前国内外学者对于城市物流的定义不尽相同。

日本京都大学的 Tnaiguchi 等是较早论述城市物流的学者，他们在 1999 年对城市物流的定义是：在市场经济中，考虑城市交通环境、交通阻塞和能源消耗，由个体企业全面优化城市区域内的物流和交通行为的过程。从这个定义可以看出，城市物流是由企业物流所构成的，并从城市区域层面考虑交通环境、交通阻塞和能源消耗等社会问题，因此具有明显的社会属性。

德国学者 E. Ecksetin 认为，城市物流的任务是为处在城市里的零售商、工商企业和家庭，以城市可以接受的方式，经济、高效地进行物资供应和废弃物清理，以减轻城市的交通和环境负担。这个定义指出了城市物流的服务对象——城市内的企业和家庭，同时也指出了城市物流应该包括正向物流活动——物资供应和逆向物流活动——废弃物清理。

我国学者崔介何认为，城市物流是在一定的城市行政区域条件下，为满足城市经济发展要求和城市发展特点而组织的区域性物流。这是一个广义的城市物流概念，指出了城市物流的界限——城市行政区域和城市物流的层次范畴——区域物流。

我国著名物流专家王之泰对城市物流的定义是：城市物流是以城市为主体的、围绕城市的需求所发生的物流活动，不论城市地域范围大小，物流活动都具有共同的属性。

可以看出，城市物流就是指物品在城市空间内的实体流动。它属于区域物流的概念范畴，是服务于城市经济发展和居民生活需求的物流活动，也是众多企业微观物流向城市之间宏观物流的过渡，具有企业行为和社会行为的双重属性。而且不论城市地域范围大小，物流活动都有共同的属性。

2. 城市物流系统的构架

系统论要求人们在研究问题时从研究对象的全局来把握。从这个意义上来说，城市物流系统应该是一个广义的概念，应该从大流通的角度去研究。因此，该系统不仅包括城市区域内物流，还包括中心城市经济圈所包含的城市周边地区物流；不仅包括可视化的显层——物流系统的实体要素部分，还要考虑到不可视的隐层——商流、信息流等要素的重要性。

城市物流系统总框架，如图 9.3 所示，它包括由实体要素构成的显层和由非实体要素构成的隐层两部分。从地域构成来说，显层部分包括城市市域、城市周边两部分，以城市区域内物流实体构成为主；从物流实体要素构成来说，显层部分包括物流节点和物流通道两部分。隐层则贯穿于整个城市物流系统中，其重要作用尤其体现在城市内外区域物流运作体系的无缝连接上。

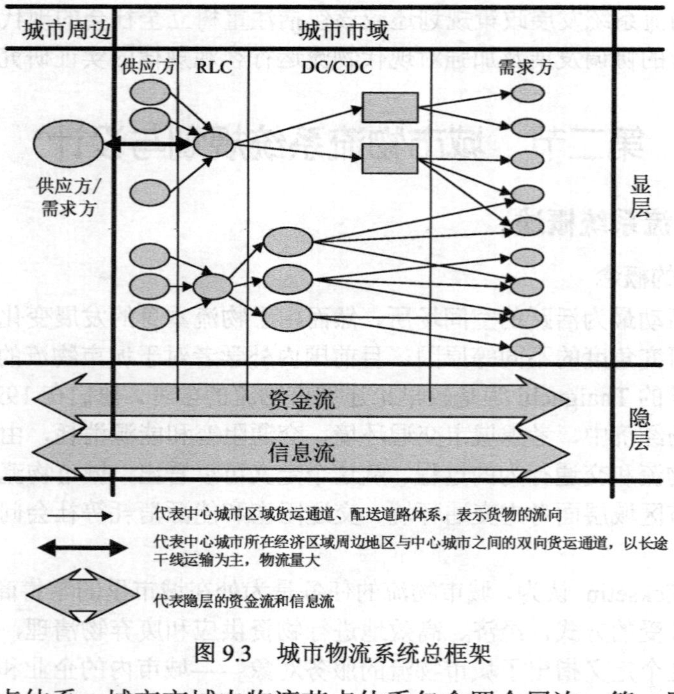

图 9.3　城市物流系统总框架

（1）物流节点体系。城市市域内物流节点体系包含四个层次：第一层，供应方；第二层，区域物流中心（RLC）；第三层，配送中心或中转站（DC/CDC）；第四层，需求方。

（2）物流通道体系。在城市物流系统中，物流节点和物流通道是整个物流系统实体要素中最重要的组成部分。其中，物流通道作为物流系统中必不可少的组成部分，是衔接各个物流节点、扩大节点辐射范围的重要基础设施，各种物流通道的有效衔接对实现城市物流系统的高效运作至关重要，对城市经济发展起到极大的促进作用。

城市的快速发展要求规划一体化物流通道体系。所谓一体化的物流通道，是指公路、铁路、航空、水运等各种货运通道能够形成合理配置、合理分工、高效衔接、有机配合的通道体系。城市物流通道体系，如图 9.4 所示，充分考虑到各种货运通道的有效衔接，体现了一体化、高效化的原则。

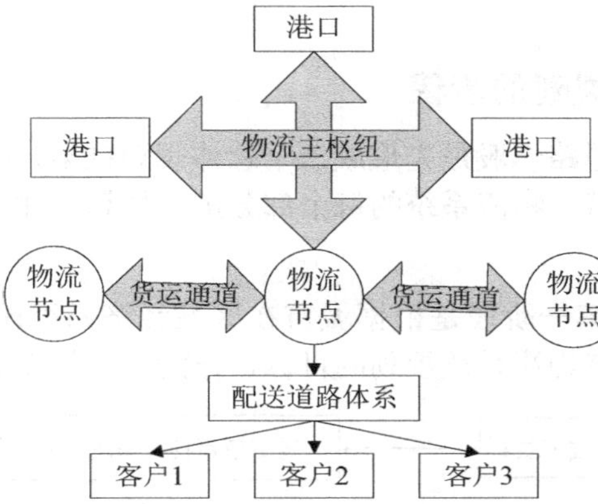

图 9.4　城市物流通道体系

二、城市物流系统规划与设计的内容

城市物流系统规划与设计是以城市为依托，以实现城市功能和它在区域乃至整个国民经济中的战略地位为导向，以促进城市经济发展和满足居民生活需求为目标，运用系统论的观点，把物流各个子系统（环节）联系起来作为一个整体进行综合地规划和管理，以最佳的结构、最好的协作，充分发挥其系统功能，实现整体物流功能合理化的过程。一般而言，城市物流系统规划与设计主要包括以下三个方面的内容。

1. 城市物流基础设施平台规划

城市物流基础设施包括物流空间布局和物流通道，是组织物流系统运行的基础物质条件。

（1）城市物流空间布局规划。城市物流空间布局规划是城市物流系统规划最为关键的内容，主要解决城市物流节点的分类及其功能定位、物流节点之间的关系、物流节点的选址及其规模等方面的问题，它受到城市在区域经济中的地位、城市周边的交通基础设施与路网、城市的物流业现状、城市的产业布局及城市的发展趋势等诸多因素的影响。

（2）城市物流通道规划。城市物流通道规划的重点是充分利用业已存在的或将改造扩建的交通路网，在一定的运输组织方式下，分析现有路网、运输组织方式能否满足物流系统需求，并根据分析结果对现有路网和运输组织方式提出改进意见，形成满足物流发展需求的通道方案。

2. 城市物流信息平台规划

现代物流强调货物流与信息流的同步流动，信息化是现代物流的重要标志。城市物流信息平台规划的目的是通过物流系统的信息化建设，实现对城市整个物流系统资源的优化整合，为社会物流系统提供共享交互的信息载体，为企业提供高效、便捷的信息增值服务，从而有效提高物流资源的利用率，实现物流系统的优化运行。

3. 城市物流政策保障平台规划

政策保障平台是由一系列促进物流业健康发展的法律法规、行业管理政策规定、引导行业发展的措施、协同行为规范及相应成立的组织机构等要素构成的。城市物流政策可归结为：物流基础设施发展政策、物流信息化推进政策、现代物流业协调机制、物流人才培养政策等相关政策。

三、城市物流系统规划的步骤

城市物流系统规划的思路一般是先形成一个总体规划框架，在总体框架的基础上采用系统分析的方法，对整个城市物流系统的每个部分进行规划，如图 9.5 所示。

1. 第一阶段

城市物流系统规划的第一阶段是根据城市在区域经济乃至国民经济中的地位和城市的发展趋势，合理制定城市物流系统规划的目标，作为整体规划的指导性思想。

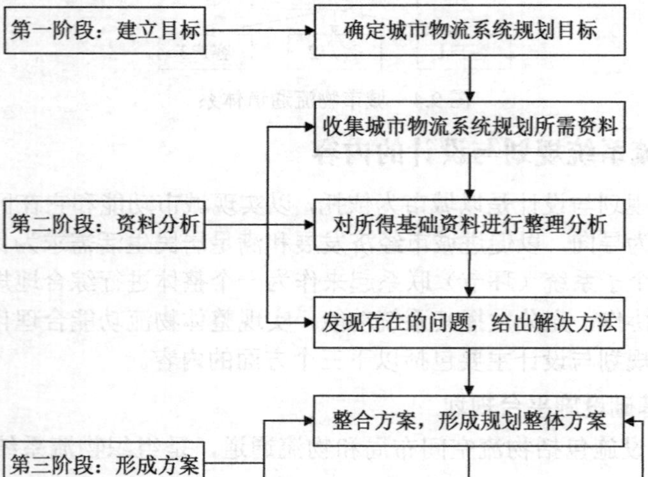

图 9.5 城市物流系统规划的基本思路

2. 第二阶段

这一阶段是城市物流系统规划最为关键的阶段，这个阶段的工作是否科学、全面直接影响到整个规划的质量，具体包括资料收集、资料分析、发现问题并给出解决方法三个方面的内容。

（1）资料收集。通过各种渠道广泛、全面地收集城市物流系统规划所需的各类资料。

（2）资料分析。调查得到的资料一般需要归类、整理后才能使用。因此，要借助于各类数学方法对得到的基础资料进行适当的分类整理、数据统计等，形成相应的统计图表，以便为不同的规划内容所使用。

（3）发现问题并给出解决方法。通过资料收集与分析，发现当前存在的问题和不足，深入分析问题产生的原因，结合制定的规划目标，提出解决问题的途径和方法。

3．第三阶段

通过上述步骤，可以得到若干个城市物流系统的整体规划可行性方案，然后应用层次分析法、模糊综合评价等方法，通过建立适当的方案评价体系，对可行性方案进行评价，进一步确定选出较优的规划方案。

四、城市物流系统空间布局规划

1．城市物流系统总体布局形态

合理的城市物流系统布局应顺应城市物流及区域物流的主流向。城市物流的流向由城市的地理环境、区域综合运输网络、城市交通网络和城市及区域产业布局等因素决定，因此不同类型的枢纽城市，城市物流系统总体布局呈现出不同的形态。分析总结主要有以下三种基本形态。

（1）环行向内辐射型。环行向内辐射布局形态是在城市远外围各方向出入口附近或产业基地布设大型物流园区、在近外围城市主干线方向上和大型市场附近布设物流中心。这是内陆城市比较常用的一种物流系统布局形态。例如，北京市的物流系统就是典型的环行向内辐射型的布局。

根据城市物流系统布局的理论模型，环形向内辐射形态是最基本的城市物流系统布局形态，其他形式的布局的是其演化形态。

（2）扇形单侧辐射型。这是指在城市的单侧方向布置大型物流园区，并逐渐向城市内布置各级物流中心。这种布局形态主要是一些沿海城市采用的布局模式，其物流主出入方向在港口一侧，沿海岸线依托开放港区布设大型物流园区，并沿交通主干线向城市腹地方向呈扇形辐射。布局形态如图 9.6 所示。

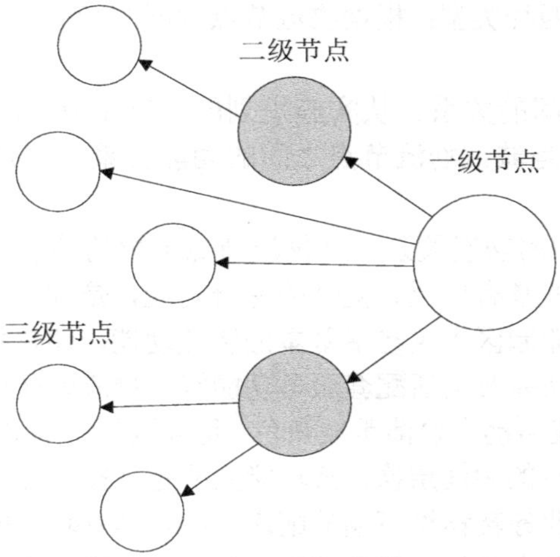

图 9.6　扇形单侧辐射型布局形态

（3）轴线双向辐射型。这是指物流园区沿干线轴布设，物流向垂直于轴线方向的两侧辐射。这种方式一般是分散多中心或者组团式布局的中等城市采用的物流布局模式，轴线一般为区域主通道，例如铁路、内河或者区域主干网。布局形态如图 9.7 所示。

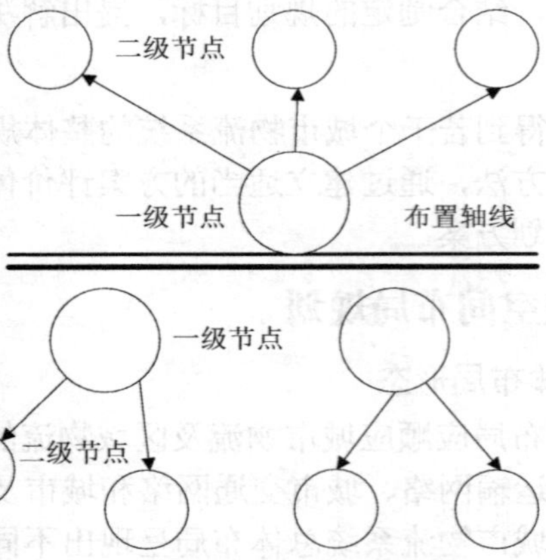

图 9.7　轴线双向辐射型布局形态

2．城市物流节点的分类及关系

（1）城市物流节点的分类。城市物流节点按照不同的分类标准有不同的分类方法，其中按物流节点的主要功能与服务范围可以分为物流园区、物流中心和配送中心三种。

此外，城市物流节点还包括公路货运场站、铁路货运场站、港口、机场等。这些传统的货运枢纽一般在城市物流节点规划之前就存在，因此是影响城市物流节点规划的不可忽视的重要因素。这些传统的货运枢纽在规划之前一般承担城市物流节点的服务功能，在实际的规划过程中往往也依托这些货运枢纽，并通过适当的整合、提升形成新的城市物流节点，从而将其更好地纳入城市物流节点体系之中。

除了按主要功能与服务范围划分城市物流节点，还可以进一步根据服务对象和范围划分成国际型、区域型和市域型三种类型；根据依托对象划分成货运服务型、生产服务型、商贸服务型和综合服务型四种类型；根据物流节点发展的行业导向不同，将物流节点分为专业型和综合型两种类型。

（2）城市物流节点之间的关系。从实施规划的角度来看，城市物流节点之间的关系主要表现在两个方面：一是城市物流节点之间的功能关系；二是城市物流节点之间的空间关系。

① 城市物流节点之间的功能关系。从物流节点承担的功能来看，物流园区处于城市物流节点的最高层次，一般具有广泛、复杂的综合功能，是综合集约性、专业独立性与公共公益性的完整统一。物流园区不仅包括基本的物流功能，还包括物流的延伸功能，如展示功能、交易功能、信息功能及生活配套服务功能等。物流园区作为最高层次的城市物流节点，在城市参与区域物流活动中扮演重要角色，是区域物流与城市物流衔接的主要场所。物流中心处于城市物流节点的中间层次，其功能主要是承接与处理来自区域和物流园区的物流业务，并将部分物流业务转移给下端的配送中心，具有较高的专业独立性和中间连接性。配送中心在城市物流节点中处于最低层次，主要承接来自物流园区或物流中心的物流业务，直接面向客户提供配送服务，是物流活动最集中、最直接的体现。“物流园区—物

流中心—配送中心”是解决城市物流最基本也是较为合理的物流模式，如图9.8所示。

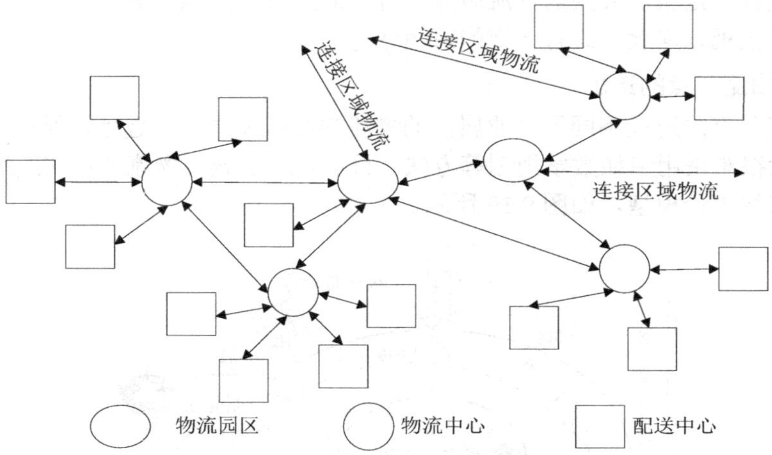

图9.8　城市物流节点之间的功能关系

② 城市物流节点之间的空间关系。从物流节点空间的关联来看，物流园区作为城市物流资源的空间聚集，是城市土地利用按功能划分思想的产物，通过规划建设物流园区，实现优化城市用地结构、缓解城市交通拥堵等社会效益的目的。从这种意义上讲，物流园区应该是企业属性的物流中心和配送中心的空间聚集，物流中心和配送中心依托物流园区作为社会公共物流平台资源集聚的优势，促进物流运作的集约化、规模化，降低物流成本、提高运作效率，从而实现它们作为企业属性的经济效益。社会属性的物流中心一般是企业属性的物流中心和配送中心的空间集聚，而配送中心则是根据市场需要，独立、广泛布设于靠近消费终端的地区。简单地说，物流园区是企业属性的物流中心和配送中心的空间载体，社会属性的物流中心也可以是企业属性的物流中心和配送中心的空间载体，如图9.9所示。

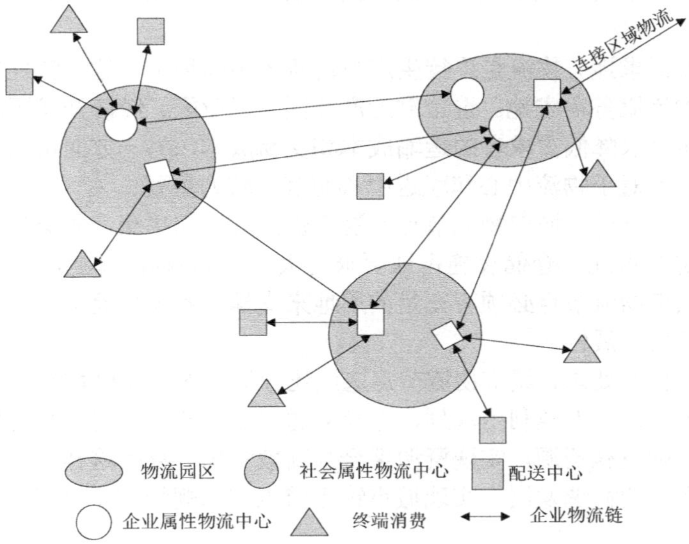

图9.9　城市物流节点之间的空间关系

本节所讨论的城市物流节点是指具有社会属性的物流园区、物流中心，它们一般由政府主导规划建设，是城市公共的物流服务平台；而具有企业属性的物流中心和配送中心，一般由企业自主规划建设，具有一定的封闭性。

3．城市物流节点的选址

城市物流节点的选址不同于企业属性的物流中心或配送中心选址，因其属于中观经济的范畴，一般很难采用诸如数学规划等方法。目前，对于城市物流节点的选址多是采用城市物流节点布局理论模型，如图 9.10 所示。

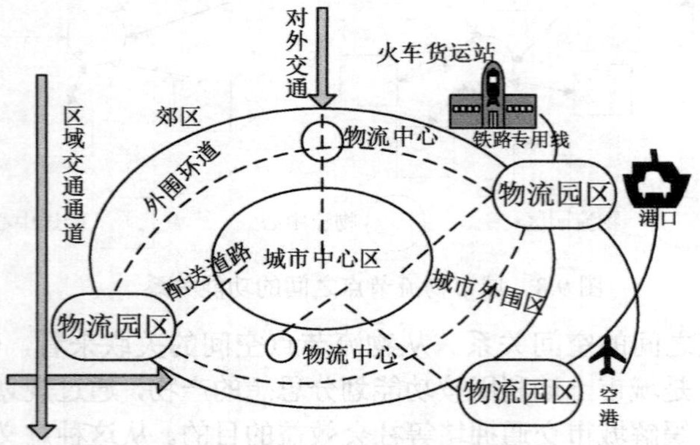

图 9.10　城市物流节点布局理论模型

城市物流节点布局主要有以下三个方面的影响因素。

（1）便利的交通条件。交通条件是城市物流节点选址的优先性原则，物流业的特点决定了它对运输成本具有高度的敏感性。选址靠近交通枢纽或交通主干线，一方面可以保证物流节点与区域物流活动实现高效的衔接；另一方面可以保证城市物流的快速集散。此外，交通枢纽本来就是物流集散点，大多已经自发集聚了一批传统的物流企业，物流节点选址靠近交通枢纽可以有效避免重复建设，减少投资浪费。这一点对于物流园区和物流中心而言较为关键。

（2）靠近物流需求地。物流是连接生产与消费的中间环节，这一特性决定了城市物流节点应尽量靠近物流服务需求地。选址靠近产业区、工业区、经济开发区和商贸市场等物流需求地，一方面可以降低需求者的运输成本和交易成本，另一方面可以快速响应需求者的需求变化。这一点对于物流中心和配送中心而言，较为重要。

（3）充足的用地条件。城市物流节点是物流资源的空间集聚，各类物流企业及各种物流设施都需要一定的占地（仓储设施占地要求更大），不同物流作业的实施也需要占用一定的土地，因此城市物流节点必须有充足的用地来支撑。考虑物流节点的未来发展，用地还需要具有良好的可扩展性。

除了上面三种核心要求，城市物流节点选址还应该与城市在区域经济乃至国民经济中的地位、城市总体规划、土地利用规划、综合交通规划及产业布局等相适应，充分考虑城市内已有的物流基础设施资源，实现资源整合与高效利用。只有这样，才能促进城市、产业、交通与物流之间的协调发展，实现城市物流节点布局规划预定目标。

4．城市物流节点的功能定位

城市物流节点的功能定位决定了其发展方向。城市物流节点的功能定位主要取决于交通依托条件、周边需求主体和已有物流基础。

（1）交通依托条件。交通条件是影响城市物流节点服务目标、范围的重要因素。一般而言，国际型物流节点主要是开展国际物流服务，如保税监管仓库、国际采购、国际中转、商品展示、分销配送等，依托大型开放港口、空港口岸或公路、铁路等陆路口岸的物流节点一般定位成国际型物流节点；区域型物流节点主要是提供区域物流服务，如公路分拨运输、公铁水联运、水水联运、公共配送等，依托两种及以上类型的区域运输通道（如公路与铁路或铁路与水路）或一种类型的多条干线运输通道（如有几条公路运输干线）的物流节点一般定位成区域型物流节点；市域型物流节点主要提供市域的物流服务，如生产制造企业的供应链物流、仓储、配送等，位于城市工业园区、经济开发区、商贸市场集聚区或城市中心边缘地区，依托城市主要道路的物流节点适宜定位为市域型物流节点。

（2）周边需求主体。通常，如果城市物流节点的周边主要聚集某一产业，服务的产品类型比较单一，如汽车、钢铁、农产品、医药或服装等，则这类物流节点一般适宜定位成专业型物流节点，此类节点的服务对象单一、需求特征明显，因此对服务功能的专业性要求较高。而一般定位成综合型物流节点，服务产业的类型较多，物流需求呈现多样化特征，对物流节点功能的综合性要求较高。但随着物流业对产业的引导带动作用不断增强，定位也要考虑物流节点建设完成后对需求释放的推动，从而刺激新的物流需求的产生。

（3）已有物流基础。物流节点的选址和建设需要实现对原有物流基础设施资源的整合和提升利用。原有物流基础设施一般包括公路和铁路货运场站、港口等设施资源。物流节点功能定位时，要充分考虑原有设施及周边的需求，在原有的物流功能基础上，进行业务和功能的拓展。

城市物流节点的功能定位一方面要从其交通依托条件、周边需求主体和已有物流基础等实际条件出发，科学合理地进行确定；另一方面应该从城市物流节点空间布局结构的全局出发，要有利于保证物流节点空间布局结构层次分明、功能协调、整体优化。

5．城市物流节点的规模

根据城市物流节点布局理论模型，可以确定能够建设物流节点的候选地址，但最终选择在哪些候选地址建设物流节点还需要结合物流节点的建设规模进行考虑。城市物流节点的建设规模通常受其功能定位、货运发生量、用地条件、交通依托条件、设施设备技术水平等诸多因素的影响，这些影响因素有些可以量化，而有些只能进行定性的分析，因此一般很难采用精确的计算方法对物流节点的建设规模进行具体确定。在实际的物流节点布局规划中，多采用半经验方法进行确定，其步骤如下。

第一步：确定城市物流节点总体建设规模。

若每年的作业天数按 365 天计，则城市物流节点的总体建设规模可以采用以下公式进行计算：

$$S=\frac{L\times i_1\times i_2\times a}{365}$$

其中，S 为城市物流节点总体占地面积（10^4 平方米）；L 表示预测的规划目标年的全社会货运量（10^4 吨）；i_1 表示规划目标年第三方物流（3PL）市场占全社会物流市场的比例；i_2表示规划目标年 3PL 通过物流节点发生的作业量占其全部物流作业量的比例；a表示单位作业能力用地参数（平方米/吨）。

目标年物流发生量预测值L的确定：在物流规划中物流发生量一般采用业界最常用的货运发生量来替代，因为一个物流过程可以没有仓储、包装和流通加工等环节，但是运输环节必不可少，就这个角度而言，货运发生量最能够反映整个物流业的发展规模和趋势。因此，可以采用物流园区目标年货运发生量或者在货运发生量的基础上做适当调整来表达目标年的物流发生量。

每 1 000 吨日作业量用地面积a的确定：参照国外物流园区的建设经验进行取值，国外物流园区每 1 000 吨日作业量用地为 0.04~0.08 平方千米，考虑到我国目前的物流外包比例及进入物流园区的第三方物流量比例还处于较低的水平，因此在具体规划时a的取值要比 0.04~0.08 平方千米小。同时，可以参考公路货运枢纽站场的布局规划，在公路枢纽货运站场规划中，a的取值一般为 0.02~0.04 平方千米，考虑到物流园区要比公路枢纽货运站场功能完备、强大，物流园区建设a的取值要比 0.02~0.04 平方千米大。因此，国内a的推荐值为 0.03~0.05 平方千米。若地区经济总量大、对周边地区辐射较强、物流外包比例较高，则a取较大值，否则取较小值。

第二步：确定城市物流节点的建设数量。

在确定物流节点总体建设规模的基础上，结合物流节点布局理论模型，并根据整合现有物流资源原则、环境合理性原则、整体规划与分步实施原则、适度超前原则、统一规划原则等进一步确定物流节点的建设数量，保证物流节点的数量与城市的产业布局、交通网络格局、城市总体规划、土地利用规划等相协调，能够满足城市社会经济发展的需求。

第三步：确定城市物流节点的具体建设规模。

若用$i=1\sim4$分别表示铁路、公路、水运、航空 4 种运输方式，则规划目标年不同运输方式的物流量可用L_i（$\sum_i L_i = L$）表示，若用j表示城市主要的物流通道（j应根据实际情况取值），则各种运输方式在不同物流通道上的流向比例可用b_{ij}（$\sum_i b_{ij} = 1$）表示。规划目标年各种运输方式在不同物流通道上的预测物流量可以用下式进行计算：

$$L_{ij} = L_i \times b_{ij}$$

并且满足$\sum_j L_{ij} = L_i$。则某一物流通道上总的预测物流量可以用下式计算得到：

$$L_j = \sum_i L_{ij}$$

相应地，在该物流通道方向上物流节点的建设规模就可以用下式计算得到：

$$S_j = \frac{S \times L_j}{L}$$

在不同物流通道方向上物流节点建设规模确定的基础上，结合该通道方向上拟建的物流节点数量，并根据物流节点的层次及其功能，就可以大致确定在该通道方向上拟建的每个物流节点的建设规模。

五、城市物流通道规划与设计

1．物流通道的内涵

物流通道是一个涉及面很广，有诸多构成要素的、复杂的、庞大的运输组织与管理系统。对于物流通道可以从以下四个角度进行考虑。

（1）从硬件设施角度考虑，物流通道必须包括一定的物流节点和交通运输网络，如物流园区、配送中心、港口、机场及公路、铁路、航空、水运等线路。

（2）从运输组织角度考虑，物流通道必须考虑采用一定的运输组织方法，如铁路列车开行方案、飞机的航班安排计划、海运班轮的航行方案等。

（3）从运营和管理角度考虑，物流通道必须拥有物流服务企业参与经营和管理整个物流过程。

（4）从物流规制角度考虑，必须有相应的主管部门对物流通道进行宏观调控和对整个物流过程的监管。

因此，物流通道的概念可以解释为：以公路、铁路、航空、水运、管道等交通运输网络为基本骨架，连接一定范围内的物流节点，用于满足货物在区域间流动的一切设施、服务和组织方式的总称。

物流通道具有一定的层次性，一般来说，宏观层面的物流通道用于货物在广域范围内的流动；中观层面的物流通道用于货物在城市与周边区域间的流动；微观层面的物流通道指的是货物在城市内部流动的系统。因此，城市物流通道规划问题是城市与周边区域及城市内部，用于满足货物流动的一切交通运输网络、物流节点、物流服务和组织方式的优化问题。具体而言就是充分利用业已形成或改造扩展的城市交通运输网络和物流节点，在一定的物流组织方式下，分析现有路网、节点、运营组织方式能否满足城市物流系统需求，并根据分析结果对现有物流通道提出改进意见，形成满足城市物流发展需求的物流通道方案。

2．城市物流通道规划与设计的内容

城市物流通道规划主要包括通道布局规划和物流组织管理规划两方面的内容。

（1）通道布局规划。从城市物流节点连接方向的角度出发，可以将物流通道布局分为城市对外物流通道和城市内部配送网络两大部分。其中，城市对外物流通道骨架主要是由铁路、公路、航空、水运、管道等交通干线网络构成的，是城市物流作为区域物流的有机组成部分和参与区域物流的支撑要素；城市内部配送网络骨架主要是由不同等级的城市道路构成的，是实现城市物流为城市的生产、生活提供物流需求服务的硬件支撑，如图 9.11 所示。

城市对外物流通道是衔接城市物流与区域物流的重要通道，需要综合考虑物流园区、港口、机场、货运场站等物流节点布局，结合区域交通运输网络特性和物流需求方向性，以及当前城市货运道路布局现状，合理布局公路、铁路、航空、水运和管道通道，保证城市物流通道与区域交通运输网络的无缝衔接，满足城市内外部的物流中转集散。

城市内部配送网络主要是为了满足现代城市配送需求和时效性运输的要求。畅通的城市配送通道网络，将大大缓解城市交通压力，减少交通阻塞，也有利于提高配送车辆的使用效率。配送网络规划需要考虑配送中心位置、主要商业网点布局、城市货运道路规划、停车管理和城市交通管制等因素，同时根据配送节点布局，配套相应的道路停车管理措施。

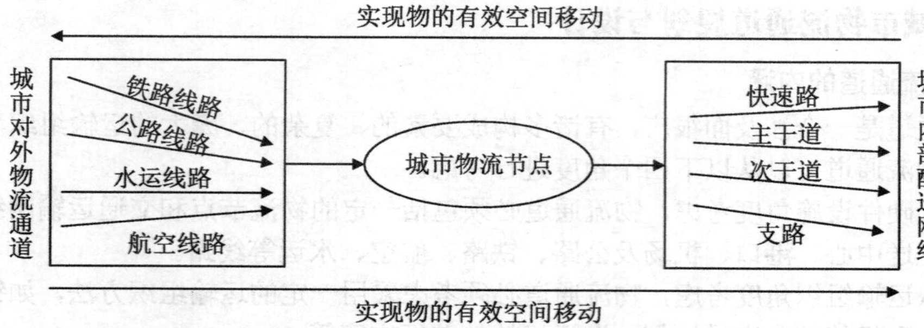

图 9.11　城市物流通道布局的组成

（2）物流组织管理。传统的货物运输组织和管理方式很难适应现代物流的发展需要，甚至成为制约当前物流发展的瓶颈，现代物流的发展必然需要先进的组织和管理方式。因此，城市物流通道的规划还要针对城市当前物流组织与管理方面存在的问题，提出合理化的建议，为政府相关部门及相关企业提供有益参考。例如，对于城市外部而言，要充分利用综合运输网络，大力开展多式联运、集装箱运输等，以实现提高货物运转效率、降低物流成本等目标；对于城市内部而言，要积极引入现代物流管理理念，广泛采用共同配送等，改善城市配送车辆通行管理和停靠管理，以实现降低物流成本、减少交通环境污染等目标。此外，还应理顺物流业管理机制，联合发改、经信、商务、交通、规划等诸多部门，建立综合协调机制，为城市现代物流业的发展创造良好的体制机制环境。

思考练习题

一、单项选择题

1.（　　）主要担负区域内的物流集散与中转。

A. 核心节点　　B. 中心节点　　C. 重要节点　　D. 普通节点

2.（　　）是指在城市的单侧方向布置大型物流园区，并逐渐向城市内布置各级物流中心。

A. 环行向内辐射型　　B. 扇形单侧辐射型　　C. 轴线双向辐射型　　D. 放射辐射型

3.（　　）是城市物流节点选址的优先性原则。

A. 充足的用地条件　　B. 靠近物流需求地

C. 便利的交通条件　　D. 城市总体规划

4.（　　）主要提供市域的物流服务。

A. 国际型物流节点　　B. 国家型物流节点

C. 区域型物流节点　　D. 市域型物流节点

二、多项选择题

1. 区域物流系统的空间结构大致可以分为（　　）。

A. 轴带网络　　B. 放射状网络　　C. 环状网络

D. 扇形网络　　E. “一”字形网络

2. 城市市域内物流节点体系包含（　　）等层次。

A. 物流园区　　B. 区域物流中心　　C. 需求方
D. 供应方　　E. 配送中心

三、简答题

1. 区域物流系统总体布局形态有哪些？其结构特征是什么？
2. 简述区域物流通道规划与设计的思路。
3. 城市物流系统规划与设计的步骤是怎样的？
4. 城市物流系统的三种不同布局形态各有何特点？
5. 阐述城市物流系统空间布局的基本内容。

四、技能题

请以所在城市为案例，结合本章知识，对所在城市的物流系统进行规划，提出自己的规划思路和方案。

五、案例分析

上海市现代物流节点空间布局规划

依托海空港枢纽、陆路交通门户，结合上海制造业和服务业布局，加强与全市交通组织和城市空间的协调衔接，打造由五大重点物流园区（外高桥、深水港、浦东空港、西北、西南）、四类专业物流基地（农产品、快递、制造业、公路货运）为核心架构的“5+4”空间布局，进一步完善三级城市配送网络和重点区域物流配套服务，形成东西联动、辐射内外、层级合理、有机衔接的物流业协调互联空间新格局。

1. 五大重点物流园区

东部沿海三大物流园区（外高桥物流园区、深水港物流园区、浦东空港物流园区）对接国际，以上海自贸试验区保税区域为引领，强化临港、临空产业与现代物流联动效应，进一步优化国际物流环境，构建开放型经济新体制。西部陆路两大物流园区（西北综合物流园区、西南综合物流园区）连接长三角，突出物流发展与交通区位、产业优势、城市功能的协调融合，着力推动传统物流的转型升级。

（1）外高桥物流园区。依托外高桥港区和外高桥保税区，发挥功能丰富、配套齐全、要素集聚的比较优势，着力培育贸易、金融与物流的整合创新体系，打造成为功能前沿、总部集聚、贸易便利、联动紧密的物流贸易一体化开放运作平台，形成保税物流与国际贸易融合发展的区港联动型物流园区。

着力搭建国际中转集拼服务、大宗商品交易交割服务、国际商品展示分销服务平台，创新航运、港口、物流园区一体化运作流程，促进国际中转和转口贸易发展。依托外高桥专业市场资源，做强医药产品物流贸易一体化功能，提供保税展示、咨询交易、代理服务、仓储分拨、流通加工等全程物流服务，着力打造面向国际、服务全国的药品和医疗器械物流贸易综合服务平台；形成以进出口机电产品、汽车、食品酒类、高档消费品等为代表的“前店后库”保税物流服务新模式；开展农产品、有色金属、能源等大宗商品交易交割、指数发布、仓单质押等增值服务。完善园区的物流集疏运体系，提升以海运直通、海铁联运为代表的多式联运能力。实施“走出去”战略，把上海自贸试验区可复制、可推广的溢出效应和长江经济带合作有机结合，与沿江地区在物流业务合作、重大项目开发、物流园区营运管理等方面实现联动发展。

（2）深水港物流园区。发挥洋山深水港航运优势、洋山保税港区政策优势和临港产业集群优势，打造成为国际航运物流功能承载区、全球供应链亚洲枢纽，形成港口物流与临港产业优势融合的港口综合型物流园区。

加快基础配套设施建设，完善功能配套服务，着力集聚现代物流服务产业链资源。突出保税与非保税联动、物流与航运共生，重点发展以国内外知名航运巨头为主体的航运物流，以农产品、食品冷链和危化品为代表的专业物流，以国际分拨、国际采购、供应链管理等为代表的保税物流。积极拓展国际中转集拼、保税展示交易、期货保税交割、大宗商品交易、融资租赁、保税维修再制造等功能。完善南港、芦潮港等临港地区港口码头、仓储堆场、集装箱内河转运等物流设施，发挥铁路集装箱中心站作用，使其成为服务临港产业、辐射内陆腹地的多式联运枢纽。

（3）浦东空港物流园区。依托浦东国际机场和空港产业园区，以浦东机场综合保税区和祝桥空港物流园区为载体，以建设临空功能服务先导区为抓手，使其成为国际航空物流重要枢纽，形成临空产业与航空物流联动发展的空港口岸型物流园区。

发挥区港一体的物流运作优势，打造便捷高效的物流运作环境，重点针对工业零部件、电子产品、医疗器械、高端商品等高时效、高附加值产品物流服务需求，吸引集聚跨国公司在此设立亚太和全球分拨中心入区运作。推进保税货物与口岸货物同步运作，进一步拓展航运金融与融资租赁、国际贸易与保税展示、航空临空服务与全球维修检测、国际快件转运与国际中转集拼等功能的集聚与发展。大力推进空港物流与大飞机制造、航空配套特色产业及空港服务业的联动融合，把祝桥镇打造成国家级的临空经济示范区。结合沪通铁路规划建设，探索空铁联运物流模式，完善园区多式联运功能。

（4）西北综合物流园区。利用北虹桥区位优势，普陀桃浦、嘉定江桥产业资源优势，面向城市生产运行和生活服务，将西北综合物流园区建成与国际大都市功能协调发展的物流园区。

西北综合物流园区桃浦片区着力打造成为科技商贸的重要载体，强化面向本市的快消品、医药等连锁配送功能；发挥保税物流中心作用，推动与上海自贸试验区联动，拓展跨境电子商务、保税展示交易、采购分拨等功能；依托陆上货运交易中心搭建物流资源交易信息平台，提升物流资源配置效率，促进市场有序规范；推进产学研合作，开展物流科技研发、物流信息资讯、物流教育培训等服务。西北综合物流园区江桥基地着力促进物流与制造、商贸、信息等融合，打造采购分销、物流配送、贸易集散等中心功能，以重大项目为载体完善区域性大型公共配送节点和集货转运中心等设施，重点发展冷链物流、商贸物流、电商物流等。

（5）西南综合物流园区。利用松江的西南门户枢纽区位优势和加工制造业基础，以重大功能性项目为载体，形成具有供应链管理特征的物流园区。

加强市区联动，建立以区为主的园区规划建设推进机制，加快推进现代物流资源集聚发展。适应电子商务快速发展的物流需求，完善区域性电子商务分拨配送中心设施，推进物流与电子商务融合发展。积极推进松江出口加工制造业转型，发展面向制造业的生产性服务，拓展保税物流、跨境电商物流、维修检测、再制造等功能。以园区建设推动“闵行—青浦—松江”一带物流资源整合，提升本市西南地区物流集约化水平。

2. 四类专业物流基地

聚焦农产品流通、快递、先进制造业、公路货运四个专业物流领域，布局专业物流基地，打造成促发展、保民生的有效载体。

（1）农产品物流基地。依托大型农产品批发交易市场和外高桥粮食物流园区，完善设施、延伸功能，加快推进农产品物流信息化、标准化、集约化，成为国际化大都市农产品供应链枢纽节点，全市农产品保供稳价主渠道。

坚持先进性和适用性统一，加快完善西郊国际农产品交易中心的物流、交易、检验检测等设施，整合周边农产品物流资源，将西郊国际建设成全市“多功能、全覆盖、现代化”的线上线下一体化农副产品物流枢纽和综合服务平台。按照“保障近期供应、谋划长远发展”的要求，妥善处理市场发展与城市布局的关系，推动上海农产品中心批发市场布局向外转移，实现市场能级提升和可持续发展。鼓励浦东新区结合农产品市场规划布局调整，探索农产品物流新模式，实现农产品物流配送集约化。继续发挥好江桥、江杨市场的农产品物流供应保障作用。外高桥粮食物流园区进一步强化接卸、储存、加工、中转、配送一体化物流能力，保障本市粮油市场稳定和安全；加快推进园区与赵家沟内河航道、沪通铁路衔接，成为国内粮源“北粮南运”、进口粮源“东进西出”的物流枢纽。

（2）快递物流基地。依托青浦“全国快递行业转型发展示范区”、浦东空港和祝桥临空经济区建设，完善市内快递投送网络，打造“一体两翼”新优势，推动上海快递产业高端化、便捷化发展，建成国际化快递门户和长三角快递枢纽。

深耕中心城区（一体）快递服务体系，聚焦寄递便利化和服务精细化，打造多元化快递末端派送网络，解决快递进校区、进社区、进商区等难题。做强浦东临空（东翼）物流快递功能，完善浦东机场国际快件转运设施，支持快递企业入驻开展国际快递物流服务；聚焦祝桥临空经济区，继续“引大”“引强”，建设国际快递物流园区，打造成为中国快递业国际化的战略高地。提升青浦（西翼）快递物流能级，聚焦上海青浦民营快递总部集聚区，建设青浦“全国快递行业转型发展示范区”；做大做强快递总部经济，鼓励优势快递企业加强联合、整合资源，加快形成品牌化、规模化、网络化、信息化的大型快递企业集团。

（3）制造业物流基地。围绕装备制造、汽车、精品钢等先进制造业基地，推动物流业深度嵌入制造业供应链，向上下游采购、销售、包装、流通加工、售后服务延伸，以全程物流服务支持上海制造业提升核心竞争力，向服务型制造转型。

依托临港装备制造业基地，实现物流与战略性新兴产业协同发展，以成套设备、新能源汽车、大型工程机械等物流供应链服务为重点，形成服务支撑国际智能制造中心建设的装备制造业物流基地。依托国际汽车城产业基地，加强公铁联运能力建设，打通汽车产业链采购、生产、营销、售后等各环节，打造国际汽车城物流供应链服务基地。适应钢铁产业结构和布局调整需要，加快推进吴淞国际物流园转型和罗泾港功能调整，发挥钢铁产业链资源要素优势，发展集物流资源调度、物流信息发布、市场交易、金融服务等于一体的钢铁物流贸易基地。

（4）公路货运物流基地。在本市连接长三角的交通门户，规划建设西北和西南两大公路货运枢纽，集甩挂运输、车辆换装、零担配载、信息服务、商务配套于一体，成为城际干线运输与市内配送的转换中心，全市公路零担物流资源交易配置平台。

加强市、区联动，坚持打造功能、集约土地、提高效益，研究明确功能、土地、投资、建设、运营方案，加快推进西北综合货运枢纽规划建设；加快西南综合货运枢纽前期论证，明确规划选址方案，推进规划建设进度。发挥公路物流“门到门”服务优势，注重与各区县产业布局对接，规划完善区域性的货运场站，承担集货配货等中转功能。注重与铁路货运方式结合，加强货运枢纽公铁联运能力建设，鼓励公路货运专线企业利用铁路进行货物运输。

在着力打造“5+4”空间布局的同时，一方面加强“虹桥商务区—虹桥机场”物流设施和功能布局的统筹规划，强化上海国际旅游度假区物流运营保障能力；另一方面通过规划引导，在S20、G15沿线等交通便利节点加强大型分拨配送中心布局建设，进一步完善由重点物流园区分拨中心—公共和专业配送中心—城市末端节点构成的三级城市配送网络，形成分配合理、衔接有序、运行高效的国际大都市城市配送物流体系。

资料来源：上海市发展改革委. 上海市现代物流业发展“十三五”规划[A/OL]. 上海市人民政府网，http://www.shanghai.gov.cn/nw2/nw2314/nw2319/nw12344/u26aw50075.html.

根据案例，分析以下问题。

（1）分析上海市“十三五”物流节点规划的结构体系，并说明各级节点的功能和类型。

（2）专业物流中心如农产品物流基地、快递物流基地、制造业物流基地、公路货运枢纽等布局规划应有何区别？

习题参考答案

第一章

一、单项选择题

1. A　2. B　3. C　4. D

二、多项选择题

1. ABCDE　2. CDE　3. CDE　4. BC

第二章

一、单项选择题

1. A　2. B　3. B　4. D　5. C

二、多项选择题

1. ABCDE　2. BCDE　3. ABCDE　4. ACDE　5. ABCDE

第三章

一、单项选择题

1. C　2. B　3. D

二、多项选择题

1. ABC　2. AB

第四章

一、单项选择题

1. A　2. B　3. C　4. D　5. A　6. D　7. C　8. D

二、多项选择题

1. BCDE　2. ACE　3. ABE　4. ABCDE　5. ABCDE

第五章

一、单项选择题

1. A　2. A　3. A

二、多项选择题

1. BC 2. ABE 3. ABCDE

第六章

一、单项选择题

1. B 2. D 3. C 4. A 5. D

二、多项选择题

1. ABCDE 2. ABCDE

第七章

一、单项选择题

1. C 2. D 3. B 4. A 5. D

二、多项选择题

1. ABDE 2. ABDE

第八章

一、单项选择题

1. B 2. D

二、多项选择题

1. ADE 2. ABCDE 3. ABCDE 4. ABCD

第九章

一、单项选择题

1. D 2. B 3. C 4. D

二、多项选择题

1. ABCDE 2. BCDE

参考文献

[1] 何明柯. 物流系统论[M]. 北京：高等教育出版社，2004.
[2] 吴承健. 物流系统规划与设计[M]. 北京：中国物资出版社，2011.
[3] 何炳华. 物流系统规划设计与软件应用[M]. 北京：清华大学出版社，北京交通大学出版社，2012.
[4] 李卫红，任平国. 物流系统规划与设计[M]. 西安：西安工业大学出版社，2012.
[5] 陶新良，王小兵. 物流系统规划及设计[M]. 北京：机械工业出版社，2012.
[6] 张曙红等. 物流系统规划设计与仿真[M]. 北京：中国财富出版社，2013.
[7] 杨扬. 物流系统规划与设计[M]. 北京：电子工业出版社，2013.
[8] 邵正宇，周兴建. 物流系统规划与设计[M]. 2 版. 北京：清华大学出版社，北京交通大学出版社，2014.
[9] 高举红，王术峰. 物流系统规划与设计[M]. 2 版. 北京：清华大学出版社，北京交通大学出版社，2015.
[10] 李浩，刘桂云. 物流系统规划与设计[M]. 2 版. 杭州：浙江大学出版社，2015.
[11] 耿会君，董维中. 物流系统规划与设计[M]. 3 版. 北京：电子工业出版社，2017.
[12] 朱耀勤等. 物流系统规划与设计[M]. 2 版. 北京：北京理工大学出版社，2017.
[13] 刘刚等. 物流系统规划与设计[M]. 2 版. 北京：科学出版社，2017.
[14] 毛海军. 物流系统规划与设计[M]. 2 版. 南京：东南大学出版社，2017.
[15] 傅莉萍. 物流系统规划与设计[M]. 北京：清华大学出版社，2018.

反侵权盗版声明

举报电话：（010）88254396；（010）88258888

传　　真：（010）88254397

E-mail:　　dbqq@phei.com.cn

通信地址：北京市海淀区万寿路 173 信箱

　　　　　电子工业出版社总编办公室

邮　　编：100036